국역 천지명양수륙재의 범음산보집

國譯 天地冥陽水陸齋儀 梵音刪補集

국역 천지명양수륙재의 범음산보집

國譯 天地冥陽水陸齋儀 梵音刪補集

智還 原著

金純美 譯

역자 서문

이 책은 불교의 각종 재(齋)의식을 집대성한 불교의례집으로 대령의(對靈儀)를 시작으로 분수작법(焚修作法), 영산작법(靈山作法) 등 99종의 작법이 수록되어 있다. 불교의 재의식은 대부분 천지(天地)와 명양(冥陽), 수륙(水陸)에 있는 모든 중생, 유주무주고혼, 아귀 등을 구제하기 위해 법식을 베푼다. 그래서 이 책의 이름 또한 『천지명양수륙재의범음산보집』인 것이다. 우리나라에서는 고려시대 이후 이 의식에 관한 의례집이 30여 종 간행되었을 정도로 전국의 주요 사찰에서 설행되었다. 오늘날에도 국가나 지역에 일이 있을 때마다 사찰 혹은 야외에서 설행되고 있음은 물론이다.

이 책에 수록된 작법 중에 영산작법은 부처님 당시의 영산회상(靈山會上)을 다시 꾸며, 모든 중생으로 하여금 불법과 인연을 맺고 업장소멸을 하는데 목적이 있는데, 영산회상의 장엄과 재의식의 엄숙함은 그 자체만으로도 예술적 가치를 인정받아 유네스코 세계무형유산에 등재되었으며, 세계인들로부터 많은 관심을 받고 있다.

이렇게 위대한 우리 선조들의 유산이 수록된 이 책을 감히 번역하여 세상에 내놓는 것이 어쩌면 내 분수에 맞지 않는 일인지도 모르겠다. 번역을 해가면서 더더욱 그런 생각이 머리 속에서 떠나지 않았다. 더군다나 아직 역자의 공부가 일천하기 때문에 만족할 만한 번역이 되지 못하였다. 번역이라는 것이 원래 만족이라는 것이 없는 지난한 작업이지만, 역자에게는 불교와 불교작법에 대한 이해 부족으로 그 어려움이 더하였다. 그렇지만 이 번역 작업을 통해 불교와 불교의례를 공부할 수 있었고, 좋은 분들을 만나게 되어 얼마나 다행인지 모른다.

이제 활자화된다고 생각하니 부족한 부분들이 더 확대되어 눈앞에 다가오고, 질책하는 말들이 천둥소리처럼 들리는 것만 같아 두려운 마음이 크다. 작은 바람이 있다면 이 책이 불교의례는 물론이고 불교문학, 불교사, 불교미술사 등을 공부하는 분들에게 소중한 자료가 되었으면 하는 것이다.

이제 이 책을 번역하기까지 신세진 분들께 감사의 인사를 드려야겠다. 먼저 『지환집(智還集)』의 소장자이신 김무조박사님께 감사드린다. 이 책 이외에도 귀중한 여러 이본(異本)들을 선뜻 보여주시고 박사논문까지 쓸 수 있도록 격려를 아끼지 않으셨다. 그리고 또 한 분 이 책의 존재와 가치를 나에게 알려주시고 번역하는 과정에 문제점을 지적하고 바로잡아 주신 경성대 한문학과 정경주교수님께도 깊은 감사의 인사를 드린다. 그리고 책을 번역하는 동안에 해결하지 못해 늘 답답하던 몇 가지 문제점들을 해결하도록 도와주신 동희범음회 덕림스님에게도 감사의 인사를 드린다.

불교의례집을 번역하는데 가장 문제가 되는 것은 의식이 베풀어지는 상황을 이해하고 그 상황에 맞는 용어 풀이를 해야 하는 것이었다. 이 책이 300년 전의 작법집이다 보니 지금 작법에는 사용하지 않는 용어와 상황들이 더러 나온다. 이런 난관에 부딪히자 괜한 일을 시작했다는 절망감으로 원고를 오래 묵혀두고 있었고 지금도 다 해결하지 못하였지만, 그래도 이 정도의 모양새를 갖추고 책으로 나오는 것은 순전히 이 분들 덕분이다.

끝으로 이 책의 출판을 맡아 주신 도서출판 양사재(養士齋) 한정희 사장님과 직원 여러분, 사진을 제공해 준 윤소희선생께도 감사드린다.

2010년 10월
安樂洞에서 역자 씀

공양하기 전 삼보께 공양올리는 의식

괘불

천수바라

북춤과 목어타주

북 춤

시 련

*위의 사진들은 2006년 봉원사 영산재를 윤소희선생이 촬영한 것임

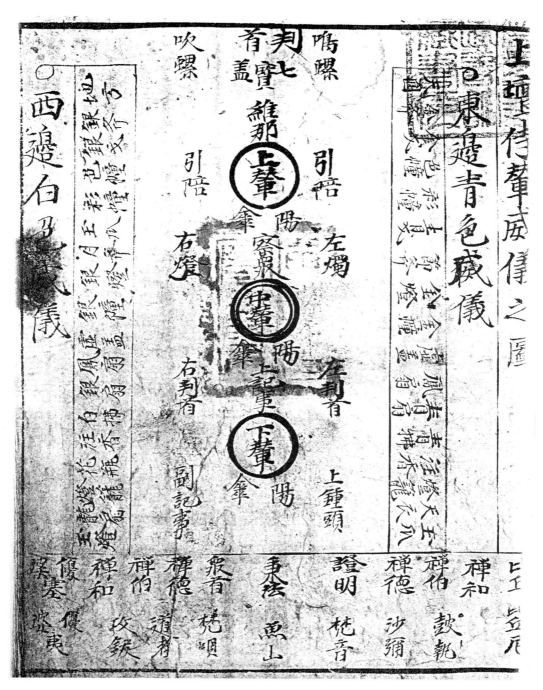

상단시련위의지도(上壇侍輦威儀之圖)

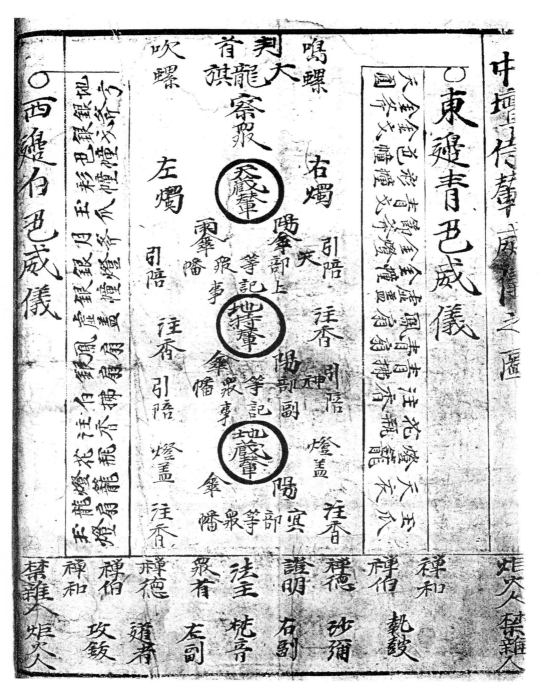

중단시련위의지도(中壇侍輦威儀之圖)

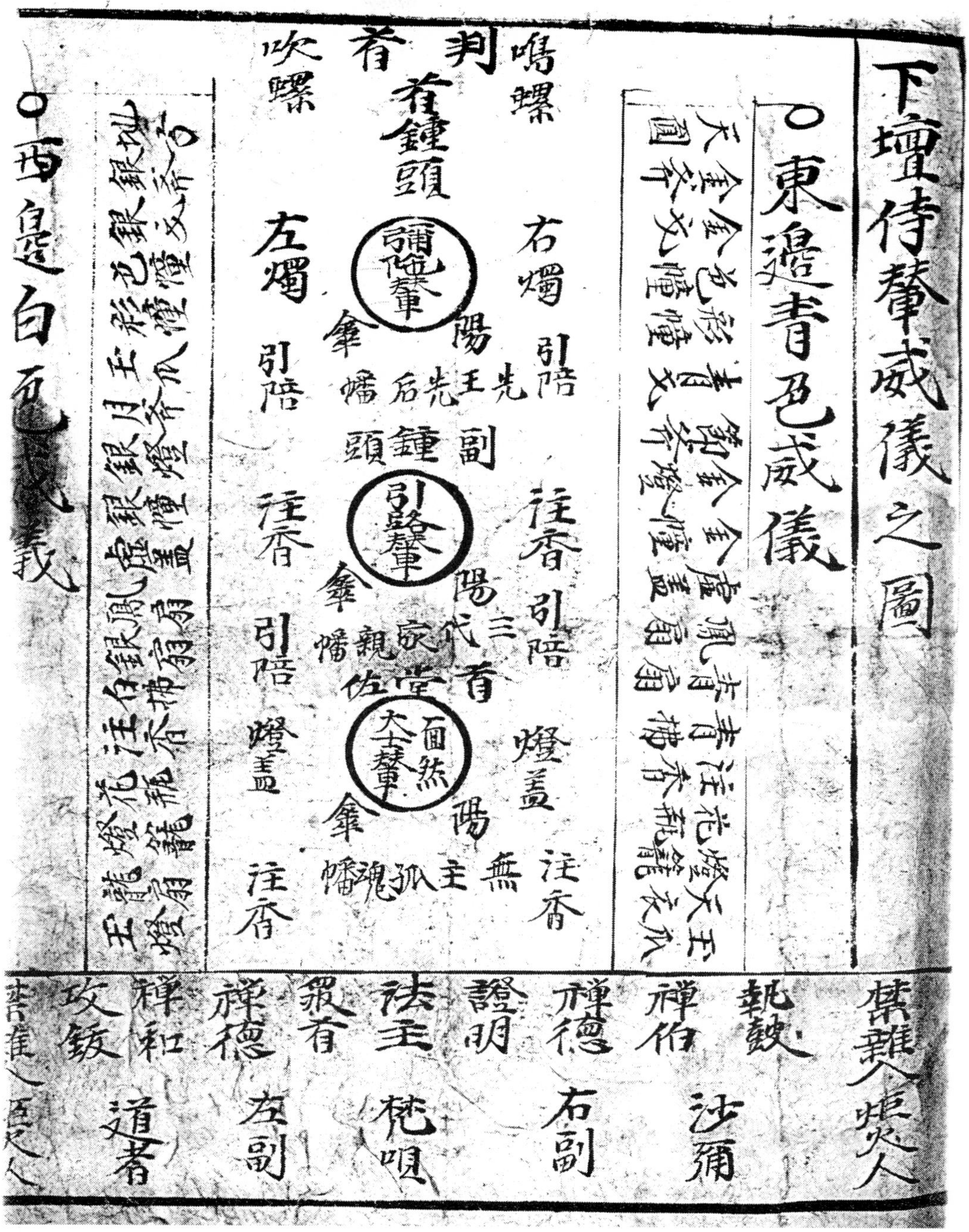

하단시련위의지도(下壇侍輦威儀之圖)

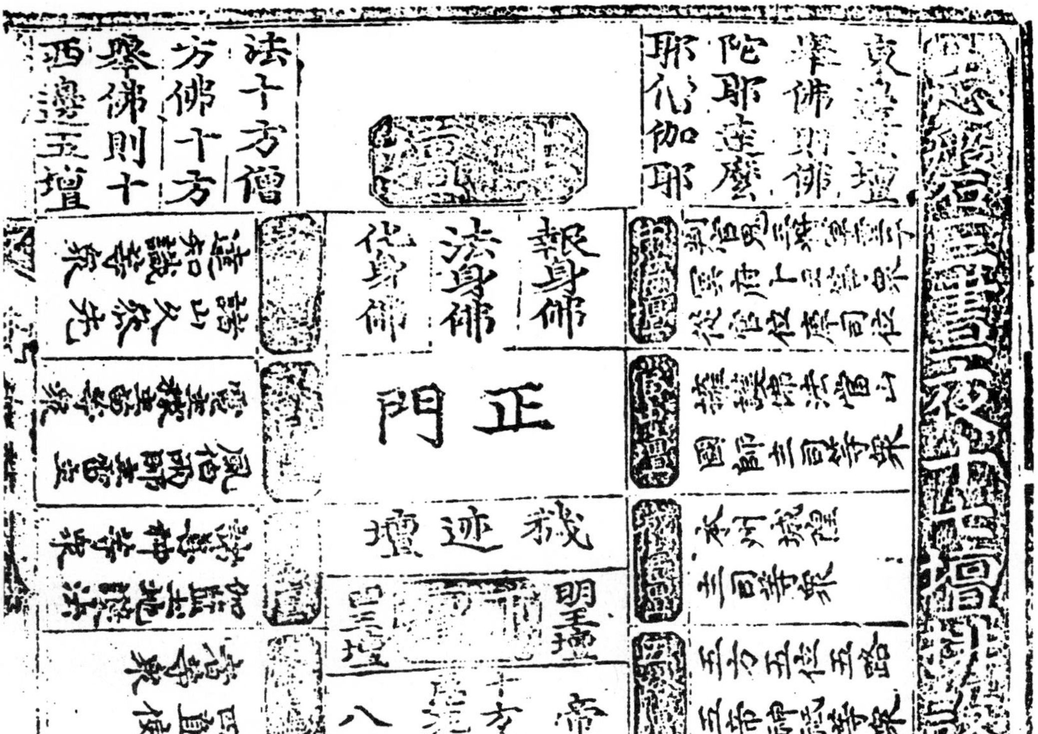

지반삼주야십칠단배설지도(志磐三晝夜十七壇排設之圖)

豫修二晝夜十壇排設之圖

東　西

圓滿報身　清淨法身　百億化身

上位三壇則　法堂內設壇

下壇位

酆都大帝界中位三壇則清淨外左邊設之

第一王　第二王　第三王　第四王　第五王　第六王　第七王　第八王　第九王　第十王

醜陋壇

예수이주야십단배설지도(豫修二晝夜十壇排設之圖)

上中下三壇侍輦威儀之圖

東邊青色威儀　比丘

鳴螺

引龍

左燭　引陪　左列首　家衆　證明

吹螺

旗　右燈　引陪　右判首　記事

判首　大七寶蓋　典藥人　金輦　傘　維那　秉鈸

西邊白色威儀　比丘尼

優婆塞　禪和　禪伯　執鼓　沙彌

禪德　梵音

禪德　禪伯　長鼓　道者

衆首　魚山　梵貝

禪和

優婆夷

상중하삼단시련위의지도(上中下三壇侍輦威儀之圖)

일러두기

*본 역서는 坡田 金戊祚博士가 소장하고 있는 책을 저본으로 하였다. 이 책의 外題는 『智還集』이며, 3卷 1冊으로 1723년에 간행되었다.

*원문은 대문·세주·진언으로 나눌 수 있는데, 대문과 진언은 원문을 입력하고 국역하였으나, 세주는 원문을 입력하지 하지 않고 국역만 하였다.

*원본에는 내용상 대문이 분명하나 세주로 처리된 것들이 있고, 세주로 봐야하나 대문으로 처리된 것들이 있다. 이 경우에는 원문도 함께 실었다.

*서두에 지환스님이 쓴 것으로 추정되는 19항목의 論은 본 역서의 저본에는 없는 것이지만, 지환스님이 이 책을 편찬하는데 무엇을 기준으로 삼았는지 중요한 자료라 생각하기에 外題가 『魚山集』인 책에서 발췌하여 덧붙였다.

*본 역서의 저본에는 발문이 결락되어 있어서 범어사에서 소장하고 있는 같은 판본을 근거로 하여 뒤에 덧붙였다.

*원본에는 의식이나 규범제목을 표시하기 위하여 음각을 사용하였으나, 본 역서에서는 제목임을 표시하기 위하여 '◎' 기호를 사용하였다.

〈목 차〉

xviii

3권 자기문오주야작법규 권지하 ·································· 287
三卷 仔夔文五晝夜作法規 卷之下

가람단권공(伽藍壇勸供)	예적단권공(穢跡壇勸供)
범왕단권공(梵王壇勸供)	제석단권공(帝釋壇勸供)
사왕단권공(四王壇勸供)	성황단권공(城隍壇勸供)
삼보단권공(三寶壇勸供)	비로단작법(毘盧壇作法)
지향단작법(地向壇作法)	십육단작법(十六壇作法)
오백단작법(五百壇作法)	조사단작법(祖師壇作法)
개종단작법(開宗壇作法)	향당단작법(鄕唐壇作法)
제산단작법(諸山壇作法)	조선종사단작법(朝鮮宗師壇作法)
제천단작법(諸天壇作法)	제신단작법(諸神壇作法)
십왕단작법(十王壇作法)	종실단작법(宗室壇作法)
가등단작법(加燈壇作法)	왕사단작법(枉死壇作法)
가친단권공(家親壇勸供)	오방단권공(五方壇勸供)
사자단권공(使者壇勸供)	법계단권공(法界壇勸供)
지옥단권공(地獄壇勸供)	아귀단권공(餓鬼壇勸供)
방생단권공(傍生壇勸供)	상번고혼시식(上番孤魂施食)
중번고혼시식(中番孤魂施食)	하번고혼시식(下番孤魂施食)

자기단배치괘방규(仔夔壇排置挂榜規)

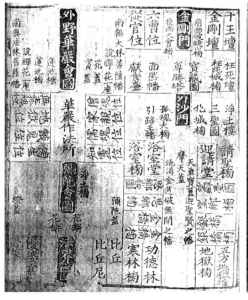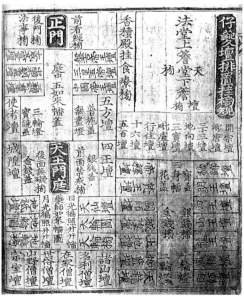

자기문 58단위목규(仔夔文五十八壇位目規)

풍백우사단(風伯雨師壇)   풍백우사뇌공뇌모등중(風伯雨師雷公雷母等衆)

당산천왕단(當山天王壇)   당산산왕천주등중(當山山王天主等衆)

당산용왕단(當山龍王壇)   당산용왕제신등중(當山龍王諸神等衆)

당산국사단(當山國師壇)   옹호불법당산국사등중(擁護佛法當山國師等衆)

가람토지단(伽藍土地壇)   호법가람토지등중(護法伽藍土地等衆)

예적단(穢跡壇)   여래화현예적금강등중(如來化現穢跡金剛等衆)

명왕단(明王壇)   군다리십대명왕등중(軍荼利十大明王等衆)

범왕단(梵王壇)   대범범보범중지위(大梵梵輔梵衆之位)

제석단(帝釋壇)   제석천왕사방각팔천자등중(帝釋天王四方各八天子等衆)

사왕단(四王壇)   수미산중사대천왕등중(須彌山中四大天王等衆)

성황단(城隍壇)   본경성황주사등중(本境城隍主司等衆)

삼보단(三寶壇)   시방상주삼보자존(十方常住三寶慈尊)

비로단(毘盧壇)   시방제불보살등중(十方諸佛菩薩等衆)

지향단(地向壇)   십지십회향제대보살등중(十地十回向諸大菩薩等衆)

행주신단(行住信壇)   십행십주십신제대보살등중(十行十住十信諸大菩薩等衆)

십육단(十六壇)   십육대아라한등중(十六大阿羅漢等衆)

오백단(五百壇)   오백주세성현등중(五百主世聖賢等衆)

조사단(祖師壇)   사칠이삼조사등중(四七二三祖師等衆)

개종단(開宗壇)   서천개종팔십육위등중(西天開宗八十六位等衆)

향당단(鄕唐壇)   조계문하오파등중(曹溪門下五派等衆)

제산단(諸山壇)   조선경내고금제대존숙등중(朝鮮境內古今諸大尊宿等衆)

제천단(諸天壇)   삼계이십팔천등중(三界二十八天等衆)

제신단(諸神壇)   허공지계제신기등중(虛空地界諸神祇等衆)

십왕단(十王壇)   명부십왕제대종관등중(冥府十王諸大從官等衆)

종실단(宗室壇)   역대세주선생선후열위선가(歷代世主先生先后列位仙駕)

왕사단(枉死壇)   고금역대피해임형왕사등중(古今歷代被害臨刑枉死等衆)

가친단(家親壇)   각각선망고증조고선영가위(刻刻先亡高曾祖考先靈駕位)

법계단(法界壇)   사생육도법계망혼등중(四生六道法界亡魂等衆)

지옥단(地獄壇)   시방법계수고유정등중(十方法界受苦有情等衆)

자기불패규 삼련혹구(仔夔佛牌規三輦或九)

과현미래일체불타야중(過現未來一切佛陀耶衆)

심심법보일체달마야중(甚深法寶一切達摩耶衆)

묘각등각위제대보살중(妙覺等覺位諸大菩薩衆)

십지가행위제대보살중(十地加行位諸大菩薩衆)

십향십행위제대보살중(十向十行位諸大菩薩衆)

십주십신위제대보살중(十住十信位諸大菩薩衆)

사리불등일체승가야중(舍利佛燈一切僧伽耶衆)

무차대회기교아난존자(無遮大會起敎阿難尊者)

십육응진오백주세등중(十六應眞五百住世等衆)

중삼련 혹불패규(中三輦或佛牌規)

천장보살일체제천부등중(天藏菩薩一體諸天部等衆)

지지보살일체제선부등중(持地菩薩一切諸仙部等衆)

지장보살일체제명부등중(地藏菩薩一切諸冥府等衆)

하삼련 불패규(下三輦佛牌規)

彌陀觀音勢至	輦後先王先后牌以手奉
미타관음세지	연(輦) 뒤에 선왕선후의 위패를 손으로 받들고 간다.
引路王菩薩	輦后三代家親位牌以手奉行
인로왕보살	연(輦) 뒤에 삼대가친의 위패를 손으로 받들고 간다.
面燃大士	輦后無主孤魂位牌以手奉行
면연대사	연(輦) 뒤에 무주고혼의 위패를 손으로 받들고 간다.

彌陀引路面燃等位牌 下壇上卓列坐 先王家親無主等位牌 庭中拜席上止 普禮後還歸本壇矣

미타, 인로, 면연 등의 위패는 하단의 탁자에 열지어 놓고 선왕가친단, 무주고혼 등의 위패는 마당 가운데에서 멈추었다가 보례한 뒤에 본 단으로 되돌아온다.

삼련불패규(三輦佛牌規)

시방상주일체불타야중(十方常住一切佛陀耶衆)

시방상주일체승가야중(十方常住一切僧伽耶衆)

시방상주일체승가야중(十方常住一切僧伽耶衆)

독련(獨輦)

십방삼보자존(十方三寶慈尊)

중(中)

삼계사부군진(三界四府群眞)

하(下)

십류삼도등중인로입연(十類三途等衆引路入輦)

예수상삼련 혹칠(豫修上三輦或七)

청정법신비로자나불(淸淨法身毘盧遮那佛)
원만보신노사나불(圓滿報身盧舍那佛)
천백억화신석가모니불(千百億化身釋迦牟尼佛)
대성지장보살(大聖地藏菩薩)
육대천조등중(六大天曹等衆)
도명무독등중(道明無毒等衆)
사대천왕등중(四大天王等衆)

중삼련 혹십일(中三輦或十一)

풍도대제중(酆都大帝衆)
시왕등중(十王等衆)

용상방목(龍像榜目)

증명(證明)	회주(會主)	병법(秉法)
중수(衆首)	선덕(禪德)	선백(禪伯)
범음(梵音)	어산(魚山)	범패(梵唄)
지전(持殿)	선화(禪和)	도자(道者)

모년모월(某年某月)　　사미(沙彌)　　　　양산(陽傘)

불자(拂子)　　　　　모편(毛鞭)　　　　봉개(奉蓋)

봉연(奉輦)　　　　　인배(引拜)　　　　금당좌(金堂佐)

경당좌(經堂佐)　　　말당좌(末堂佐)　　보청당좌(普請堂佐)

수당좌(首堂佐)　　　공발(攻鈸)　　　　지빈(知賓)

대도(大都)　　　　　서기(書記)　　　　우판수(右判首)

좌판수(左判首)　　　부기사(副記事)　　찰중(察衆)

유나(維那)　　　　　삼강(三綱)

법사방목(法事榜目)

증명(證明)　　　　　병법(秉法)　　　　중수(衆首)

선덕(禪德)　　　　　선백(禪伯)　　　　범음(梵音)

어산(魚山)　　　　　범패(梵唄)　　　　지전(持殿)

선화(禪和)　　　　　사단(使壇)　　　　오단(五壇)

상단(上壇)　　　　　중단(中壇)　　　　하단(下壇)

시식(施食)　　　　　헌식(獻食)　　　　종실단(宗室壇)

제산단(諸山壇)　　　가친단(家親壇)　　건회소(建會疏)

대회소(大會疏)　　　개계소(開啓疏)　　사자소(使者疏)

오로소(五路疏)　　　상소(上疏)　　　　중소(中疏)

하소(下疏)　　　　　삼보소(三寶疏)　　별문(別文)

회향소(回向疏)　　　총첩(摠牒)　　　　천첩(天牒)

월첩(月牒)　　　　　일첩(日牒)　　　　시첩(時牒)

해 제 (解題)

　　智還이 편찬한 『天地冥陽水陸齋儀梵音刪補集』[1]은 異本이 많다. 坡田 金戊祚博士 所藏本만 하더라도 6종이 되는데, 그 중에서 3卷 1册이면서 가장 양호한 상태인 本書의 서지 사항은 다음과 같다. 天地冥陽水陸齋儀梵音刪補集圖·目錄 : 25.1×19.3㎝, 10행 18자, 13장. 天地冥陽水陸齋儀梵音刪補集序 : 板心題; 梵音集序 : 24.2×19.4㎝, 10행 16자, 2장. 上下左右 雙邊, 上下 單邊 左右 雙邊이 혼합, 上下 內向 四紋 魚尾. 石室 明眼·無用 秀演의 序文. 天地冥陽水陸齋儀梵音刪補集卷之上 : 板心題; 梵音集上 : 24.5~25.5×20㎝, 10행 18자, 67장, 上下左右 雙邊, 上下 內向 四紋 魚尾. 天地冥陽水陸齋儀梵音刪補集卷之中 : 板心題; 梵音集中 : 24×20㎝, 10행 18자, 67장, 上下左右 雙邊, 上下 內向 四紋 魚尾. 三卷仔夔文五晝夜作法規卷之下 : 板心題; 梵音集下 : 24×20㎝, 10행 18자, 49장, 上下左右 雙邊, 上下 內向 四紋 魚尾. 刊記: 康熙六十年 辛丑(1721) 九月日 京畿 陽州地 三角山 重興寺 開板. 月洲 子秀·桂坡 聖能의 跋文. 서두에 지환스님이 쓴 것으로 보이는 19항목의 論은 본서의 편찬 의도를 파악하는데 필요한 것이라 생각하여 다른 판본에 있는 것을 삽입시킨 것이다.

　　本書에는 癸卯年(1723)에 石室 明眼이 쓴 <梵音集刪補序>와 같은 해에 無用 秀演이 쓴 <新刊梵音集刪補序>, 그리고 같은 해 月洲 子秀와 桂坡 聖能이 쓴 跋文이 두 편 있다. 이 序·跋文의 내용과 刊記를 통해 책을 간행할 때의 어려움과 刊行地, 刊記에 얽힌 이야기들을 추정해 볼 수 있다.

　　桂坡 聖能이 쓴 跋文과 石室 明眼, 無用 秀演이 쓴 序文을 살펴보면 간행 과정에 어렵고 복잡한 사정이 있었음을 알 수 있다.

　　　그러나 만세에 전하여서 어긋나지 않는 것은 끝내 책에 실어놓는 것만 못하므로, 그 번거로운 것을 산삭하고 간략한 것은 보충하여 두 권을 만들어 널리 여러 종장들에게 물어보고 谷城의 道林寺에서 새겼다. 또 華岳山에서 새기려고 불혜에게 여러 번 부탁하니, 불혜는 후학들의 법도 있음을 기뻐하고 환공의 성대한 뜻에 감동하였으나 장인이 여가가 없어서 여러 해 늦추다가 지금 비로소 간행하게 되었다. …(중략)… 일을 마쳤다고 고함에 지환이 권말에 한 마디 말을 청하니 부득이 거절하지 못하고 간략하게 그 처음과 끝을 서술한다.[2]

　　　그 의례 문장에 글자가 잘못되고 절이 뒤섞여서 물과 젖이 서로 섞인 것을 보고서는 더욱 더 산정하여, 여러 소례·대례·예수문·지반문·자기문 등 5종집을 참조하여 깎고 보태고 절충해서 조목과 사례에 단

---

1) 이하로는 줄여서 『梵音刪補集』으로 부른다.

2) 『梵音刪補集』, 「桂坡聖能跋文」, "然傳之萬世 而不爽者 終不若載之方册 故刪其繁補其略 作爲兩卷 廣質於諸宗匠 鋟于谷城之道林寺 又欲剞劂於華岳 勤托於不慧 不慧喜後學之有範 感還公之盛意 而匠手無暇 延遷數載 今始刊行 …(中略)… 工告訖 還公請一言於卷末 辭不獲已 略敍其始終焉"

서가 있다. 제방가에게 두루 질의하여 이미 인가를 받았고 모아서 <u>3책을 만들어 제목을 산보집</u>이라 하였다.[3]

　　　지금 지환상인 방장의 무리들은 그 사람이 단정하고, 그 음이 웅장하니 뛰어난 자들이라 할 것이다. 그 소리가 물결처럼 무너진 것을 개탄하여 틀리고 어그러진 것을 바로 잡고자하여 다른 집착들을 모아보고 그것을 스스로 쓰지 않고 청한 여러 소리들이 결출하였다. 그 번거로움을 산삭하고 그 빠진 것을 보충하였으니, 옳은 것은 그대로 하고 틀린 것은 그것을 고쳐서 나누어 <u>3권으로 만들었다</u>.[4]

계파 성능의 발문에 따르면 먼저 2권본 『범음산보집』을 전라도 곡성 도림사에서 간행하였고, 어떤 이유에선지 알 수는 없으나 다시 華岳山[5]에서 새기고자 불혜에게 여러 번 부탁을 한다. 그러나 장인이 여가가 없어서 여러 해 미루다가 비로소 3권으로 다시 간행하게 된다. 그리고 끝에는 "<u>上之四年 癸卯月日</u> 扶宗樹敎 傳佛心燈 福國祐世 廣濟衆生 悲智普照 解行雙運 圓融無礙 一切種善 禪敎都摠攝 兼 八方都僧統 弘覺登階 國一紫都大禪 嘉義大夫 八道都摠攝 兼 僧大將 桂坡聖能 謹跋"이라고 서명을 하였다.

上之四年 癸卯年이라면 1663년(顯宗4)과 1723년(景宗3)으로 추정해볼 수 있다. 그러나 "上之四年"이라고는 하였지만, '현종4년 1663년' 보다는 여러 가지 정황상 1년의 차이에도 불구하고 '경종 3년 1723년'에 발문을 쓴 것으로 보인다. 왜냐하면 보편적으로 왕이 승하한 뒤, 그 자리를 계승하였다 하더라도 의리상 바로 그 해를 원년으로 쓰지 않기 때문이다. 연표에 따르면 숙종 다음으로 경종이 뒤를 이은 것이 辛丑 1721년이다. 따라서 계묘 1723년은 '聖上三年'이 된다. 그런데 계파는 경종이 등극한 그 해를 원년으로 계산했기 때문에 "上之四年"이라 한 것이다. 이렇게 1년 정도의 오르내림은 있는 일이기 때문에 "上之四年"은 경종3년을 가리키는 것이라고 볼 수 있다.

이런 추정이 가능한 것은 발문 마지막에 "嘉義大夫 八道都摠攝 兼 僧大將 桂坡聖能 謹跋"이라고 쓴 것 때문이다. 계파는 생몰연대가 확실하지 않다. 그런데 한 가지 단서가 될 만한 것이 있다. 계파가 팔도도총섭으로 있었던 기간은 1711년부터 1745년까지이다. 발문에 "팔도도총섭 겸 승대장"이라고 했기 때문에 정확한 나이는 알 수 없지만 이 직책을 수행하는 기간 중인 계묘년 즉, 1723년에 발문을 썼다는 말이다.

한 가지 단서를 더 들자면 『범음산보집』 하권 ≪宗室壇作法儀≫에는 조선의 역대 왕들의 영가를 불러 모시고 있는데, 그 처음이 太祖康獻大王의 靈駕이고 마지막이 肅宗大王의 영가이다. 만약

---

3)「石室明眼序」, "覽其儀文 字誤句錯 水乳相雜 於是更加刪正 而參諸小大禮預志仔五種集 刪補折中 條例有緒 偏質諸方 已蒙印可 而彙成三篇 題曰 刪補集"

4)「無用秀演序」, "今也智還上人 方丈之徒 其人端其音雄 可謂拔萃者 慨其聲敎波頹 心欲會其異執正其訛舛 而 不自用期以請諸聲徒之傑然者 刪其繁補其闕 是者仍之 非者改之 分爲三軸 旣又乞余考證 而序其顚末"

5) 華岳山은 우리나라에 5~6군데나 있고 寺刹名이 기록되어 있지도 않기 때문에 山名만 가지고는 이 책을 開刊한 사찰을 추정해내기가 어렵다.

계묘년이 '현종4년 1663년'을 말하는 것이라면 孝宗宣文大王仙駕를 부르는 것으로 끝이 났어야 마땅할 것이다. 그렇지만 종실단 작법을 하기 위해서 청하는 영가들의 자리에 마지막으로 "一心奉請 顯義光倫睿聖英烈 肅宗大王仙駕 來臨法會"라고 하여 숙종대왕의 영가를 부르는 것으로 끝을 맺고 있는 것은 이때가 경종 재위기간이었다는 것을 의미한다.

이렇게 해서 "上之四年 癸卯"라는 것과 "팔도도총섭" "肅宗大王仙駕"라는 세 가지 단서로 월주 자수나 계파 성능이 발문을 쓴 해는 1723년으로 결론지을 수 있다. 이것은 이 책이 간행된 시기에 대해서 1663년이니, 1721년이니, 1723년이니 하는 여러 異說이 있어 왔기 때문에 여러 가지 단서를 가지고 입증을 해본 것이다.

그런데 어찌된 일인지 책을 간행하는 데 시주를 한 施主者들의 이름을 다 적고 난 뒤 간기에는 "康熙六十年 辛丑九月日 京畿 陽州地 三角山 重興寺 開板"이라고 새겨져 있다. 즉, 계파 성능의 발문에 적힌 대로라면 이 책은 1723년 '화악산'에서 간행된 것이어야 하는데, 간기에는 경기도의 '삼각산'으로 되어 있고 발문을 적은 해 보다 2년이나 앞서는 신축년(1721)으로 되어 있다. 혹 화악산을 삼각산으로 부르기도 하는 것이 아닌가 추측도 해보지만 정확한 근거 자료가 없고, 또 우리나라에 화악산으로 불리는 산이 5~6곳이나 있어서 정확히 간행된 장소가 어디인지는 알 수가 없다. 그리고 오늘날 경기도 양주 중흥사는 폐사된 사찰이기 때문에 중흥사에서 어떤 단서를 찾기는 힘들다. 더구나 '開板'이란 용어도 초판 인쇄일 경우 쓰기도 하나 간혹 重刊일 때 쓰기도 하기 때문에 이것으로 중흥사에서 초판 인쇄한 것이라고 단정하기도 어렵다.

그러나 한 가지 추정해볼 수 있는 것은 발문에 화악산에서 새기려고 하였으나 여의치 않아 여러 해 동안 미루다가 비로소 간행하게 되었다고 하였으니, 간행한 곳이 삼각산 중흥사는 아닌가 하는 것이다. 월주 자수나 계파 성능의 발문에 '중흥사'에서 새겼다는 말은 없으나 간기에 '삼각산 중흥사'라는 말이 있는 것으로 봐서 가장 가능성 있는 추정이라 생각한다.

위에서 밝힌 몇 가지 단서를 가지고 3권본 『범음산보집』 판본의 간행 경위에 대해 정리해 보겠다.

3권본 『범음산보집』이 간행되기 전에 이미 지환스님은 전라도 곡성 도림사에서 2권으로 된 『범음산보집』을 開刊했고, 뒤에 다시 더 보완하여 3권으로 된 『범음산보집』을 화악산에서 간행하려 하였다. 그러나 사정이 있어서 미루다가 드디어 경기도 양주 삼각산 중흥사에서 3권본 『범음산보집』을 開板하게 된 것이다. 이런 사정을 계파 성능이 발문에 소상히 적어놓은 것으로 봐서 앞서 만들어진 2권본 『범음산보집』에는 계파의 이 발문이 들어있지 않아야 된다. 왜냐하면 이런 사정은 2권본이 만들어진 다음에 일어난 일이기 때문이다. 그럼에도 불구하고 2권본 『범음산보집』에는 3권본과 똑같은 서·발문이 들어가 있다.

異本들 중에 2권본 『범음산보집』이면서 3권본 『범음산보집』에 붙어있는 서문이 서명한 해만 수정한 채 그대로 붙어있는 경우가 있었다. 이것은 뒤에 2권본을 복간할 때 3권본 서문을 갖다 붙였거나 책을 사용하던 이가 다른 책의 것을 붙인 것으로 추정해 볼 수 있다.

그리고 발문에는 癸卯年(1723), 간기에는 辛丑年(1721) 이라 하여 2년이라는 차이가 생긴다. 아마도 모든 작업이 끝나 간기까지 새겼으나 月洲 子秀와 桂坡 聖能에게 발문을 받는 데는 시간이 걸린 듯하다. 이런 과정에서 2년이란 차이가 생겼을 것이고 발문까지 새기고 3권본 『범음산보집』이 유포되기 시작한 것은 1723년 이후로 볼 수 있을 것이다.

『범음산보집』은 古禮를 刪定·質疑하여 水陸齋 절차의 틀을 완성하여 놓았으며, 불가의 수행자들이 일상으로 행하는 朝夕禮佛·焚修作法과 불가의 상장의례인 茶毘作法, 叢林의 四名日에 행하는 叢林四名日作法·禪門祖師禮懺·說禪作法·宗室壇作法 등 불교의례의 전반적인 의식 절차를 수록하고 있는 종합서이다.

상권은 ≪靈山齋≫ 齋前의 조석예불 절차와 각종 移運節次, 그리고 각 壇과 堂을 배치하는 방법·절차 등을 포함하여 諸般 ≪靈山齋≫ 절차를 제시하고 있다. 중권은 志磐文에 의한 ≪豫修齋≫의 절차와 禪門에서 祖師禮懺하는 절차, 叢林의 四名日과 각 절기에 행하는 작법 절차, 佛像을 點眼하는 作法節次 등을 제시하고 있다. 하권은 仔夔文을 저본으로 해서 刪補한 것이다. ≪水陸齋≫를 비롯하여 불가에서 일상적으로 예경하는 ≪風伯雨師壇≫ ≪伽藍壇≫ ≪天王壇≫ ≪龍王壇≫ ≪穢跡壇≫ ≪梵王壇≫ ≪帝釋壇≫ ≪四天王壇≫ ≪城隍壇≫ 등에서 행하는 勸供과 작법 절차를 제시하고 있다.

이 책은 각 절차마다 지문으로 작법에 대해 아주 상세히 기록하고 있어서 作法[6]을 무척 중요시하였음을 알게 한다. 예를 들면, ≪晨焚修作法節次≫에는 "香爐殿에서 金을 1宗 친 뒤 晨鼓를 3宗 친다. 다음으로 대종을 36번 친 뒤, 轉鐘을 7번 친다. 鳴螺를 3旨 불고 鳴鈸을 1宗 친 뒤 喝香을 한다."[7]라고 지문을 붙이고 있는데, 『석문의범』이나 오늘날 간행되는 의례서에서는 찾아볼 수 없는 방식이다. 그리고 이 作法과 더불어 불교의례에서 빠질 수 없는 부분이 梵唄인데, 『범음산보집』에 石室 明眼이 쓴 <梵音集刪補序>의 내용에서 알 수 있듯이 이 책은 의례의 재정비와 범패의 중흥을 목적으로 편찬한 것이다.

그리고 조선전기와 달리 후기에 오면 眞言類의 서적이 많이 간행되는데, 이런 시대 흐름 탓인지 의례서에도 진언을 많이 삽입하게 된다. 『범음산보집』에도 절차마다 여러 개의 진언이 삽입되어 있다. 사실 이들 진언이 없어도 무리 없을 만큼 의식은 정연한 하나의 신앙 체계를 이루고 있다. 의례를 정비하는 과정에 밀교적 신앙요소가 짙은 진언을 삽입시킴으로해서 의식 행위를 더욱 신비화시키고자 하는 의도가 들어있는 것으로 볼 수 있다.

이렇게 『범음산보집』은 불교의례의 총체적 면모를 볼 수 있는 종합서적이기 때문에 광범위하게

---

6) 불가에서는 作法을 '동작으로 法을 짓는다'는 의미로 개념 규정하고 있다.
7) ≪晨焚修作法節次≫, "香爐殿 金一宗後 晨鼓三宗 次大鐘三十六搥後 轉鐘七搥 鳴鏍三旨鳴鈸一宗後 喝香"

유포되어 사용될 수 있었다. 지환스님이 쓴 『범음산보집』 서두의 論을 보면 작법 절차에 대해 종합적인 설명을 하고 있는데, 가능한 고대로부터 내려오는 작법 절차와 先師들의 시가 작품을 고수하려는 입장을 취하고 있다. 그래서 『범음산보집』은 고대의 名彦과 先師들의 작품이 수록되어 있다는 점과 고대의 불교의식의 원형을 유지하고 있다는 점에서 높게 평가할 만하다.

『범음산보집』은 조선후기 점점 피폐되고 쇠락하여 법도도 없어지는 불교의례를 재정비하고 민중들에게 포교하기 위한 방편으로 편찬된 의례서이다. 이를 위해서 지문으로 작법의 절차를 소상히 밝히고 있는데, 여기에는 범음·범패·작법무·진언·각종 威儀 등에 대한 설명도 있다.

그리고 범음·범패로 부르는 이 시가들은 諸方에 질의하여 산정하였기 때문에 문예미적으로도 뛰어난 작품들이다. 오늘날 의례서에서는 이러한 불찬류 시가들이 일부만 남아 전한다. 齋會가 설행되면 각 절차에 반드시 들어가야 하는 몇몇의 불찬류 시가 외에는 고정되어 있는 것이 아니기 때문이다. 의례서에 나와 있다 하더라도 실제 도량에서 설행될 때는 상황에 따라 부르지 않고 넘어갈 수도 있다. 의식이 벌어지는 상황에 따라 충분히 加減이 있을 수 있다는 말이다. 또 의례서를 비교해보면 같은 시가인데도 몇 개의 단어만 달리하여 다른 장면에서 쓰고 있기도 하므로 불찬류 시가는 상당히 개방적이고 유동적이라고 말할 수 있다. 이것은 지환스님이 편찬한 『범음산보집』이 2권 본, 3권 본 두 종류로 간행된 것만 봐도 알 수 있는 일이다. 2권 본에 비해 3권 본은 더 많은 시가를 수록하고 있다. 2권 본을 간행한 뒤에 3권 본이 다시 간행된 것인데, 이것은 의식의 규모가 더 클 때는 시간도 연장되기 때문에 여기에 필요한 불찬류 시가를 더 삽입시킨 데에 따른 변화일 것이다.

本書의 자료적 가치는 불교의례서라는 한정된 시각에 머물지 않는다. 『한국불교의례자료총서』에는 고려시대까지 올라가는 最古의 불교의례서도 있기 때문에 희소적 가치로 말할 수도 없다. 무엇보다도 『범음산보집』은 조선 후기 피폐해진 불교의례를 바로 잡고 범패를 중흥시키고자 하는 목적을 가지고 간행된 의례서이다. 따라서 당시의 儀式 設行 상황과 규모 등을 알 수 있으며, 오늘날에는 사용되지 않는 많은 불찬류 시가들도 볼 수 있다. 더욱이 본서는 각 壇에 대한 배치와 작법에 대해 세세히 밝혀 놓고 있기 때문에 作法을 하는데 좋은 근거 자료가 될 수 있을 것으로 본다.

변상도(變相圖)

범음집산보서(梵音集刪補序)

删補集 何爲而述也 還上人 憂梵學之失 其眞而述也 盖自白馬東還 像敎漸蔓 而梵唄之傳 有自來矣 魏陳思王曹植 於魚山忽聞空中梵天之音 回作桑門之聲樂 今稱魚山梵音者 非是之謂歟 唐三藏奘公 求法西天 聞彼梵聲 與此大同 而高宗創慈恩寺慶讚 奘以此樂樂之 龍顔大說 羅代眞鑑老 燈續西華 兼習此道而還 自爾玉泉遺響大振於吾東 凡所祈福薦靈 非此不能 此終古繼繼承承 而不可絶者也 當今之時 能繼其道者 安國寺證戒其人也 得智還上人 而傳其妙 還靑於藍者 覽其儀文 字誤句錯 水乳相雜 於是更加删正 而參諸小大禮預志仔五種集 删補折中 條例有緒 偏質諸方 已蒙印可 而彙成三篇 題曰 删補集 旣又徵余校且序 余三閱其文 略述源流而序之

癸卯仲春日 石室明眼謹題

산보집은 무엇 때문에 저술하는 것인가? 지환상인이 범학(梵學)이 그 참됨을 잃을까 근심하여 저술하는 것이다. 대개 백마(白馬)1)가 동쪽으로 오면서부터 불교가 점점 무성해졌으니 범패의 전수에는 저절로 유래가 있었다. 위(魏)나라 진사왕(陳思王) 조식(曹植)이 어산(魚山)에서 홀연히 공중에서 범천(梵天)의 소리를 듣고 상문(桑門)의 성악(聲樂)으로 만들었으니, 지금 어산(魚山), 범음(梵音)이라고 부르는 것은 이것을 일컬음이 아니겠는가? 당(唐)나라 삼장(三藏) 장공(奘公)이 법을 구하러 서천(西天)에 가서 저쪽의 범성(梵聲)을 들으니 이것과 대동소이했다. 당나라 고종(高宗)이 자은사(慈恩寺)를 창건하고 경축할 적에 장공이 이 음악으로 즐겁게 하니 임금이 크게 기뻐하였다. 신라 시대에 진감(眞鑑) 선사2)가 중국의 법을 잇고 겸하여 이 도를 익혀 돌아오면서부터 우리 동국에 옥천(玉泉)의 유향(遺響)을 크게 떨쳤다. 무릇 복을 구하고 망령(亡靈)들

---

1) 백마(白馬): 후한 명제 영평 10년(67)에 가섭마등·축법란이 대월지국에서 불상과 불경을 흰 말에 싣고 낙양에 온 것을 이르는 말이다. 이때 명제가 크게 신봉하여 낙양성 서옹문 밖에 정사를 지어 머물게 하고 백마사라 이름하였다. 이것이 중국 최초의 절이 된다. 그 후로 백마라고 부르는 사원이 여러 곳에 세워졌다.

2) 진감선사(774~850): 신라 후기의 스님으로 우리나라에 처음 범패(梵唄)를 전했다. 성은 최(崔), 법명은 혜소(慧昭). 어머니의 꿈에 인도 스님이 찾아와 "당신의 자식이 되겠다"하고는 유리병을 주고 갔는데 그 후 그를 잉태했다. 일찍 부모를 여의고 불도를 구했다. 804년(애장왕5) 31세에 세공사(歲貢使)를 따라 당나라에 들어가 마조도일의 제자 창주(滄洲) 신감(神鑑)에게 법을 이어받았다. 사람들은 그를 '동방성인(東方聖人)', 또는 얼굴이 검었으므로 '흑두타(黑頭陀)'라 불렀다. 810년(헌덕왕2) 숭산 소림사에서 비구계를 받았다. 830년(흥덕왕5) 귀국하여 설악산 장백사(長栢寺)에서 교화 활동을 펴다가 지리산으로 가서 옥천사(현 쌍계사)를 창건하고 조계 원조인 육조의 영당을 세웠다. 850년(문성왕12) 1월 9일 나이 77세, 법랍46년으로 입적했으며, 시호는 진감국사이다. 최치원이 지은 진감국사비(국보 제47호)가 지금 경남 하동군 쌍계사에 있다.

을 천도(薦度)할 적에 이것이 아니면 할 수가 없다. 그러니 예로부터 대대로 계승하여 끊지 못하였던 것이다.

오늘날에 이 법을 능히 계승한 자는 안국사(安國寺)의 증계(證戒)가 그 사람이다. 지환상인(智還上人)을 얻어 그 묘함을 전하니, 지환은 선배보다 더 뛰어난 사람이다. 그 의문(儀文)을 살펴보니 글자가 잘못되고 구절이 바뀌어 물과 젖이 섞인지라, 이에 다시 깎아서 바로잡고, 여러 소례(小禮)·대례(大禮)·예수문(預修文)·지반문(志磐文)·자기문(仔夔文) 등 5종 작법집을 참조하여 깎고 보태고 절충하여, 조목과 사례에 단서가 있다. 제방가에게 두루 질의하여 이미 인가를 받고는 3편을 모아서 제목을 산보집(刪補集)이라 하였다. 그러고는 미력한 내게 교정과 서문을 요구하기에, 나는 그것을 세 번 교열하고 대략 그 원류를 서술하여 서문으로 한다.

계묘년(1723) 중춘일에 석실(石室) 명안(明眼)[3] 삼가 제하다.

---

3) 명안(明眼;1646~1710): 호는 석실(石室)·설암(雪巖), 자는 백우(百愚), 성은 장(張). 진주사람. 1657년(효종8) 12세에 지리산 덕산사(德山寺)의 성각(性覺)에게 출가했고, 1660년(현종1) 엄비(掩鼻)로부터 구족계를 받았다. 그 뒤 무영(無影) 탄헌(坦憲)의 문하에서 10년 동안 선과 교를 함께 닦았다. 황령선사(黃嶺禪寺)에서 교화하고 있던 백암(栢庵) 성총(性聰)이 편지를 보내 그를 부르자 그를 4년 동안 모시면서 화엄원융(華嚴圓融)의 뜻을 전해 받았다. 1710년(숙종36) 회계의 옥산사(玉山寺)에서 나이 64세, 법랍 52년으로 입적했다.

신간범음집산보서(新刊梵音集刪補序)

梵音之作 權輿於曹魏 而我東眞鑑老 入中華模還而後 玉泉遺響 雷震山應 蛙音之陋 一變而彷佛
彿乎支那印度焉 今則法墮人疎 音亦隨之 敢以布鼓搪突天雷者 滔滔皆是 可言哉 然而方丈之音 蔽
一國耳 堪傾乎 其所詠句偈 則多撫於禪法律三藏之中 或出於當其時名彦之手 而口訓手傳 烏焉莫
分 人雖欺 聖可欺乎 小大設筵供佛天神之際 諸聖若見其過 則人無開口者 吁可畏哉 今也智還上人
方丈之徒 其人端 其音雄 可謂拔萃者 慨其聲教波頹 心欲會其異執正其訛舛 而不自用 期以請諸聲
徒之傑然者 刪其繁補其闕 是者仍之 非者改之 分爲三軸 旣又乞余考證 而序其顚末 余以不才讓之
固 而之人之請堅其甚 余不顧隣人之走 敢效西子爲

癸卯仲春日 無用秀演敬序

범음(梵音)이 지어진 것은 조위(曹魏)에서 비롯되었고, 우리 동국에는 진감(眞鑑) 노사(老師)가
중국에 들어가 본떠 들여온 이후로 옥천(玉泉)의 유향(遺響)이 천둥처럼 산을 울려 개구리 울음처
럼 비루하던 풍속이 변화하여 중국과 인도를 방불케 하였다. 지금은 법도도 추락하고 사람들도 드
물어서 범음도 따라 피폐하게 되었으니, 감히 베북으로 천둥소리를 흉내내는 자가 모두들 이러하
니 어찌 말로 하겠는가? 그러나 방장(方丈)의 음악이 온 나라에 엄폐되었는데 귀를 기울이겠는가?
그 읊조리는 구절과 게송은 선, 법, 율 삼장[4] 가운데에서 모으거나 혹 당대 이름난 선비의 손에서
나온 것이 많은데, 입으로 전해지다 보니 오(烏)자가 언(焉)자와 구별되지 않으니, 사람들은 속을지
몰라도 성인을 속이겠는가? 크고 작은 법연(法筵)을 베풀어 부처님과 천신(天神) 지기(地祇)에 공양
올릴 때 여러 성인들이 그 과실을 본다면 입을 열 사람이 없을 것이다. 아! 두려운 일이다. 지금
지환상인(智還上人)은 방장(方丈)의 무리이다. 그 사람됨이 단정하고 그 음이 웅장하니 무리 중에
뛰어난 자라 할 것이다. 그 범음의 가르침이 물결처럼 무너진 것을 개탄하여, 마음으로 그 다른
견해들을 모으고 어그러진 것을 바로잡으려고 하면서도 제멋대로 하지 않고, 기어코 범음에 특출한
여러 사람에게 청하여, 그 번거로운 것은 깎아내고 그 빠진 것을 보충하며, 옳은 것은 그대로 하고
틀린 것은 고쳐서, 3권으로 나누어 만들었다. 그런 다음 나에게 고증하고 전말을 서문으로 써 줄

---

4) 삼장(三藏): 장(藏)은 범어 piṭaka의 번역으로, 용기(容器), 곡창(穀倉), 롱(籠) 등의 뜻이다. 삼장은 경장(經
藏), 율장(律藏), 논장(論藏)의 셋으로 불교성전을 이 세 부류로 나누어 모았다는 뜻으로부터 불교성전을
총칭하여 삼장 또는 삼법장(三法藏)이라 한다.

것을 요구하였다. 나는 재주가 없다고 굳이 사양하였으나 이 사람의 청이 더욱 견고했다. 나는 이웃 사람들이 도망치는 것을 무릅쓰고 감히 서시를 흉내낸다.

계묘년(1723) 중춘일 무용(無用) 수연(秀演)[5] 삼가 서하다.

---

5) 수연(秀演;1651~1719): 호는 무용(無用), 성은 오(吳). 전북 익산군 용안(龍安) 출신. 1669년(현종10) 19세에 조계산 송광사 혜관(惠寬)에게 출가하고, 혜공(慧空)에게 구족계를 받았다. 선과 교를 겸수하기 위하여 1672년(현종13) 선암사(仙巖寺)의 침굉(枕肱) 현변(懸辯)에게 선을 배웠다. 송광사의 은적암(隱寂庵)에서 백암(栢庵) 성총(性聰)의 문하가 되어 성총의 불전 간행을 도왔으며, 성총이 입적한 뒤에는 칠불암(七佛庵)에서 많은 학인들을 교화했다. 1719년(숙종45) 10월 17일 나이 69세에, 법랍 50년으로 입적했다.

済

水陸設辦時 秉法師 預請式

古集云 大佛事時 勿論遠近 或化主齋者等 懇請有名識法大師 或一月半月 奉接於齋所別房 而化主齋者等 每事一一禀告設辦耳. 法師與大衆 公議抄出上堂所任 則所任等 亦各以所作之事告 其法師 以從通論耳 且其本寺住持 與維那等 雖是成德大師 爲其執事之主人 而說主雖是年小學者 別請之賓也 賓主之間 須具禮儀 故維那等 不怠朝暮之禮也云耳.

수륙재를 준비할 때에 병법 스님을 미리 청하는 의식

옛날 작법집에 이르길, '큰 불사를 할 때에는 원근을 따지지 말고, 화주(化主)[1]와 재자(齋者) 등이 법을 잘 아는 유명한 스님에게 간청하여, 1개월이나 보름동안 재를 지낼 장소의 별도의 방에 모셔 와서 지내게 하는데, 화주와 재자 등은 매사에 하나하나 아뢰어 마련한다. 법사와 대중 등이 공의 해서 상당(上堂)의 소임(所任)을 선출하면, 소임들도 또한 각기 맡은 일을 고하고, 그 법사는 여론을 따르도록 한다. 또 그 본사 주지(住持)와 유나(維那) 등은 비록 큰 덕을 이룬 큰 스님이 일을 집전하는 주인이 되더라도, 설주(說主)가 비록 연소한 학자라도 특별히 청한 손님이니, 빈과 주인 사이에 모름지기 예의를 갖추어야 한다. 그러므로 유나 등은 아침 저녁의 예를 게을리하지 않는다' 고 하였다.

衆會日請衆迎入式

竊觀 諸方名現禪刹 水陸設辦擧例 衆會日早茶後 上堂所任之員 齊會於堂司所 則客堂佐 趁進維那前 拜伏云 "卽今請衆與諸山 旣到云云 迎客帳筵何處設之?" 維那一一敎之 則客堂佐聽敎 而出至解脫門外 可宜之處設帳 而客堂佐五六人 皆着長衫 以待請衆 則請衆來到 於設帳之所 改服然後堂佐等 擔其服物與諸請衆 至於宿所房 安坐而后 堂佐等告辭而出 又次來遠方 請衆迎入如上也 請衆巡房旣畢 請來齋所房 供養之後 副記事與奉硯堂佐 並至齋所房門外 堂佐先入門內 奉硯置之房中 退立於末席 副記事納名 於請衆前禮拜后 堂佐次進請衆前 禮拜而並跪拜 席副記事 亦以細陳枉臨勞苦 人事畢后 堂佐奉硯 跪進於請衆前 奉草榜之際 請衆與諸山中 或有魚山 各其名上落點焉.

중회일에 청한 대중을 맞아들이는 의식

가만히 여러 방면의 이름있는 선찰에서 수륙재를 할 때의 사례를 살펴보니, 대중이 모이는 날 아침 차를 마신 후에 상당의 소임을 맡은 사람들이 당사(堂司)의 처소에 모두 모이면, 객당좌(客堂佐)가

---

1) 화주(化主): 시물(施物)을 얻어 절의 재정을 돕는 승려이다. 화주승(化主僧)이라고도 한다.

유나 앞에 나아가 엎드려 말한다. "지금 청한 사람들과 여러 어산들이 도착했다고 합니다. 손님을 맞을 장막과 자리를 어느 곳에 설치할까요?" 유나가 하나하나 그것을 지시하면 객당좌는 말씀을 듣고 나가 해탈문 밖에 이르러 적당한 곳에 장막을 설치하고, 객당좌 5, 6인이 모두 장삼을 입고 청한 사람들을 기다리다가, 장막을 설치한 곳에 청한 대중이 이르렀을 때, 옷을 갈아입은 뒤에 당좌 등이 의복 등의 기물을 메고 여러 청중들과 더불어 숙소로 간다. 편안히 앉은 후에 당좌 등은 고하고 나간다. 또 차례차례 먼 곳에서 오시는 대중들을 맞이하는 것도 위와 같다. 청한 대중들의 방을 안내한 다음에 재(齋) 지낼 방으로 청해서 공양한 뒤에 부기사(副記事)와 봉연당좌(奉硯堂佐)는 같이 재 지낼 곳의 문 밖에 있다가 당좌가 먼저 방에 들어가서 벼루를 받들어 방 가운데로 갖다 놓고 말석으로 물러나 선다. 부기사가 청중 앞에 명함을 드리고 예배한 후에 당좌가 청중 앞에 나아가 예배하고, 그 자리에 나란히 꿇어앉는다. 부기사가 왕림해 주신 노고를 세세히 진술하여 인사를 마친 뒤에, 당좌는 벼루를 들고 꿇어앉았다가 청중 앞에 드린다. 방목(榜目)을 초할 때에 청중과 여러 산중의 대중 가운데, 혹 어산(魚山)이 있으면 각기 그 이름 위에 낙점한다.

大會等四疏論

盖開建大會三寶等四疏 必不合於齋前 而必有合於齋後者也 探看古集 則靈山作法儀文中 元無讀疏之規也 今時執事者 欲誇齋體廣大 故齋前 强讀四疏 何以禁也? 然作法時緩 則必失巳時獻供之儀 豈不慨然乎? 有識執事 齋前讀疏之規 一切除之.

큰 법회 때의 네 가지 소에 대한 논

대개 개계(開啓), 건회소(建會疏), 대회소(大會疏), 삼보소(三寶疏) 등 사소(四疏)는 반드시 재 앞에 하는 것은 합당하지 않으며, 반드시 재 뒤에 하는 것이 합당하다. 옛날 작법집을 보면 영산작법(靈山作法)의 의문(儀文) 가운데에는 원래 소를 읽는 규범이 없다. 오늘날 집사자는 재의 규모가 광대한 것을 자랑하려고 재 앞에 억지로 네 가지 소를 읽으니 어떻게 금하겠는가? 그러나 작법의 때를 늦추면 반드시 사시(巳時)에 헌공(獻供)하는 의식을 잃어버리게 될테니 어찌 개탄스럽지 않겠는가? 식견있는 집사는 재 앞에 소를 읽는 규범은 모두 삭제하라.

靈山作法論

觀夫諸方靈山進供作法之事 自有古例. 巳時進供 午時衆供 乃佛氏之法也. 於中有識魚梵 進供作法之規 一遵古聖之規 盖可美也. 今時 年少魚梵 徒知伎樂歡娛 而未知日時之緩急. 故或進供於午時之末 或未時之初. 乃違古聖之規 豈不寒心者哉? 後來十分詳察焉.

영산작법론

살펴보건대, 여러 지방의 영산진공작법(靈山進供作法)에는 각기 다 고례가 있다. 사시(巳時)에 공양을 드리고 오시(午時)에 대중에게 공양하는 것은 불씨(佛氏)의 법이다. 이 가운데 유식한 어산(魚山)[2]이나 범음(梵音)에게 진공(進供)하는 작법 규범은 옛날 성인의 규범을 한결같이 좇는데 대체로 아름답다. 오늘날 연소한 어산, 범패들은 재인과 음악의 즐거움만 알고 날짜와 시간의 완급(緩急)을 모르므로 진공을 혹 오시의 끝에 하기도 하고 혹 미시(未時)의 처음에 하기도 하여 옛 성인의 규범을 어기니, 어찌 한심한 일이 아니겠는가? 뒷사람들은 충분히 상세히 고찰하라.

三歸依論

嘗觀諸方靈山作法之規 則凡諸移運之儀 次次云云 擧靈山引聲繞匝 入法場三回止樂. 后先擧三燈偈 後擧三歸依之規 自出於先師之規 而或有先擧三歸依 後擧三燈偈者. 此規有何法門 捨古用今 事涉誤也. 告于魚梵 如此之規 願莫效之也.

삼귀의론

일찍이 여러 지방의 영산작법 규범들을 살펴보았더니, 무릇 여러 이운(移運)하는 의식을 차례차례 행하고는 거령산(擧靈山)과 인성(引聲), 요잡(繞匝)을 법 도량에 들어와 세 번하고 음악을 그친다. 그 뒤에 먼저 삼등게(三燈偈)를 거행하고 뒤에 삼귀의(三歸依)를 거행하는 규범은 선사(先師)의 규범에서 나온 것이나, 혹은 먼저 삼귀의를 거행하고 뒤에 삼등게를 거행하는 자도 있다. 이 규범에 무슨 법도가 있다고 옛날에 쓰던 것을 버리고 지금 시속을 따르는가? 일이 잘못되었으니, 어산과 범음에게 고하여 이와 같은 규범은 본받지 말기를 바란다.

畫侍輦論

盖水陸設辦之中 靈山乃是別作法也. 其中別例 畫侍輦何也? 此規不可. 然當日執事者 欲誇齋儀 强爲畫侍輦之計 先設三寶壇於解脫門外 而千手擊之 下去三寶壇 四方讚 嚴淨偈末 鳴鈸讀大會疏. 或設大樓 則嚴淨偈擊之 回立向三寶壇 鳴鈸讀大會疏 次靈山擧佛勢[3]至 末鳴鈸讀三寶疏. 次大請佛及靈山 志心歌咏 次三禮請與三界四部等衆 並爲迎請侍輦可也. 而或見他集 則但以常住 靈山 迎請 沐浴 侍

2) 어산(魚山): 범패의 한 가지. 중국 위나라 때에 진사왕 조식이 지금의 산둥성에 있는 위산에서 놀다가, 공중에서 범천이 소리하는 음성을 듣고, 그 음률을 본떠서 만들었다고 한다. 범패를 하는 승려 가운데 수장을 지칭하는 말로도 쓰인다.
3) 勢: 세(勢)의 오자로 보인다.

輦之規 不無疑焉. 然晝侍輦之規 雖爲可觀 日勢遲緩 則必失巳時獻供諸佛之儀軌 豈不慨然也. 望須有識執事 沐浴侍輦之規 深可詳察用之.

주시련론

대개 수륙재를 베푸는 가운데 영산(靈山)은 별도의 작법(作法)이다. 그 가운데 별도의 예로 낮에 시련(侍輦)하는 것은 왜냐? 이 규범은 불가하다. 그러나 당일에 집사자가 재의 의식을 과장하고자 억지로 낮에 시련하는 계획을 세워서, 먼저 해탈문 밖에 삼보단(三寶壇)을 설치하고 천수를 하고 종을 치고, 삼보단에 가서 사방찬(四方讚)과 엄정게(嚴淨偈) 끝에 바라를 울리고 대회소(大會疏)를 읽는다. 혹은 대루(大樓)에서 하게 되면 엄정게를 하면서 종을 치고 삼보단을 향해 돌아서서 바라를 울리고 대회소를 읽고, 다음 영산(靈山)과 대세지(大勢至)를 거불(擧佛)하고, 끝에 바라를 울리고 삼보소를 읽는다. 다음 부처와 영산을 청하고, 지심(志心)과 가영(歌詠)을 하고 다음 삼예청(三禮請)을 하고, 삼계(三界) 사부(四部) 등 대중을 아울러 영청(迎請)하고 시련(侍輦)하는 것이 옳다. 그런데 혹 다른 작법집에 본다면 다만 상주영산(常住靈山)에 영청(迎請), 목욕, 시련(侍輦)하는 규범만 있으니 의심이 없지 않다. 그러나 낮에 시련하는 규범은 비록 볼만 하지만 그날 형편이 늦어지면, 반드시 사시(巳時)에 여러 부처님께 헌공하는 의식을 잃어버리게 될 것이니 어찌 개탄스럽지 않은가? 바라건대 모름지기 유식한 집사는 목욕과 시련하는 규범을 깊이 상세히 관찰해서 써야 한다.

三禮請論

盖靈山擧佛後 覺照圓明云云 次次一心禮請 南無盡虛空遍法界 十方常住一切佛陀耶衆 和云. 惟願慈悲光臨法會云云 及與四部等衆云云 禮請具載古集也. 或見他本 則覺照圓明云云 次拔棄三禮請 只擧三頂禮何也? 覺照圓明文中 見載三禮請文何故只擧一心頂禮南無盡虛空遍法界云云 乃至惟願慈悲受我頂禮云云 爲常住佛頂禮耶? 爲虛空佛頂禮耶? 爲誰頂禮耶? 據此論之 則拔其禮請擧其頂禮 豈合於大靈山作法? 實爲小靈山作法也. 今日作法魚梵 詳察爲之.

삼예청론

대개 영산재에서 거불한 후에 '각조원명(覺照圓明;깨달아 밝히고 원만히 밝힌다)' 운운하고, 차례차례 '일심예청 나무진허공편법계 시방상주 일체불타야중(一心禮請 南無盡虛空遍法界 十方常住 一切佛陀耶衆;모든 허공에 두루하고 시방 법계에 항상 머무시는 모든 불타야들께 귀의하옵니다)'이라 하고, 화답하기를 '유원자비광림법회(惟願慈悲光臨法會;오직 원컨대 자비심으로 법회에 광림하소서)' 운운과 '사부등중(四部等衆)' 운운하며 예청하는 것은 옛날 작법집에 실려 있다. 혹 다른 작법집에는 '각조원명(覺照圓明)' 운운한 다음 삼례청을 빼버리고, 단지 '삼정례(三頂禮)'⁴⁾만 드는 것은 무엇 때문인가? '각조원명'의 조문 가운데에는 '삼례청' 조문이 실려 있는데, 무슨 까닭으로 단지 '일심정례나무진허공편법계' 운운에서부터 '유원자비수아정례' 운운까지만 거불하는가? 상주불을 위해 정례하는 것이냐, 허공불을 위해 정례하는 것이냐? 누구를 위해 정례를 하는 것이냐? 이에 근거하여 논한다면 예청을 하지 않고 정례를 하는 것이 어찌 대영산작법에 합당하겠는가? 실은 소영산작법이 되는 것이다. 오늘날 작법하는 어산과 범음은 상세히 고찰해야 할 것이다.

三如來偈文論

有云靈山作法畢後 或施主最勝衣服 及化主勸善燒送時 三如來三偈中 至末偈自性心香供養之偈文 文義重疊云 拔棄不用其法可乎? 昔者以此三偈文 俱載於諸般文 諸梵音集時 豈不知然也? 然今時撰集之師 拔棄先師之撰集 今師之所見 勝於先師之所見耶? 事涉不可 後來 勿以文字 廢先師之所述焉.

삼여래게문론

영산작법을 마친 뒤에 혹 시주한 가장 좋은 의복을 화주(化主)가 권선(勸善)하며 불살라 보낼 때에, '삼여래(三如來)'의 삼게(三偈) 가운데 마지막 게인 '자성심향공양(自性心香供養)'이라는 게문에 이르러서는 글 뜻이 중첩된다고 하여 뽑아내버리고 그 법을 사용하지 않으니 그것이 옳겠느냐? 옛날에는 이 삼게문이 제반문(諸般文)과 여러 범음집에 모두 실려 있었는데, 그때 어찌 모르고서 그렇게 했겠는가? 그러나 오늘날 찬집(撰集)하는 스님들은 선사(先師)께서 찬집한 것을 없애 버리는데, 오늘날 스님의 소견이 선사의 소견보다 나아서인가? 불가한 일이니 뒷사람들은 문자 때문에 선사께서 서술한 것을 버리지 마라.

三燈偈論

有云 齋後作法時 從容則俱擧三燈偈 急迫則直擧三至心云云 豈無所違乎? 盖三燈偈者 表初發信心也 禮歸三寶者 免三途之苦故也. 雖是急迫 捨此三燈偈不可 詳審無闕焉.

---

4) 정례(頂禮): 오체투지(五體投地)·접족례(接足禮)·두면례(頭面禮)라고도 한다. 극경례(極敬禮)의 하나로 상대의 발에 머리가 닿도록 하는 인도식 절 법이다.

삼등게론

재를 지낸 뒤에 작법할 때, 조용하면 삼등게(三燈偈)를 함께 갖추어 들고, 급하면 곧 삼지심(三至心)을 든다고 한 것이 있는데, 어찌 어긋난 바가 없겠는가? 대개 삼등게를 하는 것은 초발심(初發心)을 표하는 것이고, 귀삼보(歸三寶)의 예를 하는 것은 삼도(三途)의 고통을 모면하기 때문이다. 비록 급하더라도 이 삼등게를 버리는 것은 안 될 일이니, 상세히 살펴 빠뜨리지 마라.

三志心論

有云齋後作法時 志磐文 至心用之. 故志心歸命禮十方法界諸佛法僧和云 常住三寶 唱和后 單請單繞匝可也. 年少魚梵 欲誇才能 單志心 分爲三志心 各各恣意三繞匝 豈不重疊耶? 勿論思之.

삼지심론

재를 지낸 뒤에 작법할 때에 지반문(志磐文)에는 '지심(至心)'을 사용한다고 한 것이 있다. 그러므로 '지심귀명례 시방법계제불법승(志心歸命禮十方法界諸佛法僧)'이라 하면, '상주삼보(常住三寶)'로 화답하고, 창화(唱和)한 뒤에 한번 청하고 한번 요잡(繞匝)하는 것이 옳다. 연소한 어산과 범음은 재능을 자랑하고자, 단지심을 삼지심으로 나누어서 각각 제멋대로 세 번 요잡하니, 어찌 중첩되지 않겠느냐? 생각하고 논할 것도 없다.

上壇侍輦論

竊觀諸方 夜侍輦作法之規 則使五壇勸供畢於黃昏 而上壇侍輦 當畢於初更之中 中壇侍輦 當畢於二更之中 下壇侍輦 當畢於三更之中 而鱗次勸供 及施食乃是古法也. 今則不然 不分時更 作法太緩 天明之後 施食頗多 甚可慨也. 當日作法 魚梵見機而作是也.

상단시련론

가만히 살펴보건대 제방의 밤에 시련(侍輦)하는 작법의 규범은, 가령 오단권공(五壇勸供)을 황혼에 마친다면 상단(上壇) 시련은 초경(初更) 중에 마치는 것이 마땅하고, 중단(中壇) 시련은 이경(二更) 중에 마치는 것이 마땅하고, 하단(下壇) 시련은 삼경(三更) 중에 마땅히 마쳐서, 차례차례 권공(勸供)하고 시식(施食)하는 것이 옛 법이다. 오늘날은 그렇지 않아서 시각을 구분하지 않고 너무 천천히 작법하여서 날 밝은 뒤에 시식하는 것이 자못 많으니 심히 개탄스럽다. 당일 작법하는 어산과 범음은 형편을 보고 작법하는 것이 옳다.

中壇侍輦論

盖三藏侍輦時 輦至法堂階下 下輦則察衆 與上記事 副記事等 各奉三藏牌 趍登階上. 普禮佛前后 察衆等 因奉三藏牌 安坐中卓子 自古之恒規也. 或見他本 則別作四部等衆幡 天藏菩薩輦後尾 書天仙二部等衆幡奉行 地持菩薩輦後尾 書神部等衆幡奉行 地藏菩薩輦後尾 書冥部等衆幡奉行. 輦至法堂階下 則察衆等 各奉三藏牌 不能普禮 直至于中卓子 安坐之規 出自何典? 盖以四部等中 普禮佛前之規 載於參聖篇 及禮聖篇 而中禮篇文 雖無三藏. 然三藏 領四部等衆 普禮佛前 有何欠也? 若不書三藏牌 或書四部等衆牌 侍輦亦可也.

중단시련론

대개 삼장(三藏) 시련을 할 때 연(輦)이 법당 계단에 이르러 연을 내리면 찰중(察衆)과 상기사(上記事)와 부기사(副記事) 등이 각각 삼장패(三藏牌)를 받들고 천천히 계단을 올라 두루 부처님 앞에 예를 한 뒤에, 찰중 등은 삼장패를 받들고 가운데 탁자 위에 안치하는 것이 옛날부터 변함없는 규범이다. 혹 다른 책에 보면 따로 사부등중(四部等衆)의 깃발을 만드는데, 천장보살(天藏菩薩) 연 후미에 천선이부등중(天仙二部等衆)의 기를 써서 봉행하고, 지지보살(地持菩薩) 연 후미에 신부등중(神部等衆) 깃발을 써서 봉행하고, 지장보살(地藏菩薩) 연 후미에는 명부등중(冥部等衆) 기를 써서 봉행한다. 연이 법당 아래에 이르면 찰중 등은 각각 삼장패를 들고 있기에 보례(普禮)를 하지 못하고, 바로 가운데 탁자에 가서 안좌(安坐)하는 규범이 있는데 어떤 전례에서 나온 것인가? 대개 사부등중이 부처님 앞에 보례하는 규범은 참성편(參聖篇)과 예성편(禮聖篇)에 실려있고 중례편(中禮篇)의 글에는 삼장이 없다. 그러나 삼장이 사부등중을 거느리고 부처님 앞에 보례하는데 무슨 흠이 있겠는가? 만약 삼장패를 쓰지 않고 사부등중패를 써서 시련하는 것도 좋겠다.

勸供論

夫大小勸供之時 加持[5]四多羅尼云云 次擊五供養之規自有古法也. 年少魚梵 進供后 不誦加持四多羅尼 越次 但擊五供養之規 有何法門也. 又略禮勸供時 運心偈呪俱擊 則可謂眞言勸供也, 或有擊偈 而

---

5) 가지(加持): (산)adhiṣṭhāna. 본래는 서는 것, 주처(主處) 등의 의미였으며 상응하여 관계하는 것. 호념(護念)·가호(加護)라고도 한다. 불보살이 불가사의한 힘을 가지고 중생을 돌보아 주는 신변가지(神變加持)이다. 밀교에서는 불타가 대비와 대지로 중생에게 응하는 것이 가(加)이고, 중생이 그것을 받아서 지니는 것을 지(持)라고 한다. 요컨대 불타와 중생이 상응하여 일치하는 것을 말한다. 이 경우 불의 삼밀(三密)과 중생의 삼밀이 상응상교(相應相交)하고, 남을 거두어 보존하여 주고, 마침내 여러가지 좋은 결과를 이루게 되므로, 그것을 삼밀가지(三密加持)라고 한다.

反不擊呪者 豈謂眞言勸供也? 又伸五供養繞匝后 以此加持云云 適當之規也. 或有運心偈繞匝后 以此加持云云者 甚不可也. 願此香燈茶味供遍法界云云 宜當也. 又王壇勸供時 加持恭白者 仰惟三寶 特賜加持云云 亦可也. 或有仰惟冥府 俯賜加持云云者 尤不可也耳. 又王壇勸供畢後 或有使者壇 別勸供者 豈不亂煩耶? 此壇自古以來獻供而已 別無勸供事也耳.

권공론

대저 크고 작은 권공 때에는 가지사다라니(加持四多羅尼)를 운운하고, 다음 바라를 치고 오공양(五供養)을 하는 규범은 본디 고법에 있다. 연소한 어산과 범음들이 진공(進供)한 후에 가지사다라니를 외지 않고 차례를 건너 뛰어 단지 오공양을 하는 것은 어떤 법문이 있어서인가? 또 약례(略禮)로 권공(勸供)할 때에 운심게(運心偈)와 주(呪)를 함께 한다면 진언권공(眞言勸供)이라고 일컬을 수 있으나, 혹 운심게를 하고 도리어 운심주는 하지 않는다면 어찌 진언권공이라 하겠는가? 또 오공양을 펴면서 요잡한 후 '이차가지(以此加持) 운운'하는 것이 적합한 규범이나, 혹 운심게를 하고 요잡한 후 '이차가지 운운'하는 것은 매우 불가한 것이다. '원차향등다미공편법계(願此香燈茶味供遍法界;원컨대 이 향과 등, 차, 음식으로 두루 법계에 공양하나이다)' 운운하는 것은 마땅하다. 또 시왕단에 권공할 때에 '가지공백자 앙유삼보 특사가지(加持恭白者 仰惟三寶 特賜加持;가지하여 공손히 사뢰오니 삼보께서는 특별히 가지해 주십시오)' 운운하는 것도 또한 가능하나, 혹 '앙유명부 부사가지(仰惟冥府俯賜加持;우러러 오직 명부전에 굽어 가지해 주시리라 생각하나이다)' 운운하는 것은 더욱 불가하다. 또 시왕단(十王壇) 권공을 마친 뒤에 혹 사자단(使者壇)에 별도로 권공을 하는 것이 있는데 어찌 번거롭지 않겠는가? 이 단에서는 예로부터 지금까지 헌공만 할 뿐이고 별도로 권공하는 일은 없다.

四多羅尼論

徧覽諸方上古 中禮 結手板本 四多羅尼呪 上壇則各擊三七遍 中壇則各擊二七遍 下壇則各擊一七遍之規 已知正法矣. 今時板本 四多羅尼呪 爲上壇 初呪擊三七遍 餘三呪各擊一七遍 亦爲中壇初呪 擊三七遍餘三呪各擊一七遍之規 今時勸供者 皆用此規 未詳孰是也. 焰口經云 "中國有萬僧者 四多羅尼呪 減略云云 故元祐 初官使至睿州 見僧荷鐵枷 甲士 數十輩繫縛北去 遣人問之 士曰 '是僧減略眞言 徧數 故天神及鬼神等 不蒙呪力之利益 故攝入地獄 以治重罪云云'" 豈不畏哉? 盖此三呪 但擊七遍 則運觀者 何暇 以淸淨水變爲甘露水 自一器水變爲萬億器 充滿法界中 供養於諸佛諸菩薩及三藏侍衛百萬億眷屬衆乎. 以此觀之 如數俱擊可也.

사다라니[6]론

제방에 있는 예전의 중례(中禮)[7]·결수(結手)[8] 등의 판본을 두루 살피니, 사다라니주는 상단(上壇)에서는 각각 21번을 치고 중단(中壇)에서는 각각 14번을 치고, 하단(下壇)에서는 각각 7번을 치는 규범이 이미 정법으로 알려져 있다. 오늘날 판본에는 사다라니주를 상단에서 하는데, 첫 번째 주(呪)만 21번을 치고, 나머지 세 번째 주는 각각 7번을 치라 했고, 또 중단에서는 첫 번째 주를 21번을 치고 나머지 세 번째 주는 각각 7번을 치는 것을 규범으로 하고 있으며, 오늘날 권공하는 사람은 모두 이 규범을 사용하고 있으니, 어느 쪽이 옳은지 상세하지 않다. 『염구경(焰口經)』에 말하길, "중국의 만승(萬僧)이 사다라니주를 약해서 운한 까닭으로 원우(元祐;송나라 철종의 연호) 연간에 한 관리가 예주(睿州)에 이르러 보니, 스님들이 쇠로 된 차꼬에 메인 채로 갑옷을 입은 군사 수십인에게 묶여가기에 사람을 보내 그 연유를 물으니, 갑사가 대답하기를, '이 중들은 진언(眞言)의 편수를 감략했기 때문에 천신과 귀신 등이 주력의 이익을 힘입지 못하여 지옥에 잡아들여 중죄로 다스리려 한다'고 하였다." 어찌 두렵지 않은가? 이 세 번째 주문을 단 7번만 친다면 운관하는 사람이 [運觀者][9] 무슨 겨를에 청정한 물을 감로수로 변화시키고, 한 그릇의 물을 만억 그릇으로 변화시켜 법계에 충만케 하여 여러 부처님과 여러 보살 및 삼장을 시위하는 백만억의 권속들에게 공양하리오. 이로써 살피건대 편수대로 다 치는 것이 옳다.

雜論

夫王齋時 冥府擧佛 則助楊眞化 道明尊者 助佛楊化 無毒鬼王云云之言 具載古集. 或見他本 則助佛楊化 道明尊者 助楊眞化 無毒鬼王 無乃傳書之誤耶? 詳見補處歌詠 眞俗分明也. 又習禮作法之節次 則諸佛請來 侍輦之后 終無進供之事何也? 盖祈福薦靈者無信又如此 豈得靈驗也? 又現王齋時 一斗齋米 則作法者 不擧現王請詞而但爲擧佛 及進供勸供祝願而已. 進問于識法師 師曰 "雖少齋米 齋者情誠所感 何系於齋米多少乎?" 又見他集 則發願偈 動經偈 開函偈 出經偈 開經偈 三志心偈 塔偈 中路偈 進門偈 除穢偈 引魂 此等偈文 先師之無所纂集. 今有造出者 勝於梁武及眞鑑之知見乎? 詳見偈文

---

6) 다라니(陀羅尼): 지혜나 삼매, 또는 부처님의 깨달음이나 서원(誓願)을 가리킨다. 밀교에서는 다라니의 글자 하나하나마다 무한한 의의와 위력을 가지고 있다고 믿는다. 다라니를 암송하는 것은 신(身), 구(口), 의(意) 3밀(密) 수행 중에서 특히 구밀(口密) 수행에 해당한다. 즉 반복하여 주문(呪文)을 암송함으로써 선법을 기르고 악법을 제압하는 수행 방법의 일종이다. 다라니는 그 뜻이 심오하여 쉽게 번역할 수 없는 말로서 옛부터 범어를 그대로 읽거나 음역하여 읽는 것이 전통이다.

7) 중례(中禮): 천지명양수륙재(天地冥陽水陸齋)의 후신(後身).

8) 결수(結手): 손과 손가락으로 모양을 나타내어 불보살의 서원을 나타내는 한 방법이다. 진언종의 수행자가 주로 행한다.

9) 운관자(運觀者): 마음 가운데 오직 주력만을 생각하여 주의 목적이 실현되기를 바라는 것을 말한다.

則豈敢信也? 梵唄之輩沈滯 此偈文全失讚佛神呪之眞本豈不通哉? 又上壇請白時 佛寶法寶僧寶 各三請末 各擧願降散花落 法之可也. 越次但僧寶請末擧願降散花落者頗多 豈不誤哉? 又各排中壇請白時 證明兩請末 願降散花落宜當也. 或有王請末 亦如是云云者 尤極不可. 又或有十王普禮佛前出入時 爲渾動風流者 其禮可乎? 若論世法百億朝君之時 豈有喧雜之事乎? 此規不可 勿爲煩焉.

잡론

대저 왕재(王齋)를 지내면서 명부(冥府)를 거불(擧佛)할 때에 조양진화 도명존자[10], 조불양화 무독귀왕[11]하는 말은 모두 고집(古集)에 실려 있는데, 혹 다른 책에 보면 조불양화 도명존자, 조양진화 무독귀왕이라 하니 베껴서 전한 책의 오류가 아닐까? 보처가영(補處歌詠)을 상세히 보면 진짜와 세속의 것이 분명해진다. 또 습례작법(習禮作法) 절차에는 여러 부처를 청하여 오게 하고 시련(侍輦)한 뒤 끝에 진공(進供)하는 일이 없으니 왜인가? 대개 복을 기원하고 영가를 천도하는 자가 신용 없음이 이와 같다면 어찌 영험함을 얻겠는가? 또 현왕재(現王齋)를 지낼 때에 재미(齋米)가 적다고 작법하는 사람이 현왕청사(現王請詞)를 거론하지 않고, 다만 거불과 진공, 권공 축원만 한다. 잘 아는 법사에게 나아가 물으니 선사가 말하길, "비록 재미가 적더라도 재공을 하는 사람의 정성이 감응하는데, 재미의 다소에 관계가 되겠는가?"하였다. 또 다른 책을 보면 발원게, 동경게, 개함게, 출경게, 개경게, 삼지심게, 탑게, 중로게, 진문게, 제예게, 인혼게 이러한 게문들은 선사들이 찬집한 바가 없다. 지금 만들어 내는 자가 양무제와 진감국사의 지견보다 뛰어나서인가? 상세히 게문을 보면 어찌 감히 믿겠는가? 범패의 무리들은 이 게문에 빠져 찬불하고 신주의 진정한 근본을 모두 잃어버렸으니 어찌 애통하지 않은가? 또 상단에서 청하고 아뢸 때에 불보, 법보, 승보에 각 삼청을 하고 끝에 각 원강과 산화락을 하는데 본받는 것이 옳다. 다음 승보을 청하고 끝에 원강, 산화락을 드는 것이 자못 많으니 어찌 오류가 아니겠는가? 또 각기 소임을 맡아 각 중단에서 사뢸 때에 증명이 두 가지 청한 끝에 원강과 산화락을 하는 것이 마땅하다. 혹 왕청을 하고 끝에 또한 이와 같이 하는 자가 있는데 더욱 지극히 불가하다. 혹 시왕에 보례하고 불전에 출입할 때에는 다 풍류를 울리는데 그 예가 옳겠는가? 만약 세상의 법으로 논하자면 백성이 군주에게 조회할 때에 환호하는 일이 있어서야 되겠는가? 이 규범은 불가하니 번거롭게 하지 말라.

維那移運論

有云大佛事時 說主移運之規 乃先師之所述也. 又維那移運何也? 今時堂司所作之員 得其任事 則不察

---

10) 도명존자(道明尊者): 주불(主佛)인 지장(地藏) 보살(菩薩)의 왼쪽에 모셔둔 보살(菩薩).
11) 무독귀왕(無毒鬼王): 주불인 지장 보살의 오른쪽에 모셔둔 보살.

法禮 而欲誇尊大. 說主移運之前 維那移運之事 極涉不可. 後來須不體也.

유나이운론

대불사를 할 때에 설주(說主)를 이운(移運)하는 규범은 선사(先師)께서 서술한 것이라고 한다. 또 유나이운을 하는 것은 무엇 때문인가? 오늘날에 당사(堂司) 직을 맡은 사람이 그 소임을 맡고는 법례를 살피지 않고 자랑하여 높이고자 해서이다. 설주이운 앞에 유나이운하는 일은 극히 불가하다. 뒷사람은 모름지기 거들떠보지 말라.

錢幕移運論

詳觀諸方 頓錢[12]佛事 則如法造錢 而造備經卷 與筆硯紙物如數 而不雜先後次第. 但以造錢排置於十盤上 而十王請座后奉獻 十王各位時獻錢偈云云. 次進供及勸供回向眞言 末一邊勸請 知法者 誦金剛經如數誦納. 一邊請庫司等衆安坐后 退錢獻納于庫司壇時 獻錢偈云云可也. 近世諸各寺 或有十王未請之前 錢幕移運於十王壇 獻錢偈云云者 不如法也. 諸方中 或有十王壇越次 錢幕直獻於庫司壇 獻錢偈云云者 甚可憂也. 如此之規 不願效之也.

전막이운론

제방에서 돈전불사(頓錢佛事)하는 것을 상세히 살펴보면 법대로 조전(造錢)하고 붓, 벼루, 종이를 수대로 준비하여 선후의 차례가 섞이지 않도록 한다. 다만 조전은 열 개의 소반 위에 배치해 놓고 시왕을 청좌한 뒤에 시왕의 각 자리에 봉헌하고 헌전게(獻錢偈)를 운운한다. 다음 진공과 권공, 회향진언을 하고 끝에 한편으로는 권청하는데, 법을 아는 자는 『금강경(金剛經)』을 수대로 송한다. 한편으로 고사(庫司) 등의 대중을 청하여 안좌(安坐)한 뒤에 전(錢)을 물려서 고사단에 헌납할 때에 헌전게를 운운하는 것이 옳다. 근래에 여러 절에서는 혹 시왕의 청좌를 하기 전에 시왕단으로 전막이운을 하면서 헌전게를 운운하는 것은 법과 같지 않다. 제방 가운데 혹 시왕단에서 차례를 건너뛰어 전막을 고사단에 바치고 헌전게 운운하는 것은 매우 근심스럽다. 이와 같은 규범은 본받지 않기 바란다.

---

12) 전(錢): 망자의 넋이 의지할 수 있도록 시식단(施食壇)에 걸어 놓는 종이로 만든 인형. 또는 송장(送葬) 할 때에 귀신에게 베푸는 종이로 만든 돈이다.

昏焚修作法時別擊鍾論

或覽一處 則焚修作法時 擊鍾出入之規 猶如祝上作法之規. 試將斯規 問之諸宗師 師曰無有定法 此規
焚修 及大小作法時用之 亦當云云 故今書示之. 先擊大鍾一宗 及昏鼓三宗. 然鍾鼓之聲末皆殺打 而
次擊大鍾十八搥. 時堂佐三人 皆着長衫 初中後普請. 后法衆齊會法場 各執四方金后 鍾頭擊大鍾一宗
后 自中宗至末宗 四方金 合擊之中 各各乖擊可也. 後五搥 則自僧堂金 鍾閣金 禪堂金 終擊法堂金也.
次轉鍾七搥 吹螺三旨 鳴鈸一宗后 作法如文云. 作法旣畢 副記事 與執燭堂佐 並至請衆前 看榜之后
副鍾頭與執燭堂佐 並至請衆前 暮參禮爲可也耳.

혼분수작법시별격종론

혹 한 곳을 살펴보면 분수작법(焚修作法)을 할 때에 종을 치러 출입하는 규범이 축상작법(祝上作
法)하는 규범과 같다. 시험삼아 이 규범에 대해 여러 종사들에게 그것을 물어보니, 선사가 말하길,
"정해진 법이 없다. 이 규범은 분수와 대소작법할 때에 사용하는 것이 또한 좋다."하였다. 그러므
로 지금 적어서 보여준다. 대종 1종을 먼저 치고 저녁 북을 3종 친다. 그러나 종과 북 소리는 끝을
모두 줄인다. 다음 대종 18추를 친다. 이때 당좌 3인은 모두 장삼을 입고 초·중·후 보청을 한다.
뒤에 법중은 법 도량에 모두 모여서 각기 사방금을 잡는다. 뒤에 종두[13]는 대종 1종을 친다. 중종
으로부터 말종에 이르기까지 사방금을 합해 치는 가운데 각기 어긋나게 치는 것도 좋다. 뒤에 5추
는 승당금으로부터 종각금, 선당금 마지막 법당금을 친다. 다음 전종 7추를 치고, 바라를 3지 불고,
발우를 1종 울린 뒤에 예문대로 작법한다고 하였다. 작법이 이미 끝나면 부기사와 집촉과 당좌가
더불어 청중 앞에 이르러 방을 보라고 청한 다음에 부종두와 집촉과 당좌는 청중 앞에 이르러 저
녁에 참례하라 청하는 것이 옳다.

晨焚修作法時別擊鍾論

先擊香爐殿金一旨 及晨鼓三旨. 然鍾鼓之聲末 皆活打而 次擊大鍾三十六搥. 時堂佐三四人 皆着長衫.
一邊爲朝參禮 一邊初中後普請. 後法衆 皆往法場 各就其位則 各執四方金 而鍾頭擊 大鍾一旨. 后自
中旨至末旨 四方金合擊之中 各各乖擊可也. 後五搥 則自法堂金 禪堂金 鍾閣金 終擊僧堂金也. 次轉
鍾七搥 吹螺三旨 鳴鈸一旨后 作法如文云. 右擊鍾之規 四明日與大小齋作法時 用之亦當耳.

---

13) 종두(鍾頭): 종을 치는 직책. 입승(立繩)의 명령에 따라 종을 울리고 잔심부름을 하는 소임이다.

신분수작법시별격종론

먼저 향로전[14]에 금 1지(旨)를 치고 새벽 북 3지를 친다. 그러나 종과 북 소리 끝에 모두 소리를 살려치고 다음 대종을 36번 친다. 이때에 당좌 3, 4인은 모두 장삼을 입는다. 한편으로는 조참례를 하고, 한편으로는 초·중·후 보청을 한다. 뒤에 법중은 모두 법도량에 가서 각각 그 자리로 가서는 각각 사방금을 잡고 종두는 대종 1지를 친다. 뒤에 중지로부터 말지에 이르기까지 사방금을 합해 치는 가운데 각기 어긋나게 치는 것도 좋다. 뒤에 5추는 법당금으로부터 선당금, 종각금, 마지막 승당금까지 친다. 다음 전종을 7추하고, 바라를 3지 불고, 발우를 1지 울린 뒤 작법하는 것은 예문과 같다. 종을 치는 규범은 사명일과 크고 작은 재에 작법할 때에 쓰는 것 또한 마땅하다.

---

14) 향로전(香爐殿): 향각(香閣). 노전(爐殿)이라고도 한다. 대웅전과 그밖에 법당을 맡아보는 승려가 거처한다.

천지명양수륙재의 범음산보집 권지상
天地冥陽水陸齋儀 梵音刪補集 卷之上

◎대령의(對靈儀)[1]

법중(法衆)[2]이 이미 모이면 먼저 법당(法堂)의 소종(小鍾)을 치고 다음으로 동쪽 선당(禪堂)[3]의 소종을 치고 다음으로 서쪽 승당(僧堂)[4]의 종을 치고 마지막으로 종각(鍾閣)의 운판(雲板)[5]을 치는데, 치는 수는 각기 다섯 방망이다. 이에 종두(鍾頭)가 대종(大鍾)을 일곱 번 치는데 선후(先後)로 호응하는 것과 아울러 열 한 번이다. 법중은 즉시 문밖의 대령(對靈)하는 곳으로 가서 각기 자리를 잡는다. 전종(轉鍾)을 7추(槌)[6]하고, 명발(鳴鈸)[7]을 1종(宗)[8]하고, 뒤에 거불(擧佛)[9]한다.

南無阿彌陀佛 觀世音菩薩 大勢至菩薩
나무아미타불[10] 관세음보살 대세지보살

---

1) 대령의(對靈儀): 영혼에게 간단한 음식을 대접하는 것을 말하며 '시식(施食)'이라고도 한다. '대령'을 베푸는 이유는 베풀어지는 '재(齋)'의 대부분이 영가천도를 목적으로 하고 있기 때문이다. '대령'이 거행되는 장소는 해당 사찰의 정문인 '해탈문(解脫門)' 밖에 마련된 단(壇)이다.
2) 법중(法衆): 불법을 따르는 대중. 즉 출가한 오중(五衆;比丘·比丘尼·無叉摩尼·沙彌·沙彌尼)의 총칭.
3) 선당(禪堂): 황벽청규(黃檗淸規)의 규정에 의한 좌선 전수의 집이다. 좌선만이 아니라, 행발(行鉢;식사)과 취침 등 전 생활을 여기에서 영위했던 옛날 승당(僧堂)과는 다르다.
4) 승당(僧堂): 바르게는 성승당(聖僧堂)이라 한다. 당나라·송나라 이래 선원의 한 회당(會堂) 중앙에 성승(聖僧;문수보살)을 안치하고, 수행승들이 항상 이것을 둘러싼 채 주위에서 일어나고 누우며 하룻밤 좌선 수행하는 도량을 말한다. 행각승들이 모여 변도수행(辯道修行)하는 집이기 때문에 운당(雲堂)이라고도 하고, 혹은 불조(佛祖)를 선출하는 도량의 의미로 선불장(選佛場)이라고도 부른다.
5) 운판(雲板): 구름 모양의 평평한 금속성 판. 사원에서 사용하는 사물(四物;법고·범종·운판·목어)의 하나이다. 대중에게 식사 때를 알리기 위해 쳐서 울리는 기구로 청동이나 쇠로 구름 모양을 만든다.
6) 추(槌): '추' 또는 '퇴'로 읽으며, 짧은 망치 따위로 치는 것을 말한다.
7) 명발(鳴鈸): 바라(鈸羅)를 울리는 것이다. 바라는 요발(饒鈸)·발자(鈸子)·동발(銅鈸)·발(鈸)이라고도 한다. 『백장청규』에 의하면 불전에 향을 올릴 때, 설법할 때, 다비의식, 주지 진산식 등에 사용되었다 한다. 한국불교의 전통의식에서는 '바라춤'과 '나비춤', '법고춤'이 추어지는데 모두 법열(法悅)을 나타내는 몸짓이다.
8) 종(宗): '바라' 혹은 '북'과 같은 악기를 두드려 소리내는 것을 말한다.
9) 거불(擧佛): 불전(佛前)에 기도나 재를 올릴 때 처음에 절하며 부처님을 청하는 절차. 삼불(三佛)을 청할 때 외는 염불로, 나무불타부중광림법회(南無佛陀部衆光臨法會), 나무달마부중광림법회(南無達磨部衆光臨法會), 나무승가부중광림법회(南無僧伽部衆光臨法會)라고 칭한다.
10) 나무아미타불(南無阿彌陀佛): '나무'란 말은 범어 나마스가 아미타불과 이어져서 연성을 일으킨 나모(namo)라는 말을 음역한 것이다. 아미타불에게 귀명함을 뜻한다. 정토교에서 원행(願行)을 이루어 준다고 믿는 염불의 하나로서 6자 명호라 한다.

법주(法主)는 단정히 앉아서 말없이 한참 동안 관조하고, 요령[鈴]을 3번 흔든[三下]¹¹⁾ 다음, "오늘 아무개가 아무개의 영가(靈駕)를 천도하나이다[今日某人薦某靈駕]" 두 번 외친 다음 또 요령을 한 번 흔들고, 다음에 "모영가(某靈駕)"라고 부른 다음 의식 절차대로 한다. ○고본에는 파지옥진언(破地獄眞言)과 멸악취진언(滅惡趣眞言) 등이 소청주(召請呪) 앞에 있었다. 고본대로 함이 옳다. 그러나 그 천도하는 혼이 도덕이 있어서 삼도(三途)¹²⁾를 면할 수 있는 자이면 이책대로 하여도 된다. 법주(法主)는 말을 하고 요령을 흔들면서 게를 운운한다.

以此振鈴伸召請	이 요령을 흔들며 거듭 소청하나니
某人靈駕遍聞知	모 영가는 모두 두루 알아들으시고
願承三寶力加持	삼보¹³⁾의 가지하는 힘을 받들어서
今日今時來赴會	지금 이 시간에 모두 모이소서.

법주는 소청진언을 한 뒤에 고혼(孤魂)을 3번 청하고 끝에 제물을 올린다. 차를 석잔 올린 뒤 제물을 치운 다음, 법주는 창(唱)하여 "모 영가여, 이미 경건한 청을 받았으니 운운." 하고, 또 "한 심지 맑은 향을 운운." 하고, "이미 향공양을 받았으니 운운." 한다. 지단진언(指壇眞言)¹⁴⁾을 세 번하고 다음 인도(咽導)는 염화게(拈花偈)를 예대로 운운한다.

法身遍滿百億界	법신은 백억의 세계에 두루 가득하여
普放金色照人天	금빛 광명 널리 펴서 인천세계를 비추나이다.
應物現形潭底月	사물따라 나투심이 물속의 달과 같아서
體圓正坐寶蓮臺	본체 원만하여 보련대에 바로 앉으십니다.

| 南無大聖引路王菩薩 | 대성인이신 인로왕보살님께 귀의합니다. |

인성(引聲)¹⁵⁾과 요잡(繞匝)¹⁶⁾을 하고, 마당 가운데 이르러서 음악을 그치고 개문게(開門偈)를 한다. 다음 정중게

---

11) 삼하(三下): 하(下)는 동작의 횟수나 양을 나타내는 양사(量詞)이다. 통(統, 通)과 같이 '1하'는 1소절에 해당한다. 따라서 '3하'란 같은 동작을 세 번 반복하는 것을 말한다.

12) 삼도(三途): 나쁜 행동에 대한 인과응보로 떨어진 고통을 당하는 3가지 세계. 화도(火途;지옥)·도도(刀途;아귀)·혈도(血途;축생)의 3가지 지옥은 맹렬한 불길에 타는 곳이므로 화도라 하고, 아귀는 칼막대기로 박해당하는 곳이므로 도도라하며, 축생도는 서로 잡아먹는 곳이므로 혈도라 한다.

13) 삼보(三寶): (산)triratna. 불교의 교주(教主)와 교법(教法) 그리고 교단(教團)인 불(佛)·법(法)·승(僧)을 가리키는 말이다.

14) 지단진언(指壇眞言): 영가(靈駕) 제위(諸位)로 하여금 삼보께서 자리하신 정단(淨壇)으로 나아갈 수 있도록 방향을 가리키는 진언.

15) 인성(引聲): '나무대성인로왕보살(南無大聖引路王菩薩)'이라는 아홉 자의 명호를 짓소리로 창하는 것. '나무대성인로왕보살'에서 '인(引)'자를 따고 '소리 성'자를 넣은 것이다.

(庭中偈)를 한 후에 보례(普禮)[17]를 운한다.

普禮十方常住 法身·報身·化身·諸佛陀

시방에 항상 머무르는 법신, 보신, 화신, 여러 불타께 예경하나이다.

普禮十方常住 經藏·律藏·論藏·諸達摩

시방에 항상 머무르는 경장, 율장, 논장 여러 달마께 예경하나이다.

普禮十方常住 菩薩·緣覺·聲聞·諸僧伽

시방에 항상 머무르는 보살, 연각[18], 성문 여러 승가께 예경하나이다.

법주는 이미 예를 올려 삼보편(三寶篇)을 마쳤으면, 인도하여 법성게(法性偈)[19]를 운한다. 이때 재자(齋者)[20]는 위패(位牌)를 받들어 영단(靈壇)[21]에 올린다. 법주는 안좌진언(安坐眞言)을 한 후에 다게(茶偈)를 운한다.

百草林中一味新	온갖 풀 가운데 가장 좋은 맛
趙州常勸幾千人	조주[22]스님도 항상 많은 사람에게 권하셨지요.[23]
烹將石鼎江心水	돌 솥에다 강 한가운데 물을 달였으니
願使仙靈歇苦輪	원컨대 영가로 하여금 고통의 윤회를 쉬게 하소서.

---

16) 요잡(繞匝): 인도에서는 부처님이나 부처님의 사리(舍利)를 모신 탑 등에 대해서 우선 한 번 절하고, 다음에 오른쪽 어깨를 안쪽으로 향하게 하여 그 둘레를 도는데 이것을 선우(旋右)·선잡(旋匝)·우요(右繞)하고 한다. 한 번만 돌기도 하지만, 보통은 3번을 돌며 이것을 우요삼잡(右繞三匝)이라 한다. 작법에서는 모시고자 한 성중의 강림이 완료된 것으로 보아 강림에 대해 감사하고 환희로움을 바라를 사용하여 춤으로 표현한다. 이것을 '요잡바라'라고 하며, 줄여 '요잡'이라고도 한다.
17) 보례(普禮): 일체여래(一切如來)께 예경하는 것을 말한다.
18) 연각(緣覺): 십이인연의 이치를 관찰하여 진리를 깨닫는 일이다.
19) 법성게(法性偈): 석존께서 깨치신 『화엄경』의 도리를 정리 찬탄한 게이다.
20) 재자(齋者): 재(齋)의 주인이 되는 사람을 말한다.
21) 영단(靈壇): 영가의 위패를 두는 단이다.
22) 조주(趙州;778~897): 중국 당나라 임제종 승려. 속성은 학(郝)씨. 조주(趙州)의 관음원에 있었으므로 조주라 한다. 남전보원(南泉普願)의 법제자. 어려서 조주의 호통원(扈通院)에서 출가하였다. 뒤에 숭악(嵩岳)의 유리단(琉璃壇)에 가서 계를 받고 남전에게 돌아왔다. 뒤에 대중이 청하여 조주 관음원에 있게 하니, 이곳을 동원(東院)이라고도 하며, 교화를 크게 떨치다가 당나라 건녕 4년 120세에 입적했다. 시호는 진제대사(眞際大師)이다.
23) 조주상권기천인(趙州常勸幾千人): 조주스님이 학승(學僧)을 시문(試問)하면서 '차를 마시게[喫茶去]'라고 했던 공안. 불교의 진리는 차를 마시는 일상비근(日常卑近)한 생활 가운데 있음을 나타낸 것이다.

◎분수작법[24]절차(焚修作法節次)

한편으로는 평상시대로 보청(普請)을 하는데, 종두(鐘頭)가 대종(大鐘)을 5추(槌) 친다. 그리고 저물면 북을 3종(宗) 치고, 대종을 18추(槌) 친다. 다음 전종(轉鐘), 명라(鳴螺), 명발(鳴鈸)을 한 다음 할향(喝香)을 한다.

三業同修三寶禮	삼업[25]을 같이 닦아 삼보께 예를 하고
五倫着地五倫觀	오륜[26]을 땅에 붙여 오륜을 나타내네.
六根不動六塵滅	육근[27]이 움직이지 않아 육진[28]이 사라지고
八識頓忘八德圓	팔식[29]을 모두 잊어 팔덕[30]이 원만하네.

我今普禮十方佛 滅身業罪 恒沙罪障 皆消滅　나는 지금 시방에 두루 계신 불보님께 예를 올립니다.
　　　　　　　　　　　　　　　　　　몸으로 지은 죄 멸해주시고 항하사 같이 많은 업장 모두 소멸해 주소서.

一堂寶燭在佛前　　　　　　　온 당의 보배로운 촛불 부처님 앞에 있어

---

24) 분수작법(焚修作法): 향을 피우고 예불을 드리는 것.

25) 삼업(三業): 신(身)·구(口)·의(意)의 작용. 즉, 어떤 것을 하려고 의지하는 것이 의업(意業)이고, 그것이 신체적 행동으로 나타나는 것이 신업(身業), 언어표현으로 나타나는 것이 구업(口業)이다.

26) 오륜(五倫): 밀교에서는 지·수·화·풍·공의 5대를 말한다. 법성에 윤원구족(輪圓具足)한다고 하는 의미로 오륜이라 한다. 이 오륜을 오지(五智)라고 관(觀)하면 자신이 그대로 오지여래(五智如來;大日·阿閦·寶生·阿彌陀·不空成就)가 된다. 그래서 지·수·화·풍·공의 5대를 가르키고 중생의 육신을 대응시켜 자신의 오소(五所;정수리·얼굴·가슴·배꼽·무릎)에 오륜오자(五輪五字)를 배치하여 관하는 법을 오륜관(五輪觀)·오륜성신관(五輪成身觀)이라 한다.

27) 육근(六根): 여섯 감각 기관을 육근(六根) 또는 육적(六賊)이라고 부른다. 육근은 여섯 가지 감각의 뿌리라는 뜻이고, 육적이란 여섯 가지 도둑놈을 뜻하는 것으로 감각기관이 호시탐탐 좋은 것을 훔치듯이 취하려고 하는 것을 강조해서 나타낸 것이다. 이 육근과 육경이 만나 일어나는 마음을 가리켜 육식(六識;眼識, 耳識, 鼻識, 舌識, 身識, 意識)이라 한다. 다시 육근과 육경(六境)이 만나는 36가지 경우를 과거·현재·미래로 각기 계산해서 종합하면 108개의 번뇌를 이룬다.

28) 육진(六塵): 여섯 가지 감각기관의 대상은 육경(六境) 또는 육진(六塵)이라고 부른다. 육경은 대상 경계를 나타낸 것이고, 육진은 '티끌 진(塵)' 자로 대상 경계가 사실 그대로의 모습이 아니면서도 여섯 감각 기관 속에 들어가 사람의 몸을 혼탁하게 하는 것을 나타낸 것이다. 이 육진 가운데 빛깔·소리·냄새·맛·감촉은 모두 색(色) 이라서 물질에 속한다.

29) 팔식(八識): 유식종(唯識宗)에서 나누는 식의 종류로 안식(眼識)·이식(耳識)·비식(鼻識)·설식(舌識)·신식(身識)·의식(意識)·말나식(末那識)·아뢰야식(阿賴耶識)의 8가지이다.

30) 팔덕(八德): 팔정승(八淨僧). 승려들은 여덟 종류의 재물을 소유하지 않아야 팔덕을 갖춘 승려가 된다. 집과 밭을 소유하는 것[田宅의 所有]·초목을 심고 가꾸는 것[草木의 植栽]·곡식을 쌓아두는 것[稻穀의 쌔積]·노비를 두는 것[奴婢의 畜養]·가축을 기르는 것[禽獸의 畜養]·재물을 저장하는 것[財寶의 貯藏]·철동의 솥을 사용하는 것[鐵銅釜鍋의 使用]· 병풍에 채색하는 것[屛障의 畵彩].

猶如朗月照周天　　　　　　밝은 달 같이 온 세상을 두루 비춥니다.

今夜虔誠檀信燭　　　　　　오늘 밤 경건한 정성으로 단신[31]을 밝혀

眞空頂上照無邊　　　　　　진공[32] 정수리 위에 가없이 비춥니다.

我今普禮十方法 滅口業罪 恒沙罪障 悉消滅　나는 지금 시방에 두루 계신 법보님께 예를 올립니다.

　　　　　　　　　　입으로 지은 죄 멸해주시고 항하사 같이 많은 업장 모두 소멸해 주소서.

吾本來此土　　　　　　　　나는 본래 이 땅에 와서

傳法救迷情　　　　　　　　법을 전해 미혹된 정을 구했네.

一花開五葉　　　　　　　　꽃 하나에 다섯 잎이 펴서

結果自然成　　　　　　　　열매가 저절로 이루어지네.

我今普禮十方僧 滅意業罪 恒沙罪障 永消滅　나는 지금 시방에 두루 계신 승보님께 예를 올립니다.

　　　　　　　　　　마음으로 지은 죄 멸해주시고 항하사 같이 많은 업장 영원히 소멸해 주소서.

圓通會上佛菩薩　　　　　　원통회상의 불보살이여

요잡한 뒤에 삼동발(三動鈸)하고 다음으로 천수 및 명발(鳴鈸)하고 축원을 운운한다.

◎대분수작법(大焚修作法)

南無靈山會上佛菩薩　　　　영산회상[33] 불보살께 귀의하옵니다.

인성(引聲)과 요잡하고 법도량에 들어가서는 곧장 그치고 명발(鳴鈸)하고 할향(喝香)을 운운한다.

三業同修三普禮　　　　　　삼업을 같이 닦아 삼보께 예를 하고

---

31) 단신(檀信): 단(檀)은 단월(檀越) 곧 시주이니, 시주(施主)의 신심(信心)을 말한다.

32) 진공(眞空): 있다 없다는 상대적인 일체의 상(相)을 떠나, 사려(思慮)가 끊어져 불가득(不可得)인 반야(般若)의 체(體)를 말한다. 진공(眞空)은 사물이 없음을 말하는 것이 아니고 상대적인 관념을 떠난 절대계(絶對界)를 말하는 것으로 묘유(妙有)라고도 한다.

33) 영산회상(靈山會上): 석존께서 영취산에서 『법화경』을 설하시던 자리.

五倫着地五倫觀　　　　오륜을 땅에 붙여 오륜을 나타내네.
六根不動六塵滅　　　　육근이 움직이지 않아 육진이 사라지고
八識頓忘八德圓　　　　팔식을 모두 잊어 팔덕이 원만하네.

三燈偈-次三歸依 次圓通起經 次千手　삼등게 다음 삼귀의, 다음 원통기경, 다음 천수를 한다.

십악(十惡)[34] 화청(和請)

殺生重罪 今日懺悔 偸盜重罪 今日懺悔
살생한 중죄 오늘 참회[35]하오며, 도둑질한 중죄 오늘 참회하옵니다.
邪淫重罪 今日懺悔 妄語重罪 今日懺悔
사음한 중죄 오늘 참회하오며, 망언한 중죄 오늘 참회하옵니다.
綺語重罪 今日懺悔 兩舌重罪 今日懺悔
꾸미는 말 한 중죄 오늘 참회하오며, 두 말한 중죄 오늘 참회하옵니다.
惡口重罪 今日懺悔 三毒重罪 今日懺悔
나쁜 말 한 중죄 오늘 참회하오며, 삼독[貪瞋癡] 중죄 오늘 참회하옵니다.

다음 관음(觀音)[36] 정근(精勤)을 한다.

圓通教主 觀音菩薩 拔苦與樂 觀音菩薩　　원통교주[37] 관음보살 발고여락[38] 관음보살
三十二應 觀音菩薩 十四無畏 觀音菩薩　　삼십이응[39] 관음보살 십사무외[40] 관음보살

---

34) 십악(十惡): 신(身)·구(口)·의(意) 삼업(三業)으로 짓는 행위 가운데 장차 삼악도(三惡道) 등의 괴로운 결과
　　를 초래하게 될 10가지 나쁜 행위. 살(殺)·도(盜)·음(淫)·망어(妄語)·기어(綺語)·양설(兩舌)·악구(惡口)·탐
　　(貪)·진(瞋)·치(癡) 등.
35) 참회(懺悔): 참(懺)과 회(悔)는 뉘우치고 용서를 청하는 것을 말한다. 육조 혜능(慧能)스님은 기왕의 죄를
　　뉘우치는 것을 '참(懺)'으로, 같은 잘못을 되풀이하지 않을 것을 맹세하는 것을 '회(悔)'라 정의했다.
36) 관음(觀音): (산)Avalokiteśvara. 관세자재(觀世自在)·관세음자재(觀世音自在)·관음(觀音)이라 번역한다.『무
　　량수경』에 의하면 이 보살은 미타삼존(彌陀三尊)의 하나로 아미타불의 좌보처(左補處)로서 부처님의 교화
　　를 돕고 있다. 관세음이란 '세간의 음성을 관(觀)하는'이란 뜻으로 사바세계의 중생이 괴로울 때 그 이름
　　을 일심으로 부르면 그 음성을 듣고 곧 구제한다고 한다. 관자재라 함은 '지혜로 관조(觀照)함'으로 자재
　　한 묘과를 증득한 사람이란 뜻이다. 왼손에 든 연꽃은 중생이 본래 갖춘 불성을 표시하고, 그 꽃이 핀 것
　　은 불성이 드러나서 성불한 뜻을 나타내며, 꽃봉오리는 불성이 번뇌에 물들지 않고 장차 필 것을 나타낸
　　다. 그 종류로는 육관음(六觀音;聖觀音·千手觀音·馬頭觀音·十一面觀音·準提觀音·如意輪觀音)이 보통이다.
37) 원통교주(圓通敎主): 관세음보살은 어디에 있더라도 시방세계에 두루 통하지 않는 데가 없어 원통교주라
　　고 한다.
38) 발고여락(拔苦與樂): 자비로써 중생의 괴로움을 없애 주고 즐거움을 주는 일.

四不思議 觀音菩薩 門聲救苦 觀音菩薩　사불사의[41] 관음보살 문성구고 관음보살
廣大靈通 觀音菩薩 千手千眼 觀音菩薩　광대영통 관음보살 천수천안 관음보살

다음 명발(鳴鈸)하고 축원(祝願)을 운한다.

◎신분수작법절차(晨焚修作法節次)

향로전(香爐殿)에서 금(金)을 1종(宗) 친 뒤, 신고(晨鼓)를 3종(宗) 친다. 다음으로 대종(宗)을 36추(槌) 친 뒤, 전종(轉鐘)을 7추(槌) 친다. 명라(鳴螺)를 3지(旨)하고 명발(鳴鈸)을 1종(宗) 친 뒤 할향(喝香)을 한다.

此岸栴檀無別物　　차안의 전단향[42]은 특별한 물건이 아니라
元從淸淨自心生　　원래 청정한 마음으로부터 생겨나는 것입니다.
若人能以一塵燒　　만약 사람이 티끌만큼이라도 향을 사른다면
衆氣自然皆具足　　온갖 기운이 저절로 모두 갖추어지리이다.

향게(香偈)
戒定慧解知見香　　계향, 정향, 혜향,[43] 해탈향, 해탈지견향이
徧十方刹常氛馥　　시방세계에 두루 항상 향기롭습니다.
願此香烟亦如是　　원컨대 이 향기 또한 이와 같아서
熏現自他五分身　　자타의 오분신[44]을 향기에 무젖도록 하소서.

---

39) 삼십이응신(三十二應身): 관세음보살은 중생을 교화하기 위해 갖가지 모습으로 나투시는데, 『수능엄경』에서는 32응신(三十二應身)이라 하고, 『법화경』에는 33응신(三十三應身)이라한다. 33이란 숫자상의 33을 의미하는 것이 아니라 무한수(無限數)를 지칭하는 것으로 무한하게 중생 곁에 나투신다는 의미이다.

40) 십사무외력(十四無畏力): ①탈중고(脫衆故) ②탈삼재(脫三災)-水災 ③탈삼재(脫三災)-火災 ④탈귀해(脫鬼害) ⑤탈형륙(脫刑戮) ⑥탈유사(脫幽邪) ⑦탈수계(脫囚繫) ⑧탈원적(脫冤賊) ⑨탈욕(脫欲) ⑩탈에(脫恚) ⑪탈치(脫癡) ⑫시복응(示福應)-총명한 아들 낳게 하는 힘 ⑬시복응(示福應)-단정한 딸을 낳게 하는 힘 ⑭'관세음보살'을 한번 부르는 것이 62억 항하사 보살의 명호를 부르는 것과 맞먹는 복덕이 되게 하는 힘.

41) 사불사의(四不思議): 네 가지 불가사의한 덕.

42) 전단향(栴檀香): 전단나무로 만든 연향(練香). 더울 때에 몸에 바르면 서늘한 느낌이 든다.

43) 계정혜(戒定慧): 삼학(三學)이라고도 한다. 불도수행자가 반드시 수학 실천해야 할 근본의 일. 비(非)를 방지하고 악을 그만두는 것을 계, 사려분별의 의식을 닦는 것을 정, 의혹을 깨고 진실을 증거하는 것을 혜라고 한다.

44) 오분신(五分身): 계정혜와 해탈, 해탈지견 두 가지를 합해서 다섯가지. 이 5종(五種)의 법을 가지고 부처님의 신체로 삼기 때문에 소승에서는 이를 오분법신이라 한다.

一心頂禮十方常住佛   일심으로 시방에 항상 계신 불보님께 예를 올립니다.
一心頂禮十方常住法   일심으로 시방에 항상 계신 법보님께 예를 올립니다.
一心頂禮十方常住僧   일심으로 시방에 항상 계신 승보님께 예를 올립니다.

요잡(繞匝)한다.

香烟徧覆三千界   향 연기가 두루 삼천세계를 뒤덮으니
定慧能開八萬門   정혜로 팔만 문을 열 수 있습니다.
唯願三寶大慈悲   오직 원하옵건대 삼보께서는 대자비로
聞此信香臨法會   이 향기를 맡고 법회에 임하소서.

切以 法身清淨 包含法界 徧滿太虛 無剎不現 三種世間 不離當處 欲開嚴淨 請佛來臨 與諸菩薩 觀音 妙力 以多羅尼 皆獲清淨

(소) 가만히 생각건대, 법신이 청정하여 법계(法界)⁴⁵⁾를 감싸서 태허에 가득차니 나타나지 않을 때가 없어 삼종의 세간에 당처에서 벗어나지 않습니다. 엄정한 법석을 열어 부처님께 강림하시기를 청하고자 하오니 모든 보살과 관음⁴⁶⁾의 신묘한 힘과 다라니⁴⁷⁾로 모두 청정함을 얻나이다.

청컨대 대중⁴⁸⁾은 같은 소리로 창화(唱和)하시기를. 천수(千手)를 한 뒤에 엄정게(嚴淨偈)를 운운한다.

道場清淨無瑕穢   도량이 청정하여 티끌하나 없으니
三寶龍天降此地   삼보님과 천룡님, 이곳에 내려오십니다.

---

45) 법계(法界): 온 우주. 모든 장소.
46) 관음(觀音): 육관음(六觀音)이 있는데, 성관음(聖觀音)·천수관음(千手觀音)·마두관음(馬頭觀音)·십일면관음(十一面觀音)·준제관음(準提觀音)·여의륜관음(如意輪觀音)이 있다. 그 중 성관음(聖觀音)이 본신(本身)이고 기타의 것은 보문시현의 변화신(變化身)이다.
47) 다라니(多羅尼): 총지(摠持)·능지(能持)·능차(能遮)라 번역한다. 무량·무변한 이치를 섭수(攝受)해 지니어 잃지 않는 염혜(念慧)의 힘을 일컫는다. 곧 일종의 기억술로써 하나의 일을 기억하는 것에 의해서 다른 모든 일까지를 연상하여 잃지 않도록 하는 것을 말하기도 한다. 후세에는 이 기억술로서의 다라니 형식이 송주(誦呪)와 비슷하게 되었으므로 주와 혼동하여 주(呪)를 모두 다라니라고 일컫게 되었다. 다만 보통으로는 장구(長句)로 된 것을 다라니, 몇 구절로 된 짧은 것을 진언, 한 자, 두 자 등으로 된 것을 주(呪)라고 하는 것이 통례로 되었다.
48) 대중(大衆): 4부 대중이란 비구, 비구니, 우바새, 우바이 등 출가 남녀와 재가 남녀를 구분하여 통칭하는 말이다. 일반적인 뜻으로는 모여 있는 많은 사람들을 가리키며, 모임이나 집회에 모인 사람들 또는 절에 머물고 있는 사람들을 통칭하여 부르는 말이다.

我今持誦妙眞言　　　　제가 이제 묘한 진언을 외우오니
願賜慈悲密加護　　　　자비로 은밀하게 저희들을 보호하소서.

재자(齋者)가 망인(亡人)을 위해서 한다. 왕이 공양을 할 경우에는 진언(眞言) 및 유치(由致)49)와 각 청(請), 각 가영(歌詠)을 운한다. 밤은 짧고 일이 급할 경우에는 오직 부처님만 청하여 운한다.

奉請十方三世佛　　　　봉청50)하오니 시방 삼세불과
龍宮海藏妙眞經　　　　용궁 바다 깊이 묘한 진경을 감추신
菩薩緣覺聲聞衆　　　　보살승, 연각승,51) 성문승, 대중들은
不捨慈悲願降臨　　　　원컨대 자비로운 마음으로 강림하소서.

헌좌(獻座)
妙菩提座勝莊嚴　　　　묘보리좌52)가 참으로 장엄하니
諸佛坐已成正覺　　　　여러 부처님들 앉아서 이미 정각53)을 이루었네.
我今獻座亦如是　　　　나도 지금 이와 같이 자리를 바치오니
自他一時成佛道　　　　우리 모두 한꺼번에 불도 이루기를.

<唵 嚩日羅 尾羅野 莎訶>
옴 바아라 미나야 사바하

진공(進供)을 끝낸 다음, 급하면 운심54)게(運心偈)를 운운한다.

願此香供徧法界　　　　원컨대 향기로운 이 공양 법계에 두루 하여
普供無盡三寶海　　　　끝없는 삼보의 바다에 널리 공양하기를.
慈悲受供增善根　　　　자비롭게 공양 받으시고 선근55)을 더하셔서

---

49) 유치(由致): 치성(致誠)을 올리는 연유. 즉, 신앙의 대상이 되는 분의 이력과 덕을 열거한 글. '청사(請詞)'
　　가 신앙의 대상을 청함을 주제로 하고 있음에 비해 '유치'는 신앙의 대상이 어떤 분인가를 대중에게 알림
　　을 주제로 한다.
50) 봉청(奉請): 웃어른이나 모임에서의 주빈을 모신다는 뜻이다.
51) 연각승(緣覺僧): (산)pratyeka-buddha-yāna. 스스로 깨달음을 성취해 가는 입장. 12인연의 관찰로써 깨달음을
　　얻는 가르침. 독각승(獨覺乘), 벽지불승, 중승(中乘).
52) 보리좌(菩提座): 불변(不變)을 성(性)으로 하는 본각(本覺)의 자리.
53) 정각(正覺): 부처님의 깨달음. 우주의 대진리를 깨닫는 것을 말한다.
54) 운심(運心): 마음을 일으켜 관념(觀念)을 하는 것이다.

令法住世報佛恩　　　　세간에 법을 머물러 부처님 은혜를 갚게 하소서.

<那謨 薩嚩怛他 葛地裴尾 說母契裴 薩嚩他勘 烏柁葛地 (二合) 塞破囉拏呬莽 唵葛葛那紺 莎訶>
나무 살바다타 아재먁미 새모계먁 살바타감 오나아제 (이합) 바라혜맘 옴 아아나캄 사바하

보공양진언(普供養眞言)　　　　<唵 誐誐那 三嚩婆 婆日羅 斛>
　　　　　　　　　　　　　　옴 아아나 삼바바 바아라 홈

보회향진언(普回向眞言)[56]　　<唵 沙摩羅 沙摩羅 尾拏羅 薩嚩拏賀 左乞囉婆 吽>
　　　　　　　　　　　　　　옴 사마라 사마라 미만나 사라마하 자거라바 홈

다음 경(經)을 왼다.

대불정[57]수능엄[58]신주[59](大佛頂首楞嚴神呪)
<跢姪他 唵 阿那隸 毘舍提 韠囉跋闍囉陀唎 陁槃陁你 跋闍囉謗尼泮 虎吽 都盧甕泮 沙嚩賀>
다냐타 옴 아나레 비샤뎨 볘라바사라다리 반다반다니 바사라방니반 홈 도로옹반 사바하

명발(鳴鈸)을 하고, 다음 축원을 운한다. 조용하면 진공(進供)한 후에 가지(加持)하여 오공양(五供養)을 운한다.

香羞羅列(齋者施主) 虔誠 欲求供養之周圓 須仗加持之變化 仰惟 三寶特賜加持
펼쳐놓은 향기로운 음식을 (재자시주)가 정성스럽게 마련하였으나 공양이 원만하려면 가지의 변화
를 힘입어야 하오니, 삼보님께서 특별히 가지해 주시옵소서.

---

55) 선근(善根): 좋은 보답을 받을 만한 착한 업인(業因). 선을 나무의 뿌리에 비유해서 말한 것. 좋은 보답을
　　가져오는 착한 행위. 구사(俱舍)의 교학(教學)에서 행자(行者)가 견도(見道)에 들어가 무루지(無漏智)를 일
　　으키기 위한 근본이다.
56) 회향(回向): 회전취향(回轉趣向)의 약어로 자신이 닦은 선근 공덕을 다른 중생이나 자기의 불과(佛果)에
　　돌려 향하게 함의 뜻이다.
57) 불정(佛頂): (산)buddosnisa. 밀교에서는 불타의 정상에는 다른 어떤 사람에게서도 볼 수 없는 훌륭한 상(相)
　　이 있어서 그 공덕을 표시하여 불을 불정존(佛頂尊)이라고 한다.
58) 수능엄(首楞嚴): (산)śūraṁgama-sūtra. 만행(萬行)의 총칭. 부처님께서 증득하신 삼매의 이름. 건상(健相)이란
　　당기(幢旗)가 견고한데 비유한 것. 이는 부처님의 덕을 모든 마군들이 능히 깨지 못한 것에 비유한다.
59) 대불정수능엄신주: 『능엄경』에 나오는 진언으로서 위대한 부처님의 정수리에서 뻗어 나온 광명 속의 화신
　　불께서 설하신 신비한 진언.

南無十方佛	시방에 계신 불보님께 귀의합니다.
南無十方法	시방에 계신 법보님께 귀의합니다.
南無十方僧	시방에 계신 승보님께 귀의합니다.

인도(咽導)가 여기에서 절도 없이 요잡(繞匝) 하다가 도리어 간략하게 치면서 사다라니주(四多羅尼呪)를 하는 것은 매우 불가하다. 내 생각으로는 각기 21번을 창하는 것이 마땅할 듯하다.

上來加持已訖 供養將陳 以此香羞 特伸供養
위에서 가지(삼밀가지)를 이미 마치고 공양을 장차 베풀려 하오니, 이 향기로운 음식으로 특별히 공양을 베풉니다.

오공양(五供養)

香供養 燃香供養 不捨慈悲 受此供養
향공양. 향을 피워 공양하오니 자비로운 마음 버리지 마시고 이 공양을 받으소서.
燈供養 燃燈供養 不捨慈悲 受此供養
등공양. 등을 밝혀 공양하오니 자비로운 마음 버리지 마시고 이 공양을 받으소서.
茶供養 仙茶供養 不捨慈悲 受此供養
차공양. 선계의 감로차[仙茶]60)를 공양하오니 자비로운 마음 버리지 마시고 이 공양을 받으소서.
菓供養 仙菓供養 不捨慈悲 受此供養
과일공양. 선계의 과일[仙菓]61)을 공양하오니 자비로운 마음 버리지 마시고 이 공양을 받으소서.
花供養 仙花供養 不捨慈悲 受此供養
꽃공양. 선계의 꽃을 공양하오니 자비로운 마음 버리지 마시고 이 공양을 받으소서.
米供養 香米供養 不捨慈悲 受此供養
쌀공양. 향기로운 쌀[香米]62)을 공양하오니 자비로운 마음 버리지 마시고 이 공양을 받으소서.
惟願諸佛 哀降道場 受此供養
원컨대 모든 부처님께서는 어여삐 여기시고 이 도량에 강림하시어 공양을 받으소서.

요잡(繞匝)한다.

---

60) 선다(仙茶): 맛과 향, 효능이 뛰어난 차(茶).
61) 선과(仙菓): 맛과 향, 효능 및 모양이 뛰어난 과실.
62) 향미(香米): 맛과 모양, 빛깔 등이 빼어난 쌀.

以此加持妙供具	이렇게 가지한 신묘한 공양구를 가지고
供養十方諸佛陀	시방의 모든 부처님께 공양 올립니다.
以此加持妙供具	이렇게 가지한 신묘한 공양구를 가지고
供養十方諸達摩	시방의 모든 달마님께 공양 올립니다.
以此加持妙供具	이렇게 가지한 신묘한 공양구를 가지고
供養十方諸僧伽	시방의 모든 승가님께 공양 올립니다.

공양진언(供養眞言)을 하고 경(經)을 왼다. 회향진언(回向眞言)을 하고 축원을 한다. 만약 권공(勸供)을 한다면 승재(僧齋) 및 사명일(四明日)[63]에도 똑같이 사용한다.

◎불사리이운(佛舍利移運)[64]

옹호게(擁護偈)를 운한다.

八部金剛護道場	팔부신중·금강역사께서는 이 도량을 보호하시고
空神速赴報天王	허공신께서는 모든 천왕에게 속히 알려주셨나이다.
三界諸天咸來集	삼계[65]의 모든 하늘신 다 함께 자리하셨으니
如今佛刹補禎祥	이제야 불세계는 좋은 징조로 수놓아졌나이다.

사리게(舍利偈)

鶴樹潛輝示寂滅	학수[66]의 빛이 잦아들어 입적하시니
金剛舍利放光明	금강같은 사리가 밝은 빛을 내네.
閻浮處處支提在	염부제[67] 곳곳에 지제[68] 있으니
此是如來五分香	이것이 여래의 오분향[69]입니다.

---

63) 사명일(四明日): 우리나라 절에서 연중 행사로 기념하는 네 명절. 불탄일·성도일·열반일·백중일.
64) 불사리이운(佛舍利移運): 재(齋)를 올리기 위하여 부처의 사리를 옮기는 의식.
65) 삼계(三界): 중생이 생사에 유전(流轉)하는 미(迷)의 세계. 욕계(欲界), 색계(色界), 무색계(無色界).
66) 학수(鶴樹): 사라쌍수의 다른 이름. 석존의 열반 장소로 석존이 열반에 들었을 때 나무 색깔이 학의 깃털처럼 하얗게 변색했다는 전설이 있다.
67) 염부제(閻浮提): 남섬부주(南瞻部洲)라고도 한다. 수미산 남쪽에 있는 대주(大洲).
68) 지제(支提): (산)caitya의 음역. 묘(廟)·영탑(靈塔). 불교 이전에는 원래는 신령이 머문다고 믿어졌던 커다란 신령스러운 나무를 말한다.

염화게(拈花偈)

靈鷲拈花示上機	영취산에서 꽃을 집어 상등의 법을 보이시니
肯同浮木接盲龜	눈 먼 거북 물에 뜬 나무 만남과 어찌 같으랴!
飮光不是微微笑	가섭 존자[飮光]70) 미소짓지 않았더라면
無限淸風付與誰	한없이 맑은 가풍 누구에게 전했을까?

산화락(散花落)71)을 하고 삼동발(三動鈸)한 뒤, 거령산(擧靈山)과 인성(引聲), 요잡을 한다. 부도(浮屠)72) 앞에 이르러서 음악을 그치고, 삼동발(三動鈸)하고 3번 목탁을 친 뒤 헌좌(獻座)하고 다게(茶偈)를 운운한다.

◎고승사리이운(高僧舍利移運)73)

頂戴琅函入寶輦	옥함을 머리에 이고 보련에 넣어
仙童前引梵倫隨	선동이 인도하고 범천의 무리가 따릅니다.
樂音讚唄喧山壑	음악소리 찬양의 범패 산을 울리니
花雨從天萬點垂	꽃비가 하늘에서 수 만 점 내립니다.

각각 동발(動鈸) 한 뒤 요잡하고 풍류를 일시에 연주하면서 천천히 걸어서 부도 앞에 이르러 음악을 그치고, 다음 등상게(登床偈)를 운운한다.

行到玲瓏妙塔下	영롱하고 묘한 탑 아래로 왔으니
寶嚴床上可登臨	귀하고 장엄한 상에 오를만 합니다.
數杯茶了兒孫禮	자손들이 여러 잔 차로 예를 갖추오니
然後安棲率堵心	그런 뒤 솔도파74) 가운데 편안히 깃드십시오.

---

69) 오분향(五分香): 오부법신향(五部法身香)이라고도 한다. 계(戒)·정(定)·혜(慧)·해탈(解脫)·해탈지견(解脫知見)의 오분법신(五分法身)을 향(香)에 비유한 말이다.

70) 음광(飮光): (산)Kāśyapa. 가섭존자를 말한다.

71) 산화락(散華落): 불전(佛前)에 꽃을 뿌려 부처님께 공양하는 일. 또는 상대에 대한 존경심이나 환영을 나타내기 위한 인도의 예법. 특별한 게(偈)나 진언은 없고, 꽃잎을 흩뿌려 환영의 뜻을 나타내는 것이다.

72) 부도(浮屠): (팔)thupa[탑]의 음역. 부도(浮圖)와 동일하다.

73) 고승사리이운(高僧舍利移運): 재(齋)를 올리기 위하여 고승들의 사리를 옮기는 의식.

74) 솔도파(率都婆): 탑(塔) 또는 부도(浮圖).

각각 동발(動鈸)한 뒤 헌좌(獻座) 및 다게(茶偈)를 운한다. 혹 제자(弟子)가 다례(茶禮)를 하고자 한다면, 올린 물건을 배치한 후 초헌(初獻)을 한다. 다음으로 제문 읽기를 마치고 두 번 절한다. 아헌(亞獻)하고 다음 종헌(終獻)하고 각각 3번 절한 뒤, 인도가 삼마하(三麼訶)를 운한다. 마하반야바라밀과 인성(引聲)을 하고 풍류(風流)를 한다. 한참 뒤 공양주(供養呪)와 회향주(回向呪)를 운한다.

◎가사이운(袈裟移運)[75]

옹호게(擁護偈)를 운한다.

八部金剛護道場	팔부신중·금강역사께서는 이 도량을 보호하시고
空神速赴報天王	허공신께서는 모든 천왕에게 신속히 알려
三界諸天咸來集	삼계의 모든 하늘의 신들 다 와서 모였으니
如今佛刹補禎祥	이제야 불세계는 좋은 징조로 수놓아졌나이다.

가사송(袈裟頌)

佛祖傳來只此衣	부처님과 조사님들 전하신 것 단지 이 옷 하나
兒孫千載信歸依	법손들은 천년동안 믿고 의지하옵니다.
裂縫條葉分明在	찢어져 기운 곳에 가닥과 옷자락 분명히 있으나
天上人間荷者稀	천상과 인간 세상에 걸치는 사람 드무옵니다.

산화락(散花落)을 하고 삼동발(三動鈸)한 뒤, 뇌고(雷鼓)를 3번[度] 하고, 거령산(擧靈山)과 인성(引聲), 요잡을 한다. 법당 앞에 이르러 음악을 그치고 헌불게(獻佛偈)를 한다.

如來殊勝服	여래의 아주 좋은 옷
奉獻諸佛前	여러 부처님 앞에 봉헌하나이다.
人間表福田	인간이 복전을 표시하오니
願垂哀衲受	어여삐 여기시어 받아주시옵소서.

가사점안(袈裟點眼)을 한다면 할향게(喝香偈)로부터 엄정게(嚴淨偈)까지 하고 다음 연비게(燃臂偈)와 참회게(懺悔偈)를 운하고, 청사(請詞) 다음에 권공(勸供)을 한다.

---

75) 가사이운(袈裟移運): 재(齋)를 올리기 위하여 재 지내는 장소로 가사를 옮기는 의식.

◎전패이운(殿牌移運)76)

할향게(喝香偈)

我今一片無價香	나는 지금 한 조각 값없는 향을 피우오니
普熏十方諸刹海	시방의 모든 찰해에 두루 무젖게 합니다.
遇聞香者同成佛	향기를 맡게 되는 사람은 함께 성불하시며
上體恒安壽萬歲	임금님 몸은 항상 편안하사 만세를 누리소서.

행보게(行步偈)

天回鳳輦烟霞界	하늘이 봉연77)을 연하의 세계78)로 돌리시고
一解龍顏四海春	한번 용안을 푸시니 온 세상이 봄이로다.
到此身心忘自貴	여기서 마음과 몸이 스스로 귀한 줄 잊어버리니
親行數步示人民	친히 몇 걸음을 걸으시어 대중들에게 보이십니다.

염화게(拈花偈)

惟佛獨尊天上下	천상 천하에 부처님은 홀로 존귀하시고
人王亦貴世人間	사람의 왕 또한 인간세상에서 귀하시도다.
金沙步步香花落	금사세계79) 걸음마다 향기로운 꽃이 떨어지고
含笑春風已萬顏	미소를 머금으니 춘풍이 이미 얼굴에 가득하시네.

각각 동발(動鈸)한 뒤 영산곡(靈山曲)을 하고 풍류하며 사람들과 함께 즐긴다. 천천히 걸음을 옮겨 법당 앞에 이르러 음악을 그치고 삼전(三殿)에 축원을 운운한다.

主上殿下壽萬歲	주상전하 만세토록 수를 누리시옵소서.
王妃殿下壽齊年	왕비전하 만세토록 함께 수를 누리시옵소서.
世子邸下壽千秋	세자저하 천세토록 수를 누리옵소서.

---

76) 전패이운(殿牌移運): 임금의 장수를 빌기 위하여 불전 탁자 위에 안치하는 수패(壽牌)를 재 지낼 장소로 옮기는 의식. "금상폐하성수만세(今上陛下聖壽萬歲)" 등의 축원문을 쓴다.
77) 봉연(鳳輦): 봉황이 그려진 수레.
78) 연하계(烟霞界): 안개와 노을, 즉 산수가 아름다운 세계.
79) 금사(金沙): 금빛의 모래.

각각 동발(動鈸)하며 운한다.

◎금은전이운(金銀錢移運)[80]

옹호게(擁護偈)를 하고 다음 행보게(行步偈)를 한다.

誰道金銀山不動	누가 금은산이 움직이지 않는다고 말하는가
不煩天帝命夸娥	천제가 번거롭게 과아에게 명하지 않아도
人間紙作冥間寶	인간세상 종이로 명간[81]의 보배를 만드니
儘是如來妙力多	이 모두 여래의 묘한 힘이 많음이로다.

나무마하반야바라밀과 인성(引聲), 요잡을 하고 시왕(十王)[82] 앞에 이르러 음악을 그치고 다음 헌전게(獻錢偈)를 운운한다.

化紙成錢兼備數	종이를 바꾸어 지전을 만들고 숫자를 갖추오니
堆堆正似白銀山	차곡차곡 쌓은 것이 흰 은산 같습니다.
今將奉獻冥官衆	이제 장차 명관[83] 대중에게 봉헌하오니
勿棄茫茫曠野間	망망한 광야 사이에 버리지 마시옵소서.

◎시주이운(施主移運)[84]

사미대(沙彌臺)에서 결단(結壇)하면 화병(花甁)과 등촉(燈燭) 등 일체 위의(威儀)를 정리한 뒤에, 시주자(施主者)

---

80) 금은전이운(金銀錢移運): 금은화. 선종(禪宗)에서 시식(施食)이나 우란분회 따위의 행사 때 귀신에게 바친다 하여 법당 기둥에 걸어 놓는 종이로 돈 모양으로 만든 것을 재 지낼 장소로 옮기는 의식.
81) 명간(冥間): 사후 세계의 길. 망자(亡者)가 떠돌아다니는 곳. 명토(冥土), 황천길이라고도 한다. 태산부군(泰山府君) 등의 명부신앙(冥府信仰)에서 유래. 여기에는 염마왕(閻魔王)이나 다수의 명관(冥官)과 시왕(十王) 등이 있어 망자의 죄를 수습한다고 한다.
82) 시왕(十王): 『시왕경(十王經)』에서 말하고 있는 명계(冥界)의 시왕. 진광왕(秦廣王)·초강왕(初江王)·송제왕(宋帝王)·오관왕(伍官王)·염마왕(閻魔王)·변성왕(變成王)·태산부군(泰山府君)·평등왕(平等王)·도시왕(都市王)·오도전륜왕(五道轉輪王).
83) 명관(冥官): 명계(冥界)의 관리. 지옥에서 중생의 죄를 재판하는 관리.
84) 시주이운(施主移運): 재(齋) 지낼 곳으로 시주물(施主物)을 옮기는 의식.

의 집에서 떡과 면 등을 가져오면 현성[85]대중(賢聖大衆)을 청한다.

奉請十方諸賢聖　　　　받들어 청하옵나니, 시방에 계신 모든 성현님!
梵王帝釋及諸天　　　　대범천왕[86]·제석천왕[87]·사천왕님!
伽藍八部神祇等　　　　가람을 수호하시는 팔부의 신중님!
不捨慈悲臨法筵　　　　자비로운 마음으로 이 법연에 임하소서

헌좌(獻座)
我今敬設寶嚴座　　　　제가 지금 보배롭고 장엄한 자리를 마련하여
普獻一切諸賢聖　　　　모든 성현님께 받들어 올리옵니다.
願滅塵勞妄想心　　　　진로[88]망상심[89]을 멸하시어
速圓解脫菩提果　　　　속히 원만히 해탈[90]보리과를 이루기 원하나이다.

　　　　　　　<唵 迦摩羅 星賀 莎訶>
　　　　　　　옴 가마라 승하 사바하
다게(茶偈)를 한다.

今將甘露茶　　　　　　이제 감로다를
奉獻賢聖前　　　　　　성현님께 받들어 올리오니
鑑此虔懇心　　　　　　정성스럽고 간절한 마음 살피시어
願垂哀納受　　　　　　애틋이 여기시고 받아주옵소서.

공양주(供養呪) 및 회향주(回向呪)를 한 뒤, 대중과 시주는 차를 따르고, 그 뒤에 위의(威儀)를 세워놓고, 시주가

---

85) 현성(賢聖): 삼현십성(三賢十聖=三賢十地)의 줄인 표현이니, 십주(十住)·십행(十行)·십회향(十回向)의 삼위
　　가 삼현(三賢)이고, 초지(初地) 이상에서 십지(十地)까지의 보살이 십성(十聖)이다.
86) 대범천왕(大梵天王): 색계초선천(色界初禪天)의 주(主)로 부처님께서 출세하실 때면 항상 제일 먼저 설법
　　을 청한다고 하며, 언제나 부처님을 오른편에 모시고 손에는 흰 불자(拂子)를 들고 있다.
87) 제석천왕(帝釋天王): 제석은 33천[忉利天]의 주격인 천(天)의 왕이다. 제석천은 사천왕을 거느리며, 부처님
　　을 수호하고 불법을 보호하여 후세에 전하는 것을 임무로 한다.
88) 진로(塵勞): 마음을 더럽히고 피로하게 한다는 뜻으로 번뇌의 다른 말이다.
89) 망상심(妄想心): (산)vikalpa. 잘못만을 일으키는 마음. 미혹한 마음. 일상의 미망심(迷妄心). 물체의 본질을
　　파악하고 있지 않은 마음.
90) 해탈(解脫): (산)vimokṣa. 일반적으로 해탈은 번뇌의 속박에서 풀려 미혹의 고통에서 벗어남을 의미한다.
　　선종(禪宗)에서는 흔히 깨달음의 뜻으로 사용되고 있다.

관(冠)·의(衣)·대(帶)를 벗어 연(輦)에 실은 뒤, 행보게(行步偈)를 운한다.

移行千里滿虛空	천리 길 옮겨 다니며 허공에 가득하나
歸道情忘到淨方	도에 귀의하여 정을 잊으면 깨끗한 곳에 이릅니다.
三業投誠三寶禮	삼업을 던지는 정성으로 삼보께 예를 하여
聖凡同會法王宮	성현과 범부가 함께 법왕궁91)에 모입니다.

난경(亂經)하면서 요잡하고 마당 가운데 이르러 음악을 그친다. 다음 보례게(普禮偈)를 운한다.

普禮十方常住佛	시방에 항상 머무시는 불보님께 두루 예하나이다.
普禮十方常住法	시방에 항상 머무르는 법보님께 두루 예하나이다.
普禮十方常住僧	시방에 항상 머무르는 승가님께 두루 예하나이다.

다음 삼전(三殿)에 축원을 하고, 다음 시주(施主) 축원(祝願)을 운운한다.

◎ 경함이운(經函移運)92)

妙法何須別處討	미묘한 법 어찌 다른 곳에서 찾으리오.
花花草草露全機	꽃들이며 풀들 온전한 기틀 드러냈는데
人人不識圓珠在	사람마다 원만한 불성[圓珠]93) 있는 곳 몰라서
也使能仁捲蔽衣	세존[能仁]94)으로 하여금 낡은 옷 걷어올리게 합니다.

동경게(動經偈)

珠爲出珍登淨案	보주는 진귀한데서 나와 이 청정한 서안에 오르고
藥因療病瀉金瓶	묘약은 병을 치료하느라 금병95)에서 쏟아냅니다.
大乘法力難思議	대승의 법력은 헤아리기 어려우니

---

91) 법왕궁(法王宮): '법왕'은 부처님을 가리키는 것이므로 '법왕궁'은 부처님께서 주인으로 계시는 곳이다. 적멸궁(寂滅宮)·극락세계(極樂世界)라고도 한다.
92) 경함이운(經函移運): 재회(齋會)가 베풀어질 장소로 경전을 담은 상자를 옮기는 의식.
93) 원주(圓珠): 완전무결한 불성(佛性).
94) 능인(能仁): 석가모니의 의역.
95) 금병(金瓶): 금빛이 나는 병.

若薦亡靈轉此經　　　　망령을 천도하려면 이 경을 굴려야 합니다.

염화게(拈花偈)

花果一時同妙法　　　　꽃과 열매 똑같이 묘한 법이니
染中常淨亦如然　　　　더러운 가운데서도 깨끗함이 또한 그러합니다.
今將數朶芙蓉藥　　　　이제 몇 송이 부용꽃을
供養靈山法寶前　　　　영산 법보 앞에 공양하옵니다.

산화락(散花落)을 하고 삼동발(三動鈸)한 뒤 거령산(擧靈山)과 인성(引聲), 요잡을 한다. 단상(壇上)에 이르러 음악을 그치고 찬경게(讚經偈)를 운운한다.

妙經功德說難盡　　　　경전의 묘한 공덕 다 설명하기 어려워
佛佛臨終最後談　　　　부처님마다 임종할 때 최후로 말하였네.
山毫海墨虛空紙　　　　산 같은 붓, 바다 같은 먹물과 허공의 종이에
一字法門書不減　　　　한 글자의 법문을 써도 모자라지 않습니다.

◎괘불이운(掛佛移運)[96]

옹호게(擁護偈)를 운한다.

八部金剛護道場　　　　팔부신중[97]·금강역사[98]는 이 도량을 보호하시고
空神速赴報天王　　　　허공신께서는 하늘의 왕에게 신속히 알리어
三界諸天咸來集　　　　삼계[99]의 하늘 신들이 다 함께 자리하셨으니

---

96) 괘불이운(掛佛移運): 재회(齋會)를 거행할 장소에 걸고자 괘불을 옮기는 의식이다.
97) 팔부신중(八部神衆): 불타의 가르침을 수호하는 여덟 종의 신. ①천(天;Deva);초인적인 귀신. ②용(龍;Nāga); 용신용왕(龍神龍王). ③야차(夜叉;Yakṣa);용건포악(勇健暴惡)하고, 공중비행(空中飛行)하는 귀신. ④건달바(乾闥婆;Gandharva);반신(半身)으로 음악을 연주하는 천상의 악사. ⑤아수라(阿修羅;Asura);악령이지만 과보(果報)가 하늘에 버금가는 것. ⑥가루라(迦樓羅;Garuḍa);금시조(金翅鳥)를 말하며 용(龍)을 먹음. ⑦긴나라(緊那羅;Kiṃnara);인비인(人非人)이라고 하는 가신(歌神). ⑧마후라가(摩睺羅迦;Mahoraga);사신(蛇神).
98) 금강역사(金剛力士): 집금강(執金剛)·금강야차(金剛夜叉) 등이라고도 한다. 금강저(金剛杵)를 손에 쥐고 불법을 지키는 신. 문의 좌우에 서서 절을 지키는 역사.
99) 삼계(三界): 불교의 세계관으로 중생이 왕래하고 거주하는 세 곳의 세계. 즉 욕계(欲界)·색계(色界)·무색계

如今佛剎補禎祥   지금은 불세계가 좋은 징조를 더하나이다.

전종(轉鐘) 및 명라(鳴螺)를 3지(旨)한 뒤 명발(鳴鈸)을 하고 찬불게(讚佛偈)를 운한다.

塵墨劫前早成佛   아득한 세월 전에 일찍 성불하시고도
爲度衆生現世間   중생을 제도하려 세간에 나타나셨네.
巍巍德相月輪滿   높고 높으신 덕의 상은 둥근 달처럼 원만하시고
於三界中作導師   삼계 가운데 중생을 인도하는 스승 되셨나이다.

출산게(出山偈)
巍巍落落淨裸裸   높고도 시원스레 진면목 깨끗이 드러내어
獨步乾坤誰伴我   천지에 홀로 걸으시니 누가 나를 짝하겠나?
若也山中逢子期   혹여 산중에서 지음[子期]100)을 만났던들
豈將黃葉下山下   어찌 버들잎[黃葉]101) 가지고 산 아래로 내려가랴.

염화게(拈花偈)
菩薩提花獻佛前   보살이 받쳤던 꽃을 불전에 바치오니
由來此法自西天   본디 이 법은 서천으로부터 온 것이지요.
人人本具終難恃   사람들이 본디 갖추었으나 끝까지 믿기 어려워
萬行新開大福田   만행을 새로 열어 복전을 크게 하옵니다.

산화락(散花落)을 하고 삼동발(三動鈸)을 한 뒤, 거령산(擧靈山)과 인성(引聲), 요잡을 한다. 마당 가운데 이르러

(無色界). ①욕계는 가장 밑에 있고 음욕(婬慾)·식욕(食慾) 두 개의 욕심을 갖는 생물이 사는 장소이다. 이
  가운데는 지옥·아귀·축생·수라·인간·천상의 육취(또는 육도)가 있다. 욕계의 천상신들을 육욕천(六欲天)
  이라고 한다. ②색계는 욕계 위에 있고 음욕과 식욕을 여읜 생물이 사는 장소이다. 여기는 절묘한 물질에
  의해 이루어지기 때문에 색계라고 한다. 욕심을 떠난 깨끗한 세계. 사선천(四禪天)에 의해 이루어지고 이
  것을 나누면 17천이 된다. ③무색계는 최상의 영역으로 물질을 초월한 세계이다. 정신만이 존재한다.
100) 자기(子期): 춘추 시대 때 백아(伯牙)라는 거문고의 명인이 있었다. 그의 친구 가운데 종자기(鍾子期)라는
  사람이 있었는데, 백아의 거문고 타는 소리를 들으면 종자기는 백아의 심경을 그대로 알아맞혔다. 얼마
  후, 종자기는 병으로 세상을 뜨고 백아는 종자기의 죽음 이후 두 번 다시 거문고를 잡지 않았다. 후인들
  은 이러한 고사를 백아절현(伯牙絶絃)이라 했고, 종자기는 얻기 어려운 친구의 대명사가 되었다.
101) 황엽(黃葉): 방편을 말한다. 『열반경』 「영아행품(嬰兒行品)」에 보이는 고사. 즉, 부모가 우는 아이에게 마
  른 버드나무 잎을 금(金)인 양 줌으로써 울음을 그치게 하듯, 부처님께서 천상의 낙과(樂果)를 설하시어
  인간의 악을 그치게 하심도 그와 같다는 것이다.

음악을 그치고 등상게(登床偈)를 한다.

遍登獅子座	두루 사자좌에 오르시어
共臨十方界	함께 시방세계에 임하시고
蠢蠢諸衆生	어리석은 여러 중생들을
引導蓮花界	연화계[102]로 인도하시네.

사무량게(四無量偈)

大慈大悲愍衆生	대자대비하신 부처님, 중생을 불쌍히 여기시고
大喜大捨濟含識	대희대사하신 부처님, 중생들을 제도하시며
相好光明以自嚴	상호[103]광명으로 저절로 엄중하시니
衆等志心歸命禮	대중들은 지극한[志][104] 마음으로 귀의하옵니다.

영산지심(靈山志心)

志心歸命禮 靈山會上 拈花示衆 是我本師 釋迦牟尼佛 惟願靈山 受我頂禮
지극한 마음으로 귀의하옵니다. 영산회상에서 꽃을 들어 대중에게 보이신 우리의 본사 석가모니부처님, 오직 원하옵건대 영산에서 우리의 정례를 받으시옵소서.

헌좌(獻座)를 하고 다음 다게(茶偈)를 운한다.

◎설주이운(說主移運)[105]

전종(轉鐘) 및 명발(鳴鈸)한 뒤 동불게(動佛偈)를 운한다.

---

102) 연화계(蓮花界): 연화장세계(蓮華藏世界)라고도 한다. 이 관념은 원래 바라문교 쪽에서 우주 최초에 대수(大水) 속에서 비슈느신이 나타나고, 그 신의 배꼽 안에서 천개의 꽃잎이 있는 금색 연화를 낳고, 그 안에 범천왕(梵天王)이 출현하여 세상의 모든 생물을 낳기에 이르렀다고 설하고 있는 견해를 받아들여 발전시킨 것이다.

103) 상호(相好): 불타의 육신이나 전륜성왕의 몸에 갖추어져 있는 거룩한 용모와 형상 중에서 특히 현저하게 뛰어난 32가지를 가려서 32상(相)이라 하고, 여기에 80종호(種好;미세하고 은밀한 것)를 합해 상호라 한다.

104) 지(志): 지(至)의 오자이나, 이 책에서는 통용하여 쓰고 있다.

105) 설주이운(說主移運): 재회(齋會)에서 법을 설할 설주를 이운하는 의식.

世尊當入雪山中　　　　　세존께서는 당시 설산106)에 들어가시어
一坐不知經六年　　　　　한 번 앉아 육년이 지난 줄 알지 못했네.
因見明星云悟道　　　　　샛별 보시고 도를 깨달으셨다니
言詮消息遍三千　　　　　그 소식 온 누리에 가득 찼다네.

법사게(法師偈)
法身遍滿百億界　　　　　법신은 백억의 세계에 두루 가득하여
普放金色照人天　　　　　금빛 광명 널리 퍼서 인천세계를 비추나이다.
應物現形潭底月　　　　　사물따라 나투심이 물 속의 달과 같아서
體圓正坐寶蓮臺　　　　　원만한 본체 보련대에 바로 앉으시나이다.

출산게(出山偈)
嵬嵬落落淨裸裸　　　　　높고도 시원스레 깨끗이 진면목 드러내어
獨步乾坤誰伴我　　　　　세상에 홀로 위대하니 누가 나를 짝하겠나?
若也山中逢子期　　　　　만약 산중에서 지음을 만났다면
豈將黃葉下山下　　　　　어찌 시든 잎을 가지고 산 아래로 내려가리오.

다음 헌다(獻茶)를 운한다.

염화게(拈花偈)
靈鷲拈花示上機　　　　　영취산에서 꽃을 집어 상등의 법을 보이시니
肯同浮木接盲龜　　　　　눈 먼 거북이 물에 뜬 나무 만남과 어찌 같으랴!
飮光不是微微笑　　　　　가섭 존자가 미소를 짓지 않았더라면
無限淸風付與誰　　　　　한없이 맑은 가풍 누구에게 전했을까?

산화락(散花落)을 하고 삼동발(三動鈸)을 한 뒤 거령산(擧靈山)과 요잡을 한다. 정문으로 들어가 3번 돌 때에 법중(法衆)은 각기 위치로 간다. 인도(咽導)는 기미를 보고 음악을 그치고 등상게(登床偈)를 운한다.

獅子座高廣　　　　　　　사자좌 높고 넓은데
人中獅子登　　　　　　　사람 가운데 사자가 오르나이다.
淨名神力在　　　　　　　청정한 이름에 신묘한 힘이 있나니

---

106) 설산(雪山): (산)Himālaya. 인도 히말라야산의 옛 이름이다.

方丈幾多昇　　　　　방장이 얼마나 많이 올랐습니까?

좌불게(坐佛偈)

世尊坐道場　　　　　세존께서 도량에 앉으시면

淸淨大光明　　　　　청정 세계의 큰 광명이시니

比如千日出　　　　　비유하자면 천 개의 해가 나와

照曜大千界　　　　　대천세계를 환하게 비추십니다.

◎설재의(設齋儀)[107]

유나[108]이운(維那移運)은 혹 쓸 곳이 있으나, 습례작법(習禮作法)은 가소로움을 면하지 못한다. 대체로 큰 불사를 할 때에는 재를 베푸는 자가 재의 의식을 잘 아는 사람을 미리 청하여 매사를 상세히 의논을 드리고, 한 편으로 또 그 절의 주지(住持)와 유나(維那) 등은 설주(說主)와 병법(秉法)[109]에게 아침 저녁으로 뵙고 문의한다.

◎보청의(普請儀)[110]

당일 막제(莫嚁)한 뒤 종두(鐘頭)는 승가리(僧伽梨)[111]를 입고 먼저 대종(大鐘)을 3추(槌) 친다. 그 뒤에 당좌(堂佐)[112]는 또 장삼을 입고 법중 앞에 나아가 말하길 "이미 종을 쳤으니 옷 정돈하기를 청합니다." 한다. 또 당좌

---

107) 설재의(設齋儀): 재회(齋會)를 어떻게 베풀 것인지 잘 아는 자에게 상의하는 등의 절차.

108) 유나(維那): (산)karmadāna. 사무(寺務)의 대강(大綱)을 통솔하고 승중(僧衆)의 잡무를 관장하는 스님. 사찰의 소임(所任)을 임명하는 스님.

109) 병법(秉法): 수계(受戒)·참회(懺悔) 등에서 행하는 갈마작법(羯磨作法)의 소임을 맡고 있는 사람. 수계·참회·결계(結界) 등 계율에 관한 행사를 할 경우, 그 의지가 몸의 동작과 말로 나타나게 되는데, 이에 의해 지악작선(止惡作善)하는 의식상의 작법을 말한다. 갈마의 내용을 법(法;갈마의 방법)·사(事;갈마를 하는 행사)·인(人;갈마에 관계하는 사람)·계(界;갈마를 하는 장소)의 넷으로 나누어 이것을 갈마사법(羯磨四法)이라 한다.

110) 보청의(普請儀): 재회(齋會)에 참석하는 모든 이를 두루 청하는 의식.

111) 승가리(僧伽梨): (산)(팔)saṃghāṭi의 음역. 대의(大衣)·중의(重衣)라 한다. 비구의 삼의(三衣) 가운데 가장 큰 것이다. 양중(兩重)으로 9조 내지 25조가 있다. 설법과 탁발을 위해 왕궁과 취락에 들어갈 때에는 반드시 이것을 걸친다.

112) 당좌(堂佐): 본당(本堂)을 보좌하고 대중을 보호하는 역할을 담당한 스님. 본당에 있어야 할 대중, 즉 당중(堂衆)이 도량으로 자리를 옮겨 작법을 행하기 때문에 본당이 비게 되는데, 이때 월대(月臺)에서도 높

는 대의(大衣)[113]를 걸치고 다시 법중 앞에 나아가 말하길 "법연(法筵)[114]에 모이기를 청합니다." 한다. 종두는 대종을 5추(槌) 친 뒤(전후로 응하여 아울러 9추(槌) 한다.) 당좌는 가사[115]를 입는다. 또 법중 앞에 나가서 말하길 "작법할 때가 늦었으니 법연으로 모이기를 청합니다." 한다. 만약 회주(會主)와 병법(秉法)이 지위가 극히 높으면 종두로 하여금 자리를 청해서는 안 되고, 유나(維那)와 찰중(察衆)[116]이 몸소 가서 청한다.

◎배운차비규(陪運差備規)[117]

만약 회주(會主)를 배운(陪運)하면, 유나가 모든 사미 및 판수(判首)[118]를 인솔하고 일체 위의(威儀)를 갖추어 방장(方丈)의 처소로 나간다. 이때 기사(記事)는 어산(魚山) 앞에 나가 말하길 "때가 이미 늦었으니 방장 처소로 가기를 청합니다." 한다. 화병과 등촉은 문 앞에 서고, 인배(引陪)는 등촉 앞에 서고, 위의는 인배 앞에 서고, 판수는 인배와 위의의 사이에 선다.

◎괘불배운규(掛佛陪運規)[119]

만약 괘불을 배운하면, 찰중은 사미와 각색의 위의를 거느리고, 괘불이 있는 곳으로 나가며, 종두는 범음 앞에 가서 말하길 "날이 이미 늦었으니 괘불 있는 곳으로 나가기를 청합니다." 한다. 화병과 등촉, 인배(引陪) 위의(威儀)가 늘어서는 것은 위와 같다.

◎경함배운식(經函陪運式)[120]

은 곳에 자리하여 본당과 대중을 동시에 수호한다.

113) 대의(大衣): 승가리(僧伽梨)를 말한다.
114) 법연(法筵): 법을 위한 모임, 즉 경(經)을 강설하거나 법화(法話)를 하는 자리.
115) 가사(袈裟): 스님들이 입는 옷. 가사의 색은 대체로 황적색을 띠는데, 이 말의 원어가 황적색(黃赤色)을 뜻하는 것과도 연관이 있다. 본래 출가 수행자란 남이 쓰다 버린 옷 조각이나 못쓰게 된 천 조각들을 주워서 꿰매어 만든 옷을 입을 만큼 무욕(無慾)과 무소유를 실천하였던 것에서 비롯된다. 가사를 입은 출가자는 자비를 실천하고 공덕을 쌓는 수행에 전념하기 때문에, 자비의(慈悲衣), 공덕의(功德衣), 가사예(迦沙曳), 납의(衲衣), 분소의(糞掃衣)라고도 한다.
116) 찰중(察衆): 대중의 허물을 규탄하여 자세히 살피는 일을 맡은 사람이다.
117) 배운차비규(陪運差備規): 재회(齋會)에 참여하는 대중 스님들과 각종의 위의들을 배운(陪運)하는 규범이다.
118) 판수(判首): 금판(禁板)으로 대중의 열(列)을 고르게 하는 일을 담당한 스님. 금판으로는 장군죽비(將軍竹箆)를 이용한다.
119) 괘불배운규(掛佛陪運規): 야단(野壇)에서 재회(齋會)를 거행할 때에는 괘불을 걸게 되는데, 이때 괘불을 옮기는 규범이다.
120) 경함배운식(經函陪運式): 재회(齋會)가 열릴 장소로 경전을 옮기는 의식이다.

만약 경함을 배운하면, 수종두(首鐘頭)는 모든 사미 및 판수, 위의를 거느리고 경함이 있는 곳으로 나간다. 당좌는 범패[121] 앞에 가서 말하길 "때가 이미 늦었으니 경함 있는 곳에 모이기를 청합니다." 한다. 각 처소의 위의와 차비(差備)는 일일이 쌍을 이루도록 정돈한 뒤에, 종두가 보랑(報廊) 20추(槌)를 하면 기사는 회주 앞으로 나가 절하고 엎드려 말하길 "법사가 모두 준비되었으니 자리에 나갑시다." 한다. 기사는 두 번 절하고 나간다. 이때 소라[螺]를 3지(旨) 하고, 명발(鳴鈸)을 1종(宗) 한 뒤에 어산은 의문(儀文)대로 차례차례 운하고, 거령산(擧靈山)[122]을 하며 도량에 들어가서 3번 돈다. 이때 회주(會主) 및 법중(法衆)은 각기 그 자리로 간다. 어산은 기미를 보고 음악을 그치고 등상게(登床偈)를 창하고 좌불게(座佛偈)를 운한다.

◎설주입좌식(說主入座式)[123]

설주(說主), 병법(秉法), 증명(證明)이 자리에 들어오면, 그날 작법하는 어산은 회주 앞에 나가서 절하고 엎드려 말하길 "지금 작법을 시작하는 것이 어떠하올런지요?" 한다. 회주가 만약 명할 일이 있거든 하고, 없으면 "사례대로 하시오." 한다. 어산은 "예" 대답하고 물러난다. 또 유나 앞에서도 이와 같이 한 뒤에 자리로 간다.

◎격종품례식(擊鍾稟禮式)[124]

유나는 곧 종두에게 명하여 종을 치고 판을 치는 선후 규범을 본사 주지에게 아뢴 다음에, 먼저 법당의 소종(小鐘)을 3추(槌) 하고(전후 합쳐서 5추), 다음 동쪽 선당(禪堂)의 소종을 치고, 다음 서쪽 승당(僧堂)의 소종을 치고, 다음 종각(鐘閣)의 운판(雲版)을 추(槌)하는데 횟수는 법당 소종과 같거나 내지는 전종(轉鐘)을 7추(槌) 한다. (전후 응하여 11추 한다.) 이때 소라[螺]를 3지(旨) 불고, 명발(鳴鈸)을 1종(宗) 한 뒤 마당 가운데서 건회소(建會疏)를 읽는다.
개건대회소(開建大會疏)는 비록 재 앞에는 적당하지 않지만 시주의 정성스런 마음을 표시한다고 해서 세상에 성행하고 있다. 지금 그것을 기록한다.

---

121) 범패(梵唄): 범음패닉(梵音唄匿)의 약어로서, 경문의 내용이나 부처님의 덕을 찬탄하는 가사에 곡조를 붙여 읊는 것. 또는 그것을 부르는 사람.

122) 거령산(擧靈山): 짓소리(긴소리) 13곡 중 하나(引聲,擧靈山,灌浴偈,沐浴眞言,單頂禮,普禮,食靈山,頭匣,五觀偈,靈山持心,特賜加持,擧佛,三太 등). 대개 한문으로 된 산문 또는 범어의 사설로 되어 있으며, 반드시 합창으로 부르며 리더격인 장부(丈夫)가 입 모양을 과장 시키거나 손가락으로 지휘한다. 3현6각 반주가 곁들여지고, 저음으로 노래하며 억세고 꿋꿋하고 우렁찬 발성법과 길게 끄는 장인성, 많은 합창단원을 요한다. 5음을 사용하며 9~13도 정도 음역이 넓고, 일정한 선율형식이 없다. 홋소리처럼 성(聲)이 여러 개 모여서 한 곡을 이룬다.

123) 설주입좌식(說主入座式): 재회(齋會)에서 법을 설할 스님을 모셔오는 의식.

124) 격종품례식(擊鍾稟禮式): 종을 치는 의식.

◎영산작법절차(靈山作法節次)[125]

할향게(喝香偈)[126]

玉斧削成山勢聳   옥도끼로 깎아서 만든 산의 기세 우뚝하고

金爐爇處瑞烟濃   금 화로 사른 곳에 상서로운 연기가 가득하옵니다.

撩天鼻孔悉遙聞   온 세상의 모든 코는 다 멀리 맡으리니

戒定慧香重法界   계·정·혜향이 법계에 두루 가득 하옵니다.

연향게(燃香偈)

戒定慧解知見香   계향, 정향, 혜향, 해탈향, 해탈지견향이

徧十方刹常氣馥   시방세계에 두루 항상 향기롭나이다.

願此香烟亦如是 阿呵吽   원컨대 이 향기 또한 이와 같아서   아아훔

熏現自他五分身   자타의 오분법신이 무젖도록 하소서.

할등(喝燈)

達摩傳燈爲計活   달마[127]는 불법의 등을 전하는 계책이 활달하였고

宗師秉燭作家風   종사는 촛불을 잡아 가풍을 진작시키셨나이다.

燈燈相續方不滅   등불이 서로 이어져 법이 멸하지 않나니

代代流通振祖宗   대대로 이어져 조사와 종사가 떨칩니다.

연등게(燃燈偈)

大願爲炷大悲油   대원을 심지로 삼고 대비를 기름으로 삼고

---

125) 영산작법절차(靈山作法節次): 영산작법은 석가모니불의 설법회상인 영산회상(靈山會上)을 오늘에 재현한
다는 상징적인 의미를 지닌 법회이다. 오늘날에는 이 법회를 통해서 영혼을 천도하고 있다. 이에 대한
절차이다.

126) 할향게(喝香偈): 원문에는 제목이 적혀있지 않으나 앞의 것을 참조하여 제목을 달았다.

127) 달마(Bodhidharma;?~528): 대사가 중국에 오기 전, 중국의 선(禪)은 대승선(大乘禪)이라 하였지만 언어와
문자에 집착한 것으로 교외별전의 선지(禪指)는 없었다. 양무제 보통 원년(520) 9월 달마대사가 중국에
오면서 이른바 조사선이 전해지게 되는데, 그는 인도 전등으로는 제 28조이고 중국 선종으로는 초조(初
祖)가 된다. 남천축 향지왕(香至王)의 셋째 아들로 태어나 부왕이 서거한 뒤 반야다라(般若多羅)에게 출
가하여 보리달마(菩提達摩)로 개명하였다. 인도에서 교화 활동을 활발히 하여 바라문교에 심취하여 있던
조카 이견왕(異見王)을 개종시켰으며, 스승인 반야다라의 유명(遺命)에 따라 중국으로 오게 된다.

大捨爲火三法聚	대사를 불로 삼고 삼법을 모아서
菩提心燈照法界 阿呵吽	보리심의 등불로 법계를 비추오니 아아훔
照諸群生願成佛	모든 중생들 다 비추어 성불하게 하시옵소서.

할화(喝花)

牧丹花王含妙香	모란은 꽃 중에 왕이라 묘한 향을 품고 있고
芍藥金蘂體芬芳	작약의 금빛 꽃술은 본체가 향기롭습니다.
菡萏紅蓮同染淨	연꽃 붉은 꽃봉오리는 더럽거나 깨끗하거나 동일하고
更生黃菊霜後新	다시 살아난 황국은 서리 내린 후에 새롭습니다.

서찬게(舒讚偈)

我今信解善根力	저는 이제 선근의 힘과
及與法界緣起力	법계의 연기력과
佛法僧寶加持力	불·법·승 삼보 가지력을 믿으오니
所修善事願圓滿	내 닦는 좋은 일이 원만해지기를 바라나이다.

불찬(佛讚)

自在熾盛與端嚴	자재와 치성과 단엄하심
名稱吉祥及尊貴	명칭과 길상과 존귀함
如是六德皆圓滿	이러한 육덕이 모두 원만하시니
應當摠號薄伽梵	호칭을 박가범[128]이라 함이 마땅하나이다.

대직찬(大直讚)

眞法性是其身 究竟覺爲其智 距蓮花臺藏 號毘盧遮那 於千百億釋迦 獨爲其主 於恒河沙國土 統世居
尊 然乃合眞如而不大 全在一一毛端 處微塵而不小 卽遍恢恢法界 盡十方作大神變 徹三世放大光明
攝凡聖十身相作 應地位 六根互用 十剎微塵數菩薩 稽首常隨 百萬阿僧祇諸天 虔心圍繞
참 법성이 그 몸이요, 구경의 깨달음이 그 지혜로다. 연화대장에 걸터앉아 비로자나라고 불리우니,
천 백억의 부처 가운데 석가모니가 홀로 부처가 되고, 항하사 같은 국토의 온 세상을 거느려 존귀

---

128) 박가범(薄伽梵): (산)bhagavat의 주격 bhagavan의 음역. 부처님의 칭호로 뛰어난 자, 번뇌를 타파하는 자,
여러 가지 덕을 지닌 자의 뜻이다.

한 지위에 있습니다. 그러나 진여를 합해도 더 크지 않아 하나하나의 털끝에도 온전히 존재하고, 미세한 먼지에 처하여도 작아지지 않아서 넓고 넓은 법계에 두루하나이다. 시방세계에 모두 큰 신비로운 변화를 만드시고 삼세를 두루하여 대광명을 비추며 범성을 모두 거느려 열 가지 몸129)을 지으시고 그 지위에 응하여 육근을 번갈아 작용하며, 십찰미진수의 보살이 머리를 조아려130) 항상 따르며, 백만아승지의 모든 불보살들이 경건한 마음으로 주위를 둘러싸나이다.

至心信禮 佛陀耶 兩足尊
지극한 마음으로 예를 올리나이다. 두 발이 존귀하신 불타131)여!

三覺圓 萬德具 天人阿 調御師 阿呵吽 凡聖大慈父
삼각132)이 원만하고 만덕133)을 구비하시며 천인을 아, 거느리시는 조어사134)여! 아아훔, 성범의 대자대비하신 아버지이십니다.

從眞界 等應持 悲化報 竪窮阿 三際時 橫徧十方處
진불의 세계로부터 적멸의 마음을 항상 지니시고 인과응보의 조화를 슬피 여기시어 무궁히 드리우시며 아, 삼제135) 시방 곳곳에 두루 하나이다.

震法雷 鳴法皷 廣敷阿 權實敎 阿呵吽 大開方便路
법뢰를 흔들고 법고를 울리어 널리 펴시나니 아, 방편과 진실의 가르침이라! 아아훔, 크게 방편의 길을 내셨나이다.

---

129) 십신(十身): 『화엄경』에서 말하는 10종의 불신(佛身). 중생신(衆生身)·국토신(國土身)·업보신(業報身)·성문신(聲聞身)·벽지불신(壁支佛身)·보살신(菩薩身)·여래신(如來身)·지신(智身)·법신(法身)·허공신(虛空身).
130) 계수(稽首): 머리를 땅에 대고 경례하는 것. 인도 최상의 경례법.
131) 양족존(兩足尊): 부처님의 존칭으로 인간 가운데서 가장 존귀한 사람을 말한다. 후대의 해석에 의하면 부처님께서는 지(智)와 비(悲) 혹은 지혜(智慧)와 복덕(福德)을 구족(具足)하셨다고 하여 양족이라 일컫는다.
132) 삼각(三覺): 불타를 번역한 이름인 각에 갖춘 세 가지 뜻. 자각(自覺)·각타(覺他)·각행궁만(覺行窮滿). ① 자각: 범부들의 자각이 없는데 대한 것. ②각타: 성문·연각이 자기만 깨닫는 데 노력하고, 다른 이를 구하지 않음에 대한 것. ③각행궁만: 보살과 구별하여 불타가 각자(覺者)인 것을 밝힌 것.
133) 만덕(萬德): 부처님의 모든 미덕.
134) 조어사(調御師): 인간을 조어하는 사람. 부처님의 10호(號) 중 하나. 장부를 다스려야할 어자(御者)라는 뜻이다.
135) 삼제(三際): 인도에서 일년을 삼계(三季)로 한 것. 곧 춘(春)을 열제시(熱際時;1월 16일~5월 15일), 하(夏)를 우제시(雨際時;5월 16일~9월 15일), 동(冬)을 한제시(寒際時;9월 16일~1월 15일)로 나눈 것.

若歸依　能消滅　地獄苦

만약 귀의한다면 지옥의 고통을 멸할 것이옵니다.

상(象)을 치고 요잡(繞匝)한다.

중직찬(中直讚)

放廣了義　圓覺法門　萬億恒沙　諸佛在淨土中同說　三世如來之所守護諸經　眼目圓頓敎門

방광136)·요의137)·원각138)하신 법문을 만억의 항하사 같이 수많은 모든 부처님 정토 가운데 계시며 함께 설법하시고 삼세여래가 수호하신, 여러 경전의 안목이 원만한 가르침의 문[敎門]139)이여.

至心信禮　達摩耶　離欲尊

지극한 마음으로 예를 올리옵니다. 욕계를 떠난 존귀하신 달마여!

寶藏聚　玉函軸　結集阿　於西域　阿呵吽　飜譯傳東土

보장을 모으고 옥함의 서책을 서역에서 아! 결집하시더니 아아훔, 번역하여 동토에 전하였습니다.

祖師弘　賢哲判　成章疏　三乘阿　分頓漸　五敎定宗趣

조사가 넓히시고 현철이 판단하여 장과 소를 이루신 3승을 아! 돈점140)으로 나누어 5교141)의 취향을 정하였습니다.

---

136) 방광(放廣): 광대한의 의미이다.

137) 요의(了義): 명료한 의리. 그 의미가 완전히 해명된 것.

138) 원각(圓覺): 부처의 완전하고 원만한 깨달음을 이르는 말이다.

139) 교문(敎門): 생사해탈의 가르침에 들어가는 문이라는 뜻으로 부처의 가르침을 이른다.

140) 돈점(頓漸): 부처님이 설법한 형식에서 말하는 것과 사상의 내용에서 말하는 것, 수행의 과정에서 말하는 것의 3종이 있다. ①부처님 설법의 형식에서 말하면 단박에 설법한 『화엄경』은 돈(頓), 근기에 맞추어 점차로 말한 『아함경』, 『방등경』, 『반야경』 등의 여러 경은 점(漸). ②사상의 내용에서 말하면 일정한 차례에 따르지 않고 변칙적으로 한꺼번에 해탈을 얻는 방법을 말한 것을 돈교, 원칙적으로 차례를 밟아서 점차로 해탈케 하는 가르침을 점교. ③수행의 과정에서 말하면 사상 상의 돈교에 의하여 속히 증오(證悟)를 얻는 것은 돈(頓), 점교에 의하여 수행해서 점차로 얕은 데서 깊은 데로 나아가는 것은 점(漸).

141) 오교(五敎): 여러 경전의 설해진 형식·순서·의미·내용 등에 의해 교설(敎說)을 5종류로 분류한 체계. 얕은 가르침에서 순서적으로 깊은 가르침으로 나아간다. 천태종의 오시교(五時敎)·화엄종의 오교십종판(五敎十宗判)이 그 대표적인 것이지만, 교판의 초기, 즉 남북조시대에 이 분류가 많다.

鬼神欽　龍天護　導迷阿　標月指　阿呵吽　除熱斟甘露

귀신이 공경하고 천룡이 수호하여 미혹한 이를 인도하고 아! 월지를 표방하여 아아훔, 번뇌를 제거하여 감로를 따르십니다.

若歸依　能消滅　餓鬼苦

만약 귀의한다면 아귀[142]의 고통이 소멸할 것입니다.

요잡(繞匝)한다.

소직찬(小直讚)

文殊是佛之師　主於信解證智　普賢表法界體　主於悲願理行　十二上首　十萬徒屬　同住如來平等法會　實教三寶淨土法筵　巍巍乎晃晃焉　逈出思議之表也[143]

문수보살[144]은 부처의 스승이니 신해[145] 증지[146]를 주로 하고, 보현보살[147]은 법계의 체를 나타내어 비원[148] 이행을 주로 하나니, 12의 우두머리와 10만의 무리가 함께 여래의 평등한 법회에 머물며 실로 삼보를 가르치는 정토의 법연이십니다. 높기도 높고 찬란하게 빛나 생각과 의론의 한계를

---

142) 아귀(餓鬼): 3도(塗), 5취(趣), 6도(道)의 하나. 원뜻은 죽은 사람, 사체(死體), 망령(亡靈) 등이다. 전생에 악업을 짓거나 탐욕과 질투가 심한 경우에는 아귀로 태어나서 기갈(飢渴)로 고통스러워하는 형벌을 받게 되는데, 아귀의 목구멍이 마치 바늘구멍처럼 가늘어서 음식을 먹을래야 먹을 수 없기에, 음식을 두고도 아귀끼리 서로 먹으려고 다투는 것이 아귀도(餓鬼道)의 정경이라 한다.

143) 원문에는 세주(細註)로 되어 있으나 내용상 대문(大文)으로 봐야 할 듯하다.

144) 문수보살(文殊菩薩): 보현보살과 짝하여 석가모니불의 보처로서 왼쪽에서 지혜를 맡는다. 머리에 5계(髻)를 맺은 것은 대일(大日)의 5지(智)를 표하는 것이다. 오른손에는 지혜의 칼을 들고, 왼손에는 꽃 위에 지혜의 그림이 있는 청련화를 쥐고 있다. 사자를 타고 있는 것은 위엄과 용맹을 나타낸 것이다. 일자(一字)문수·오자문수·팔자문수·일계(一髻)문수·오계문수·아문수(兒文殊) 등의 종류가 있으며 모양이 각기 다르다.

145) 신해(信解): 승해(勝解)라고도 한다. 자신도 믿고 남도 믿게 하는 것이다.

146) 증지(證智): 보살이 초지(初地)에서 중도진실(中道眞實)의 이를 깨닫는 무루(無漏)의 정지(正智)를 말한다.

147) 보현보살(普賢菩薩): (산)Samantabhadra의 음역. 문수보살(文殊菩薩)과 함께 석가여래불의 협시보살(脇侍菩薩)로 유명한데, 문수보살이 여래의 왼편에서 부처들의 지덕(智德)·체덕(體德)을 말하고 있으며, 이 보살은 오른쪽에서 이덕(理德)·정덕(定德)·행덕(行德)을 맡고 있다. 석가가 중생을 제도하는 일을 돕고, 또 중생들의 목숨을 길게 하는 덕을 지녔으므로 보현연명보살, 또는 줄여서 연명보살이라고도 한다. 문수보살과 함께 모든 보살의 으뜸이다.

148) 비원(悲願): 불·보살이 대자비심에 의해 일으킨 서원. 일반적으로 사물을 성취하고 싶다고 비장한 원을 세우는 경우에 사용한다.

멀리 벗어나십니다.

至心信禮 僧伽耶 衆中尊
지극한 마음으로 예를 올리옵니다. 대중들 가운데서도 존귀하신 승가여!

五德師　六和侶　利生阿　爲事業　阿呵吽　弘法是家務
오덕[149]을 갖춘 스님과 6가지를 함께[六和][150]하는 도반들, 중생을 이롭게 하는 것을 아! 사업으로 삼나니 아아훔, 법을 넓히는 것이 불가(佛家)의 일입니다.

避擾塵　常宴坐　寂靜[151]處　遮身阿　拂毳衣　充腸菜莘芋
시끄러운 티끌세상을 피하여 항상 편안히 정좌하나니, 고요한 곳에 몸을 가리는 것은 아! 털옷을 떨치오며 채소 나물로 창자를 채우나이다.

鉢降龍　錫解虎　法燈阿　常遍照　阿呵吽　祖印相傳付
용에게 항복받은 발우와 범싸움 말린 석장이여, 법등은 아! 항상 두루 비추어서 아아훔, 조사의 법인을 서로 부촉하나이다.
若歸依　能消滅　傍生苦
만약 귀의한다면 방생의 고통을 소멸하나이다.

요잡(繞匝)한 뒤, 명발(鳴鈸)하고 개계소(開啓疏)를 읽는다.

합장게(合掌偈)
合掌以爲花　　　　　　　합장하여 꽃을 만들고
身爲供養具　　　　　　　몸은 공양구 되어

---

149) 오덕(五德): 비구(比丘)의 오덕. 포마(怖魔)·걸사(乞士)·정계(淨戒)·정명(淨命)·파악(破惡).
150) 육화(六和): 육화경(六和敬)의 약어. 승가는 화합중(和合衆)이어서 서로에게 행위·견해를 같게 하여 화합하고, 서로 경애하는 여섯 가지. 대승(大乘)에서는 중생의 화경법(和敬法)으로 설명한다. ①신화경(身和敬; 예배 등을 같이 함) ②구화경(口和敬;讚詠 등을 같이 함) ③의화경(意和敬;信心 등을 같이 함) ④계화경(戒和敬;맑고 정한 훈계를 같이 함) ⑤견화경(見和敬;空 등의 견해를 같이 함) ⑥이화경(利和敬;夜食 등의 이로움을 같이 함).
151) 적정(寂靜): 번뇌를 여원 것을 적(寂)이라 하고, 고환(苦患)이 끊어진 것을 정(靜)이라 한다. 곧 열반의 고요하고 편안한 모습이다.

誠心眞實相	성심으로 진실상을
讚嘆香烟赴	찬탄하며 향 연기로 알리옵니다.

고향게(告香偈)

香烟徧覆三千界	향 연기가 두루 삼천세계152)를 뒤덮으니
定慧能開八萬門	정혜로 팔만 문을 열 수 있나이다.
唯願三寶大慈悲	오직 원하옵건대 삼보께서는 대자비심으로
聞此信香臨法會	이 향기를 맡고 법회에 임하시옵소서.

개계(開啓)

切以 法筵廣啓 誠意精虔 欲迎諸聖以來臨 須假八方之淸淨 是水也崑崙孕秀 河漢流芳 蓮花香裡碧波寒 楊柳梢頭甘露灑 蓬島之三山對揖 曺溪之一派長流 鼓祥風而 玉狖千江 飜驟雨而 銀堆四瀆 禹門春暖 魚透三層 莊海秋高 鵬博萬里 七寶池中 漂玉子 九龍口裡 浴金身 群生藉此 潤焦枯 天地因玆 消垢穢 故憑法水普灑法筵 滌除萬劫之昏蒙 永獲一眞之淸淨

가만히 생각하건대, 법연을 넓게 열고 성의를 경건히 하여 모든 성인들이 와서 임하시도록 맞이하려면 팔방의 청정함을 빌려야 합니다. 이 물은 곤륜산153)의 빼어난 정기요, 이 물은 하한에 흐르는 향기입니다. 연화 향기 속에 푸른 물결은 차갑고, 버드나무는 가지 끝에 뿌려지는 감로수입니다. 봉래섬의 삼신산은 마주 읍을 하고, 조계의 한 물결이 여기까지 멀리 흘러 왔습니다. 상서로운 바람은 강물을 두들겨 천강에 옥같은 주름 만들고 소낙비를 뒤척여 사해에 은빛을 쌓습니다. 우임금이 깎은 용문의 봄이 따뜻하자 물고기는 삼층의 물길을 뚫고 오르고, 장자의 북해에는 가을 하늘 높아 붕새들 만리를 치고 오릅니다. 칠보 연못 가운데 옥표자를 띄우고 구룡154)의 입 속에서 금신

---

152) 삼천세계(三千世界): 삼천대천세계(三千大千世界)의 준말. 고대 인도인의 세계관에 따른 전 우주. 수미산을 중심으로 하여 그 주위에 사대주(四大洲)가 있고, 그 주변에 구산팔해(九山八海)가 있는데 이것을 우리들이 사는 세계이며 하나의 소세계라 한다. 위로는 색계(色界)의 초선천(初禪天)에서 아래로는 대지 아래의 풍륜(風輪)까지 이르는 범위를 말한다. 이 세계 중에는 일·월·수미산·사천왕천·삼십삼천·야마천·도솔천·낙변화천(樂變化天)·타화자재천(他化自在天)·범세천(梵世天)을 포함한다. 소천세계(小千世界)를 천개 합한 것을 중천세계(中千世界)라 하고, 중천세계를 천 개 합한 것을 대천세계라 한다.

153) 곤륜산(崑崙山): 히말라야산의 북쪽에 있는 향산(香山).

154) 구룡(九龍):『지도론(智度論)』14에 다음과 같은 이야기가 있다. 보살의 본신(本身)은 옛날에 큰 힘을 가진 독룡(毒龍)이었다. 중생 가운데 몸이 허약한 자는 눈으로 보기만 하여도 죽고, 힘이 강한 자는 기(氣)가 눌려 죽었다. 이 용이 일일계(一日戒)를 받고 출가하였는데, 숲속에 들어가 고요히 깊은 생각에 잠겼다가 잠이 들었다. 용이 법수(法睡)할 때의 형상은 뱀과 같고 몸에 문장(文章)이 있으며, 칠보의 잡색(雜色)을

이 목욕하니 뭇 중생은 이로써 메마름을 적시고 천지는 이로 인해 때를 씻어버립니다. 그러므로 법수에 의지하여 널리 법연을 씻으시고 만겁의 혼몽함을 씻어 영원히 일진의 청정함을 얻게 하시옵소서.

큰 불사라면 천수관음 77위의 모든 형상을 마당 가운데 왼쪽 편에 단을 설치하여 걸어놓고 밤낮으로 개계(開啓)와 걸수(乞水)하는 것도 좋다.

관음찬(觀音讚)

返聞聞性悟圓通	반조하여 불성을 알고 깨달음이 원만하니
觀音佛賜觀音號	관음불께서 관음의 호칭을 주십니다.
上同慈力下同悲	위·아래로 자비력을 같게 하시어
三十二應遍塵刹	32응신155)으로 진찰세계에 두루합니다.

관음청(觀音請)

南無一心奉請 千手千眼大慈大悲 觀世音自在菩薩摩訶薩 惟願 不違本誓 哀憫有情 降臨道場 加持呪水

일심으로 귀의하며 봉청하나니 천수천안 대자대비 관세음자재보살마하살이여! 오직 바라옵건대 본디 서원156)을 어기지 마시고 중생을 가련히 여기시사 이 도량에 임하시어 성수의 영험함을 가지해 주소서.

하고 있으므로 사냥꾼이 보고 기뻐하며 말하기를 "이것은 참으로 보기 어려운 가죽이다. 국왕에게 헌상하여 옷을 만들도록 해야겠다." 하고 막대기로 머리를 누르고 칼로 껍질을 벗겼다. 용이 생각하기를 "내 힘은 손바닥을 뒤집는 것과 같이 이 나라를 뒤집을 수 있다. 그런데 이 사람의 작은 물체로 어찌 나를 어렵게 할 수 있을까? 내 이제 계(戒)를 받아 지니므로 이 몸을 생각지 않았으나 마땅히 부처님의 말씀을 따라 스스로 참을 것이다." 하고 눈을 감고 벗김을 당하여 후회하는 빛이 없었다. 이미 가죽을 잃으니 붉은 살덩어리가 땅에 뒹굴었다. 그때 태양 빛이 몹시 뜨거워 흙 위에 뒹굴다가 물속으로 가고자 했지만 작은 벌레들에게 발각되어 먹혀버렸다. 용은 "내 이제 이 몸을 소충(小蟲)에게 보시하니 뒤에 성불할 때에 이 보시로 마음이 증익(增益)될 것이다." 하였다. 그리고 즉시 제2 도리천에 나니 그 때의 독룡은 석가모니불이고, 사냥꾼은 제바달다 등 육사(六師)이며, 소충의 무리는 부처님이 처음으로 법륜을 전할 때의 8만 제천(諸天)의 득도자(得道者)들이다.

155) 32응신(應身): 관세음보살이 중생을 제도하기 위하여 여러 가지 모양을 나타내는 것. 이는 제도할 대상이 다름에 따라 32종의 몸으로 변화한다.

156) 본서(本誓): 처음의 맹서. 불·보살이 중생을 구제하려는 서원. 또는 불·보살이 인행시(因行時) 세운 서원.

향화청(香花請)을 하고 목탁을 세 번 친 다음,

願降道場 受此供養   원컨대 이 도량에 강림하시어 이 공양을 받으소서.

산화락(散花落)을 하고 삼동발(三動鈸)을 하고 가영(歌詠)을 운한다.

一葉紅蓮在海中   한 송이 붉은 연꽃이 바다 가운데 있어
碧波深處現神通   푸른 파도 깊은 곳에 신통함을 나투시네.
昨夜補陀觀自在   어젯밤에는 보타낙가산157)에서 관자재하시다가
今日降赴道場中   오늘은 이 도량에 강림하시네.

걸수게(乞水偈)
金爐氛氣一炷香   금화로의 구름 같은 한 가닥158) 향으로
先請觀音降道場   먼저 관음께 이 도량에 오심을 청하옵니다.
願賜瓶中甘露水   원컨대 병 안에 있는 감로수159)를 주시어
消除熱惱獲清凉   열뇌160)를 제거하여 청량함을 얻게 하시옵소서.

쇄수게(灑水偈)
觀音菩薩大醫王   관음보살 대의왕161)이여!
甘露瓶中法水香   감로병 속의 법수향으로
灑濯魔雲生瑞氣   나쁜 기운 씻어내어 상서로운 기운 생기고
消除熱惱獲清凉   번뇌를 제거하여 청량함을 얻게 하시옵소서.

천수(千手) 뒤에

---

157) 보타낙가산(補陀洛迦山): (산)potalaka. 보타락(普陀落)·보타낙가(補陀落迦)라고도 한다. 인도 남쪽 해안에
    자리한 관세음보살의 영장(靈場)이라 하며 산의 모습은 팔각형이라 한다.
158) 일주(一炷): '주'는 소향(燒香)의 뜻으로 즉, 한 줄기 혹은 한 조각의 향을 사르는 것이다.
159) 감로(甘露): (산)Amṛta. 불사(不死)·천주(天酒)·소마(蘇摩;Soma)라 번역. 천신(天神)들의 음료로 불로장생의
    묘약이라 한다.
160) 열뇌(熱惱): 오욕(五欲) 등의 번뇌로부터 오는 번민과 이로 인해 생기는 두통.
161) 대의왕(大醫王): 부처님을 일컬음. 부처님께서 일체중생의 번뇌업고(煩惱業苦)를 제거해 주심이 마치 의
    사가 병을 치료해 주는 것과 같음에서 이르는 말이다.

사방찬(四方讚)

一灑東方潔道場	첫 번째 동방에 뿌려 깨끗이 하옵고
二灑南方得淸凉	두 번째 남방에 뿌려 청량함을 얻으오며
三灑西方俱淨土	세 번째 서방에 뿌려 정토를 갖추어
四灑北方永安康	네 번째 북방에 뿌려 영원히 편안하옵니다.

엄정게(嚴淨偈)

道場淸淨無瑕穢	도량이 청정하여 티끌하나 없사오니
三寶龍天降此地	삼보의 용천이 이 땅에 강림하십니다.
我今持誦妙眞言	나는 지금 묘한 진언을 지녀 외우오니
願賜慈悲密加護	원컨대 자비심으로 몰래 보호해 주시옵소서.

명발(鳴鈸)하고 대회소(大會疏)를 읽는다.

거불(擧佛)

南無 靈山敎主 釋迦牟尼佛	영산의 교주 석가모니부처님께 귀의하옵니다.
南無 證聽妙法 多寶如來	묘법을 증명해 보이시는 다보여래께 귀의하옵니다.
南無 極樂導師 阿彌陀佛	극락으로 인도하는 스승 아미타부처님께 귀의하옵니다.
南無 文殊普賢大菩薩	문수보현대보살께 귀의하옵니다.
南無 觀音勢至大菩薩	관음대세지대보살[162]께 귀의하옵니다.
南無 靈山會上佛菩薩	영산회상의 불보살께 귀의하옵니다.

기경(起經)[163]하고 요잡(繞匝)한 뒤, 혹 삼보소(三寶疏)를 읽는다.

---

162) 대세지보살(大勢至菩薩): (산)Mahāsthāmaprāta. 아미타불에게 자비문(慈悲門)과 지혜문(智慧門)이 있으니, 오른쪽 보처보살인 대세지보살은 지혜문을 나타내고, 왼쪽 보처보살인 관세음보살은 자비문을 나타낸다. 대세지보살의 지혜광명이 모든 중생을 비추어 3도(途)를 여의고 위없는 힘을 얻게 하므로 대세지라 한다. 또 발을 디디면 삼천세계와 마군의 궁전이 진동하므로 대세라 한다. 형상은 정수리에 보배 병(甁)을 얹고 아미타불의 오른쪽에 있으며 염불하는 수행자를 맞아 갈 때에는 합장하는 것이 통례이다.

163) 기경(起經): '기(起)'는 제 2의 장소로 옮기기 위해 움직이는 것을 말한다. 즉, '기경'은 삼보(三寶)의 하나인 경장(經藏)을 모시는 불사(佛事)를 말한다. 실제로는 경함이운(經函移運)에서와 같은 의식은 거행하지 않고 마음의 경장을 확인하는 것이다.

대청불(大請佛)

覺照圓明 運他心而鑑物 慈悲廣大 開彼岸以渡人 投機而塵刹俱臨 應念而河沙遍集 是日 祥雲密布 瑞氣盈空 一縷眞香周法界 數聲淸磬透玄關 重伸激切 益勵精勤 仰想慈雲之容 將陳甘露之味 虔誠禮請 望賜光臨 滿我願心 利濟群品

깨달음의 빛이 원만하니 타심통을 운용하여 사물을 비추시며, 자비심이 광대하시어 피안을 열어 중생들을 제도하시니, 당신이 움직이시자마자 수많은 사찰에 두루 임하실 것이고, 생각을 하시자마자 항하사 같이 사람들이 모일 것입니다. 오늘 상서로운 구름은 잔뜩 펼쳐지고 서기는 하늘에 가득하며, 한줄기 참된 향은 법계에 두루하니 몇 가지 맑은 풍경소리 어둠을 밝힙니다. 거듭 격하고 간절한 마음 펴서 더욱 정근에 힘쓰면서, 자비로운 구름과 같은 모습을 우러러 생각하옵고 장차 감로수와 같은 음식을 진설하옵고 정성껏 예를 올려 청하오니, 바라건대 광림하시어 제 바람을 만족시키시고 뭇 중생을 제도해 주십시오.

一心禮請 南無 盡虛空遍法界 十方常住 一切佛陀耶衆 達摩耶衆 僧伽耶衆
일심으로 예를 올리며 청하나이다. 허공에 두루 가득 찬 법계의 시방에 상주하시는 일체 불타대중, 달마대중, 승가대중께 귀의하옵니다.

대중들이 화답한다.

惟願慈悲 光臨法會   원하옵건대 자비심으로 이 법회에 광림하시옵소서.

법사와 대중들이 절을 한다.

一心禮請 三界四府 主執陰陽權衡造化 已發菩提心 一切聖衆
일심으로 예를 올리며 청하나이다. 삼계와 사부에서 음양의 권형과 조화를 주장하시며 이미 보리심을 내신 일체 성중이시여!

대중들이 화답한다.
惟願慈悲 光臨法會   원하옵건대 자비심으로 이 법회에 광림하시옵소서.

법사와 대중들이 절을 한다.

단청불(單請佛)

간략하게 하려면 각조원명(覺照圓明)부터 삼계사부(三界四府)까지는 없애버리고 단지 이 게(偈)만 한다.

奉請十方三世佛	봉청하오니 시방 삼세불과
龍宮海藏妙萬法	용궁의 만법 용상들과
菩薩緣覺聲聞衆	보살승, 연각승, 성문승들은
不捨慈悲願降臨	원컨대 자비심을 버리지 마시고 강림하시옵소서.

헌좌게주(獻座偈呪)

妙菩提座勝莊嚴	묘보리좌의 뛰어난 장엄함으로
諸佛坐已成正覺	모든 부처는 이미 앉으시어 정각을 이루셨네.
我今獻座亦如是	내가 지금 헌좌하는 것도 이와 같으니
自他一時成佛道	자타가 일시에 불도를 이루게 하시옵소서.

<唵 縛羅 尾羅野 莎訶>
옴 바아라 미나야 사바하

3번을 한 뒤 종두(鐘頭)는 대종(大鐘)을 1종(宗) 치고, 판수(判首)는 모든 사미를 거느리고 차를 올린다.

我今持此一椀茶	나는 지금 이 차 한 사발을 들고
奉獻靈山大法會	영산의 대법회에 봉헌하옵니다.
俯鑑檀那虔懇心	단나의 경건한 마음을 굽어 살피시어
願垂慈悲哀納受	자비로운 마음으로 불쌍히 여겨 받아주십시오.

간략하게 한다면 다게(茶偈) 뒤에 공양진언(供養眞言)을 하고 퇴공진언(退供眞言)을 운한다. 넓혀서 한다면 향화게(香花偈)를 한다.

일체공경(一切恭敬)
一心頂禮 十方常住佛·法·僧
일심으로 시방에 상주하시는 불·법·승에게 예를 올리옵니다.

是諸衆等各各蹄跪　이에 모든 대중들은 각각 꿇어앉는다.

엄숙하게 향화(香花)를 가지고 법대로 공양하되 시방의 법계 삼보에게 공양을 올린다.

향화게(香花偈)

願此香花徧法界	원컨대 이 향기로운 꽃이 법계에 두루하여
以爲微妙光明臺	이로써 미묘한 광명대로 삼으십시오.
諸天音樂天寶香	모든 천상 음악과 천보의 향,
諸天餚饍天寶衣	모든 천상 음식과 천보의 옷들이
不可思議妙法塵	불가사의하게 수많은 묘법으로
一一塵出一切佛	하나하나의 먼지에서 일체의 부처님이 나오도록
一一塵出一切法	하나하나의 먼지에서 일체의 법이 나오도록
旋轉無碍好莊嚴	그지 없이 좋은 장엄을 돌리십시오.

徧至一切法土中	일체 불국토 가운데 두루 계시는
十方法界三寶前	시방 법계와 삼보전에 이르러
皆有我身修供養	모두 내 몸을 가지고 공양을 드려
一一皆悉徧法界	일일이 모두 법계에 두루 편만하여
彼彼無雜無障碍	이것저것 섞이지 않고 장애가 없이
盡未來際作佛事	미래세가 다 끝나도록 불사를 하여
普熏一切諸衆生	일체의 모든 중생에게 두루 훈습하여
蒙熏皆發菩提心	훈습받고 모두 보리심을 발하여
同入無生證佛智	무생으로 함께 들어 불지 증명하기를. (요잡한다.)
供養已歸命禮三寶	공양을 마치고 삼보께 귀명례하옵니다.

요잡하다 곧장 그치고는 공양진언(供養眞言)을 한 다음, 퇴공진언(退供眞言)을 끝내고 오자게(五字偈)를 하나, 지금은 사용하는 사람이 드물기 때문에 여기에서는 다시 쓰지 않는다. 종두(鐘頭)는 쟁반으로 단(壇) 위에 받쳐 놓은 향로와 향합을 받들어 회주(會主) 앞에 설치한다. 회주는 스스로 염향(拈香)으로부터 법화삼매편(法華三昧篇)까지 염송하고 마친다. 인도(引導)는 십념(十念)[164]한 다음 정대게(頂戴偈)를 한다.

題目未唱傾金樹	경전 제목 부르지 않았는데도 금수가 기울어지고
非揚一句折刀山	한 구도 올리지 않았는데 도산[165]이 끊어지네.

---

164) 십념(十念): 10마다 부처님의 이름을 마음속으로 염하는 것. 일본 정토교에서는 열번 '나무아미타불'을 부르며 마음속으로 비는 십성염불(十聲念佛)을 말한다.

| 運心消盡天生業 | 마음으로 운용하여 천생 업을 소진시키니 |
| 何況拈來頂載人 | 하물며 경전을 집어 머리에 이고 있는 사람이랴! |

개경게(開經偈)

無上甚深微妙法	위없이 높고 깊은 부처님의 묘한 법
百千萬劫難遭遇	백천만겁 지나도 만나기 어렵네.
我今聞見得受持	제가 이제 듣고 보고 얻어 지니오니
願解如來眞實意	여래의 진실한 뜻 깨치기를 바라옵니다.

개법장진언(開法藏眞言)166) <唵 阿囉嚂 阿囉哆>
옴 아라남 아라다

설주(說主)가 거량(擧揚)167)하고 제목을 풀이한[釋題] 뒤

청법게(請法偈)

此經甚深意	이 경의 매우 깊은 뜻을
大衆心渴仰	대중들은 목마르게 우러르나이다.
惟願大法王	원컨대 대법왕께서는
廣爲衆生說	널리 중생을 위해 설하옵소서.

설법게(說法偈)

一光東照八千土	큰 빛이 동쪽의 팔천세계를 비추니
大地山河如杲日	대지와 산하가 솟아오른 태양과 같습니다.
卽是如來微妙法	이것이 바로 여래의 미묘한 법이니
不須向外謾尋覓	모름지기 밖으로 부질없이 찾지 마십시오.

설법을 마친 뒤에 어산은 『묘법연화경(妙法蓮華經)』을 선창하고, 대중은 북을 치며 함께 외운다. 『연화경』을 마친 뒤에 보궐진언(補闕眞言)168)을 운한다.

---

165) 도산(刀山): 칼 산. 지옥의 하나로 검수도산(劍樹刀山)이라고도 한다.
166) 개법장진언(開法藏眞言): 법장을 여는 진언.
167) 거량(擧揚): 공안(公案)을 들어 대중에게 보이고 불교의 진수(眞髓)를 말하는 것이다.
168) 보궐(補闕): 빈자리를 채운다는 진언.

<唵 呼盧呼盧 社野穆契 莎訶>
옴 호로호로 사야모게 사바하

수경게(收經偈)

聞經開悟意超然	경을 듣고 깨달으면 뜻이 초연해지니
演處分明衆口宣	펼치는 곳에 분명히 대중들의 입이 벌어지리.
取捨由來元不動	취하거나 버리거나 원래 움직이지 않으니
方知月落不離天	비로소 알겠네, 달이 져도 하늘과 떨어지는 것이 아님을.

사무량게(四無量偈)

大慈大悲愍衆生	대자대비로 중생들을 불쌍히 여기시며
大喜大捨濟含識	대희대사로 모든 중생들 제도하시네.
相好光明以自嚴	상호광명으로 스스로 엄하게 하시니
衆等至心歸命禮	저희들은 모두 지극한 마음으로 귀의하옵니다.

간략하게 하려면 위의 게는 하지말고, 단지 아래 게만 거행한다.

귀명게(歸命偈)[169]

十方盡歸命	시방에 목숨 바쳐 귀의하오니
滅罪生淨身	죄를 멸하고 깨끗한 몸으로 나되
願生華藏界	원컨대 화장계[170]의
極樂淨土中	극락정토에 나게 하소서.

혼령을 부른다.[唱魂]

願我奉爲 先王先后 列位仙駕(衆和)往生西方安樂刹　원컨대 나는 선왕선후 열위선가를 받들어 (대중들이 화답한다) 서방의 안락한 극락에 왕생하기를 바라옵니다.

---

169) 귀명게(歸命偈): 원문에는 게(偈)의 제목이 나와 있지 않으나, 앞의 것을 참조하여 역자가 게(偈)의 제목을 찾아 붙였다.

170) 화장계(華藏界): 연화장세계(蓮華藏世界)의 약어. 연화장세계라는 관념은 바라문교에서 나온 것이다. 우주의 최초 즉, 겁초(劫初)에는 큰 물이 있었고, 그 가운데 비슈누신이 나타났으며, 그 신의 배꼽[臍] 가운데서 일천 개의 잎을 지닌 금색연화(金色蓮華)가 피어났다. 또 그 가운데서 범천(梵天)이 출현했으며 급기야 수많은 생류(生類)를 세상에 태어나게 했다고 한다. 이러한 견해를 이어 원용·발전시킨 불교의 우주관이 곧 연화장세계이다.

願我今日 (齋者施主) 等伏爲追薦(亡者 某人 靈駕)往生西方安樂刹　원컨대 나는 (재자시주) 오늘 엎
　　　　드려 망자(망자 아무개 영가)를 천도하여 서방의 안락한 극락에 왕생하기
　　　　를 바라옵니다.

願我各各先亡(祖先父母) 列位列名靈駕　往生西方安樂刹　원컨대 나는 먼저 돌아가신 (조선부모) 열
　　　　위들의 영가가 서방의 안락한 극락에 왕생하기를 바라옵니다.

至心歸命禮 (衆和)　지극한 마음으로 귀의하옵니다. (대중들이 화답한다.)

久遠劫中 成等正覺 常住靈山 說法華經 我本師 釋迦牟尼佛　오랜 시간 동안 등정각을 이루시고 항
　　　　상 영산에 머무시며 법화경을 설하는 우리 본사 석가모니 부처님이시어!

잠시 요잡한 뒤 곧 그치고, 인도는 정법계진언(淨法界眞言)을 창한다.

欲建蔓拏羅 先誦淨法界眞言　만라라(蔓拏羅)[171]를 건립하고자 하거든 정법계진언을 먼저 외우라.
　　　　법중들은 '옴 람 옴 람'하고 화답한다.

한편으로 종두(鐘頭)가 대종(大鐘)을 3종(宗) 칠 때, 판수(判首)는 여러 사미들을 거느리고 함께 진공을 하고, 마친 뒤 명발(鳴鈸)을 하고 별소(別疏)를 읽는다.

香羞羅列(齋者施主) 虔誠 欲求供養之周圓　須仗加持之變化 仰惟　三寶特賜加持 南無十方佛·南無十方法·南無十方僧
향기로운 음식을 진열하니 (재자시주)의 경건하고 정성된 공양이 두루 원만하게 되게 하려면 모름지기 가지의 변화에 의지하여야 하옵기에, 오직 바라옵건대 삼보님께서 특별히 가지를 내리시옵소서. 시방의 부처님께 귀의하옵니다. 시방의 법보님께 귀의하옵니다. 시방의 승가님께 귀의하옵니다.

3번 한 다음에 사다라니경을 각각 21번 한다.

上來加持已訖供養將陳
위에서 가지를 이미 마치고는 공양을 장차 베풀면서,

願此香爲解脫知見　　　　원컨대 이 향으로 해탈지견하게 하시고
願此燈爲般若智光　　　　원컨대 이 등으로 반야지광에 들게 하시고

---

171) 만라라(蔓拏羅): 만다라(蔓陀羅)의 전와(轉訛). (산)mamdara의 음역. 꽃의 일종.

| 願此水爲甘露醍醐 | 원컨대 이 물이 감로제호[172]가 되게 하시며 |
| 願此食爲法喜禪悅 | 원컨대 이 음식은 법희[173] 선열[174]이 되게 하소서. |

| 乃至幡花互列 | 오색찬란한 깃발[幡][175]과 꽃을 진열하고는 |

茶果交陳	다과를 진열해 놓았으니
卽世諦之莊嚴	곧 세체[176]의 장엄에 나아가
成妙法之供養	묘법의 공양을 이룸이옵니다.
慈悲所積	자비가 쌓이고
定慧所熏	정혜에 훈습된
以此香羞特伸供養	이 향기로운 음식으로 특별히 공양을 베푸옵니다.

다음으로 육법공양(六法供養)을 한다.

曾祝萬年天子壽	일찍이 천자의 만세를 축수하였으니
重成五分法王身	오분 법왕신의 모습이 거듭 이루어졌나이다.
栴檀林裡占都魁	전단 숲에서 으뜸가는 것을 찾아서
蘭麝叢中居上品	난초 사향 가운데 최상품을 올리옵니다.

배헌해탈향(拜獻解脫香)[177]

戒定眞香氛氣衝天上	계·정·진향의 기운이 하늘까지 치솟으니
施主虔誠爇在金爐傍	시주자의 경건한 정성이 금향로 곁에 가득하여
頃刻氛氳卽遍滿十方	순식간에 그 향기가 시방 세계에 두루 하나니
昔日耶輸免難除災障	옛날 야수[178]가 어려움을 면하고 재앙을 없앤 향입니다.

---

172) 제호(醍醐): 우유를 정제한 유제품으로 맛이 최고라고 일컬어진다.

173) 법희(法喜): 불법을 신행함으로 말미암아 얻는 마음의 기쁨.

174) 선열(禪悅): 선정(禪定)에 들어선 법열. 즉, 선정에 의해 심신이 쾌락한 것을 말한다.

175) 번(幡): (산)pataka. 정기(旌旗)의 총칭으로 개(蓋)·당(幢)과 함께 불보살의 위덕(威德)을 나타내기 위한 장엄이나 공양에 사용되는 것.

176) 세체(世諦): '속세 일반의 참된 도리'를 이르는 말. 세제(世諦). 속체(俗諦)라고도 한다.

177) 향(香): 향은 해탈, 자유로움을 상징할 뿐 아니라 자기를 태워 주위를 맑게 하므로 희생을 상징하기도 한다. 또한 향은 모두 한 줄기 연기가 되어 어우러져 한 덩어리가 되므로, 화합을 상징하며, 부처님 도량을 향기롭게 하는 공덕을 짓는다.

배헌반야등(拜獻般若燈)179)

燈光層層遍照於大千	등불들이 층층이 대천세계에 두루 비추고
智慧心燈明了得自然	지혜로운 마음의 등불 자연스럽게 밝았습니다.
我今自然滿盞照長天	나 이제 가득 찬 등잔으로 먼 하늘을 비추오니
光明破暗滅罪福無邊	밝은 빛으로 어둠을 깨고 죄를 없애어 끝없는 복 이루소서.

배헌만행화(拜獻萬行花)180)

牧丹芍藥蓮花爲尊貴	모란, 작약, 연화는 존귀하나니
曾與如來襯足眞金體	일찍이 여래의 몸 가까이 했던 꽃
九品池中化生菩提子	구품181) 연화대 연못에 피어난 보리자를
不惜金錢買獻龍華會	돈을 아끼지 않고 사서 용화회182)에 올립니다.

배헌보리과(拜獻菩提果)183)

金杏班桃荔芝龍眼果	금빛 살구, 점 있는 복숭아, 여지, 용안과여
帶葉林檎琵琶成雙朶	잎이 붙은 능금과 비파 한 송이를 이루었네.
氛鼻薰香成就滋味多	그윽한 향기에 맛도 좋은
李奈蘋婆獻上如來座	오얏과 빈바과184)를 여래좌께 올리옵니다.

---

178) 야수(耶輸): 야수다라. 구리성주 선각왕의 딸이자, 석존의 외사촌 석존이 출가하기 전 실달타 태자 때의 비. 태자 19세에 맞아 아들 나후라를 낳고 석존 성도하신 후 제5년에 이모 마하파사파제와 5백 석가족의 여자들과 함께 출가하여 비구니가 되었다.

179) 등(燈): 등불은 지혜를 상징한다. 또한 등불은 자기를 태워 세상을 밝히므로 희생을 의미하기도 하며, 등불은 그대로 광명으로 불도량을 밝히며 찬탄하는 공덕을 짓는다.

180) 화(花): 여러 가지 꽃은 만행을 상징하며 불도량을 화려하게 장엄하며 찬탄한다.

181) 구품(九品): 정토교에서 나눈 9등급의 계위. 즉 상·중·하의 품위에 각기 상생(上生)·중생(中生)·하생(下生)이 있다. 상상품·상중품·상하품·중상품·중중품·중하품·하상품·하중품·하하품의 명칭.

182) 용화회(龍華會): 석존이 입멸(入滅)한 뒤 56억 7천만년 후, 미륵보살이 이 세상에 나와 용화수 아래에서 깨달음을 얻고, 사람들을 구제한다는 신앙에 근거한 설법의 법좌(法座). 처음의 설법에서 96억의 사람, 제 2회에서 94억의 사람, 제 3회에서 92억의 사람이 깨달음을 얻는다고 하므로 용화삼회(龍華三會)라고 불린다.

183) 과(果): '보리'라는 과일은 열매를 상징한다. 수행과 공부는 깨달음이란 열매를 거두기 위해서다. 깨달음의 열매로 영글어가는 공부가 기도, 참선, 주력, 독경, 사경, 보살행 등이다.

184) 빈바과(蘋婆果): (산)Vimba. 동과(棟科)에 딸린 식물. 크기는 40~50척 되고, 잎새는 우상엽(羽狀葉)으로 가지 끝에 족생(簇生)하였다. 잎새 길이는 1척 정도이고, 9~15개의 작은 잎들이 잎의 주맥(主脈) 양편에 배열(排列). 백색(白色)의 작은 꽃이 피고, 씨방은 3개, 세 개의 씨가 들었으며, 꽃이 진 뒤에 핵과(核果)가 맺힌다. 열매는 능금과 같아서 매우 선명하고 빛이 붉다. 씨는 기름을 짜며, 나무는 고무의 원료가 되고,

배헌감로다(拜獻甘露茶)[185]

百草花葉採取成茶藥	백 가지 풀과 꽃잎을 채취하여 다예를 만들고
烹出玉甌楊子江心水	양자강 강심수로 옥구에 달여 내었습니다.
破暗莊周胡蝶驚夢廻	혼몽 속에 장주의 호접몽을 놀라 깨게 하고
滌去昏迷趙州知滋味	혼미를 씻어주는 조주의 차 맛을 보옵소서.

배헌선열미(拜獻禪悅味)[186]

食味酥酪造出天廚供	맛있는 수락[187]을 천상의 주방에서 만들어
成道當初牧女先來送	성도 당시 부처님께 목녀가 공양하듯
老母曾將託在金盤奉	노모가 일찍이 금반에 받들어 올린 것을
獻上如來大覺釋迦尊	여래 대각 부처님께 드리옵니다.

잠시 요잡하다가 곧 그치고 향화게(香花偈)를 하면 각집게(各執偈)를 운하고, 그렇지 않으면 이차가지(以此加持)를 운운한다.

각집게(各執偈)

願此一身化多身　一身出百千手
이 한 몸이 여러 몸으로 변하고 하나하나의 몸에서 수많은 손이 나와

各執香花燈茶果　供養靈山諸佛陀
각각 향기로운 꽃과 등, 차와 과를 잡고 영산의 모든 부처님께 공양하려하나이다.

各執香花燈茶果　供養靈山諸達摩
각각 향기로운 꽃과 등, 차와 과를 잡고 영산의 모든 달마께 공양하려하나이다.

各執香花燈茶果　供養靈山諸僧伽
각각 향기로운 꽃과 등, 차와 과를 잡고 영산의 모든 승가께 공양하려하나이다.

간략하게 한다면 이차가지를 운운한다.

　　재질(材質)은 용재(用材)로 적당하다.

185) 다(茶): 부처님의 법문은 감로의 법문이다. 목마를 때 마시는 한 잔의 물은 말 그대로 감로수이다. 즉, 청정수의 공양은 만족과 청량을 주는 감로의 법문을 의미한다.

186) 미(米): 선열이란 불교를 신행하면서 일어나는 기쁜 마음이다. 쌀의 어원은 사리다. 사리는 만 중생에게 기쁨과 환희를 준다. 쌀 공양은 곧 선열을 상징한다.

187) 수락(酥酪): 우유를 바짝 조려서 만드는 맛있는 음식.

以此加持妙供具　供養靈山諸達摩

이렇게 가지한 신묘한 공양구를 가지고 영산의 모든 달마께 공양하노이다.

以此加持妙供具　供養靈山諸佛陀

이렇게 가지한 신묘한 공양구를 가지고 영산의 모든 불타께 공양하노이다.

以此加持妙供具　供養靈山諸僧伽

이렇게 가지한 신묘한 공양구를 가지고 영산의 모든 승가께 공양하노이다.

다음 공양주(供養呪)를 하고 회향주(回向呪)를 한다. 다음 소리내어 경(經)을 외고 명발(鳴鈸)하고 축원을 운운한다. 혹은 시주가 바친 가장 좋은 의복을 화주(化主)와 더불어 권선하며 태워 보낼 때, 대중들은 일제히 절을 하고 꿇어앉으며, 꽃으로 머리 장식한 기녀(妓女) 악공이 공양을 운운한다.

以諸最勝妙花鬘	가장 좋은 묘한 꽃으로 머리 장식한
妓樂塗香及傘盖	기녀 악공이 향을 바르고 양산을 쓰고
如是最勝莊嚴具	가장 좋은 장엄한 공양구로써
我以供養諸如來	모든 여래께 공양드리옵니다.

衣服香燈供養	의복과 향, 등의 공양

最勝衣服最勝香	가장 좋은 옷과 가장 좋은 향인
抹香燒香與燈燭	말향과 소향과 등촉을
一一皆如妙高聚	하나하나 묘하고 높다랗게 쌓아 올려
我悉供養諸如來	모든 여래께 남김없이 공양하옵니다.

自性心香供養	자성의 심향 공양

普照自性廣大海	두루 비추는 자성은 큰 바다처럼 넓고
七寶山等最殊勝	칠보산과 동등하게 가장 뛰어나네.
出興如斯供養雲	이와 같은 공양의 구름을 일으켜내어서
諸佛等處我奉獻	모든 부처님 계신 곳에 나는 봉헌하나이다.

다음 공양주와 회향주를 하고 다음 소리내어 경을 외고 명발(鳴鈸)[188]과 축원을 한다.

---

188) 명발(鳴鈸): 바라를 울리는 것. 또는 울리는 배역.

上來所修佛功德　回向三處悉圓滿

위에서 닦은 부처님의 공덕을 삼처에 모두 원만하게 회향합니다.[189]

봉위(奉爲)

主上殿下壽萬歲　壽萬歲　壽萬歲

주상전하 만세토록 수를 누리시옵소서.

至道通明於四方　王曆遐長於萬歲

지극한 도리 사방에 통달하여 밝으시고 나라의 운수는 만세에 영원하소서.

王妣殿下壽齊年　壽齊年　壽齊年

왕비전하 만세토록 수를 누리시옵소서.

坤儀靜肅於閨闌　金枝益茂於丹墀

여인의 모범 궁중에서 정숙하사 붉은 섬돌[丹墀][190]에 금지[191]가 더욱 무성하소서.

世子邸下壽千秋　壽千秋　壽千秋

세자저하 천세토록 수를 누리옵소서.

睿業淸輝於鳳閣　鶴筭不老於椿堂

봉각에 슬기로운 학업 맑게 빛나고 춘당에 학 같은 나이 늙지 않게 하소서.

國泰民安法輪轉 法輪常轉於無窮 國誠恒安於萬歲 今日佛供(施主齋者)等 伏爲先亡父母列名靈駕願往生 兼及法界無住孤魂等衆 親見彌陀 蒙授記九品蓮臺願往生 各各(齋者施主)增福壽 日日有千祥之境 時時無百害之殃 相逢吉慶 不逢災害 災萌雪散 福集雲興 土地伽藍護道場 世世常行菩薩道 摩訶般若波羅密

나라는 태평하고 백성들은 편안하도록 법륜을 굴리니, 법륜이 무궁토록 항상 굴러가면, 국가는 만세토록 편안하나이다. 오늘 불공드리는 (시주재자) 등은 먼저 돌아가신 부모의 영가가 극락왕생하기를 원하옵고, 아울러 법계의 무주고혼들의 무리까지 미타를 친견하여 9품 연화대에서 수기를 받

---

189) 회향삼처(回向三處): 자신이 닦은 선근 공덕을 다른 중생이나 또는 자기의 불과(佛果)에 돌려 향한다. 회향은 회전취향(回轉趣向)의 뜻이다. 『대승의장(大乘義章)』 9에는 '삼종회향'을 다음과 같이 나누고 있다. 중생회향(衆生回向);자기가 지은 선근 공덕을 다른 중생에게 회향하여 공덕과 이익을 주려는 것. 보리회향(菩提回向);자기가 지은 온갖 선근을 회향하여 보리의 과덕(果德)을 얻으려고 취구(趣求)하는 것. 실제회향(實際回向);자기가 닦은 선근 공덕으로 무위적정(無爲寂靜)한 열반을 추구하는 것.

190) 단지(丹墀): 붉은 칠을 한 궁전의 지대(址臺).

191) 금지(金枝): 금지옥엽(金枝玉葉)의 준말. 황족(皇族), 왕족(王族).

고 극락왕생하기를 바라옵니다. 각각 (재자시주) 복과 수를 더하여 날마다 천 가지 상서로운 경계가 있게 하시며 때마다 온갖 재앙을 입지 않게 하시며, 서로 길하고 경사로운 일들은 만나고 재해는 만나지 말게 하시며, 재해의 싹은 눈처럼 흩으시고 복은 구름처럼 모이게 하소서. 토지신과 가람신은 도량을 보호하시며, 세세에 항상 보살도가 행해지게 하소서. 마하반야바라밀.

◎재후작법절차(齋後作法節次)

찰중(察衆)은 종두(鐘頭)에게 명하여 먼저 대종(大鐘)을 3추(槌) 및 혼고(昏鼓)를 3종(宗) 친 후, 대종을 18추(槌) 치게 한다. 이때 당좌는 보청(普請)의 예를 모두 위와 같이 한다. 유나와 찰중은 몸소 병법 앞에 나아가 깨끗한 자리에 앉기를 청하여 각 소(疏)의 피봉(皮封)에 서명한 뒤에, 작법 담당의 범음이 병법 앞으로 나가 작법의 예에 관해 묻는다. 또 유나 앞에서도 이와 같이 한다. 그런 뒤에 종두가 보랑(報廊)을 20추(槌) 치면 법중들은 법도량에 모인다. 먼저 종각에서 운판(雲版)을 치고, 다음 서쪽 승당(僧堂)의 소종(小鐘)을 친다. 다음 동쪽 선당(禪堂)의 소종을 치고, 마지막으로 법당의 소종을 치되, 모두 각기 전후로 5추(槌) 친다. 다음 전종(轉鐘)을 7추(槌) 치고, 명라(鳴螺)를 3지(旨) 하고 명발(鳴鈸)을 1종(宗) 한 뒤, 건회소(建會疏)를 읽는다. 마치고 뒤에 동발(動鈸)과 뇌고(雷鼓)를 3번 한다. 다음 할향을 한다.

할향(喝香)

此岸栴檀無別物	차안의 전단향은 특별한 물건이 아니라
元從淸淨自心生	원래 청정한 자심에서 생겨나는 것이옵니다.
若人能以一塵消	만약 사람들이 티끌 하나를 소멸한다면
衆氣自然皆具足	온갖 기운이 저절로 모두 갖추어 지리이다.

조용하면 삼등게(三燈偈)를 하고 삼귀의(三歸依)를 운하고, 밤이 짧아서 급하게 하려면 아래의 게만 운운한다.

戒定慧解知見香	계향·정향·혜향·해탈향·해탈지견향
徧十方刹常氛馥	두루 시방세계에 항상 향기 가득하옵니다.
願此香烟亦如是	원컨대 이 향 연기 또한 이와 같아서
熏現自他五分身	자타 오분신에 훈습하여 나타나게 하시옵소서.

삼지심(三至心)

至心歸命禮　十方法界諸佛(衆和)常住三寶

지극한 마음으로 귀의하옵니다. 시방 법계에 모든 불보님 (대중들은 화답한다) 항상 머무시는 삼보
님이시어

至心歸命禮　十方法界諸法(衆和)常住三寶

지극한 마음으로 귀의하옵니다. 시방 법계에 모든 법보님 (대중들은 화답한다) 항상 머무시는 삼보
님이시어

至心歸命禮　十方法界諸僧(衆和)常住三寶

지극한 마음으로 귀의하옵니다. 시방 법계에 모든 승가님 (대중들은 화답한다) 항상 머무시는 삼보
님이시어

요잡한 뒤에 명발(鳴鈸)하고 개계소(開啓疏)를 읽고 합장게(合掌偈)를 한다.

合掌以爲花　　　　　　　합장으로 꽃을 만들고
身爲供養具　　　　　　　몸으로는 공양구를 만드옵니다.
誠心眞實相　　　　　　　성심의 진실한 상을
讚嘆香烟赴　　　　　　　찬탄하여 향 연기 달려듭니다.

고향게(告香偈)
香烟遍覆三千界　　　　　향연기가 삼천 세계를 두루 덮으니
定慧能開八萬門　　　　　정혜로 팔만문을 열 수 있사옵니다.
惟願三寶大慈悲　　　　　원컨대 삼보님의 대자비심으로
聞此信香臨法會　　　　　이 신향의 냄새를 맡고 법회에 임하소서.

병법(秉法)은 설회인유편(說會因由篇)으로부터 엄정팔방편(嚴淨八方篇)까지 제목을 부르고 끝나면 개계(開啓)를
운한다.

盖聞 靈源渺湛 性海汪洋. 迷之者莫測 其淺深 悟之者洒識 其涯底. 禪河浪靜 非色而衆像參天 定水波
淸 無聲而群音揭地. 夫水也者 性含八德 味具百川 群萌盡獲於滋榮 萬物咸蒙於潤澤 于夜 卽有大檀
信 娑婆世界 南瞻部洲 朝鮮國 某道某州某里居住 今日設辨水陸(齋者施主)等 伏爲追薦亡者 某人靈
駕往生 極樂之願 第當其七日之齋 亦爲祖先父母列名靈駕 兼及法界 無主孤魂等 永脫輪廻之苦 超生
極樂之願 以今月某日 就於某山某寺(齋者)等 入弘擔海 興大悲心承水陸之殊儀 建冥陽之勝會 玆者淨
壇旣說 法事方行 欲迎諸聖以來臨 須假八方之淸淨 故憑法水 徧灑道場 滌除萬劫之昏蒙 永獲一眞之
淸淨 下有灑淨護魔陀羅尼 謹當宣念

듣자옵건대, 신령스런 근원은 아득하고 불성의 바다는 넓고도 넓어, 미혹된 자는 그 깊고 얕음을 헤아리지 못하며, 깨달은 자라야 그 밑바닥까지 안다고 합니다. 선의 강물은 파도가 고요하니 색이 아님에도 온갖 상이 하늘에 닿고, 선정의 물은 파도가 맑아 소리가 없으나 뭇 소리가 땅을 들썩거리옵니다. 대개 물이라고 하는 것은 성이 팔덕을 포함하였고, 맛은 온갖 것을 갖추어, 온갖 싹들은 자양을 얻어 번성하고 만물은 덕택을 입어 윤택하게 되옵니다. 이 밤에 큰 신도가 있으니 사바[192] 세계 남섬부주 조선국 아무개 도, 아무개 주, 아무개 리에 살면서 오늘 수륙재를 마련한 (재자시주) 등이 아무개 영가의 극락왕생을 바라는 천도재를 발원하여 이제 7일재를 당하여 또 조상 부모 (이름을 열거함)의 영가를 위하고 겸하여 무주고혼들도 법계에 이르기까지 영원히 윤회의 고통을 벗어나고 극락의 세계에 태어나기를 원하옵니다. 금월 모일 아무개 산 아무개 절에서 (재자) 등이 바다에 맹서하며 대자비심을 일으켜 수륙의 수의(殊儀)를 받들어 명양(冥陽)의 좋은 모임을 세웁니다. 이에 이미 깨끗한 단을 만들었고 법사를 바야흐로 시행함에 모든 성인들을 맞이하여 임하시게 하려함에 모름지기 팔방의 청정함을 얻어야 하겠기에, 그러므로 법수에 의지하여 두루 도량에 물을 뿌리오니 만겁의 혼몽함을 씻어내고 영원히 일진의 청정함을 얻게 하소서.
아래에 쇄정호마다라니가 있으니 부지런히 염송해야 마땅하다.

조용하면 반문게(返聞偈)와 관음청(觀音請)을 한 뒤 원강(願降)을 한다. 다음으로 산화락(散花落)을 하고 삼동발(三動鈸)을 한 뒤 향화청(香花請)과 가영을 운한다. 급하면 아래의 게만 든다.

걸수게(乞水偈)[193]

金爐氣氣一炷香 　금화로의 자욱한 한 가닥 향으로
先請觀音降道場 　먼저 관음께 이 도량에 오시길 청하옵니다.
願賜瓶中甘露水 　원컨대 병 안에 있는 감로수를 주시어
消除熱惱獲清涼 　번뇌를 제거하여 청량함을 얻게 하시옵소서.

쇄수게(灑水偈)[194]

菩薩柳頭甘露水 　관음보살 버드나무 끝의 감로수는

---

192) 사바(娑婆): (산)sahā. 인토(忍土)·감인토(堪忍土)·인계(忍界)라고 한역. 어원적으로는 '참다'의 의미로, 이 세계의 중생은 안으로는 여러 가지 번뇌가 있고, 밖으로는 풍우한서(風雨寒暑)가 있어서, 고뇌를 참고 견디지 않으면 안되기 때문에 이렇게 이름한다. 석가모니 부처님께서 교화하시는 세계.
193) 걸수게(乞水偈): 원문에는 제목이 없다. 앞에 것을 참조하여 역자가 제목을 삽입하였다.
194) 쇄수게(灑水偈): 원문에는 걸수게(乞水偈)로 되어 있으나 다른 장면에서 사용하는 것과 내용을 볼 때 쇄수게(灑水偈)를 잘못 적은 듯하다. 그래서 역자가 제목을 바로 잡았다.

能令一滴灑十方	한 방울로도 시방세계에 뿌릴 수 있네.
腥膻垢穢盡鐲除	비린내 노린내 더러운 것 모두 없애시어
令此道場悉淸淨	이 도량을 모두 청정하게 하시옵소서.

<曩謨 三滿多 沒駄喃 阿鉢囉地 三彌 葛葛曩 三彌 三滿多 努葛第鉢囉氳帝 尾戌底 達摩馱覻 尾戌馱寧 莎訶>

나무 사만다 못다남 아바라디 삼미 아아나 삼미 사만다 놀아디바라아리디 미슈디 달마다도 미슈다니 사바하

진언을 3번 두루 한 뒤 곧 천수(千手)를 창하고 법중은 북을 두드리며 함께 외운다. 법당 안에서는 쇄수(灑水)를 하고 안팎을 3번 돈다. 마당 가운데에서 각각 3번 돌고, 본디 자리로 돌아온다.

一灑東方潔道場	첫 번째 동방에 뿌려 도량을 깨끗이 하옵고
二灑南方得淸涼	두 번째 남방에 뿌려 청량함을 얻으오며
三灑西方俱淨土	세 번째 서방에 뿌려 모두 정토가 되고
四灑北方永安康	네 번째 북방에 뿌려 영원히 편안하옵니다.

엄정게(嚴淨偈)

道場淸淨無瑕穢	도량을 청정하게 하여 티끌하나 없게 하니
三寶龍天降此地	삼보와 용천이 이 땅에 강림하시옵니다.
我今持誦妙眞言	나는 지금 묘한 진언을 외우오니
願賜慈悲密加護	원컨대 자비심으로 우리들을 보호해 주시옵소서.

명발(鳴鈸)한 뒤 대회소(大會疏)를 읽고, 끝나고 난 뒤 지전(持殿)이 연비(燃臂)할 도구를 갖추고 참회게(懺悔偈)를 운한다.

百劫積集罪	백겁토록 쌓인 죄
一念頓蕩除	일념으로 싹쓸어 없앱니다.
如火焚枯草	마른 풀을 태우는 것과 같이
滅盡無遺餘	남김없이 다 소멸하기를.
懺悔歸命禮三寶	참회하며 삼보님께 예를 다해 귀의하옵니다.

다음 설법게(說法偈)를 운운한다.

설법게(說法偈)

爲汝宣揚勝會儀	그대를 위하여 좋은 법회 의식을 선양하니
阿難創設爲神飢	아난[195]이 굶주린 신중들을 위해 창설한 것이지요.
若非梁武重陳說	만약 양무제가 거듭 진술하여 설명하지 않았더라면
鬼聚何緣得便宜	귀취가 무슨 인연으로 편안하게 할 수 있겠습니까?

병법(秉法)은 수륙연기(水陸緣起)를 해설한 뒤 건단진언(建壇眞言)으로부터 주향공양편(呪香供養篇)까지 마치고 사자단(使者壇)으로 향한다.

◎사자단(使者壇)

전종(轉鐘) 및 명발(鳴鈸)한 뒤 거불(擧佛)을 운운한다.

南無十方佛	시방의 부처님께 귀의하옵니다.
南無十方法	시방의 법보님께 귀의하옵니다.
南無十方僧	시방의 승가님께 귀의하옵니다.

선소(宣疏)[196]를 마치고 법주는 진언(眞言)과 유치(由致)와 삼청(三請)을 하고 끝에 향화청(香花請)과 가영(歌詠)을 운한다.

分將報牒應群機	보첩[197]을 많은 중생[群機][198]에게 나누어 주심에
百億塵寰一念期	무수히 많은 티끌세계라도 한 순간에 통기하십니다.
明察人間通水府	인간세상을 밝게 살피고 용궁[水府][199]까지 통하시며
周行迅速電光輝	번갯불 번쩍이듯 신속히 다니나이다.

---

195) 아난(阿難): (산)Ananda. 아난타의 약칭. 부처님의 10대 제자 중 한 사람. 무염(無染)·환희(歡喜)·경희(慶喜)라 번역한다. 부처님의 사촌동생으로 가비라성의 석가 종족의 집에 출생하여 8세에 출가하였다. 미남인 탓으로 수행하는데 여자의 유혹이 여러 번 있었으나 지조가 견고하여 몸을 잘 보호하였으며 그 결과 수행을 완성하였다.

196) 선소(宣疏): 고혼소(孤魂疏), 대령소(對靈疏) 등이 있다. 소(疏)란 경론의 문구를 해석하여 쉽게 설명한 것을 말하는데 재를 주관하는 병법 스님이 영단을 향하여 독송한다.

197) 보첩(報牒): 무엇을 알리는 공문이나 통지문.

198) 군기(群機): 여러 근기(根機)란 뜻으로 많은 중생을 이르는 말이다.

199) 수부(水府): 물을 맡아 다스린다는 신의 궁전. 용궁.

안위공양편(安位供養篇)을 마치고 심경(心經)을 한 번 왼 뒤, 진공(進供)을 마친다. 혹은 만달(蔓達)을 창하기도 하는데 오공양(五供養)을 펼치는 것만 못하다.

因緣自性所出生　인연은 자성에서 생겨나는 것이옵니다.

所有種種微妙香 奉獻使者前 惟願慈悲哀納受
여러 가지 가진 것 중 미묘한 이 향을 사자 앞에 봉헌하오니 원컨대 자비로운 마음으로 불쌍히 여기시어 받아주시옵소서.

所有種種微妙燈 奉獻使者前 惟願慈悲哀納受
여러 가지 가진 것 중 미묘한 이 등을 사자 앞에 봉헌하오니 원컨대 자비로운 마음으로 불쌍히 여기시어 받아주시옵소서.

所有種種微妙茶 奉獻使者前 惟願慈悲哀納受
여러 가지 가진 것 중 미묘한 이 차를 사자 앞에 봉헌하오니 원컨대 자비로운 마음으로 불쌍히 여기시어 받아주시옵소서.

所有種種微妙果 奉獻使者前 惟願慈悲哀納受
여러 가지 가진 것 중 미묘한 이 과일을 사자 앞에 봉헌하오니 원컨대 자비로운 마음으로 불쌍히 여기시어 받아주시옵소서.

所有種種微妙花 奉獻使者前 惟願慈悲哀納受
여러 가지 가진 것 중 미묘한 이 꽃을 사자 앞에 봉헌하오니 원컨대 자비로운 마음으로 불쌍히 여기시어 받아주시옵소서.

所有種種微妙米 奉獻使者前 惟願慈悲哀納受
여러 가지 가진 것 중 미묘한 이 쌀을 사자 앞에 봉헌하오니 원컨대 자비로운 마음으로 불쌍히 여기시어 받아주시옵소서.

<唵 薩里梵哆陁 結里叨菩蘇毘 頭毘安爐只 安知微微伽 所菩陁菩所明伽 三牟怛羅 三牟羅那 三昧耶 吽>
옴 살리범다타 결리도보소비 두비안로디 안지미미가 소보타보소명가 사모다라 사모라나 삼매야 홈

惟願　　　　　　　　　　오직 바라옵건대

四直使者哀降道場 受此供養
사직사자께서는 불쌍히 여기사 이 도량에 강림하시어 공양을 받으소서.

요잡(繞匝)한다.

以此加持妙供具　供養年直四天使者衆
이렇게 가지한 신묘한 공양구를 가지고 연직 사천사자들께 공양하옵니다.
以此加持妙供具　供養月直空行使者衆
이렇게 가지한 신묘한 공양구를 가지고 월직 공행사자들께 공양하옵니다.
以此加持妙供具　供養日直時直使者衆
이렇게 가지한 신묘한 공양구를 가지고 일직 시직사자들께 공양하옵니다.

공양진언을 하고 회향진언을 각각 3번 한 뒤에 전물을 거두고 첩소(牒疏) 읽기를 마친다. 법주는 봉송편(奉送篇)을 마친 후에 봉송게(奉送偈)를 운운한다.

奉送使者歸所屬　　　　사자가 소속처로 돌아가는 것을 봉송하오니
不違佛語度群迷　　　　부처님 말씀 어기지 말고 군생의 미혹을 제도하소서.
普期時分揔來臨　　　　때가 되면 모두 임하시길 두루 기약하며
惟願使者登雲路　　　　오직 원컨대 사자께서는 먼 길에 오르십시오.

◎오로단(五路壇)

전종(轉鐘)을 하고 명발(鳴鈸)한 뒤 거불(擧佛)을 한다.

南無佛陀耶　　　　　　부처님께 귀의하옵니다.
南無達摩耶　　　　　　달마님께 귀의하옵니다.
南無僧伽耶　　　　　　승가님께 귀의하옵니다.

선소(宣疏)한 뒤에 법주는 진언과 유치와 삼청을 하고 끝에 가영을 운운한다.

五帝神王各有情　　　　오제 신왕들께서는 각각 유정하시니
淸眞黑白濟群生　　　　청진한 흑백의 모든 중생들을 제도하소서.
揔願五路能開闢　　　　모두 바라는 것은 다섯 길을 활짝 여시어서
凡聖咸通任途程　　　　범성이 다 마음대로 길에 오르도록 하시옵소서.

안위공양편(安位供養篇)을 마치고 즉시 천수(千手)를 한 번 창한다. 이때 진공(進供)한 다음 변식주(變食呪)를 마치고 오방찬(五方讚)을 운한다. 여기에서 권공(勸供)을 한다면 오공양(五供養)을 하는 것만 못하다.

<唵 於吽 於海>
옴 어훔 어해

東方金剛沙兜與佛 唵 於吽 其身那靑與
동방의 금강사두부처님은 옴 어훔 그 몸이 청색인 것을
南方妙蓮寶勝與佛 唵 於吽 其身那紅與
남방의 묘연보승부처님은 옴 어훔 그 몸이 홍색인 것을
西方極樂彌陀與佛 唵 於吽 其身那白與
서방의 극락미타부처님은 옴 어훔 그 몸이 백색인 것을
北方有意成就與佛 唵 於吽 其身那綠與
북방의 유의성취부처님은 옴 어훔 그 몸이 녹색인 것을
中方毘盧遮那與佛 唵 於吽 其身那黃與
중방의 비로자나부처님은 옴 어훔 그 몸이 황색인 것을

<沙兮野那 阿呵吽 於放光明 唵 於吽 手引那 執主處 降魔耶手 牟尼與佛 妙蓮華 覺香爐千佛如輪 唵 於吽 於其摩俱禮 命禮野那 阿呵吽 於稱讚禮>
사혜야나 아아훔 어방광명 옴 어훔 수인나 집주처 항마야수 모니여불 묘련화 각향로천불여륜 옴 어훔 어기마구례 명례야나 아아훔 어칭찬례

요잡(繞匝)한다.

以此加持妙供具　供養五方五帝神祇等衆
이렇게 가지한 신묘한 공양구로 오방 오제신께 공양하옵니다.

공양진언(供養眞言)과 회향진언(回向眞言)을 한 뒤 법주(法主)는 개통도로진언(開通道路眞言)을 7번 한다.

◎ 지영청소(至迎請所)

전종(轉鐘)을 하고 명발(鳴鈸)한 뒤 거불(擧佛)[200]을 한다.

南無淸淨法身毘盧遮那佛	나무청정법신 비로자나불[201]이여!
南無圓滿報身盧舍那佛	나무원만보신 노사나불[202]이여!
南無千百億化身釋迦牟尼佛	나무천백억화신 석가모니불이여!

선소(宣疏) 뒤 법주는 여러 진언과 유치와 불보삼청(佛寶三請)을 하고 끝에 원강도량(願降道場), 산화락(散花落), 삼동발(三動鈸)을 하고 뇌고(雷鼓)를 3번[度] 한 뒤에 가영(歌詠)을 한다.

佛身普遍十方中	부처님께서는 시방에 두루 계시오니
三世如來一體同	삼세의 여래께서는 한 몸으로 같사옵니다.
廣大願雲恒不盡	광대한 발원의 구름은 항상 다함없고
汪洋覺海渺難窮	깊고넓은 깨달음의 바다 아득히 궁구하기 어렵습니다.

법보가영(法寶歌咏)

敎能詮理理中玄	가르침을 통해 이치를 알고 이치 중에 현묘함 있으니
依理修行果自然	이치대로 수행함이 과연 자연스럽도다.
寶偈人間方十萬	보배로운 게는 인간세상에 십만 가지 방편이 있으니
金文海內廣三千	금쪽같은 글[203] 삼천 대천세계에 널리 있사옵니다.

승보가영(僧寶歌咏)

圓頂方袍繼佛燈	스님[204]은 네모진 가사 입고 불등을 이어
傳衣說法利群生	옷을 전하고 법을 설하며 중생들 이롭게 하시네.
歸依不得生分別	귀의하여 분별심을 낼 수가 없으니
休擇凡僧揀聖僧	범승들 중에서 성승을 가리지 마소서.

---

200) 거불(擧佛): 거불보살명(擧佛菩薩名) 혹은 거명불보살(擧名佛菩薩)의 약어. 의식을 거행함에 있어 신앙의 대상이 되는 불·보살의 명호를 들어 의식의 성격을 밝히고, 동시에 귀의를 표명하여 내림(來臨)을 청하는 것이다.

201) 비로자나불(毘盧遮那佛): (산)Vairocana. 비로사나(毘盧舍那)·노사나(盧舍那)·자나(遮那) 등. 부처님의 진신(眞身)을 나타내는 칭호. 부처님의 신광(身光)·지광(智光)이 이사무애(理事無礙)의 법계에 두루 비추어 원명(圓明)한 것을 의미한다. 종파마다 해석하는 입장은 조금 다르다.

202) 노사나불(盧舍那佛): 천태종(天台宗)에서는 비로자나불을 법신(法身), 석가모니불을 응신(應身)이라함에 대하여 노사나불은 천화대(千華臺)상의 보신(報身)이라 한다.

203) 금쪽같은 글[金文]: 금(金)과 같이 귀중한 진리라는 뜻으로, 부처님의 말씀인 경전을 말한다.

204) 스님[圓頂]: 둥근 머리. 머리를 깎음으로 인해 머리의 둥근 선이 드러난 모습을 이르는 말로, 출가한 사문의 이칭(異稱)이다.

명발(鳴鈸)한 뒤에 혹 삼보소(三寶疏)를 읽기도 한다. 마치고 법주는 봉영부욕편(奉迎赴浴篇)을 하고 끝에 입실게(入室偈)를 운운한다.

毘藍園內降生時	비람원[205]에 강생하셨을 때
金色妙身無染疲	금색의 묘한 몸은 피로함에 물들지 않았나이다.
凡情利益臨河側	무릇 유정한 것들 이롭게 하려고 물가에 나왔으니
今灌度生亦復宜	이제 관욕하여 중생을 제도함이 또한 마땅하옵니다.

잠시 요잡(繞匝)할 때 법주는 정로진언(淨路眞言)[206]을 7번 한다. 한편 유나는 불패(佛牌)를 받들고 욕실로 들어가 음악이 그친 뒤에 구룡찬(九龍讚)을 운한다.

五方四海九龍王	오방 사해의 아홉 용왕이시여
曾會毘藍吐水昂	일찍이 비람원에 모여 물을 둥그렇게 토하셨나이다.
灌浴金身成勝果	금신을 관욕하여 훌륭한 과보를 이루었으니
願流甘露滿蘭堂	원컨대 감로수를 흘려 난당[207]에 가득 채우옵소서.

찬탄관욕편(讚嘆灌浴篇)을 한 뒤에 관욕게(灌浴偈)를 한다.

관욕게(灌浴偈)

我今灌浴聖賢衆	나는 지금 성현들을 관욕하려고
淨智功德莊嚴聚	정지와 공덕을 장엄하게 모았습니다.
願諸五濁衆生類	원컨대 모든 오탁[208]의 중생들이
當證如來淨法則	여래와 청정한 법신을 증명하기 바라나이다.

<唵 底沙底沙 僧伽 莎訶>
옴 지사지사 승가 사바하

---

205) 비람원(毘藍園): 부처님이 탄생한 람비니 동산. 가비라성 람비니원의 준말이다.
206) 정로진언(淨路眞言): 영가에게 청정무구한 보리(菩提)의 길로 인도하는 진언.
207) 난당(蘭堂): 훌륭하고 아름다운 집.
208) 오탁(五濁): 악한 세상에 있어서 5종류의 더러움. 겁탁(劫濁)·견탁(見濁)·번뇌탁(煩惱濁)·중생탁(衆生濁)·명탁(命濁)의 다섯 가지를 이른다. ①겁탁(劫濁);시대의 혼탁. ②견탁(見濁);사상의 혼란. ③번뇌탁(煩惱濁);번뇌가 무성해지는 것. ④중생탁(衆生濁);중생의 과보가 쇠퇴하고 마음이 무디어지고, 신체가 약해지고 고통이 많아진 모습. ⑤명탁(命濁);중생의 수명이 점차 짧아지는 것.

헐욕찬(歇浴讚)

목욕을 쉴 때 만약 다탕(茶湯)과 유미죽(乳味粥)[209]이 있으면 헐욕찬(歇浴讚) 및 편(篇)과 게(偈)를 하고, 없으면 하지 않는다.

以本淸淨水	본디 청정한 물로써
灌沐無垢身	관욕하여 몸에 때가 없나이다.
不捨本誓願	본래의 서원 버리지 마시고
證明我佛事	우리의 불사를 증명하시옵소서.

仰惟聖賢 出於蘭湯 赴憩寂之花筵 受精嚴之供養 下有獻水之偈 大衆隨言後和
바라옵건대 성현께서는 향기로운 탕에서 나와 고요한 꽃자리에서 쉬시며, 정결하고 엄격한 공양을 받으시옵소서. 아래에 헌수게가 있으니, 대중들은 말에 따라 화답한다.

수수게(漱水偈)

今將甘露水	이제 감로수를
奉獻三寶前	삼보전에 받들어 올리오니
不捨大慈悲	대자비심을 버리지 마시고
願垂哀納受	애틋이 여기시어 받아주옵소서.

인성귀위편(引聖歸位篇)을 마치고 염화게(拈花偈) 대신 아래의 게(偈)를 운운한다.

千尺絲綸直下垂	천 척의 낚시줄을 곧게 드리우니
一波纔動萬波隨	한 파도 일어나자 만파가 따르네.
夜靜水寒魚不食	밤은 고요하고 물은 차가워 고기도 물지 않으니
滿船空載月明歸	공연히 빈 배에 밝은 달빛만 가득 싣고 돌아가네.

산화락(散花落)을 하고 삼동발(三動鈸)을 하고, 뇌고(雷鼓)를 3탁(度)한 뒤에 거령산(擧靈山)과 인성(引聲), 요잡(繞匝)을 한다. 연(輦)이 법당에 이르면 음악을 그치고 좌불게(坐佛偈)를 운운한다.

---

209) 유미죽(乳味粥): 우유를 정제할 때에 거치는 유미(乳味)·낙미(酪味)·생수미(生酥味)·숙수미(熟酥味)·제호미(醍醐味) 중 하나의 맛이 나는 죽. 『열반경』 중 소에서 젖이 나오는 것을 부처님이 12부경을 설하는 것에 비유한 것. 천태종에서는 『화엄경』을 말한다.

請入諸佛蓮花座　　　　청컨대 모든 부처님께서는 연화좌에 들어오시어

降臨千葉寶蓮臺　　　　천엽의 보련대210)에 강림하시옵소서.

菩薩緣覺聲聞衆　　　　보살과 연각승, 성문승들께서는

惟願不捨大慈悲　　　　원컨대 대자비심을 버리지 마시옵소서.

헌좌편(獻座篇)을 한 뒤에

헌좌(獻座)

妙菩提座勝莊嚴　　　　묘보리좌가 참으로 장엄하니

諸佛坐已成正覺　　　　여러 부처님들 앉아서 이미 정각을 이루었네.

我今獻座亦如是　　　　나도 지금 이와 같이 자리를 바치오니

自他一時成佛道　　　　우리 모두 일시에 불도 이루기를.

<唵 嚩羅尾羅野 莎訶>

옴 바아라 미나야 사바하

今將妙藥及名茶　　　　지금 장차 묘약과 좋은 차를

奉獻十方三寶前　　　　시방의 삼보전에 봉헌하나이다.

鑑此檀那虔懇心　　　　이 단나211)의 정성스런 마음을 비추시어

願垂慈悲哀納受　　　　원컨대 자비심으로 애틋이 여기시고 받아주시옵소서.

찬예삼보편(讚禮三寶篇)을 마치고

사무량(四無量)

大慈大悲愍衆生　　　　대자대비하신 부처님, 중생을 불쌍히 여기시고

大喜大捨濟含識　　　　대희대사하신 부처님, 식을 가진 중생들을 제도하소서.

相好光明以自嚴　　　　상호광명으로 저절로 엄하시니

衆等至心歸命禮　　　　대중들은 지극한 마음으로 귀의하옵니다.

---

210) 보련대(寶蓮臺): '연화좌(蓮華坐)'를 아름답게 이르는 말이다.

211) 단나(檀那): 보시자. 승려를 불사에 초대한 시주자.

사자게(四字偈)

大圓滿覺	원만한 큰 깨달음
應跡西乾	서천212)에서 자취를 응하시어
心包太虛	마음은 태허를 포괄하고
量廓沙界	도량은 황하사 세계처럼 넓네.
佛功德海	부처의 공덕과 덕성의 바다
秘密甚深	은밀하고 매우 깊사오니
殑伽沙刦	긍가사213)겁 동안
讚揚難盡	다 찬양하기 어렵나이다.

삼정례(三頂禮)

一心頂禮 上來奉請 十方常住一切佛陀耶衆
일심으로 정례하고 시방에 항상 계시는 모든 부처님께 받들어 청하나이다.
一心頂禮 上來奉請 十方常住一切達摩耶衆
일심으로 정례하고 시방에 항상 계시는 모든 달마님께 받들어 청하나이다.
一心頂禮 上來奉請 十方常住一切僧伽耶衆
일심으로 정례하고 시방에 항상 계시는 모든 승가님께 받들어 청하나이다.
惟願慈悲 受我頂禮
원컨대 자비심으로 우리들의 정례를 받으시옵소서.

오자게(五字偈)

爲利諸有情	여러 유정을 이롭게 하여
令得三身故	삼신을 얻게 하기 위하여
淸淨身語意	신·어·의를 청정하게 하며
歸命禮三寶	목숨 바쳐 삼보님께 귀의하옵니다.

<唵 薩嚩 沒馱 達摩僧伽 嚂 喃謨 窣覩帝>
옴 살바 못다 달마승가 람 나무 소도뎨

---

212) 서천[西乾]: 인도의 별칭. 서천(西天).
213) 긍가사(殑伽沙): 항하사(恒河沙)를 말한다.

◎지중단(至中壇)

전종(轉鐘) 및 명발(鳴鈸)한 뒤 거불(擧佛)한다. 이 단의 거불에는 불타·달마·승가도 할 수 있다.

南無天藏菩薩	천장보살께 귀의하옵니다.
南無持地菩薩	지지보살께 귀의하옵니다.
南無地藏菩薩	지장보살께 귀의하옵니다.

선소(宣疏)를 마치고 법주는 여러 진언과 유치를 한 뒤 천도삼청(天道三請) 끝에 원강도량(願降道場)을 하고 다음 산화락, 삼동발(三動鈸)을 한 뒤 향화청(香花請)을 하고 가영(歌詠)을 한다.

金冠珠翠玉瓏瑽	금관의 비취색 구슬 옥빛이 영롱하고
瓔珞光寒射碧空	영락214)의 차가운 빛이 푸른 하늘로 쏟아지네.
寶盖寶幢離寶殿	보배로운 일산, 보배로운 휘장 보전에서 떠나오니
天仙天樂下天宮	천신과 천악이 천궁에서 내려오네.

신도가영(神道歌詠)

諸天常樂鎭無憂	제천은 항상 즐거워 근심 없이 진중하시니
受用隨心欲便周	마음을 수용하여 두루 전용되기를 바라옵니다.
龍起龍眠分晝夜	용이 자고 일어나는 것으로 주야를 나누고
花開花落辨春秋	꽃이 피고 떨어지는 것으로 춘추를 분별하네.

명도가영(冥道歌詠)

淨持心地悟希夷	마음을 깨끗하게 지녀야 희이215)를 깨닫고
心地平時萬物齊	마음이 평안할 때라야 만물이 가지런하게 되나이다.
日月古今誰晝夜	그 누가 고금의 밤낮을 주재하였나?

---

214) 영락(瓔珞): 보석, 주옥, 귀금속, 꽃 등을 끈에 꿰어서 몸을 치장하는 장신구. 고래로부터 인도의 귀족층에서는 남녀가 모두 사용했다. 불보살들은 귀한 신분이므로 인도의 관습에 따라 장신구로 화려하게 치장하였으며, 인도의 스님들도 대다수가 귀걸이를 할 만큼 장신구는 자연스러운 것이었다. 특히 밀교에서 영락의 사용이 두드러지게 발달하였는데, 각기 다른 장신구를 사용하여 불보살들을 구분하기도 하였다. 예컨대 아촉불은 머리 위의 화관이 특징이며, 아미타불은 귀걸이, 보생불은 목걸이, 비로자나불은 팔찌, 불공성취불은 허리 장식물로 구분한다.

215) 희이(希夷): 소리와 색이 없는 것.

山河遠近自高低　　　　　　　산하는 멀고 가깝고 스스로 높고 낮도다.

봉영부욕편(奉迎赴浴篇)을 마치고

입실게(入室偈)

靜室燈明夜色幽　　　　　　　밤빛이 그윽하니 고요한 밤 등불 밝고

氷壺藻鑑瑞香浮　　　　　　　빙호216)와 조감217)에 상서로운 향이 떠오르네.

天行地步諸神衆　　　　　　　천지를 다니는 여러 신중님들

來詣蘭湯擧錦幬　　　　　　　난탕에 이르러 비단 휘장을 드시었네.

잠시 요잡(繞帀)할 때 법주는 정로진언(淨路眞言)을 7번 한다. 한편으로 찰중이 삼장패(三藏牌)를 들고 욕실로 들어가면 음악을 그치고 목욕게(沐浴偈)를 창한다.

我今以此香湯水　　　　　　　나는 지금 이 향기로운 목욕물로

灌沐一切天仙神　　　　　　　모든 하늘의 선신들을 목욕시키옵니다.

身心洗滌令淸淨　　　　　　　몸과 마음을 씻고 청정하게 하여

證入眞空常樂鄕　　　　　　　진공의 상락향으로 들어감을 증거하나이다.

<唵 底沙底沙 僧伽 莎訶>
옴 지사지사 승가 사바하

헐욕게(歇浴偈)

以此香湯水　　　　　　　　　이 향기로운 목욕물로

灌沐天仙神　　　　　　　　　하늘의 선신들을 목욕시키옵니다.

願承法加持　　　　　　　　　원컨대 법의 가지를 받들어

普獲於淸淨　　　　　　　　　두루 청정함을 얻게 하소서.

헐욕편(歇浴篇)

再白 天仙等衆 請出於蘭湯 赴憩寂之華筵 受檀那之供養 下有獻水之偈 大衆隨言後和

---

216) 빙호(氷壺): 얼음과 같이 투명한 옥으로 만든 병. 결백한 마음을 비유한다.
217) 조감(藻鑑): 무늬로 장식한 거울, 사람의 겉만 보고도 그 됨됨이나 인품을 알아보는 식견에 비유한다.

거듭 아뢰나이다. 천선들께서는 난탕에서 나오시어 고요히 쉬는 좋은 자리[218]로 가셔서 단나의 공양 받으시기를 청하나이다. 아래에 헌수게가 있으니 대중들은 말을 따라 화답을 한다.

今將甘露茶	이제 감로다를
奉獻天仙神	하늘의 선신께 받들어 올리오니
鑑此虔懇心	정성스럽고 간절한 마음 살피시어
願垂哀納受	애틋이 여기시고 받아주시옵소서.

출욕참성편(出浴叅聖篇)[219]을 마치고 염화게(拈花偈) 대신 아래의 게를 운운한다.

今向如來寶座前	지금 여래의 보좌 앞을 향하여
五體投誠歸命禮	오체를 던져 정성껏 귀명례[220] 하옵니다.
願滅輪廻生死回	원컨대 생사의 윤회에서 벗어나게 하시어
速悟二空常樂體	이공의 상락체를 빨리 깨닫게 하소서.

영청당(迎請堂)을 정문(正門)에 설치한다면 시련(侍輦)의 예를 행하지 않는다. 다만 빈 일산으로 패(牌)를 끼고 시련을 하고 가는 것이 옳다. 영청소가 매우 먼 곳에 있어서 시련을 강행해야 한다면 여러 위의(威儀)를 세운다. 범음(梵音)은 산화락을 창하고 삼동발(三動鈸)을 한 뒤에, 혹은 모란찬을 하고 혹은 삼귀의(三歸依)를 하고 혹은 천수(千手)와 인성(引聲)을 하면서 요잡(繞匝)한다. 마당에 이르러서 음악을 그치고 천선예성편(天仙禮聖篇)을 한 뒤 아래의 게를 한다.

歸命十方調御師	시방에 계신 부처님께 목숨 바쳐 귀의하오니
演揚淸淨微妙法	청정하고 미묘한 법을 널리 펴고 선양하소서.
一乘四果解脫僧	일승[221] 사과[222]를 얻은 해탈승이시어
願賜慈悲哀攝受	원컨대 자비심으로 애틋이 여기시고 거두어 주소서.

一心頂禮 南無盡虛空遍法界 十方常住一切 佛陀耶衆 達摩耶衆 僧伽耶衆
일심으로 정례하오며, 허공의 법계에 두루 하시고 시방에 항상 머무르는 일체 부처님, 달마님, 승

---

218) 화연(華筵): 중생을 위한 불법이 베풀어지는 자리.
219) 출욕참성편(出浴叅聖篇): 목욕을 마치고 삼보께 예를 갖추기 위해 욕실을 떠나는 내용이다.
220) 귀명례(歸命禮): 신명을 바쳐서 귀의할 것을 다짐하며 머리를 조아려서 예배를 올린다.
221) 일승(一乘): 『법화경』에서 강조하고 있는 것으로, 유일한 진실의 가르침이 있을 뿐이라고 주장한다.
222) 사과(四果): 수행도의 4가지의 성과. 소승에서의 깨달음의 결과, 곧 견도(見道) 이후의 정과(正果)의 4단계. 수다원(須陀洹)·사다함(斯陀含)·아나함(阿那含)·아라한(阿羅漢).

가님께 귀의하옵니다.

惟願慈悲受我頂禮   원컨대 자비심으로 내 정례를 받으옵소서.

爲利諸有情   여러 유정을 이롭게 하여
令得三身故   삼신을 얻게 하시기 때문에
淸淨身語意   신·어·의를 청정하게 하여
歸命禮三寶   목숨 바쳐 삼보님께 귀의하옵니다.

<唵 薩嚩 沒馱 達摩僧伽 喃 曩謨 窣覩帝>
옴 살바 못다 달마승가 람 나무 소도뎨

헌좌편(獻座篇) 뒤에 헌좌(獻座)를 한다.

헌좌(獻座)
我今敬設寶嚴座   나는 지금 경건히 보배롭고 장엄한 자리를 마련하옵고
普獻一切天仙神   모든 하늘의 선신께 두루 봉헌하나이다.
願滅塵勞妄想心   원컨대 진로망상심을 멸하시어
速圓解脫菩提果   속히 원만히 해탈보리과를 이루게 하소서.

<唵 迦摩羅 星賀 莎訶>
옴 가마라 승하 사바하

淸淨名茶藥   청정한 차[名][223)와 약으로
能除病昏沈   어둠에 빠진 병을 제거하시오니
惟冀天仙神   오직 바라건대 하늘의 선신들께서는
願垂哀納受   애틋이 여기시어 받아주시옵소서.

◎지하단(至下壇)

전종(轉鍾) 및 명발(鳴鈸)한 뒤 거불(擧佛)을 한다.

---

223) 명(名): 명(茗)의 오자인 듯하다.

南無阿彌陀佛 觀世音菩薩 大勢至菩薩
나무아미타불 관세음보살 대세지보살

선소(宣疏)를 마치고 법주는 여러 진언과 유치를 한 후, 밤이 짧아서 급하게 하려면 여러 청과 여러 가영을 운한다. 밤이 깊어 조용하면 각 청과 각 가영을 운한다. ○가영은 지반문(志盤文) 하편에 있는데, 번거로워서 모두 기록하지 않으나, 상고하여 행하기에 달려 있다.

증명가영(證明歌詠)

面燃大士誓弘深	면연대사의 서원이 너무 깊어서
化現咽喉細似針	목구멍에 바늘같이 가늘게 나타났도다.
法食供飡知上味	법식대로 저녁밥을 공양하오니 좋은 맛을 아시고
金鈴同聽悟圓音	금방울소리 함께 듣고 원만한 음을 깨달으소서.

인도가영(人道歌詠)

帝王文武與農商	제왕과 문인과 무사, 농부와 상인까지
萬類有情降道場	유정한 모든 이가 도량에 내려오시어
普沾法會珍羞味	두루 법회의 진귀한 음식을 맛보시고
永脫幽途到淨方	어두운 길을 영원히 벗어나 깨끗한 세계에 이릅니다.

고혼가영(孤魂歌詠)

天誅殞歿刀兵死	천벌로 죽은 사람, 병기에 죽은 사람,
寇賊虫傷凍餒亡	도적에게 죽고, 충상으로 죽고, 얼고 굶어 죽은 사람
不免寒飢長夜哭	추위와 굶주림 면치 못하고 밤새도록 곡을 하니
願承佛力悟眞常	원컨대 불력으로 진공 상락을 깨달으시길.

삼도가영(三途歌詠)

三途苦本因愛欲	삼도의 고통은 애욕으로 인한 것이니
地獄不聞大法音	지옥에서 큰 법음을 듣지 못하네.
針咽微質何時免	바늘 돈은 목구멍 어느 때 모면할까?
飢渴幽魂日夜吟	기갈들린 유혼은 밤마다 신음하네.

인예향욕편(引詣香浴篇)을 마치고 뒤에 아래의 번(幡)을 매단다.

입실게(入室偈)

一從違背本心王	본심의 주인[本心王]224)을 한번 위배하면서부터
幾入三途歷四生	삼도에 들어가 얼마나 사생225)을 겪었는가?
今日滌除煩惱染	오늘 물든 번뇌를 깨끗이 씻어
蕭然依舊自還鄉	홀쩍 예전의 고향으로 돌아가네.226)

잠시 요잡(繞匝)할 때 법주는 정로진언(淨路眞言)을 한다. 다음 종두는 삼도패(三途牌)를 들고 욕실에 들어가서 음악을 그치고 가지조욕(加持澡浴)을 한 뒤 목욕게(沐浴偈)를 운한다.

我今以此香湯水	나는 지금 이 향탕수로
灌沐孤魂及有情	고혼과 유정한 것들을 목욕시키옵니다.
身心洗滌令淸淨	심신을 세척하여 청정하게 하고
證入眞空常樂鄉	진공묘유의 상락향227)으로 들어감을 증명합니다.

<唵 底沙底沙 僧伽 莎訶>
옴 지사지사 승가 사바하

가지화의편(加持化衣篇)228)을 마치고 화의진언(化衣眞言)을 법중과 함께 외는데, 횟수에 구애되지 말고 단지 종이옷이 다 탈 때까지를 한도로 하는 것이 옳다.

<唵 微莽囉 莎婆訶>
옴 미마라 사바하

출욕참성편을 마친다.

염화게(拈花偈) 예(例)

| 法身遍滿百億界 | 법신은 백억의 세계에 두루 가득하여 |
| 普放金色照人天 | 금빛 광명 널리 펴서 인천세계를 비추나이다. |

---

224) 본심왕(本心王): 청정무구한 자신의 본체.
225) 사생(四生): 중생이 태어나는 네 가지 형태인 태(胎)·난(卵)·습(濕)·화(化). 태생(胎生);모태에서 태어나는 것으로서 사람을 위시한 포유류. 난생(卵生);알에서 태어나는 것으로서 조류 등. 습생(濕生);습기에서 태어나는 것으로서 벌레 등. 화생(化生);업력에 의하여 갑자기 화하는 것으로서 극락·지옥 등.
226) 환향(還鄕): 자기의 본래면목으로 되돌아가는 것을 말한다.
227) 상락향(常樂香): 열반의 세계. 상락(常樂)은 열반사덕(涅槃四德) 가운데 상(常)과 락(樂)을 말한 것이나, 이로써 열반사덕 전체를 든 것이고, 향(鄕)은 우리 모두가 본래 그곳에서 비롯되었음을 말한다.
228) 가지화의(加持化衣): 삼보의 가지력으로 명의(冥衣)를 해탈복으로 변하게 하는 것.

| 應物現形潭底月 | 사물따라 나투심이 물속의 달과 같아서 |
| 體圓正坐寶蓮臺 | 본체 원만하여 보련대에 바로 앉으십니다. |

나무대성인로왕보살을 창하고 요잡(繞匝)하며, 정문 밖에 이르면 음악을 그치고 고혼예성편(孤魂禮聖篇)을 마친 뒤 이 게를 창한다.

보례게(普禮偈)[229]

稽首十方調御師	머리를 조아려 시방에 계신 부처님과
三乘五教眞如法	삼승[230] 오교의 진여법과
菩薩緣覺聲聞僧	보살승·연각승·성문승께
一心歸命虔誠禮	일심으로 정성드려 귀명례하옵니다.

一心頂禮 南無盡虛空遍法界 十方常住一切 佛陀耶衆 達摩耶衆 僧伽耶衆 惟願慈悲受我頂禮

일심으로 정례하오며, 허공의 법계에 두루하시고 시방에 항상 머무르는 일체 부처님들, 달마님들, 승가님들께 귀의하옵니다. 원컨대 자비심으로 나의 정례를 받으옵소서.

爲利諸有情	여러 유정한 것들을 이롭게 하려고
令得三身故	삼신을 얻게 하시기 때문에
清淨身語意	신·어·의를 청정하게 하며
歸命禮三寶	목숨 바쳐 삼보님께 귀의하옵니다.

<唵 薩嚩 沒駄 達摩僧伽 喃 曩謨 窣覩帝>
옴 살바 못다 달마승가 람 나무 소도뎨

종두가 위판(位版)을 모시고 시식단(施食壇)으로 가는데, 이때 법성게(法性偈)를 운한 다음 법주는 수위안좌편(受位安座篇)을 마치고 인도하여 헌좌게(獻座偈)를 창한다.

| 我今依教設華筵 | 나는 지금 가르침대로 화사한 자리를 베풀어 |

---

229) 보례게(普禮偈): 원문에는 제목이 빠져 있으나 역자가 앞의 게(偈)를 참조하여 제목을 삽입하였다.
230) 삼승(三乘): 성문(聲聞), 연각(緣覺), 보살(菩薩)에 대한 세 가지 교법을 말하는 것으로 승(乘)은 짐을 실어 나르는 수레를 말한다. 성문승(聲聞乘);사제법(四諦法). 불설(佛說)이신 교법을 듣고 이를 관(觀)하여 해탈을 얻는다. 연각승(緣覺乘);십이인연법(十二因緣法). 스승에 의지하지 않고 스스로 잎이 피고 꽃이 지는 이치를 관하여 해탈을 얻는다. 보살승(菩薩乘);육바라밀(六波羅密). 보살이 이 법에 의하여 스스로 해탈하고 다른 이도 해탈케 한다.

花果珎羞列座前	꽃과 과일과 진귀한 음식을 자리 앞에 차리옵니다.
大小宜依次第坐	대소의 인원들은 차례로 앉으시어
專心諦聽演金言	마음을 오롯이 하여 금언 펼치는 것을 살펴 듣습니다.

<庵 摩尼 軍茶利 吽 吽 莎訶>
옴 마니 군다리 홈 홈 사바하

百草林中一味新	온갖 풀 중에 최고의 맛이 신선하거니와
趙州常勸幾千人	조주스님께서도 항상 많은 사람에게 권하셨습니다.
烹將石鼎江心水	이 돌 솥에 강심수를 달였사오니
願使亡靈歇苦輪	망령으로 하여금 고통스런 윤회에서 쉬게 하소서.

◎상단권공(上壇勸供)

아래 자리에서 맞아들여 인도하기를 마치면 판수(判首)는 여러 사미를 거느리고 향적전(香積殿)에 이른다. 상단에서 헌공할 때에 법음이 정법게진언(淨法偈眞言)을 들면 법중은 "옴람옴람" 하고 화답한다. 종두는 격종(擊鐘)을 3지(旨)하고 헌공을 이미 마치면 진언은 곧 그친다. 명발(鳴鈸)을 1종(宗)하고 다음 별소(別疏)를 읽는다. 소를 마치고는 때로 절이봉사(切以奉祠;삼가 제사를 받드옵니다.)를 창한다.

南無十方佛	시방의 부처님께 귀의하옵니다.
南無十方法	시방의 법보님께 귀의하옵니다.
南無十方僧	시방의 승가님께 귀의하옵니다.

사다라니(四陁羅尼)를 각각 21번하고 육법공양(六法供養)을 위와 같이 운한다.

以此加持妙供具 供養十方諸達摩
이렇게 가지한 신묘한 공양구를 가지고 시방의 모든 달마께 공양하노이다.
以此加持妙供具 供養十方諸佛陀
이렇게 가지한 신묘한 공양구를 가지고 시방의 모든 불타께 공양하노이다.
以此加持妙供具 供養十方諸僧伽
이렇게 가지한 신묘한 공양구를 가지고 시방의 모든 승가께 공양하노이다.

공양진언과 회향진언을 한다. 다음 경을 외고 명발(鳴鈸)과 축원을 운한다.

◎중단권공(中壇勸供)

판수는 여러 사미를 거느리고 중단에 나아가 공양하고, 범음은 기성가지(祈聖加持)를 창한다.

南無十方佛	시방의 부처님께 귀의하옵니다.
南無十方法	시방의 법보님께 귀의하옵니다.
南無十方僧	시방의 승가님께 귀의하옵니다.

사다라니를 각각 14번 한다.

上來加持旣訖 變化已周 卽世諦之莊嚴 成妙法之供養 慈悲所積 定慧所熏 以此香羞 特伸拜獻
위에서 가지를 이미 마쳤으니 주변이 두루 변화되었습니다. 세체[231]의 장엄에 나아가서 묘법의 공양을 이루었으니, 자비심을 쌓고 정혜를 훈습하여 이 향기로운 음식을 특별히 절하여 바칩니다.

다음 오공양을 펼치고 요잡(繞匝)한 뒤, 아래의 게를 창한다.

以此加持妙供具 供養天主諸天衆
이렇게 가지한 신묘한 공양구를 가지고 천주인 여러 천중께 공양하노이다.
以此加持妙供具 供養仙主諸仙衆
이렇게 가지한 신묘한 공양구를 가지고 선주인 여러 선중께 공양하노이다.
以此加持妙供具 供養神主諸神衆
이렇게 가지한 신묘한 공양구를 가지고 신주인 여러 신중께 공양하노이다.

공양진언을 하고 다음 회향진언을 한 후 반야심경(般若心經)을 운한다. 다음 삼장(三藏) 동발(動鈸)을 한다.

天藏菩薩麼訶薩 持地菩薩麼訶薩 地藏菩薩麼訶薩
천장보살마하살 지지보살마하살 지장보살마하살

---

231) 세체(世諦): 속세의 실상에 따라서 알기 쉽게 설명한 진리.

화청(和請)

至心乞請 上界教主天藏菩薩 侍衛眷屬 三界天主 天人眷屬 日月天子 北極眞君[232] 大星小星 普天列曜 兼及法界十類大仙 苦行持明 眞仙等衆 今日亡者 某人靈駕 哀憫覆護 速離苦海 生於淨刹

지극한 마음으로 청하나이다. 하늘의 교주이신 천장보살과 호위하는 권속들, 삼계의 천주와 천인의 권속들, 일월의 천자와 북극의 진군들, 대성 소성을 비롯한 온 하늘의 별들, 법계의 열 종류의 큰 신선, 고행하면서 밝음을 지니시는 진선님들이시여! 오늘 망자인 모씨 영가를 애련히 여기시어 보살피시고 고통의 바다에서 속히 나와 정찰에서 나게 하소서.

아래도 이와 같이 한다.

지지(持地)

至心乞請 陰府教主 持地菩薩 侍衛眷屬 金剛密迹 守護持呪 護法善神 娑竭羅龍王 諸大龍君 阿素洛王 各幷眷屬 泊及法界 幽顯神祇 主宰靈聰 官寮等衆

지극한 마음으로 청하나이다. 음부의 교주이신 지지보살과 호위하는 권속들, 금강의 미묘한 자취를 수호하여 주문을 지니시고 호법하는 선신인 사갈라[233]의 용왕과 여러 대용군 아수라왕과 각각의 권속들, 법계 유현의 신지와 영총을 주재하는 관료들이시여!

지장(地藏)

至心乞請 幽冥教主 地藏菩薩 侍衛眷屬 左右補處 道明尊者 無毒鬼王 琰魔天子 諸位冥君 十八獄王 三臺八辟 四相九卿 一切宰輔 判官鬼王將軍童子 四直使者 卒吏諸班 阿旁等衆

지극한 마음으로 청하나이다. 명부의 교주이신 지장보살과 호위하는 권속들, 좌우보처이신 도명존자와 무독귀왕, 염라대왕과 여러 명부의 군주들, 18지옥의 왕, 3대 8벽, 4상 9경, 일체의 재상과 판관[234], 귀왕, 장군, 동자, 사직사자, 졸개, 관리, 여러 직급의 무리들이시여!

一心乞請 南方教化 接引衆生 地藏菩薩 地藏菩薩 地藏菩薩

---

232) 진군(眞君): 만물의 주재자. '신선'의 높임말.
233) 사갈라(娑竭羅): (산)sagara. 또는 사가라(沙伽羅). 바다의 이름. 번역하여 함해(鹹海)라 한다.
234) 판관(判官): 생전(生前)일의 선악유무(善惡有無)를 심판하는 재판관.

일심으로 청하나이다. 남방을 교화하시며 중생을 접인[235]하시는 지장보살님, 지장보살님, 지장보살님

가영(歌詠)[236]

莫言地藏得閑遊   지장보살이 한가롭게 놀러다닌다 말하지 마라.
地獄門前淚不收   지옥문 앞에서 눈물을 거두지 못하네.
造惡人多修善少   악을 짓는 사람은 많고 선을 닦는 사람은 적으니
南方敎化幾時休   남방에서 교화를 어느 때 멈출꼬?

축원(祝願)

天藏菩薩大悲力   천장보살 대비력으로
持地菩薩智行力   지지보살 지행력으로
地藏菩薩誓願力   지장보살 서원력으로
哀愍衆生出苦海   중생을 어여삐 여기시어 고통의 바다에서 구출하소서.

‘오늘 모씨의 영가를 원컨대 왕생하시고’를 또한 운운한다.

◎시식(施食)

선밀가지편(宣密加持篇) 끝에 법주는 오여래(五如來)를 들고, 인도는 오여래를 창하고 가지멸죄편(加持滅罪篇)을 마친 뒤,

    멸정업진언(滅定業眞言)   <唵 鉢囉 末哩馱顙 莎賀>
                             옴 바라 마니다니 사바하

    해원결진언(解冤結眞言)   <唵 三陀囉 伽陁 薩嚩訶>
                             옴 삼다라 가닥 사바하

주식현공편(呪食現供篇) 끝에 사다라니를 각각 7번 운운한다. 고혼수향편(孤魂受饗篇)을 마친 뒤에 인도가 곧 시식게주(施食偈呪)를 창한다.

---

235) 접인(接引): 스승이 제자를 가르쳐 바른 길로 인도하는 것. 제불보살께서 중생을 정토로 이끄는 것을 말한다.

236) 가영(歌詠): 원문에는 제목이 없으나 다른 본에 가영(歌詠)이라고 되어 있어서 역자가 삽입하였다.

我今以此加持食　　　　나는 지금 가지한 음식을 가지고

普施孤魂及有情　　　　고혼과 유정들에게 보시하옵니다.

身心飽潤獲清凉　　　　몸과 마음이 배불러 청량함을 얻으시고

悉脫幽塗生善道　　　　모두 어두운 길에서 벗어나 선도에 태어나시기를.

<唵 鉢羅步 多弭摩 嚟三皤嚩 吽>

옴 바라보 다미마 례삼바바 홈

공양진언을 한 뒤 원성수은편(願聖垂恩篇)을 마치고 아래의 게를 운운한다.

願十方佛威神力　　　　원컨대 시방 부처님의 위신력으로

加持爐中殊勝香　　　　화로의 좋은 향을 가지하시고

令此香雲遍法界　　　　이 향의 구름이 법계에 두루하여

普熏衆生皆解脫　　　　중생들께 모두 훈습하여 모두 해탈하게 하소서.

종두는 향로(香爐)를 들고 단 위에 올린다.

願十方佛威神力　　　　원컨대 시방 부처님의 위신력으로

加持壇中清淨燈　　　　단 위에 청정한 등을 가지하소서.

令此燈光遍法界　　　　이 등불이 법계에 두루하여

普照幽塗皆晃朗　　　　어두운 길을 두루 비추어 모두 환해지게 하소서.

종두는 등촉(燈燭)을 들고 단 위에 올린다.

願十方佛威神力　　　　원컨대 시방 부처님의 위신력으로

加持鉢中甘露水　　　　발우에 감로수를 가지하소서.

令此甘露遍法界　　　　이 감로수가 법계에 두루하여

普灑衆生除煩惱　　　　중생들에게 뿌려 번뇌를 제거하게 하소서.

종두는 물그릇을 들고 단 위에 올린다.

願十方佛威神力　　　　원컨대 시방 부처님의 위신력으로

加持斛中無礙食　　　　곡식 가마니의 깨끗한 밥을 가지하소서.

令此淨食遍法界　　　　　이 깨끗한 밥이 법계에 두루하여
普饋衆生皆飽滿　　　　　중생들을 먹여 모두 배부르게 하소서.

종두는 밥그릇을 들고 단 위에 올린다.

願十方佛威神力　　　　　원컨대 시방 부처님의 위신력으로
加持救苦大明經　　　　　고통을 구하는 대명경을 가지하소서.
令此經聲遍法界　　　　　이 경전 소리가 법계에 두루하여
普使聞者皆解脫　　　　　들은 자로 하여금 모두 해탈하게 하소서.

종두(鐘頭)가 『금강경』을 들고 단 위에 올린 뒤, 인도(咽導)는 곧 심경(心經)을 창하거나, 혹은 다른 경과 주(呪)를 한다.

請聖受戒篇畢 咽導唱五師禮　　　청성수계편을 마치고 인도는 오사례를 창한다.

一心奉請 本師釋迦牟尼佛(衆和) 壇中和尙
일심으로 본사이신 석가모니불께 봉청하나이다. (대중들은 화답한다) 단 가운데 화상237)이 되소서!
一心奉請 龍種上尊王佛(衆和) 羯摩阿闍梨
일심으로 용종상존왕불께 봉청하나이다. (대중들은 화답한다) 갈마아사리238)가 되소서!
一心奉請 當來彌勒尊佛(衆和) 作敎授阿闍梨
일심으로 미래에 오실 미륵존불239)께 봉청하나이다. (대중들은 화답한다) 교수아사리240)가 되소서!
一心奉請 十方現在諸佛(衆和) 證戒阿闍梨
일심으로 시방에 현존하는 모든 부처님께 봉청하나이다. (대중들은 화답한다) 계를 증거하는 아사리가 되소서!
一心奉請 十方諸大菩薩(衆和) 同學伴侶衆

---

237) 화상(和尙): 제자를 둘 자격이 있는 자. 선문에서는 수행력 10년 이상인 승려를 화상이라 한다.
238) 갈마아사리(羯摩阿闍梨): 계단(戒壇)에서 계를 받는 이에게 지침이 되는 스님. 소승계에서는 학덕과 법랍을 갖춘 스님으로 선정, 원돈교에서는 문수를 갈마아사리라 한다.
239) 미륵존불(彌勒尊佛): (산)Maitreya의 음역에서 유래한다. 자씨(慈氏)라고도 한역한다. 현재는 보살 그대로 그 정토의 도솔천에서 천인(天人)을 위해 설법하고 있지만, 석가불(釋迦佛)의 예언에 의해 그 수가 4천세(인간의 56억 7천만년)가 다한 때 이 세상에 하생하여 용화수(龍華樹) 아래에서 성불하고, 삼회(三會)에 걸쳐 설법한다는 약속을 하였다.
240) 교수아사리(敎授阿闍梨): 인도에서는 일반적으로 스승이란 뜻이다. 계를 받게 되는 이를 인도하여 수계하는 계단(戒壇)에 대한 여러 가지 작법(作法)과 규범을 가르쳐 주는 승려. 교수사(敎授師)라고도 한다.

일심으로 시방의 여러 대보살께 봉청하나이다. (대중들은 화답한다) 동학반려가 되소서!

참회업장편(懺悔業障篇)을 마치고 참회게(懺悔偈)를 운한다.

我昔所造諸惡業	내가 옛날에 지은 모든 악업들은
皆由無始貪嗔癡	모두 끝없는 탐진치에서 비롯한 것이며
從身口意之所生	신구의 삼업에서 생겨난 것이니
一切我今皆懺悔	나는 지금 일체 모든 것 참회하옵니다.

발홍서원편(發弘誓願篇)을 마치고 아래의 게를 운운한다.

衆生無邊誓願度	무변한 중생 제도하기를 서원하오며
煩惱無盡誓願斷	무진한 번뇌 끊어지기를 서원하오며
法門無量誓願學	무량한 법문 배우기를 서원하오며
佛道無上誓願成	끝없는 불도 이루어지도록 서원하나이다.

사사귀정편(捨邪歸正篇)을 마치고 아래의 게를 운운한다

南無佛陀耶	불타께 귀의하옵니다.
南無達摩耶	달마께 귀의하옵니다.
南無僧伽耶	승가께 귀의하옵니다.

제불자편(諸佛子篇)을 마치고 아래의 게를 운한다.

歸依佛兩足尊	두발이 존귀하신 부처님께 귀의하옵니다.
歸依法離欲尊	욕망을 떠난 존귀한 법에 귀의하옵니다.
歸依僧衆中尊	대중 가운데 존귀하신 승가님께 귀의하옵니다.

여래지진편(如來至眞篇)을 마치고 아래의 게를 운한다.

歸依佛竟 歸依法竟 歸依僧竟
불보에 귀의하옵니다. 법보에 귀의하옵니다. 승보에 귀의하옵니다.

의십호과편(依十護果篇)을 마치고 왕생정토주(往生淨土呪)를 외운다.

> <曩謨 阿彌陀婆也 怛他 葛他也 哆地夜哆 阿彌唎 都婆毘 阿彌唎哆 悉耽婆毘 阿彌唎哆 毘迦蘭帝 阿彌
> 唎哆 毗迦蘭哆 伽彌膩 伽伽那 枳哆迦㘑 娑婆訶>
> 나무 아미타바야 다타 가타야 다리야타 아미리 도바비 아미리다 싯담바비 아미리다 비가란제 아미리다
> 비가란제 가미니 가가나 깃다가례 사바하

관행게찬편(觀行偈讚篇)을 마친다.

보통축원(普通祝願)

上來現前比丘衆	위에서부터 현전하신 비구들이
諷誦楞嚴秘密呪	능엄비밀주를 외우오며
回向護法天龍衆	호법하는 천룡의 대중과
土地伽藍諸聖衆	토지가람의 여러 성중들에게 회향하나이다.

三災八難俱離苦	삼재241)·팔난242)의 모든 고통에서 떠나게 하시고
四恩三有盡沾恩	사은243)·삼유244)의 은혜를 모두 젖게 하십시오.
主上殿下壽萬歲	주상전하 만세토록 수를 누리시고
王妃殿下壽齊年	왕비전하 제년토록 수를 누리소서.

國界安寧兵革消	나라가 평안하여 전쟁이 없어지게 하시고
雨順風調民安樂	비와 바람이 순조로워서 백성들이 편안하게 하소서.

---

241) 삼재(三災): 수재(水災)·화재(火災)·병재(兵災). ①소삼재(小三災);세계의 존속기에 중생의 수명이 8만세와
10세 사이에서 증감을 20기(期) 반복하여, 인간의 수명이 10세로 저하되었을 때 교대로 1재(災)씩 일어나
는 재액이다. 도병재(刀兵災;서로 흉기를 가지고 살해)·질역재(疾疫災;큰 병이 유행)·기근재(饑饉災;기근
이 일어남)의 3종류가 있는데 이것으로 인해 사람들이 망한다. ②대삼재(大三災);세계의 파괴기 최후에
화재(火災)·수재(水災)·풍재(風災)가 있어서 세계는 파괴된다.

242) 팔난(八難): 부처님을 보지 못하고, 불법을 들을 수 없는 경계가 8종류 있는 것을 말한다. 지옥·아귀·축생
(이상 3악도는 고통이 심하기 때문에 구도심이 일지 않음)·장수천(長壽天;장수를 즐겨 구도심이 일지 않
음.)·변지(邊地;즐거움이 과다해서 구도심이 일지 않음)·맹롱음아(盲聾瘖瘂;감각기관에 결함이 있기 때
문)·세지변총(世智辯聰;世俗智가 뛰어나 正理에 따르지 않음)·불전불후(佛前佛後;부처님이 세상에 안 계
신 때)

243) 사은(四恩): 모든 인간이 받는 4종의 은혜. 첫째로 부모의 은혜, 둘째로 중생의 은혜, 셋째로 국왕의 은혜,
넷째로 삼보의 은혜.

244) 삼유(三有): 3계에 있어서 각각의 존재하는 방법을 가리킨다.

一衆熏修希勝進	온 무리들이 덕을 닦아 좋은 경지로 나가길 바라오며
十地頓超無難事	속세의 일 초월하여 어려운 일 없게 하소서.
山間肅靜絶悲憂	이 절간도 조용해서 슬픔과 근심 끊어지고
檀信歸依增福慧	신도들은 귀의해서 복과 지혜가 더하게 하소서.
十方三世佛菩薩	시방 세계의 불보살들이여
摩訶般若婆羅密	마하반야바라밀.

◎봉송의(奉送儀)

법중(法衆)은 법당으로 돌아와 명발(鳴鈸)을 1종(宗) 한 뒤, 회향소(回向疏) 읽기를 마치고, 병법(秉法)은 회향게찬편(回向偈讚篇) 읽기를 마치고, 몸을 돌려 하단으로 향한다. 화재편(化財篇) 들기를 마치고 마당 가운데에서 금은전(金銀錢)을 불사를 때 인도는 화재계주(化財偈呪)를 창하는데, 다 탈 때까지를 한도로 한다.

願諸佛以神通力	원컨대 여러 부처님의 신통력으로
加持冥財遍法界	명부의 재물을 가지하시어 법계에 두루하게 하소서.
願此一財化多財	원컨대 이 재물 하나를 여러 가지로 변하게 하여
普施鬼神用無盡	귀신들에게 보시하시어 쓰임이 무궁하게 하소서.

<曩謨 三滿哆 沒馱喃 唵 跋遮那 毗盧枳帝 莎賀>
나무 사만다 못다남 옴 바사나 비로지제 사바하

3단에 화촉과 위패를 세우는 규범[次三壇花燭及位牌列立規]

○유나(維那)는 판수(判首)와 사미(沙彌) 다섯 사람에게 명하여 오여래번개(五如來幡蓋)를 들어 마당 가운데에 세우고, 또 사미로 하여금 하단의 화촉(花燭)을 들어 오여래 뒤에 세우게 하고, 또 종두(鐘頭)로 하여금 신번(神幡)을 들어 화촉 뒤에 세우게 한다. 또 시주로 하여금 가친(家親)의 위판(位版)을 들어 신번(神幡) 뒤에 세우게 한다. 또 시주로 하여금 무주번(無主幡)을 들어 가친 뒤에 세우게 한다. 또 사미로 하여금 종실번(宗室幡)을 들고 무주의 뒤에 서게 하고, 하단의 법주(法主)와 말번주(末番主)가 차례로 벌려 선다.

○다음 사미로 하여금 중단의 화촉을 들고 말번(末番)의 뒤에 서게 하고, 찰중은 몸소 삼장위판(三藏位板)을 들고 화촉 뒤에 선다. 중단의 법주와 중번주(中番主)는 차례로 벌려 선다.

○다음 사미 두 사람으로 하여금 상단의 화촉을 들고 중번의 뒤에 서게 한다. 유나는 몸소 삼보위판(三寶位版)을 들어 연(輦)에 넣고 화촉 뒤에 선다. 유나는 모시고 가면서 사미에게 촉(燭)을 들게 하고, 다른 사미에게 책을 들게 한다. 다음 병법(秉法)과 증명(證明), 회주(會主), 법주(法主), 중수(衆首)245) 및 상번주(上番主)가 차례차례로 선다. 법중들이 에워싸 맞이하는 것은 맞이할 때와 같다. 병법은 법당을 향해 경신봉송편(敬伸奉送篇)을 하고 인도는 산화게(散花偈)를 창한다.

我今持呪此色花	제가 이제 이 꽃을 가지고 축원하는 것은
加持願成淸淨故	가지하여 청정함이 이루어지길 바람입니다.
一花供養我如來	한 송이 꽃을 우리 여래께 공양 올리오니
受花却歸淸淨土	꽃을 받으시고 청정토로 돌아가소서.
大悲福智無緣主	대자대비 복덕지혜로 무연중생 제도하시는 분246)
散花普散十方去	꽃을 뿌려 널리 시방으로 흩어지게 하여
一切賢聖盡歸空	모든 현성께서 진공으로 돌아가시니
散花普願歸來路	오고가시는 길 꽃 뿌리며 두루 축원하나이다.
我以如來三密門	우리는 여래의 삼밀문247)을 가지고
已作上妙利益竟	이미 최상의 묘한 이익의 구경을 지었으니
惟願天仙星宿等	오직 천선과 성수248)들
空地山河主執神	공계와 지계 산하를 주재하시는 신
焰魔羅界諸王臣	염라계의 여러 대왕님과 권속들
亡靈孤魂泊有情	망령과 고혼 및 유정한 것들
地獄餓鬼及傍生	지옥, 아귀 및 방생들까지
咸願身心得自在	모두 몸과 마음이 자재하길 원하옵니다.
憑斯勝善獲淸凉	이 좋은 인연 의지하여 청량을 얻고

---

245) 중수(衆首): 작법의 총책임자로 작법 모두를 지휘 감독하는 스님. 작법의 절차를 잘 알고 학덕을 겸비하여 말 그대로 대중의 우두머리가 되는 스님이다.
246) 무연중생 제도하시는 분[無緣主]: 모든 중생을 제도의 대상으로 하시는 부처님. 절대의 자비는 대상을 설정하지 않기 때문이다.
247) 삼밀문(三密門): 밀교에서 말하는 신·구·의의 3업. 부처님의 신체와 언어와 마음에 의해 이루어지는 행위는 범부의 생각으로는 못 미치는 부사의한 작용으로, 신밀(身密)·구밀(口密)·의밀(意密)의 3밀이라 한다. 중생의 3밀은 몸으로 인계(印契)를 맺고, 입으로 진언을 외우며, 마음으로 본존을 관(觀)하는 것을 말한다.
248) 성수(星宿): 천구상의 별을 이십팔수로 나눈 것. 성좌에 해당한다.

摠希俱得不退轉	다함께 불퇴전을 얻기 바라오며
我於他日建道場	내가 다른 날 도량을 세우게 되면
不違本誓還來赴	본래의 서원 저버리지 마시고 달려오소서.

마당 가운데에서 순서대로 두 번 돌고 거꾸로 한 번 돈 후에 법당을 향해 산화락을 한다. 삼동발(三動鈸)을 한 뒤 거령산(擧靈山)과 인성(引聲)을 하고 요잡(繞帀)한다. 해탈문(解脫門)[249] 밖에 이르면 음악을 그치고 염불을 차례로 운운한다. 소대(燒臺) 앞에 이르러서는 먼저 신번(神幡)과 오여래(五如來), 삼도패(三塗牌), 하단의 화개 (花盖)를 사른다. 다음 삼장패(三藏牌)와 주망(珠網)과 꽃을 태우고, 다음 상단의 불패(佛牌)와 삼신번(三身幡)과 화개(花盖)를 태우는데, 한결같이 나갈 때의 차례에 의거하여 태운다.

봉송진언(奉送眞言)　　　<唵 嚩囉 穆叉目>
　　　　　　　　　　　옴 바아라 목차목

보신회향편(普伸回向篇)을 하고, 다음 회향진언(回向眞言)을 마치고 파산게(破散偈)를 한다.

鑊湯風搖天地壞	확탕지옥[250]에 바람불어 천지가 무너져[251]
寥寥長在白雲間	백운 사이에 오래도록 쓸쓸하게 있다가
一聲揮破金城壁	한 소리로 금성철벽을 휘둘러 깨트리고
但向佛前七寶山	다만 부처님 앞 칠보산[252]을 향하옵니다.

인도가 되돌아 정문으로 향하는데 이 때 삼귀의(三歸依)를 창하고, 잠시 요잡(繞帀)하다가 곧 음악을 그치고 삼자귀의(三自歸依)[253]를 운한다.

自歸依佛 當願衆生 體解大道 發無上意

---

249) 해탈문(解脫門): 산사의 정문을 말한다. 산문(山門) 혹은 삼문(三門)이라고도 한다. 하나의 문에 세 개의 출입구가 갖추어져 있으니 이것은 공문(空門;人·法이 皆空함을 觀함)· 무상문(無相門;차별의 相을 떠남)· 무원문(無願門;願求의 생각을 떠남) 등 삼해탈(三解脫)을 의미한다.
250) 확탕지옥(鑊湯地獄): 지옥에 있는 불가마 즉, 확탕에 죄인을 삶는 지옥.
251) 천지가 무너져[天地壞]: 괴겁(壞劫)시기를 20소겁(小劫)으로 보면 최초의 19겁에서 유정세간(有情世間)이 파괴사멸(破壞死滅)되고, 20겁에서 기세간(器世間)이 파괴된다. 이때 파괴의 순서는 화재(火災)에 의해 욕계(欲界)와 초선천(初禪天)이, 수재(水災)에 의해 제이선천(第二禪天)이, 그리고 풍재(風災)에 의해 제삼선천(第三禪天)까지 파괴된다고 한다. 따라서 여기서의 '천지괴'는 인간의 입장에서 보면 전우주가 무너지는 것이다.
252) 칠보산(七寶山): 귀한 것 가운데 갖출 것을 모두 충분히 갖춤을 의미한다. 불전칠보(佛前七寶)란 곧 불법(佛法)을 말한다.
253) 자귀의(自歸依): (산)ātma-śarṇa 자신에 귀의하는 것. 자기 자신을 의지처로 하는 것.

스스로 불보님께 귀의하여 마땅히 중생들이 대도를 몸소 익혀[254] 위없는 뜻 발하기를 원하옵나이다.

自歸意法 當願衆生 深入經藏 智慧如海

스스로 법보님께 귀의하며 마땅히 중생들이 경장에 깊이 들어가 지혜가 바다 같기를 원하옵나이다.

自歸依僧 當願衆生 統理大衆 一切無碍

스스로 승보님께 귀의하며 마땅히 중생들이 대중을 제도하여[255] 모든 것에 걸림 없기를 원하옵나이다.

삼회향(三回向)

歡喜藏摩尼寶積佛	환희장마니보적불[256]
圓滿藏菩薩摩訶薩	원만장보살[257]마하살
回向藏菩薩摩訶薩	회향장보살[258]마하살

◎삼배송규(三拜送規)

화재편(化財篇)과 화재게주(化財偈呪)를 마치고, 병법이 법당을 향해 경신봉송편(敬伸奉送篇)을 들 때, 유나는 판수와 사미에게 명하여 각각 화개(花蓋), 번패(幡牌)를 잡게 하고 줄지어 서는 것은 위와 같이 한다. 하단 법주와 말번주(末番主) 및 법중은 마당 가운데의 오른편에서 순서대로 돌면서 아래의 게를 창한다.

하단배송(下壇拜送)[259]

我今持呪此色花	제가 이제 이 꽃을 가지고 축원하는 것은
加持願成淸淨故	가지하여 더 청정해지길 바라기 때문입니다.
惟願孤魂泊有情	오직 원하옵나니 고혼과 유정한 것
地獄餓鬼及傍生	지옥의 아귀와 방생들까지
咸願身心得自在	모두가 몸과 마음이 자재함을 얻길 원합니다.

---

254) 체해(體解): 깊이 이해하여 자신의 것으로 하는 것. 즉, 진리를 생활 위에 실천함으로 몸에 배게 하는 것.

255) 통리(統理): 도맡아 다스리다.

256) 환희장마니보적불(歡喜藏摩尼寶積佛): 환희장마니보적불을 독립된 부처님으로 생각한다면 아미타불이다. 대중이 원하는 것은 환희 가운데 영가의 왕생극락이나 축원의 내용이기 때문이다.

257) 원만장보살(圓滿藏菩薩): 인로왕보살(引路王菩薩)의 경우와 같이 특정 보살을 지칭하는 고유명사가 아니라 봉송의식의 공덕이 원만하도록 보살피시는 보살님이라는 뜻으로 '원만'은 형용사이다.

258) 회향장보살(回向藏菩薩): 회향이 원만히 이루어지도록 보살피는 보살님이라는 뜻이다.

259) 하단배송(下壇拜送): 원문에는 제목이 빠져있는데, 앞의 것을 참조하여 역자가 삽입하였다.

憑斯勝善獲淸凉	이 좋은 인연 의지하여 청량함을 얻고
摠希俱得不退轉	다함께 불퇴전 얻기를 희구하나이다.
我願他日建道場	원하옵건대 다른 날 도량을 건립하면
不違本誓還來赴	본래의 서원 저버리지 마시고 달려오시옵소서.

인로왕보살(引路王菩薩)을 창하고 요잡(繞匝)하며 소대 앞에 이르면 음악을 그치고 염불을 한다. 다음 법주는 올라 와서 시식(施食)을 운한다. 인도는 시방삼세운(十方三世云)을 염불하고 왕생게(往生偈)를 운한다. 법주는 소전진언(燒錢眞言)을 운하고 봉송진언(奉送眞言)을 하고, 다음 인도는 회향진언(回向眞言)을 운한다.

중단배송(中壇拜送)

화촉(花燭)과 삼장패(三藏牌), 다음 시왕번(十王番), 주망(珠網)을 줄지어 세우는 의식은 모두 위와 같이 한다. 중단법주(中壇法主)와 인도가 마당 왼쪽을 순서대로 돌면서 아래의 게를 창한다.

我今持呪此色花	제가 이제 이 꽃을 가지고 축원하는 것은
加持願成淸淨故	가지하여 청정해지길 바라기 때문입니다.
惟願天仙星宿等	오직 원하옵나니 천선, 별들과
空地山河主執神	허공과 땅과 산하를 주재하는 신들이시여!
焰魔羅界諸王臣	염라계의 여러 대왕과 권속들까지
摠希俱得不退轉	다함께 불퇴전을 얻기 희구하나이다.
我於他日建道場	제가 다른 날 도량을 건립케 되오면
不違本誓還來赴	본래의 서원을 저버리지 마시고 달려오시옵소서.

법성게 혹은 모란찬을 하고 인성(引聲)하고 요잡(繞匝)한다. 소대(燒臺) 앞에 이르면 염불을 하고 음악을 그친다. 삼장패와 시왕번, 주망을 불사르면서 보낼 때 인도는 봉송게를 창하고 화청하면서 보낸다.

天藏菩薩天部等衆	천장보살과 천부신중
持地菩薩地祇等衆	지지보살과 지기신중
地藏菩薩冥府等衆	지장보살과 명부신중
不捨弘慈已赴請迎	큰 자비심 버리지 않고 이미 청을 받아 달려오시어
特賜光臨受此供養	특별히 광림하시어 이 공양을 드셨으니
我等饒益能事已圓	저희들은 더욱 더 하는 일이 원만하게 되었나이다.
今當奉送各還本位	지금 각각 본디 자리로 돌아가시도록 봉송하는 때를 당하여

| 我佛有奉送陀羅尼 | 우리 부처님께서 가르쳐 주신 봉송다라니가 있으니 |
| 謹當宣念 | 삼가 염송하겠나이다. |

상단배송(上壇拜送)

화개(花蓋)와 삼신번(三身幡), 삼보불패(三寶佛牌)를 아울러 금련(金輦)에 모시고 행사를 위와 같이 한다. 병법(秉法)과 증명(證明), 중수(衆首), 인도(咽導)는 마당을 거꾸로 돌면서 아래의 게를 창한다.

我今持呪此色花	제가 이제 이 꽃을 가지고 축원하는 것은
加持願成淸淨故	청정함이 이루어지길 바라기 때문입니다.
一花供養我如來	한 송이 꽃을 우리 여래께 공양 올리오니
受花却歸淸淨土	꽃을 받으시고 청정토로 되돌아가소서.

大悲福智無緣主	대자대비 복덕 지혜로 무연중생 제도하시는 분
散花普散十方去	꽃을 뿌려 널리 시방으로 흩어지게 하여
一切賢聖盡歸空	모든 현인, 성인께선 진공으로 돌아가시니[260]
散花普願歸來路	꽃을 뿌리며 왔던 길 돌아가시길 두루 축원하나이다.

我以如來三密門	우리 여래의 삼밀문을 가지고
已作上妙利益竟	이미 최상의 묘한 이익을 지어 마쳤으니
我於他日建道場	제가 다른 날 도량을 건립케 되오면
不違本誓還來赴	본래의 서원 저버리지 마시고 달려오소서.

법당을 향해 보례(普禮)를 하고 다음 산화락을 한다. 삼동발(三動鈸)을 한 뒤 거령산(擧靈山)과 인성(引聲)을 하고 요잡(繞匝)한다. 소대(燒臺) 앞에 이르면 음악을 그치고 화개(花蓋)와 삼보불패(三寶佛牌), 삼신번(三身幡)을 불사를 때 인도는 배송게(拜送偈)를 운운하며 창한다.

十方諸佛刹	시방의 여러 부처님들
莊嚴悉圓滿	장엄하고 모두 원만하오니
願須歸淨土	원컨대 모름지기 정토로 돌아가시어
哀念忍界人	인욕계의 사람들을 애련히 여기소서.

---

260) 『범음산보집』에는 3구 "一切賢聖盡歸空"이 빠져 있는데 앞에 것을 참조하여 삽입하였다.

다음 봉송진언을 한 뒤에 법주는 회향편을 두루 펴고 끝에 회향진언을 한다. 다음 파산게(破散偈)와 삼자귀의(三自歸依)를 하고, 다음 삼회향례(三回向禮)를 위와 같이 한다.

◎결수261)작법(結手作法)

재(齋) 앞에는 위와 같이 영산작법(靈山作法)을 하고 재 뒤에는 명발(鳴鈸)하고 다음 할향(喝香)을 운한다.

此岸栴檀無別物	차안의 전단향은 특별한 물건이 아니라
元從清淨自心生	원래 청정한 스스로의 마음에서 생기는 것이옵니다.
若人能以一塵消	만약 사람들이 티끌만큼이라도 향을 사른다면
衆氣自然皆具足	온갖 기운이 저절로 모두 갖추어지리이다.

조용하면 삼등게(三燈偈)와 삼귀의(三歸依)를 운한다. 바쁘면 연향게(燃香偈)를 한 다음 삼지심(三至心)을 운한다.

戒定慧解知見香	계·정·혜·해탈향·해탈지견향은
偏十方刹常氛馥	두루 시방 사찰에 항상 향기 가득하오니
願此香烟亦如是	원컨대 이 향연기도 또한 이와 같이
熏現自他五分身	우리들 오분법신을 훈습하여 나타나게 하시옵소서.

志262)心歸命禮 十方法界 諸佛 (衆和) 常住三寶
지극한 마음으로 귀명례하옵니다. 시방 법계에 모든 불보님(대중들은 화답한다) 항상 머무시는 삼보님이시어

志心歸命禮 十方法界 諸法 (衆和) 常住三寶
지극한 마음으로 귀명례하옵니다. 시방 법계에 모든 법보님(대중들은 화답한다) 항상 머무시는 삼보님이시어

志心歸命禮 十方法界 諸僧 (衆和) 常住三寶
지극한 마음으로 귀명례하옵니다. 시방 법계에 모든 승보님(대중들은 화답한다) 항상 머무시는 삼

---

261) 결수(結手): 손과 손가락으로 모양을 나타내어 불보살의 서원을 나타내는 한 가지 방법. 진언종(眞言宗)의 수행자가 주로 행한다.

262) 지(志): 『범음산보집』에서는 '志'와 '至'를 통용하여 사용하고 있다. '志'로 썼다 하더라도 '至'의 뜻으로 해석함이 옳을 듯하다.

보님이시어

요잡(繞匝)한 뒤에 명발(鳴鈸)을 하고 혹 개계소(開啓疏)를 읽고 마치면 합장게(合掌偈)를 한다.

합장게(合掌偈)

合掌以爲花	두 손 모아 꽃을 만들고
身爲供養具	몸으로는 공양구를 만드옵니다.
誠心眞實相	성심의 진실한 상으로
讚嘆香烟覆	찬탄의 향연기 덮으옵니다.

고향게(告香偈)

香烟遍覆三千界	향연기가 삼천 세계에 두루 덮었사오니
定慧能開八萬門	정혜로 팔만문을 열 수 있을 것이옵니다.
惟願三寶大慈悲	원컨대 삼보님의 대자비심으로
聞此信香臨法會	이 신향의 냄새를 맡고 법회에 임하소서.

병법(秉法)은 설회인유편(設會因由篇)과 여러 진언을 한다. 다음 엄정팔방(嚴淨八方) 제목을 마치고 개계(開啓)를 운한다.

詳夫 聖壇旣啓 佛事方陳 將法水以加持 灑道場而淸淨 蕩諸穢汚 祛衆魔邪 凡隨禱而感通 在所求而成就 下有灑淨護魔陀羅尼 謹當宣念

살피옵건대, 성단은 이미 열었고 불사를 바야흐로 베풂에, 장차 법수를 가지고 도량에 물뿌려 청정하게 하고 여러 더러운 것은 흔들어 없애고 사악한 무리들을 제거하였으니, 무릇 기도하는데 따라 감통하고 구하는 것에 성취하리이다. 아래에 쇄정호마다라니가 있으니 부지런히 외우십시오.

반문게(返聞偈)와 관음청(觀音請)을 하고 끝에 원강도량(願降道場)을 하고 산화락(散花落)을 하고, 삼동발(三動鈸)을 한 뒤 가영(歌詠)을 운한다. 다음 걸수게(乞水偈)를 운운한다.

걸수게(乞水偈)

金爐氛氣一炷香	금화로의 자욱한 한 가닥 향으로
先請觀音降道場	먼저 관음께 이 도량에 강림하시길 청하옵니다.
願賜瓶中甘露水	원컨대 병 안에 있는 감로수를 주시어
消除熱惱獲淸凉	번뇌를 제거하여 청량함을 얻게 하시옵소서.

쇄수게(灑水偈)

菩薩柳頭甘露水 　　　관음보살 버드나무 끝의 감로수는

能令一滴灑十方 　　　한 방울로도 시방세계에 뿌릴 수 있네.

腥膻垢穢盡蠲除 　　　비린내 노린내 더러운 것 모두 없애시어

令此道場悉淸淨 　　　이 도량이 모두 청정하게 하시옵소서.

　　<曩謨 三滿多 沒駄喃 唵 虎嚕虎嚕 地瑟吒地 瑟吒 泮怛泮怛 阿那訶那 阿抳諦 吽 發吒>

　　나모 사만다 못다남 옴 호로호로 디따디따 반다반다 하나하나 아미리제 훔 발타

진언을 3번 하고 마치면 곧 천수를 창한다. 법당 안에 쇄수(灑水)를 하며 3번 돈다. 바깥 마당 가운데에서 각각
3번 돈 뒤에 사방찬(四方讚)을 운운한다.

一灑東方潔道場 　　　첫 번째 동방에 뿌려 도량을 깨끗이 하옵고

二灑南方得淸凉 　　　두 번째 남방에 뿌려 청량함을 얻으오며

三灑西方俱淨土 　　　세 번째 서방에 뿌려 정토를 갖추어

四灑北方永安康 　　　네 번째 북방에 뿌려 영원히 편안하옵니다.

엄정게(嚴淨偈)[263]

道場淸淨無瑕穢 　　　도량을 청정하게 하여 티끌하나 없게 하였으니

三寶龍天降此地 　　　삼보의 용천이여 이 땅에 강림하시옵니다.

我今持誦妙眞言 　　　나는 지금 묘한 진언을 외우오니

願賜慈悲密加護 　　　원컨대 자비심으로 몰래 보호해 주시옵소서.

참회게(懺悔偈)

百劫積集罪 　　　백겁토록 쌓인 죄가

一念頓蕩除 　　　일념으로 모조리 다 없어지오니

如火焚枯草 　　　마른 풀을 태우는 것과 같이

滅盡無遺餘 　　　다 소멸하여 남음이 없게 하시옵소서.

懺悔歸命禮三寶 　　　참회하며 삼보님께 예를 다해 귀의하옵니다.

---

263) 엄정게(嚴淨偈): 『범음산보집』에는 엄정게(嚴淨偈)를 한다는 제목만 나와 있으나 다른 본에는 게문(偈文)
　　이 나와 있기 때문에 역자가 삽입하였다.

연비(燃臂)를 마치고 병법은 건단진언(建壇眞言)부터 주향공양편(呪香供養篇)까지 하고, 끝에 사자단(使者壇)으로 향한다.

◎사자단(使者壇)

전종(轉鐘)하고 명발(鳴鈸)한 뒤 거불(擧佛)을 한다.

南無十方佛	시방의 부처님께 귀의하옵니다.
南無十方法	시방의 법보님께 귀의하옵니다.
南無十方僧	시방의 승가님께 귀의하옵니다.

선소(宣疏)를 마치고 법주는 진언과 유치(由致)와 삼청(三請) 끝에 향화청(香花請)과 가영을 운운한다.

分將報牒應群機	보고의 통첩을 나누어 갖고 뭇 기틀에 응하니
百億塵實一念期	수많은 모든 세상에 일념으로 기약하나이다.
明察人間通水府	물속 세계 통하시고 인간세계까지 밝게 살피시어
周行迅速電光輝	신속히 전광석같은 빛으로 두루 다닙니다.

안위공양편(安位供養篇)을 마치고 심경을 외고 오공양(五供養)을 펼치고 요잡(繞匝)하고, 아래의 게를 창한다.

以此加持妙供具 供養四直使者 神祇等衆
이렇게 가지한 묘한 공양구로 사직사자 신중들께 공양하나이다.

공양진언을 하고 다음 첩소(牒疏) 읽기를 마치고 법주는 봉송편(奉送篇)을 한다. 다음 봉송진언을 하고 다음 봉송게(奉送偈)를 운운한다.

奉送使者歸所屬	소속된 곳으로 돌아가는 사자를 봉송하오니
不違佛語度群迷	부처님 말씀 어기지 말고 중생들 미혹함 제도하소서.
普期時分摠來臨	두루 기약한 시간에 모두 와서 임하도록
惟願使者登雲路	오직 원컨대 사자는 먼 길에 오르시옵소서.

회향진언(回向眞言)을 운운한다.

◎오로단(五路壇)

전종(轉鐘)과 명발(鳴鈸)한 뒤 거불(擧佛)을 한다.

南無佛陀耶	불타께 귀의하옵니다.
南無達摩耶	달마께 귀의하옵니다.
南無僧伽耶	승가께 귀의하옵니다.

선소를 마치고 법주는 진언과 유치와 삼청(三請)을 하고 끝에 가영을 운한다.

五帝神王各有情	오제 신왕들은 각기 정이 있어서
淸眞黑白濟群迷	청, 진, 흑, 백으로 미혹된 중생들을 제도합니다.
總願五路能開闢	요컨대 오로를 능히 열어주시어
凡聖咸通任途程	범성에 모두 통하도록 길을 맡기옵소서.

안위공양편(安位供養篇) 끝에 대비주(大悲呪)264)를 외우고 다음 오공양(五供養)을 하고 요잡(繞匝)한 뒤에 아래의 게를 운한다.

以此加持妙供具 供養五方五帝神祇登衆
이렇게 가지한 묘한 공양구로 오방의 오제신중께 공양하나이다.

공양진언과 회향진언을 하고 다음 법주는 개통도로진언(開通道路眞言)을 7번 운한다.

◎상단(上壇)

전종(轉鐘)과 명발(鳴鈸)한 뒤 거불(擧佛)을 한다.

南無淸淨法身毘盧遮那佛	청정한 법신 비로자나불께 귀의하옵니다.
南無圓滿報身盧遮那佛	원만한 보신 노사나불께 귀의하옵니다.
南無千百億化身釋迦牟尼佛	천백억의 화신인 석가모니불께 귀의하옵니다.

---

264) 대비주(大悲呪): 천수(千手) 다라니의 별칭. 천수 관음의 공덕에 대한 찬탄과 천수 관음의 삼매에 대한 다라니. 대비심다라니(大悲心陀羅尼).

선소를 마치고 동발(動鈸)을 하고 뇌고(雷鼓)를 3번 한 다음, 법주(法主)는 여러 진언과 유치와 삼청(三請)을 하고 끝에 원강(願降), 산화락(散花落), 향화청(香花請), 가영(歌詠)을 운한다.

威光遍照十方中	위엄있는 빛을 시방세계에 두루 비추시니
月印千江一體同	온 강에 달그림자 한 가지로 동일하네.
四智圓明諸聖士	네 가지 지혜265) 원만히 밝으신 성사께서
貫臨法會利群生	법회에 임하시어 중생들을 이롭게 하시네.

헌좌안위편(獻座安位篇) 끝에 헌좌게(獻座偈)를 한다.

다게(茶偈)

我今持此一椀茶	나는 지금 이 차 한 사발을 들고
變成無盡甘露味	다함없는 감로의 맛을 이루어
奉獻十方三寶尊	시방의 삼보님께 봉헌하오니
願垂慈悲哀納受	자비로운 마음으로 애련히 여기시어 받아주십시오.

보례삼보편(普禮三寶篇)을 하고 다음 정례(頂禮)를 운운한다.

一心頂禮 南無盡 十方常住一切 達摩耶衆
일심으로 시방에 항상 머무르는 일체 달마님께 정례하옵니다.
一心頂禮 南無盡 十方常住一切 佛陀耶衆
일심으로 시방에 항상 머무르는 일체 불타님께 귀의하옵니다.
一心頂禮 南無盡 十方常住一切 僧伽耶衆
일심으로 시방에 항상 머무르는 일체 승가님께 귀의하옵니다.

대중이 화답한다.

<唵 薩嚩 沒馱野>
옴 살바 못다야

---

265) 사지(四智): 부처님의 지혜로 대원경지(大圓鏡智)·평등성지(平等性智)·묘관찰지(妙觀察智)·성소작지(成所作智)를 말한다.

爲利諸有情	여러 유정한 것들을 이롭게 하여
令得三身故	삼신을 얻기 위한 방법으로
淸淨身語意	신·어·의를 청정하게 하며
歸命禮三寶	목숨 바쳐 삼보님께 귀의하옵니다.

<唵 薩嚩 沒馱 達摩僧伽 喃>
옴 살바 못다 달마승가 람

◎중단(中壇)

전종(轉鍾)을 하고 명발(鳴鈸)한 뒤 거불(擧佛)한다.

南無天藏菩薩	천장보살께 귀의하옵니다.
南無持地菩薩	지지보살께 귀의하옵니다.
南無地藏菩薩	지장보살께 귀의하옵니다.

선소를 마치고 법주는 여러 진언과 유치와 삼청을 하고 끝에 산화락, 향화청(香花請)을 하고, 다음 가영(歌詠)을 운한다.

天部蓮花分晝夜	천부는 연화장 세계를 주야로 나누시고
神仙長樂度春秋	신선께서는 언제나 즐겁게 춘추로 지내시네.
榮華恣意無倫比	마음대로 누리시는 영화 비교할 데가 없고
空住空行最自由	허공에 머물며 허공에 다니니 가장 자유롭습니다.

천선례성편(天仙禮聖篇)을 마치고 보례(普禮)를 한다.

普禮十方無上尊 五智十身諸佛陀
시방에 위없이 높으신266) 오지267)십신268)의 여러 불타께 예를 올리나이다.

---

266) 무상존(無上尊): (산)vadatāṁnaraḥ. 더 없이 높은 어른이란 뜻. 모든 부처님의 통칭. 부처님은 인간이나 천상에서 가장 수승(殊勝)하고 위없는 지혜와 복덕(福德)을 구족(具足)했으므로 이같이 일컫는다.
267) 오지(五智): 대일여래(大日如來)의 지혜를 5종류로 나눈 것. 법계체성지(法界體性智;법계의 본성을 명확하게 하는 지혜)·대원경지(大圓鏡智;거울같이 만상을 현상하는 지혜)·평등성지(平等性智;여러 가지 사상이

普禮十方離欲尊 五敎三乘諸達摩
시방에 욕망 없고 높으신 오교삼승의 여러 달마께 예를 올리나이다.
普禮十方衆中尊 大乘小乘諸僧伽
시방에 대중들 가운데 높으신 대승소승의 여러 승가께 예를 올리나이다.

안위편(安位篇) 끝에 헌좌게(獻座偈)를 운한다.

我今敬設寶嚴座   제가 지금 보배롭고 장엄한 자리를 삼가 마련하옵고
普獻一切天仙神   모든 천선신들께 받들어 올리오니
願滅塵勞妄想心   진로망상심을 멸하시어
速圓解脫菩提果   속히 원만히 해탈보리과를 이루기 원하나이다.

                  <唵 迦摩囉 星賀 莎訶>
                  옴 가마라 승하 사바하

清淨名茶藥   청정한 차와 약으로
能除病昏沈   어둠에 빠진 병을 제거할 수 있사옵니다.
惟冀天仙神   오직 천선과 천신들께 바라오니
願垂哀納受   원컨대 애틋이 여기시어 받아주시옵소서.

◎하단(下壇)

전종(轉鐘)을 하고 명발(鳴鈸)한 뒤 거불(擧佛)을 한다.

南無阿彌陀佛   아미타불께 귀의하옵니다.

  평등하다고 하는 것을 관하는 지혜)·묘관찰지(妙觀察智;여러 사상의 차별상을 정당하게 관찰하는 지혜)·
  성소작지(成所作智;자신 및 타인을 위해 이루어야 할 것을 성취시키는 지혜).
268) 십신(十身): 『화엄경』에서 설하는 십종의 불신(佛身)인데 보통은 『화엄공목장(華嚴孔目章)』에 있는 두 종
  류의 십신을 말한다. ①해경(解境)의 십불. 이것은 보살이 깨달음의 지혜에 의해 모든 것을 부처님으로
  본 것;중생신(衆生身)·국토신(國土身)·업보신(業報身)·성문신(聲聞身)·벽지불신(壁支佛身)·보살신(菩薩身)·
  여래신(如來身)·지신(智身)·법신(法身)·허공신(虛空身). ②행경(行境)의 십불. 이것은 보살의 수행이 완성
  된 부처의 경계를 가리키는 것;정각불(正覺佛)·원불(願佛)·업보불(業報佛)·주지불(住持佛)·화불(化佛)·법
  계불(法界佛)·심불(心佛)·삼매불(三昧佛)·성불(性佛)·여의불(如意佛).

南無觀世音菩薩　　　　　관세음보살께 귀의하옵니다.
南無大勢至菩薩　　　　　대세지보살께 귀의하옵니다.

선소를 마치고 법주는 여러 진언과 유치 및 삼청 끝에 가영을 운운한다.

面燃大士誓弘深　　　　　면연대사의 서원이 너무 깊어서
化現咽喉細似針　　　　　목구멍이 가는 침과 같이 화현되었도다.
法食供飡知上味　　　　　법식대로 밥을 공양하오니 좋은 맛을 아시고
金鈴同聽悟圓音　　　　　금방울소리 함께 듣고 원만한 음을 깨달으소서.

인예향욕편(引詣香浴篇) 끝에 잠시 요잡(繞匝)하다가 곧 그치고 천수(千手)를 한다. 혹은 심경(心經)을 운운하고
가지조욕편(加持澡浴篇) 끝에 목욕게(沐浴偈)를 운한다.

我今以此香湯水　　　　　나는 지금 이 향기로운 목욕물로
灌沐孤魂及有情　　　　　고혼과 유정한 것들을 목욕시키옵니다.
身心洗滌令淸淨　　　　　몸과 마음을 씻고 청정하게 하여
證入眞空常樂鄕　　　　　진공의 상락향으로 들어감을 증거하나이다.

<唵 鉢頭暮 瑟尼洒 旃暮伽 惹嚥 吽>
옴 바다모 사니사 아모카 아레 홈

가지화의편(加持化衣篇)을 마치고 화의진언(化衣眞言)을 운운한다.

<曩謨 三滿多 沒駄喃 唵 般遮那 毗盧枳帝 莎訶>
나무 사만다 못다남 옴 바사나 비로기제 사바하

출욕참성편(出浴叅聖篇)을 마치고 기사(記事)는 인로왕번(引路王幡)을 모시고 선다. 종두(鐘頭)는 삼도패(三途牌)
를 모시고 서고, 다음 지단진언(指壇眞言)을 마친 후에 염화게(拈花偈) 법신편만(法身遍滿)을 운운한다.

南無大聖引路王菩薩　　　대성인로왕보살께 귀의하옵니다.

요잡(繞匝)하고, 다음 가지예성편(加持禮聖篇)을 마치고 인도(咽導)는 보례(普禮)를 운한다.

普禮十方一切佛　舍利靈牙窣覩波
시방에 모든 부처님과 사리·신령스런 치아 모신 탑[窣覩波]269)에 예를 올리나이다.

普禮十方一切法　五教三乘妙法藏

시방에 모든 달마님과 오교삼승 묘법에 예를 올리나이다.

普禮十方一切僧　菩薩緣覺聲聞衆

시방에 모든 승가님과 보살승·연각승·성문승께 예를 올리나이다.

보례를 곧 마치고 위패(位牌)를 들고 시식단(施食壇)에 이르렀을 때 법성게(法性偈)를 운운한다. 다음 법주는 수위안좌편(受位安座篇)을 마치고 헌좌(獻座)를 운운한다.

我今依教設華筵	나는 지금 가르침에 의지하여 화연을 베풀고
花果珍羞列座前	꽃과 과일과 진귀한 음식을 좌전에 차리옵니다.
大小宜依次弟坐	높고 낮은 신분의 여러분 차례로 앉으시고
專心諦聽演金言	마음을 기울여 금언 펼치는 것을 살펴 들으시옵소서.

<唵 摩尼 軍茶利 吽 吽 莎訶>

옴 마니 군다리 훔 훔 사바하

百草林中一味新	온갖 풀 중에 최고의 맛으로 신선하거니와
趙州常勸幾千人	조주스님께서도 항상 많은 사람에게 권하셨다네.
烹將石鼎江心水	이 돌 솥에 강심수를 달였사오니
願使亡靈歇苦輪	망령으로 하여금 고통스런 윤회에서 쉬게 하소서.

◎상단권공(上壇勸供)

향수나열(香羞羅列) 운운한다.

南無十方佛	시방의 부처님께 귀의하옵니다.
南無十方法	시방의 법보님께 귀의하옵니다.
南無十方僧	시방의 승가님께 귀의하옵니다.

---

269) 솔도파(窣覩波): (산)stupa의 음역. 탑파, 부도, 혹은 단순히 탑이라고도 한다. 가늘고 긴 판자에 탑모양의 홈을 내어 죽은 사람의 추선을 위해 묘지 쪽에 세우는 판탑파(板塔婆)를 솔탑파 또는 탑파라고 부르고 건조물은 단순히 탑이라고 불러 구별한다.

다음 사다라니(四陁羅尼)를 각각 21번하고, 다음 육법공양(六法供養)을 하고 요잡(繞匝)한다.

以此加持妙供具 供養十方諸達摩
이렇게 가지한 신묘한 공양구를 가지고 시방의 모든 달마께 공양하노이다.
以此加持妙供具 供養十方諸佛陀
이렇게 가지한 신묘한 공양구를 가지고 시방의 모든 불타께 공양하노이다.
以此加持妙供具 供養十方諸僧伽
이렇게 가지한 신묘한 공양구를 가지고 시방의 모든 승가께 공양하노이다.

공양진언(供養眞言)과 회향진언(廻向眞言)을 한다. 다음 경을 왼 뒤에 명발(鳴鈸)을 하고 축원을 한다.

◎중단권공(中壇勸供)

祈聖加持 (衆和)   기성가지 (대중이 화창한다.)

南無十方佛   시방의 부처님께 귀의하옵니다.
南無十方法   시방의 법보님께 귀의하옵니다.
南無十方僧   시방의 승가님께 귀의하옵니다.

사다라니를 각각 14번 한 후, 오공양을 펼치고 요잡(繞匝)한다.

以此加持妙供具 供養天主諸天衆
이렇게 가지한 신묘한 공양구로 천주이신 모든 천중님께 공양하나이다.
以此加持妙供具 供養仙主諸仙衆
이렇게 가지한 신묘한 공양구로 선주이신 모든 선중님께 공양하나이다.
以此加持妙供具 供養神主諸神衆
이렇게 가지한 신묘한 공양구로 신주이신 모든 신중님께 공양하나이다.

공양진언을 하고 다음 회향진언을 한다. 혹은 금강찬(金剛纂)[270]을 하기도 하나 심경(心經)만 같지 못하다.

---

270) 금강찬(金剛纂): 찬(纂)은 찬(讚)의 오자인 듯하다.

天藏菩薩麾訶薩	천장보살마하살
持地菩薩麾訶薩	지지보살마하살
地藏菩薩麾訶薩	지장보살마하살
今日靈駕願往生	오늘 영가가 왕생하기를 바라옵니다.

위와 같이 화청(和請)하고 다음 가영(歌詠)을 운한다.

莫言地藏得閑遊	지장보살은 한가롭게 논다고 말하지 마라.
地獄門前淚不收	지옥문 앞에서 눈물을 거두지 못하네.
造惡人多修善少	악을 짓는 사람은 많고 선을 닦는 사람은 적으니
南方敎化幾時休	남방에서 교화를 어느 때 멈출꼬?

명발(鳴鈸)하고 다음 축원(祝願)을 운한다.

天藏菩薩大悲力	천장보살 대비력으로
持地菩薩智行力	지지보살 지행력으로
地藏菩薩誓願力	지장보살 서원력으로
哀愍衆生出苦海	중생을 어여삐 여기시어 고통의 바다에서 나오게 하소서.

오늘 재자(齋者) 아무개 등이 아무개 영가가 원왕생하기를 엎드려 축원하나이다 운운한다.

하단시식(下壇施食)

본문에서 기록하였기 때문에 여기에서는 다시 기록하지 않는다.

◎운수단작법(雲水壇作法)

재 앞에는 위와 같이 하고, 영산재(靈山齋) 뒤에 명발(鳴鈸)하고 할향(喝香)을 한다.

一片栴檀沒價香	한조각 전단은 값을 정할 수 없는 향이고
須彌第一最高岡	수미는 제일 최고의 가장 높은 산이로다.
六銖通徧熏沙界	작은 향이 온 항하사 세계에 스며들어

萬里伊蘭一樣香　　　　　만리까지 이 난초 한결같이 향기롭네.

연향게(燃香偈)

戒定慧解知見香　　　　　계향·정향·혜향·해탈향·해탈지견향

徧十方刹常氛馥　　　　　두루 시방세계에 항상 향기 가득하옵니다.

願此香烟亦如是　　　　　원컨대 이 향 연기 또한 이와 같아서

熏現自他五分身　　　　　우리들 오분신에 훈습하여 나타나게 하시옵소서.

志心歸命禮　　　　　十方法界諸佛法僧(衆和)常住三寶

시방 법계에 항상 계시는 모든 불보님·법보님·승보님(대중들은 화답한다) 삼보님께 지극한 마음으로 귀의하옵니다.

志心歸命禮　　　　　十方法界諸佛法僧(衆和)常住三寶

시방 법계에 항상 계시는 모든 불보님·법보님·승보님(대중들은 화답한다) 삼보님께 지극한 마음으로 귀의하옵니다.

志心歸命禮　　　　　十方法界諸佛法僧(衆和)常住三寶

시방 법계에 항상 계시는 모든 불보님·법보님·승보님(대중들은 화답한다) 삼보님께 지극한 마음으로 귀의하옵니다.

合掌以爲花　　　　　두 손 모아 꽃을 만들고

身爲供養具　　　　　몸으로는 공양구를 만드옵니다.

誠心眞實相　　　　　성심의 진실한 상으로

讚嘆香烟覆　　　　　찬탄의 향연기가 덮으옵니다.

고향게(告香偈)[271]

香烟遍覆三千界　　　　　향연기가 삼천 세계를 덮었사오니

定慧能開八萬門　　　　　정혜로 능히 팔만 문을 엽니다.

惟願三寶大慈悲　　　　　원컨대 삼보님의 대자비심으로

聞此信香臨法會　　　　　이 신향의 냄새를 맡고 법회에 임하소서.

詳夫 水含淸淨之功 香有普熏之德 故將法水 特熏妙香 灑斯法筵 成于淨土

---

271) 고향게(告香偈): 원문에는 제목이 빠져있으나, 앞의 것을 참조하여 제목을 삽입시켰다.

살피건대 물은 청정의 공을 머금고, 향은 보훈의 덕이 있사오니, 법수에 특별히 묘향을 훈습하여 이 법연에 뿌려 정토를 이루나이다.

인도는 법당에 들어가 반문게(返聞偈)와 관음청(觀音請)을 하고 끝에 원강(願降)과 산화락(散花落)을 한다. 다음 향화청(香花請)을 한 뒤에 가영(歌詠)을 하고 아래의 게를 창한다.

걸수게(乞水偈)[272]

金爐氛氣一炷香	금화로의 자욱한 한 가닥 향으로
先請觀音降道場	먼저 관음께 이 도량에 강림하시기를 청하옵니다.
願賜瓶中甘露水	원컨대 병 안에 있는 감로수를 주시어
消除熱惱獲清凉	번뇌를 제거하여 청량함을 얻게 하옵소서.

쇄수게(灑水偈)

菩薩柳頭甘露水	관음보살 버드나무 끝의 감로수는
能令一滴灑十方	한 방울로도 시방세계에 뿌릴 수 있네.
腥膻垢穢盡蠲除	비린내 노린내 더러운 것 모두 없애시어
令此道場悉清淨	이 도량이 모두 청정하게 하시옵소서.

<南無 三滿多 沒馱喃 唵 虎嚕虎嚕 戰那羅 摩登祇 莎訶>
나모 사만다 못다남 옴 호로호로 전나라 마등기 사바하

천수를 한 뒤 사방찬(四方讚)을 한다.

一灑東方潔道場	첫 번째 동방에 뿌려 도량을 깨끗이 하옵고
二灑南方得清凉	두 번째 남방에 뿌려 청량함을 얻으오며
三灑西方俱淨土	세 번째 서방에 뿌려 정토를 갖추어
四灑北方永安康	네 번째 북방에 뿌려 영원히 편안하옵니다.

엄정게(嚴淨偈)

| 道場清淨無瑕穢 | 도량을 청정하게 하여 티끌하나 없으니 |
| 三寶龍天降此地 | 삼보의 용천이 이 땅에 강림하시옵니다. |

---

272) 걸수게(乞水偈): 원문에는 제목이 빠져있으나, 앞의 것을 참조하여 제목을 삽입시켰다.

我今持誦妙眞言　　　　나는 지금 묘한 진언을 외우오니
願賜慈悲密加護　　　　자비심으로 우리들을 보호해 주시옵소서.

참회게(懺悔偈)
百劫積集罪　　　　　　백겁토록 쌓인 죄가
一念頓蕩除　　　　　　일념으로 모조리 다 없어지오니
如火焚枯草　　　　　　불이 마른 풀을 태우는 것과 같이
減盡無遺餘　　　　　　다 소멸하여 남음이 없게 하시옵소서.

懺悔歸命禮三寶　　　　참회하고 삼보께 예를 올리며 목숨 바쳐 귀의하옵니다.

법주는 정삼업진언(淨三業眞言)으로부터 건단진언(建壇眞言)까지 한 뒤에 상단(上壇)에서 거불한다.

南無淸淨法身毘盧遮那佛　　청정한 법신 비로자나불께 귀의하옵니다.
南無圓滿報身盧遮那佛　　　원만한 보신 노사나불께 귀의하옵니다.
南無千百億化身釋迦牟尼佛　천백억의 화신인 석가모니불께 귀의하옵니다.

선소를 마치고 법주는 진언과 유치(由致) 및 삼청(三請)을 하고 끝에 원강(願降)과 산화락(散花落)을 하고 다음 향화청(香花請)을 한 뒤에 가영(歌詠)을 운한다.

威光遍照十方中　　　　위엄있는 빛을 시방세계에 두루 비추시니
月印千江一體同　　　　온 강에 달그림자 한 가지로 동일하네.
四智圓明諸聖士　　　　네 가지 지혜 원만히 밝으신 성사들께서
貫臨法會利群生　　　　법회에 임하시어 중생들을 이롭게 하소서.

삼보(三寶)에게 한꺼번에 청(請)할 적에는 이상의 가영(歌詠)을 사용한다. 만약 삼보에게 각각 청을 하면 중례(中禮)[273]의 삼보가영을 해도 좋다. 다음 헌좌(獻座) 한다.

妙菩提座勝莊嚴　　　　묘보리좌가 참으로 장엄하니
諸佛坐已成正覺　　　　여러 부처님들 앉아서 이미 정각을 이루었네.
我今獻座亦如是　　　　나도 지금 이와 같이 자리를 바치오니

---

273) 중례(中禮): 천지명양수륙재(天地冥陽水陸齋)의 후신(後身).

自他一時成佛道　　　　　우리 모두 일시에 불도 이루기를.

　　　　　　　　　　＜唵 嚩囉 尾那野 莎訶＞
　　　　　　　　　　옴 바아라 미나야 사바하

今將甘露茶　　　　　　　이제 감로다를
奉獻三寶前　　　　　　　삼보 앞에 받들어 올리오니
鑑察虔懇心　　　　　　　정성스럽고 간절한 마음 살피시어
願垂哀納受　　　　　　　애틋이 여기시고 받아 주시옵소서.

　　◎중단(中壇)[274]

전종(轉鐘)을 하고 명발(鳴鈸) 한 뒤 거불(擧佛)을 한다.

南無天藏菩薩　　　　　　천장보살께 귀의하옵니다.
南無持地菩薩　　　　　　지지보살께 귀의하옵니다.
南無地藏菩薩　　　　　　지장보살께 귀의하옵니다.

선소를 마치고 법주는 진언과 유치 및 삼청을 하고 끝에 원강(願降)과 산화락을 하고 향화청을 한다. 다음 가영을 운한다.

天部蓮花分晝夜　　　　　천부는 연화장 세계를 주야로 나누시고
神仙長樂度春秋　　　　　신선께서는 언제나 즐겁게 춘추로 지내시네.
榮華恣意無倫比　　　　　마음대로 누리시는 영화 비교할 데가 없어서
空住空行最自由　　　　　허공에 머물며 허공에 다니니 가장 자유롭습니다.

보례삼보편(普禮三寶篇)을 마치고 보례를 한다.

普禮十方諸佛陀　　　　　시방의 여러 불타께 예를 올리나이다.
普禮十方諸達摩　　　　　시방의 여러 달마께 예를 올리나이다.

----

274) 중단(中壇): 본서(本書)에는 제목이 빠져 있으나 다른 판본을 참조하여 삽입하였다.

普禮十方諸僧伽　　　　　시방의 여러 승가께 예를 올리나이다.

헌좌편을 마치고 헌좌게를 운한다.

我今敬設寶嚴座　　　　　제가 지금 보배롭고 장엄한 자리를 삼가 마련하옵고
普獻一切天仙神　　　　　모든 천선신들께 받들어 올리오니
願滅塵勞妄想心　　　　　진로망상심을 멸하시어
速圓解脫菩提果　　　　　속히 원만히 해탈보리과를 이루기 원하나이다.

　　　　　　　　　<唵 伽摩羅 星賀 莎訶>
　　　　　　　　　옴 가마라 승하 사바하

淸淨名茶藥　　　　　　　청정한 차와 약으로
能除病昏沈　　　　　　　어둠에 빠진 병을 제거할 수 있사옵니다.
惟冀天仙神　　　　　　　오직 천선과 천신들께 바라오니
願垂哀納受　　　　　　　원컨대 애틋이 여기시어 받아주시옵소서.

　　　　◎상단권공(上壇勸供)

　　　　◎중단권공(中壇勸供)

　　　　◎시식지의(施食之儀)

　　　　◎배송지례(拜送之禮)

모두 결수(結手)하는 규범은 똑같다.

　　　◎대례왕공양문(大禮王供養文)[275]

전종(轉鐘)을 하고 명발(鳴鈸)하고 다음 할향(喝香)을 한다.

---

275) 대례왕공양문(大禮王供養文): 영산각배라고도 한다.

할향게(喝香偈)

出自須彌巖畔   수미산 바위에서 나와서
常在海藏龍宮   바닷가 용궁에 항상 계시며
耿耿焚香金爐內   금화로에 반짝반짝 분향을 하고
上通佛國與人間   위로 불국토와 인간세상을 통하네.

연향게(燃香偈)

戒定慧解知見香   계·정·혜·해탈향·해탈지견향은
偏十方刹常氛馥   두루 시방 사찰에 항상 향기 가득하오니
願此香烟亦如是   원컨대 이 향연기도 또한 이와 같이
熏現自他五分身   우리들 오분신에 훈습하여 나타나게 하시옵소서.

一心頂禮十方常住佛法僧
일심으로 시방에 항상 계신 불보님·법보님·승보님께 정례하옵니다.

요잡(繞匝)한다.

합장게(合掌偈)276)

合掌以爲花   손을 모아 꽃을 만들고
身爲供養具   몸으로는 공양구를 만드옵니다.
誠心眞實相   성심의 진실한 상으로
讚嘆香烟覆   찬탄하여 향연기가 덮으옵니다.

고향게(告香偈)277)

香烟遍覆三千界   향연기가 삼천 세계에 두루 덮으오니
定慧能開八萬門   정혜로 팔만문을 열 수 있사옵니다.
惟願三寶大慈悲   원컨대 삼보님의 대자비심으로
聞此信香臨法會   이 신향의 냄새를 맡고 법회에 임하소서.

---

276) 합장게(合掌偈): 원문에는 제목이 빠져있으나, 앞의 것을 참조하여 삽입하였다.
277) 고향게(告香偈): 원문에는 제목이 빠져있으나, 앞의 것을 참조하여 삽입하였다.

개계(開啓)[278]

原夫 凡峙法筵 先使方隅嚴淨 恭依科敎 全仗加持 所以 水含淸淨之功 法有神通之用 將法備水 用水
潔心 灑斯法筵 成于淨土
살펴보건대, 법연을 세우자면 먼저 사방을 엄정하게 해야 하나이다. 삼가 조목조목 가르침에 의지
하고 온전히 가지하심에 의지하였기에 그리하여 물은 청정의 공이 있고 법연은 신통의 쓰임이 있
으니, 법도대로 법수를 마련하고 법수를 사용하여 마음을 깨끗이 하고, 이 법연에 뿌려 정토로 만
드나이다.

인도는 법당에 들어가 쇄향수게(灑香水偈)를 운한다.

我今 以性情之悲水 和合 性情之戒香 遍灑法界 衆生心地 及淨道場 悉令淸淨
나는 지금 성정의 자비로운 물에다 성정의 계향을 합하여 두루 법계와 중생의 마음과 청정 도량에
뿌려서 모두 청정하게 하나이다.

香水熏浴澡諸垢	향수로 훈습하여 모든 때를 씻어내니
法身具足五分香	법신은 오분향을 모두 갖추었나이다.
般若圓照解脫滿	반야의 지혜 원만히 비추어 해탈이 원만해지니
群生同會法界融	중생들 화합하여 법계에 함께 모이나이다.

<曩謨 三滿多 沒馱喃 唵 虎嚕虎嚕 戰那羅 摩登祇 莎訶>
나무 사만다 못다남 옴 호로호로 전나라 마등기 사바하

다음 천수(千手)하고 사방찬(四方讚)을 한다.

一灑東方潔道場	첫 번째 동방에 뿌려 도량을 깨끗이 하옵고
二灑南方得淸涼	두 번째 남방에 뿌려 청량함을 얻으오며
三灑西方俱淨土	세 번째 서방에 뿌려 정토를 갖추어
四灑北方永安康	네 번째 북방에 뿌려 영원히 편안하옵니다.

엄정게(嚴淨偈)를 하고 연비(然臂)를 하고 참회게(懺悔偈)를 운한다. 다음 법주는 정지진언(淨地眞言)을 하고 인

---

278) 개계(開啓): 원문에는 제목이 빠져있으나, 앞의 것을 참조하여 삽입하였다.

도는 아래의 게를 창한다.

潔淨器世間	세속의 그릇을 정결하게 하고
寂光華藏印	화엄장의 도장을 장엄하게 하여
卽以定慧水	곧 정혜의 물로써
觀念離塵法	티끌세계 떠나는 법을 관념하나이다.

법주는 여러 진언 및 정법계진언(淨法界眞言)을 한다. 다음 인도는 아래의 게를 창한다.

羅字色鮮白	라자279) 색은 깨끗하니
空點以嚴之	공점으로서 엄숙하게 하고
如彼髻明珠	저 상투머리의 명주 같이
置之於頂上	머리 위에 두네.
眞言同法界	진언은 법계에 똑같아서
無量衆罪除	무량한 중생의 죄 제거되나니
一切觸穢處	모든 더러운 곳에서는
當可此字門	이 라자문을 씀이 마땅하도다.

거불(擧佛)

南無佛陀部衆 光臨法會	불타부중께 귀의하오니 법회에 광림하소서.
南無達摩部衆 光臨法會	달마부중께 귀의하오니 법회에 광림하소서.
南無僧伽部衆 光臨法會	승가부중께 귀의하오니 법회에 광림하소서.

혹 전경(轉經)280) 한다면 거불을 한 뒤 법주는 소청상위(召請上位)를 창하고 다음 진령게(振鈴偈)를 한다. 다음 소청진언을 한 뒤 제불통청(諸佛通請)을 한다. 다음 헌좌(獻座)하고 다게(茶偈)를 운운한다. 당시에 일을 주관하는 자는 기미를 보고 작법하는 것이 옳다. 혹 왕청(王請) 끝에 보례(普禮)를 하고 헌좌(獻座)한 다음 전경을 하는 것도 옳다. 그렇지 않으면 중단으로 향한다.

---

279) 라자(羅字): 실담(悉曇) 50자문(五十字門)의 하나. 일체법리제진염(一切法離諸塵染)의 뜻이다.
280) 전경(轉經): 넓은 뜻으로는 경전을 독송하는 것이지만, 하나의 경전 전체를 통독하는 진독(眞讀)에 대해, 단순히 경전 제목이나 경의 초·중·종의 몇 행(行)을 생략하고 읽는 것을 전독이라 한다. 경전을 띄엄띄엄 읽고, 종이를 차례로 넘겨 경을 읽는 것에 비교했다. 이 의식을 전경회(轉經會)·전독회(轉讀會)라 하고, 권수가 많은 경전은 대부분 이 방법에 의한다. 본문 독송을 생략하고 경전 제목·번역자 이름만을 독송하며 이것에 대신한다.

◎중단거불(中壇擧佛)

南無幽冥教主　地藏菩薩
유명계281)의 교주이신 지장보살께 귀의하옵니다.
南無助揚眞化　道明尊者
조양진화 도명존자께 귀의하옵니다.
南無助佛揚化　無毒鬼王
조불양화 무독귀왕께 귀의하옵니다.

혹은 불타야, 달마야, 승가야 또한 가능하다.

법주는 진령게(振鈴偈)를 하고 다음 소청진언(召請眞言)과 유치(由致) 및 증명삼청(證明三請)을 하고 끝에 가영(歌詠)을 한다.

지장가영(地藏歌詠)282)

掌上明珠一顆寒	손바닥 위에 명주283) 한 알 차분하여
自然隨色辦來端	자연히 빛을 따라 다가올 조짐을 구분하네.
幾回提起親分付	몇 번이나 끌어서 친히 분부해 주셨던가?
闇室兒孫向外看	어두운 방의 자손들 바깥284)을 보게 하려고.

보처가영(補處歌詠)

無毒王隨一道明	무독귀왕은 도명존자만 한결같이 따르니
兩家眞俗作同行	진속 양가가 같이 다닐 수가 있네.
南方坐下參眞聖	남방 사람들은 자리 아래서 진성을 뵈옵고
大振玄風濟有情	현풍을 크게 떨쳐 유정한 것들을 제도하시네.

법주는 헌좌진언(獻座眞言)을 창하고 인도는 헌좌게주(獻座偈呪)를 창한다.

---

281) 유명계(幽冥界): 진리의 빛이 없는 삼악도.
282) 지장가영(地藏歌詠): 원문에는 제목이 빠져있으나, 앞·뒤의 것을 참조하여 삽입하였다.
283) 손바닥 위에 명주[掌上明珠]: 지장보살이 독립된 한 보살로서의 형상일 때에는 온몸은 백색이며, 머리에는 천관(天冠)을, 몸에는 가사를 수(垂)하고, 왼손에는 연화를 잡고, 오른손에는 보주(寶珠)를 쥔다.
284) 바깥[外]: 암실이란 밝고 넓은 밖을 상대로 빛이 없고 좁은 공간 즉 사바세계를 말한다. 따라서 암실에서 바라보는 밖은 넓은 열반의 세계, 진리의 세계를 가리킨다.

다게(茶偈)

今將甘露茶	이제 감로다를
奉獻地藏前	지장님께 받들어 올리오니
鑑此虔懇心	이 경건하고 간절한 마음 살피시어
願垂哀納受	애틋이 여기시고 받아주옵소서.

제1 진광대왕(秦廣大王)[285]

普天寒氣振陰綱	하늘 가득 찬 기운 음산한 기강을 떨치고
正令全提第一場	정녕 제일 도량 온전하게 보여주시네[全提].[286]
鍛鐵鍊金重下手	쇠를 단련하여 금을 만들려 거듭 손을 쓰시니
始知良匠意難量	알겠도다, 좋은 장인의 뜻 헤아리기 어려움을.

제2 초강대왕(初江大王)[287]

沃焦山作陷人機	옥산과 초산[288]이 사람을 빠뜨리는 함정이 되나니
上下烘窯火四支	위 아래로 달구어진 굴 사지를 달구네.
忍見忍聞經幾刧	차마 보고 들으며 몇 겁을 지났던가
外威還似不慈悲	밖으로 드러난 위세 도리어 자비하지 않으신 것 같네.

제3 송제대왕(宋帝大王)[289]

四面刀山萬仞危	사면에 만 길 칼산이 위태로우니
突然狂漢透重圍	돌연히 미친 사람 겹겹의 포위를 뚫고 나오네.
丈夫不在羅籠裡	장부는 조롱안[290]에 갇혀 있지 않고
但向人間辨是非	다만 인간을 향해 시비를 구별하네.

---

285) 진광대왕(秦廣大王): 명도(冥途)에서 죽은 이의 초칠일의 일을 보는 청부관왕(廳府官王)의 이름. 사람으로 하여금 악을 끊고 선을 닦게 하는 명관(冥官).

286) 전제(全提): 종문(宗門)의 강요(綱要)를 완전히 제기하는 것.

287) 초강대왕(初江大王): 염마왕과 명부에서 죽은 자의 죄를 중재하는 시왕의 한 분이다.

288) 옥초산(沃焦山): 큰 바다 속에 있다고 하는 상상의 산. 큰 바닷물이 더하지 못하는 것은 이 산이 바닷물을 흡수하는 까닭이라 한다. 때문에 그칠줄 모르는 범부의 욕정을 이 옥초에 비유하며, 부처님은 이러한 욕정을 초월해 계시다는 의미로 '도옥초(度沃焦)'라 부르기도 한다.

289) 송제대왕(宋帝大王): 큰 바다 밑의 동남 옥초석(沃焦石)의 밑 흑승대지옥(黑繩大地獄)을 맡은 왕의 이름.

290) 농리(籠裡): 잘못된 지식이나 사상에 결박되어 진리에 투철한 자재(自在)의 경지에 도달할 수 없는 것. 또는 번뇌, 망상.

제4 오관대왕(五官大王)291)

淸白家風直似衡　　　청백의 가풍은 저울 같이 곧으니
豈隨高下落人情　　　어찌 고하에 따라서 인정에 떨어지겠는가?
秤頭不許蒼蠅坐　　　저울은 쉬파리조차 허락하지 않으니
些子傾時失正平　　　조금이라도 기울어지면 평형을 잃게 되네.

제5 염라대왕(閻羅大王)

冥威獨出十王中　　　명부의 위엄 홀로 시왕 중에 뛰어나
五道奔波盡向風　　　오도에 치달리는 파도 염라왕의 기풍 따라 움직이네.
聖化包容如遠比　　　성화의 포용함을 먼 곳에 비유한다면
人間無水不朝東　　　인간 세상 모든 물이 동쪽으로 가는 것 같네.

제6 변성대왕(變成大王)

罪案堆渠所作因　　　쌓인 죄상은 그가 지은 인연이니
口中甘咀幾雙親　　　입안에 단 음식 주시는 부모님은 얼마더냐.
大王尙作慈悲父　　　대왕은 항상 자비의 부모이시니
火獄門開放此人　　　지옥문을 열고 이 사람들을 풀어주시네.

제7 태산대왕(泰山大王)292)

人頑耳目禮雖違　　　사람의 이목이 무디어 예가 비록 어그러졌더라도
稍順冥規敬向歸　　　명부의 규칙을 조금이라도 따르고 공경하며 귀의하면
智不責愚言可採　　　어리석음 책망하지 않고 말을 다 들어주어
一毫微善捨前非　　　털끝만한 선이라도 있으면 잘못을 덮어 주시네.

제8 평등대왕(平等大王)293)

明鏡當臺照膽肝　　　명경을 대에 걸어놓고 쓸개와 간을 비추니
物逃妍媸也應難　　　사물의 곱고 미움 숨기기 어려워라.

---

291) 오관대왕(五官大王): 저승에서 5형(刑)을 주재하는 왕의 이름. 본지(本地)는 보현보살로 3강(江)의 사이에 큰 전각을 짓고, 죽은 뒤 사칠일을 지나서 오는 중생의 죄가 경하고 중함을 저울질하는 명도의 관인.
292) 태산대왕(泰山大王): 본래의 법신은 약사여래로서 왕신을 명도에 나타내어 죄인이 태어날 곳을 정해준다 한다.
293) 평등대왕(平等大王): 염마왕의 다른 이름. 각각의 사람을 공평하게 재판하기 때문이다.

諒哉入妙皆神決　　　미덥도다 묘한 경지 모두 신통하게 결단하시니
鑑與王心一處安　　　거울과 평등왕의 마음 한결같이 편안하네.

제9 도시대왕(都市大王)[294]

火爲孤魂長旱魃　　　불이 고혼 되어 가뭄이 길어지고
佛因三難絶慈雲　　　부처는 삼난[295]으로 말미암아 자운을 끊어버렸네.
乾坤盡入烘爐裡　　　건곤이 시뻘건 화로 속에 모두 들어가니
幾望吾王雨露恩　　　우리 왕께 비 이슬의 은혜를 얼마나 바라옵는지.

제10 오도전륜대왕(五道轉輪大王)[296]

古聖興悲作此身　　　옛날 성인은 자비심을 일으켜 이 몸을 지으시고
逢場降迹現冥因　　　도처에 흔적을 두어 아득한 인연을 나타내시네.
棒杈若不橫交用　　　몽둥이를 만약 휘두르지 않는다면
覺地猶難見一人　　　깨달은 곳에서도 한 사람을 보기 어렵네.

태산(泰山)[297]

分符別化宣王令　　　특별한 교화의 책임 맡아 염라왕의 명령 펼치시니
惡鬼獰神護殿庭　　　악귀와 영신이 대궐 뜰을 보호하네.
敢報會中諸善士　　　회중의 여러 선사들에게 감히 알려서
明知因果大分明　　　인과를 너무도 분명히 아시는구나.

판관(判官)

四海澄淸共一家　　　사해는 맑고 맑아 함께 일가를 이루고
訟庭廖寂絶囂譁　　　송사하는 뜰 적막하여 시끄러운 일 끊어졌네.
如今世亂皆群犬　　　지금은 세상 어지러워 모두 개떼가 되어서

---

294) 도시대왕(都市大王): 명도에 있으면서 죽은 사람의 일주기를 맡은 관왕의 명칭. 또는 도제왕, 도조왕이라
　　한다. 도시왕의 본지는 아촉여래로서 영가에게 『법화경』과 아미타불의 공덕을 설하는 명관.
295) 삼난(三難): 3악도의 고난.
296) 오도전륜대왕(五道轉輪大王): 명부에서 죽은 이의 제 3년을 맡은 청부의 관왕. 그 본지는 아미타여래로
　　2관중을 거느리는 옥사(獄司).
297) 태산(泰山): 태산부군(泰山府君). 중국의 도교에서 생긴 이름. 도교에서는 태산의 신을 태산부군이라 하고,
　　불교에서는 염마왕의 서기로서 인간의 선악을 기록하는 일을 맡은 왕을 태산부군 또는 태산대왕이라 한다.

空使諸司判事多   공연히 여러 관청 재판할 일 많게 만들었네.

가연(迦延)

倚天長劍丈夫行   하늘에 기댈 긴 칼 차고 대장부 횡행하며

各逞威風眼電光   각기 위엄을 내어 눈빛은 번갯불 같네.

捧下有人知痛否   몽둥이 아래에 어떤 사람 고통을 아시는가?

一拳拳倒泰山岡   한 주먹에 태산을 쳐서 넘어뜨리네.

악독(惡毒)

敬衛庭前劍戟橫   창칼을 비껴쥐고 마당 앞을 호위하니

此王僚佐盡賢良   이 왕의 막료들은 모두 어질구나.

一宮灑掃先從外   온 궁전을 먼저 바깥부터 청소하니

豈與無辜枉不殊   어찌 죄없는 사람 뜻하지 않은 재앙 당하게 하겠는가?

동자(童子)

五路敬巡爲大統   오로를 경건히 다니며 대통이 되어

監生追死總爲君   산 이 살피고 죽은 이 추모함이 모두 군주를 위해서네.

將軍號令通今古   장군의 호령이 고금에 통하니

生死其誰不見聞   산 이든 죽은 이든 누가 보고 듣지 아니하랴?

사자(使者)

來往群官指路頭   왕래하는 여러 관원들이 갈 길을 지시하니

黃泉風景卽仙遊   황천의 풍경이 곧 신선 놀음이로세.

行人不識桃源洞   행인들은 도원동을 알지 못하면서

只說香葩泛水流   단지 향기로운 꽃이 물에 떠 흐른다 하네.

보례편을 마치고 보례게를 창한다.

普禮十方無上尊 五智十身諸佛陀
시방의 위없는 분이신 오지십신의 여러 불타께 예를 올리나이다.
普禮十方離欲尊 五教三乘諸達摩

시방의 욕계를 떠난 분이신 오교삼승의 여러 달마께 예를 올리나이다.

普禮十方衆中尊 大乘小乘諸僧伽

시방의 대중들 가운데 높은 분이신 대승, 소승의 여러 승가께 예를 올리나이다.

헌좌편(獻座篇)을 마치고 헌좌게(獻座偈)를 창한다.

我今敬設寶嚴座	제가 지금 경건히 보배롭고 장엄한 자리를 마련하옵고
普獻一切冥王衆	모든 명왕의 신중님께 받들어 올리오니
願滅塵勞妄想心	진로망상심을 멸하시어
速圓解脫菩提果	속히 원만히 해탈보리과를 이루기 원하나이다.

<唵 迦摩羅 星賀 莎訶>

옴 가마라 승하 사바하

다게(茶偈)[298]

淸淨名茶藥	청정하고 이름난 차와 약으로
能除病昏沈	어둠에 빠진 병을 제거할 수 있사옵니다.
惟祈冥王衆	오직 명부의 왕과 신중들께 바라오니
願垂哀納受	원컨대 애틋이 여기시어 받아주시옵소서.

◎상위권공(上位勸供)

밤이 짧으면 운심게주(運心偈呪)를 운하고 조용하면 향수나열(香羞羅列)을 운한다.

南無十方佛	시방의 부처님께 귀의하옵니다.
南無十方法	시방의 법보님께 귀의하옵니다.
南無十方僧	시방의 승가님께 귀의하옵니다.

사다라니(四陁羅尼)를 각각 21번 한다.

---

298) 다게(茶偈): 원문에는 제목이 빠져있으나, 앞의 게(偈)를 참조하여 역자가 삽입하였다.

上來加持旣訖 變化無窮 以此香羞 特伸供養

위에서 가지(삼밀가지)를 이미 마쳐 변화가 무궁하오니, 이 향기로운 음식으로 특별히 공양 베푸옵니다.

혹 육법공양(六法供養)을 하고 혹은 오공양(五供養)을 한다. 다음 요잡(繞匝)하고 다음 아래의 게를 창한다.

以此加持妙供具	이렇게 가지한 신묘한 공양구를 가지고
供養十方諸達摩	시방의 모든 달마님께 공양 올립니다.
以此加持妙供具	이렇게 가지한 신묘한 공양구를 가지고
供養十方諸佛陀	시방의 모든 불타님께 공양 올립니다.
以此加持妙供具	이렇게 가지한 신묘한 공양구를 가지고
供養十方諸僧伽	시방의 모든 승가님께 공양 올립니다.

공양진언을 하고 다음 경을 왼다. 다음 회향진언을 하고 축원을 한다.

◎중위권공(中位勸供)

切以 香燈耿耿 玉漏沈沈 今當上供大聖之尊 亦可次獻冥王之衆 玆者重伸激切 再爇名香 欲成供養之周圓 須仗加持之變化 仰惟三寶 俯賜證明

가만히 생각하건대, 향등은 빛나고 옥루는 잦아드는데 이제 대성의 높은 분께 공양을 올리오며 또한 다음으로 명왕의 신중님께 바치옵니다. 이때에 감격하고 절실한 마음 거듭 펼치고 다시 이름난 향[299]을 불살라 공양을 두루 원만히 하고자 하면 모름지기 가지의 변화에 의지해야 합니다. 우러러 삼보에 바라오니 굽어 증명해 주소서.

南無十方佛	시방의 부처님께 귀의하옵니다.
南無十方法	시방의 법보님께 귀의하옵니다.
南無十方僧	시방의 승가님께 귀의하옵니다.

사다라니를 각각 14번 한다.

---

299) 명향(名香): 향이 매우 좋고 이름난 향.

上來加持旣訖 變化無窮 以此香羞 特伸拜獻

위에서 가지(삼밀가지)를 이미 마쳐 변화가 무궁하오니, 이 향기로운 음식을 특별히 절하여 올리나이다.

오공양을 하고 혹은 운심게(運心偈)를 하고 요잡(繞匝)한다. 다음 아래의 게를 창한다.

以此加持妙供具	이렇게 가지한 신묘한 공양구를 가지고
供養地藏大聖尊	지장대성존께 공양 올립니다.
以此加持妙供具	이렇게 가지한 신묘한 공양구를 가지고
供養道明無毒衆	도명·무독 신중님께 공양 올립니다.
以此加持妙供具	이렇게 가지한 신묘한 공양구를 가지고
供養冥府十王衆	명부의 시왕 신중님께 공양 올립니다.

泰山府君衆	태산부군의 무리들
判官鬼王衆	판관귀왕의 무리들
將軍童子衆	장군, 동자들
使者卒吏衆	사자, 졸개와 관리들
悉皆受供發菩提	모두 공양을 받고 보리심을 내시고
施作佛事度衆生	불사를 베푸오니 중생을 제도해주소서.

두루 공양진언을 하고 회향진언을 한다. 다음 반야심경(般若心經)을 하고 혹 금강찬(金剛讚)을 운한다. 금강찬은 반야심경만 못하다.

탄백(嘆白)

地藏大聖威神力	지장대성의 위신력은
恒河沙劫說難盡	항하사겁토록 말하여도 다하기 어렵네.
見聞瞻禮一念間	보고 듣고 첨례300)하는 한 생각 사이에
利益人天無量事	인천의 무량한 일301) 이익주시네.

一心乞請 衆生度盡 當證菩提 地獄未濟 誓不成佛 大悲大願 大聖大慈 本尊 地藏菩薩 今日靈駕 哀憫

---

300) 첨례(瞻禮): 예를 올리는 의식.

301) 무량한 일[無量事]: 무량부사의사(無量不思議事)의 약어. 헤아릴 수 없이 많은 불가사의한 일.

扶護 速離苦海 當生爭刹

일심으로 청하나이다. 중생을 다 제도하여 보리를 증명하시고 지옥 중생 제도하지 않고서는 성불하지 않겠다 서원하신 대비대원 대성대자의 본존이신 지장보살이시여, 오늘 영가를 불쌍히 여기시어 굽어보시고 속히 고통의 바다에서 떠나 마땅히 정찰에 나기를 바라옵니다.

('오늘'이라는 말 아래는 모두 이를 모방해서 한다.)

一心乞請 立大誓願 道明尊者 發弘誓願 無毒鬼王 卽以本願 興大悲心 今日靈駕 哀憫扶護 速離苦海 當生爭刹

일심으로 청하나이다. 대서원을 세우신 도명존자와 발홍서원하신 무독귀왕이시여, 본래 서원을 가지고 대비심을 일으키시어, 오늘 영가를 불쌍히 여기시어 굽어보시고 속히 고통의 바다에서 떠나 마땅히 정찰에 나기를 바라옵니다.

一心乞請 今日當齋 第某大王 案列從官 幷從眷屬 今日靈駕 哀憫扶護 速離苦海 當生爭刹

일심으로 청하나이다. 오늘 이 재에 오신 모대왕과 따라온 관원들과 병종의 권속들이시어, 오늘 영가를 불쌍히 여기시어 굽어보시고 속히 고통의 바다에서 떠나 마땅히 정찰에 나기를 바라옵니다.

一心乞請 十王都前 今日靈駕 哀憫扶護 速離苦海 當生爭刹

일심으로 청하나이다. 시왕의 모든 전에 오늘 영가를 불쌍히 여기시어 굽어보시고 속히 고통의 바다에서 떠나 마땅히 정찰에 나기를 바라옵니다.

一心乞請 泰山府君 判官鬼王 將軍童子 諸位使者 不知名位 諸靈宰等 今日靈駕 哀憫扶護 速離苦海 當生爭刹

일심으로 청하나이다. 태산부군과 판관귀왕과 장군, 동자, 제위의 사자들, 명위를 알지 못하는 여러 신령스런 재상 등이시여, 오늘 영가를 불쌍히 여기시어 굽어보시고 속히 고통의 바다에서 떠나 마땅히 정찰에 나기를 바라옵니다.

一心乞請 南方敎化 接引衆生 地藏菩薩 地藏菩薩 今日靈駕 哀憫扶護 速離苦海 當生爭刹

일심으로 청하나이다. 남방을 교화하고 중생을 인도하는 지장보살께 오늘 영가를 불쌍히 여기시어 굽어보시고 속히 고통의 바다에서 떠나 마땅히 정찰에 나기를 바라옵니다.

(무수히 운운한다.)

莫言地藏得閑遊	지장보살이 한가롭게 논다고 말하지 마라.
地獄門前淚不收	지옥문 앞에서 눈물을 거두지 못하네.
造惡人多修善少	악을 짓는 사람은 많고 선을 닦는 사람은 적으니
南方敎化幾時休	남방에서 교화를 어느 때 멈출꼬?

축원(祝願)

地藏大聖誓願力	지장대성의 서원력으로
恒沙衆生出苦海	항하사의 중생들이 고통의 바다에서 나오게 하소서.
十殿調律地獄空	시왕전에서 법률을 고르게 시행하여 지옥이 비고
業盡衆生放人間	업이 다한 중생들을 인간에서 풀어놓으소서.

今日某人靈駕願往生云云	금일 아무개 영가는 왕생하기를 바라나이다. 운운.

◎시식의(施食儀)

南無阿彌陀佛	아미타불께 귀의하옵니다.
南無觀世音菩薩	관세음보살께 귀의하옵니다.
南無大勢至菩薩	대세지보살께 귀의하옵니다.

법주는 혼을 부르고 착어(着語)302)를 한 다음 진령게(振鈴偈)를 한 뒤, 자광조처(慈光照處)를 운운한다. 다음 천수(千手)를 창한다.

若人欲了知	사람이 깨달으려 한다면
三世一切佛	삼세가 모두 부처일 것이다.
應觀法界性	마땅히 법계의 성품을 볼지니
一切惟心造	모든 것이 오직 마음의 작용이로다.

---

302) 착어(着語): 하어(下語) 또는 간어(揀語)라고도 한다. 선어록(禪語錄)의 본칙(本則) 및 송(頌) 등의 구(句) 밑에 붙이는 단평(短評). 자신의 종승안(宗乘眼)으로 고인(古人)의 어구나 행동을 간변(揀辨)·창화(唱和)하고, 또는 자신의 종지(宗旨)를 건립하여 자유롭게 살활(殺活)의 기(機)를 쓰는 것이다.

파지옥진언(破地獄眞言) 　　<唵 迦羅帝野 莎訶>
　　　　　　　　　　　　　옴 가라지야 사바하

보소청진언(普召請眞言) 　　<南無 步步帝哩 伽哩哆哩 怛陁 誐多野>
　　　　　　　　　　　　　나무 보보제리 가리다리 다타 아다야

南無十方佛　　　　　　시방의 부처님께 귀의하옵니다.
南無十方法　　　　　　시방의 법보님께 귀의하옵니다.
南無十方僧　　　　　　시방의 승가님께 귀의하옵니다.
南無 大慈大悲 救苦觀世音菩薩
대자대비하시어 고통에서 구해주시는 관세음보살께 귀의하옵니다.

증명청(證明請)과 고혼청(孤魂請)을 하고 끝에 각 자리에 차를 올린다. 다음 사다라니를 각각 7번 한다.

南無多寶如來 願諸孤魂 破除慳貪 法財具足
다보여래303)께 귀의하옵니다. 원컨대 여러 고혼들이 간탐심을 없애고 법재304)를 구족하게 하소서.
南無妙色身如來 願諸孤魂 離醜陋形 相好圓滿
묘색신여래305)께 귀의하옵니다. 원컨대 여러 고혼들이 추하고 천한 모습을 벗고 상호가 원만하도록 하소서.
南無廣博身如來 願諸孤魂 捨六凡身 悟虛空身
광박신여래306)께 귀의하옵니다. 원컨대 여러 고혼들이 육도 중생의 몸307)을 버리고 허공의 몸308)을 깨닫게 하소서.
南無離怖畏如來 願諸孤魂 離諸怖畏 得涅槃樂

---

303) 다보여래(多寶如來): 시아귀법(施餓鬼法)의 오여래 가운데 한 분으로 보생불(寶生佛)·보승여래(寶勝如來)와 동체(同體). 이 분은 남방보부(南方寶部)로 간탐업을 없애고 복덕을 원만하게 한다.
304) 법재(法財): 법이 능히 중생을 이롭게 하고 윤택하게 함을 세간의 재물에 비유한 것.
305) 묘색신여래(妙色身如來): 시아귀법(施餓鬼法)의 오여래 가운데 한 분으로 아축불(阿閦佛)과 동체(同體). 동방 금강부(金剛部) 대만다라신(大曼茶羅身)으로 아귀의 추루한 모습을 없애고 제근(諸根)을 구족하게 하여 상호를 원만하게 함을 본서로 한다.
306) 광박신여래(廣博身如來): 시아귀법의 오여래 가운데 한 분으로 대일여래(大日如來)와 동체(同體). 넓고 넓은 몸이기 때문에 아귀의 인후(咽喉)를 광대하게 하여 음식의 수용을 용이하게 함을 본서로 한다.
307) 육범신(六凡身): 십계(十界) 가운데 지옥·아귀·축생·수라·인간·천상을 육범이라 하며, 이들 세계에 있으면서 받는 몸을 말한다.
308) 허공신(虛空身): 『화엄경』에 설한 삼세간십신(三世間十身)의 하나. 허공의 무명(無名)·무상(無相)·무애자재(無碍自在)한 몸과 같다.

이포외여래309)께 귀의하옵니다. 원컨대 여러 고혼들이 온갖 두려움에서 벗어나 열반의 낙310)을 얻게 하소서.

南無甘露王如來 願諸孤魂 咽喉開通 獲甘露味

감로왕여래311)께 귀의하옵니다. 원컨대 여러 고혼들이 목구멍이 열려 감로 맛을 얻게 하소서.

願此加持食	원컨대 이렇게 가지한 음식으로
普遍滿十方	두루 널리 시방세계에 가득하게 하시어
食者除飢渴	음식을 먹은 자 기갈을 여의게 하시고
得生安養國	극락세계312)에 태어나게 하소서.

<唵 尾枳尾枳 野耶尾枳 莎訶>
옴 미기미기 야야미기 사바하

다음 공양진언(供養眞言)을 하고 회향진언(回向眞言)을 운운한다.

受我此法食	내가 이 법식을 받았으니
何異阿難餐	아난의 밥과 어찌 다르랴?
飢腸咸飽滿	굶주렸던 것이 모두 배가 부르고
業火頓淸凉	업화313)가 모두 청량해지나이다.

頓捨貪嗔癡	모두 탐진치를 버리고

---

309) 이포외여래(離怖畏如來): 시아귀법의 오여래 가운데 한 분으로 석가모니불과 동체(同體). 이분은 북방갈마부과후방편(北方羯磨部果後方便)의 존(尊)으로 공포를 없애 아귀취(餓鬼趣)를 떠나게 함을 본서로 한다. 따라서 그 인상도 또한 시무외(施無畏)를 나타낸다.

310) 열반락(涅槃樂): 삼락(三樂)인 천락(天樂;열 가지 선업을 닦은 사람이 천상에 태어나 갖가지 수승한 즐거움을 받는 것)·선락(禪樂;수행하는 사람이 모든 선정에 들면 정적(寂靜)의 즐거움을 받는 것)·열반락(涅槃樂)의 하나. 모든 혹을 끊고 열반을 증득하면 생멸고락(生滅苦樂)이 모두 없어지므로 이것이 구경락(究竟樂)이다. 생사의 고를 여의고 안온(安穩)한 것을 말한다.

311) 감로왕여래(甘露王如來): 시아귀법의 오여래 가운데 한 분으로 아미타불과 동체(同體). 서방연화부(西方蓮花部)로 아귀의 신심(身心)에 감로의 법을 주어 쾌락을 얻게 한다.

312) 안양(安養): 아미타불의 정토(淨土)·낙방(樂邦)·극락(極樂). 마음을 편안하게 하고 몸을 돌보게 된다 하여 붙여진 말이다.

313) 업화(業火): 악업의 힘이 맹렬하게 중생을 태우므로 업을 불에 비유한 것. 또는 지옥 중생들은 과거에 지은 악업으로 맹화에 불타는 과보를 받으므로 지옥의 불을 업화라고 한다.

常歸佛法僧	항상 불법승께 귀의하나이다.
念念菩提心	생각마다 보리심을 내니
處處安樂國	곳곳이 안락국이나이다.

여래십호(如來十號)314)

如來	여래이시며
應供	응공315)이시며
正徧知	정변지316)이시며
明行足	명행족317)이시며
善逝	선서318)이시며
世間解	세간해319)이시며
無上師	무상사320)이시며
調御丈夫	조어장부321)이시며
天人師	천인사322)이시며
佛	부처323)이시며
世尊	세존324)이시옵니다.

凡所有相 皆是虛妄 若見諸相非相 卽見如來

무릇 가지고 있는 상은 모두가 허망한 것이오니, 만약 모든 상이 상이 아님을 안다면 곧 여래를

---

314) 십호(十號): 석존 및 제불의 열 가지 덕호(德號). 모두 11호가 되는데, 『성실론』 등에서는 '무상사'와 '조어
    장부'를 하나의 호로 취급하였다. 『지도론』이나 『청정도론』7에서는 최초의 '여래'를 제외하고 십호라 한다.
315) 응공(應供): 온갖 번뇌를 끊어서 인간천상의 중생들로부터 공양을 받을 만한 가치가 있는 사람을 뜻한다.
316) 정변지(正徧知): 일체의 지혜를 갖추시어 온갖 우주간의 물심 현상에 대하여 모르시는 것이 없다는 의미
    로 올바르고 보편적인 지혜가 있는 사람을 말한다.
317) 명행족(明行足): 『열반경』에 의하면 명(明)은 무상변지(無上遍智), 행족(行足)은 각족(脚足)이란 뜻으로
    계·정·혜 삼학을 가리킨다. 부처님께서는 삼학의 각족에 의하여 무상정변지를 얻으셨으므로 이렇게 말
    한다.
318) 선서(善逝): 바른 인(因)으로부터 바른 과(果)에 이르셨기에 윤회의 세계로 돌아오지 않는다는 뜻. 부처님
    께서는 여실히 저 언덕에 가셔서 다시 생사의 바다에 빠지시지 않기 때문에 이렇게 이른다.
319) 세간해(世間解): 능히 세간의 온갖 일을 다 안다는 뜻으로 이렇게 이른다.
320) 무상사(無上師): 일체 중생 가운데서 가장 높아서 위가 없는 대사(大師)라는 의미이다.
321) 조어장부(調御丈夫): 대자·대비·대지로써 중생에 대하여 부드러운 말, 간절한 말, 또는 여러 가지 말을
    써서 조복(調伏) 제어(制御)하고 정도(正道)를 잃지 않게 하는 분이라는 뜻이다.
322) 천인사(天人師): 하늘과 사람의 스승이라는 의미이다.
323) 불(佛): 지자(知者) 또는 깨달으신 분이라는 뜻이다.
324) 세존(世尊): 세상에서 가장 존귀하신 어른이라는 뜻이다.

본 것입니다.

願以此功德	원컨대 이 공덕으로
普及於一切	일체 중생에 두루 미치시고
我等與衆生	우리와 중생들도
皆共成佛道	모두 함께 불도를 이루게 하소서.

시왕배송(十王拜送)

十殿兀兀還本位	시왕전은 우뚝우뚝 본래 자리로 돌아가시고
判官扈從歸各店	판관들은 뒤쫓아 각 집으로 돌아가네.
童子徐徐次第行	동자들은 천천히 그 뒤를 따르고
使者常常行次到	사자들은 평소대로 행차하여 이르렀네.
奉送冥府禮拜間	명부로 봉송하며 예배하는 사이에
錢馬燒盡風吹歇	돈과 말 다 불사르니 불던 바람 그치고
消灾增福壽如海	재앙은 사라지고 복은 더하여 수명이 바다와 같고
永脫客塵煩惱焰	영원히 쓸데없는 번뇌에서 벗어나리이다.

법주는 올라와서 소청제대성중편(召請諸大聖衆篇)을 운운하고, 다음 봉송진언(奉送眞言)을 하고 다음 "선보운정운운(善保雲程云云)"을 하고 다음 회향진언(回向眞言)을 운운한다. 시왕배송(十王拜送)을 하는 시간은 정하지 못한다. 남방(南方)에서는 원이차공덕(願以此功德)을 하고 마친 뒤에 시왕배송을 한다고 하며, 북방(北方)에서는 그렇게 하지 않고 왕단권공(王壇勸供)과 회향진언을 하고 다음에 시왕배송을 운운한다고 한다. 어느 것이 옳은지 상세하지 않다.

염불을 차례차례로 운운하다가 소대(燒臺) 앞에 이르면, 법주를 불러 올라와서 시식하고 경을 외어 공덕운운(功德云云)하고, 다음 인도는 시방삼세불운운(十方三世佛云云)을 염한다. 다음 왕생게(往生偈)를 운운하고, 다음 소전진언(燒錢眞言)과 봉송진언(奉送眞言)을 하고 상품상생진언(上品上生眞言;옴 마니다니 훔훔바탁 사바하)을 한다. 다음 귀의불법승(歸依佛法僧)을 3번 하고, 다음 회향진언을 한다.

◎약례왕공양의(略禮王供養儀)

奉獻一片香	한 조각 향을 봉헌하오니
德用難思議	덕과 묘용을 헤아리기 어렵나이다.
根盤塵沙界	뿌리는 수많은 세계에 도사리고 있으며

| 葉覆五須彌 | 잎은 다섯 수미를 덮나이다. |

예불송(禮佛頌)

我今一身中	나는 지금 한 몸 가운데
卽現無盡身	곧 다함없는 몸을 나투어
遍在諸佛前	두루 계신 부처님 앞에
一一無數禮	일일이 무수히 예를 드리나이다.

<唵 嚩羅吻>
옴 바라물   3배

一心頂禮十方常住佛	시방에 항상 머무시는 불보님께 일심으로 정례하나이다.
一心頂禮十方常住法	시방에 항상 머무시는 법보님께 일심으로 정례하나이다.
一心頂禮十方常住僧	시방에 항상 머무시는 승보님께 일심으로 정례하나이다.

香烟遍覆三千界	향연기가 삼천 세계를 두루 덮으오니
定慧能開八萬門	정혜로 팔만문을 열 수 있사옵니다.
惟願三寶大慈悲	원컨대 삼보님의 대자비심으로
聞此信香臨法會	이 신향의 냄새를 맡고 법회에 임하소서.

原夫凡峙法筵 先使方隅嚴淨 恭依科敎 全仗加持 所以 水含淸淨之功 法有神通之用 將法備水 用水潔心 灑斯法筵 成于淨土

살피건대, 무릇 법연을 세움에 먼저 사방을 엄정하게 하고 공손히 절차에 따라 의장을 온전히하여 (법연을) 가지하나이다. 그러므로 물은 청정의 공을 머금고 있으며 법은 신통의 쓰임이 있는 것이옵니다. 법대로 물을 준비하여 그 물로 마음을 깨끗이 하고 이 법연에 뿌려서 정토를 만들겠나이다.

香水熏浴澡諸垢	향수로 훈습하여 모든 때를 씻어내니
法身具足五分香	법신은 오분향을 모두 갖추었나이다.
般若圓照解脫滿	반야, 해탈 원만하여 세상 비추니
群生同會法界融	중생들 화합하여 법계에 함께 모이나이다.

천수(千手)

道場淸淨無瑕穢	도량을 청정하게 하여 티끌하나 없으니
三寶龍天降此地	삼보의 용천이여, 이 땅에 강림하소서.
我今持誦妙眞言	나는 지금 묘한 진언을 외우오니
願賜慈悲密加護	원컨대 자비심으로 우리들을 보호해 주시옵소서.

법주는 정지진언(淨地眞言)을 하고 건단진언(建壇眞言)까지 하고 다음 거불(擧佛)을 창한다.

南無幽冥敎主 地藏王菩薩	유명교주 지장왕보살께 귀의하옵니다.
南無助揚眞化 道明尊者	조양진화 도명존자께 귀의하옵니다.
南無助佛揚化 無毒鬼王	조불양화 무독귀왕께 귀의하옵니다.

법주는 진언과 유치 및 증명청(證明請)을 하고 끝에 가영을 운한다.

掌上明珠一顆寒	손바닥 위에 영롱한 구슬 한 알
自然隨色辨來端	그 색깔 따라 바름을 구별하시네.
幾回提起親分付	제기하도록 친히 부촉해 주신 것 몇 번이던가?
闇室兒孫向外看	어두운 곳 중생들은 밖을 향하기만 하네.

| 十王都請末歌詠 | 시왕을 한꺼번에 청하고 끝에 가영을 한다. |

諸聖慈風誰不好	여러 성인의 자비로운 기풍 누가 좋아하지 않겠나?
冥王願海最難窮	명부의 바다같은 서원 가장 궁구하기 어렵나이다.
五通迅速尤難測	오통[325]의 신속함은 더욱 헤아리기 어렵나니
明察人間瞬息中	인간 세상을 순식간에 밝게 살피시나이다.

당재왕가영(當齋王歌咏)

權衡應跡大菩薩	저울질 따라 자취 드러내는 대보살께서는
實報酬恩是聖王	실제로는 은혜에 보답하는 성왕이시네.
威靈神力何煩問	위엄있고 신령한 힘을 번거롭게 물을게 무엇인가?
觀察閻浮迅電光	이 세상 살피심이 번개같이 빠르시네.

---

325) 오통(五通): 천안통(天眼通)·천이통(天耳通)·숙명통(宿命通)·타심통(他心通)·신족통(神足通)을 말한다.

보례(普禮)

普禮十方常住佛	시방에 항상 머무시는 불보님께 두루 예를 올리나이다.
普禮十方常住法	시방에 항상 머무시는 법보님께 두루 예를 올리나이다.
普禮十方常住僧	시방에 항상 머무시는 승보님께 두루 예를 올리나이다.

我今敬設寶嚴座	나는 지금 정중히 보배롭고 장엄한 자리를 마련하옵고
普獻一切冥王神	모든 하늘의 명왕 신중님께 두루 봉헌하나이다.
願減塵勞妄想心	원컨대 진로망상심을 멸하시어
速圓解脫菩提果	속히 원만히 해탈보리과를 이루소서.

<唵 迦摩羅 星賀 莎訶>
옴 가마라 승하 사바하

다게(茶偈)를 하고 다음 운심게(運心偈)를 한다.

願此香供遍法界	원컨대 이 향으로 두루 법계에 공양하오니
普供無盡三寶海	다함없는 삼보의 바다에 두루 공양하나이다.
慈悲受供增善根	자비로움으로 공양을 받으시고 선근을 더하여
令法住世報佛恩	좋은 법 세상에 머물며 불은에 보답하길 원하나이다.

<那謨 薩嚩怛他 葛地裴尾 說母契裴 薩嚩他勘 烏能葛地 塞破囉拏吶莽 唵 葛葛那緤 莎訶>
나무 살바다타 아재뱍미 새바모계 살바타감 오나아제 바라혜맘 옴 아아나캄 사바하

다음 공양진언(供養眞言)과 회향진언(廻向眞言)을 하고 다음 경(經)을 외고 축원을 한다.

◎지중단권공(至中壇勸供)

조용하면 가지사다라니(加持四陁羅尼)를 하고, 다음 오공양(五供養)을 펼친다. 급하면 아래의 게(偈)를 창한다.

願此淸淨妙香饌	이 청정함과 묘한 향을 찬으로 하여
供養地藏與十王	지장보살과 시왕께 공양하기를 원하나이다.
及與冥司諸眷屬	명부를 맡은 여러 권속들에게까지 드리오니

不捨慈悲受此供	자비를 버리지 말고 이 공양을 받으소서.

진언(眞言)은 위와 같고 공양진언과 회향진언을 한다. 다음 심경(心經), 혹은 금강찬(金剛讚)을 한다. 다음 아래 게를 운운한다.

地藏大聖威神力	지장대성의 위신력은
恒河沙劫說難盡	항하사겁 동안 말하기 모두 어렵고
見聞瞻禮一念間	보고 듣고 첨례하는 한 생각 사이에
利益人天無量事	인천의 헤아릴 수 없는 일을 이롭게 하나이다.

화청(和請)은 위와 같고 다음 명발(鳴鈸)하고 축원(祝願) 및 시식(施食)의 예를 하는데, 모두 위와 같이 한다.

◎영청단배치제(迎請壇排置制)

만일 영청단(迎請壇)이 없다면 한 자리를 큰 병풍으로 에워싸고, 병풍 안 정중앙에서 북쪽 가까운 곳에 연화좌(蓮華座)를 설치하고, 모편(毛鞭)과 불자(拂子)를 좌우에 두고, 붉은 비단 장막을 자리 앞에 드리우고, 남쪽 가까운 곳에 큰 촛불 한 쌍을 장막 내에 켜둔다. 또 장막 바깥에 향로(香爐)와 향합(香盒) 및 화병(花瓶) 한 쌍을 설치한다. 산화개(散花盖) 한 쌍을 사미로 하여금 단 앞에 꿇어앉아 받들게 하고, 보경개(寶鏡盖) 한 쌍 또한 사미로 하여금 단 앞에 꿇어앉아 받들게 한다.

◎관욕당배치제(灌浴堂排置制)

이 당(堂)은 영청단(迎請壇)의 왼쪽에 설치하고, 정중앙에서 북쪽 가까운 곳에 탁상을 설치하고 상 앞에 목욕 그릇을 둔다. 관시(灌匙)와 묘경(卯鏡) 및 묘경대(卯鏡臺)를 상 하나에 안치하고, 또 양치질할 물과 얼굴 수건 및 몸 수건을 또 다른 상 하나에 놓아두는데, 모두 목욕 그릇의 한쪽 탁상 북쪽에 설치한다. 대촉(大燭)을 밝게 하여 당 바깥에는 휘장을 싸서 모신다. 유나(維那)가 위판을 받들고 욕당에 들어가면, 시주가 가져온 향, 꽃, 등촉을 다른 상 위에 안치하고 장막 바깥에 설치한다. 미리 관욕(灌浴) 물을 준비해 두었다가, 청사가 끝날 무렵에 목욕 그릇에 물을 붓는다. 입실하여 관욕할 때에 유나는 향을 들고 3번 절하고 물러나 경건히 꿇어앉는데, 관상(觀想)은 혼미하지 않게 한다.

◎하위영혼제(下位迎魂制)

단 높이는 1자를 넘지 않으며, 장막으로 단 위를 에워싸고, 정중앙 상 위에는 신번(神幡)을 설치한다. 또 화병 한 쌍을 단 위에 설치하고, 좌우 화로 중앙에 단지 자단향(紫檀香)을 사르고 다른 향은 사용하지 않는다. 등불은 희미하게 하는 것이 좋다.

◎하단관욕당제(下壇灌浴堂制)

실(室) 세 칸을 만드는데, 그 높이는 두 세자[尺]를 넘지 않게 하고, 너비는 넉자가 되게 한다. 길이는 척도를 논하지 않는다. 북벽은 완전히 가린다. 중간에 두 곳을 설치하는데 한 곳은 천류(天類)구역이고, 한 곳은 제왕(帝王)구역이다. 동쪽 한 칸에 두 곳을 설치하는데, 한 곳은 장상(將相)구역이고, 한 곳은 남신(男神)구역이다. 서쪽 한 칸에 두 곳을 설치하는데, 한 곳은 후비(后妣)구역이고, 한 곳은 여신(女神)구역이다. 합해서 여섯 곳 세 칸이다. 문 밖에는 각각 글로 써서 이름과 지위의 귀천을 표시하여, 남녀의 혼으로 하여금 각각 그 장소를 알게 한다. 만약 귀천을 구별해 놓지 않으면 천한 고혼은 목욕에 참여할 수가 없고, 비록 목욕에 참여한다 하더라도 단장을 극진히 못한다. 법사가 보례운운(普禮云云)을 창하면, 어느 겨를에 삼보에 나아가 예를 드리겠는가?

◎욕구(浴具)

욕실 안에 각각 상 하나를 안치하고 상에는 각각 위패(位牌)를 안치한다. 위패 뒤에는 불을 밝게 켜서 위패의 그림자가 물그릇에 닿게 하고, 양치질할 깨끗한 물 여섯 그릇과 양지수(楊枝樹)[326]를 각 그릇 한편에 놓아둔다. 또 깨끗한 수건을 각 시렁에 걸어두고, 종이옷은 봉투에 각기 명목을 써서 상자에 담아 각기 상 뒤에 안치하고 장막을 드리우고 장막 밖에 향로를 설치한다. 기사(記事)는 향을 받든 채 경건히 꿇어앉아서 관상(觀想)을 혼미하지 않게 하며 가지조욕운운(加持澡浴云云) 한다. 목욕게주(沐浴偈呪)를 할 때에 법중은 모두 마음을 오롯이하여 부르는 것이 좋다. 인배(引拜) 두서너 사람이 단 앞에 나아가 분향을 하고 합장하여 몸을 흔들어 마치고 다시 시작한다. 주(呪)가 끝나기를 기다렸다가 하는 것도 괜찮다.

---

326) 양지수(楊枝樹): 비구 18물의 하나로 이를 닦는데 사용하는 버드나무 가지. 예전에는 버드나무 가지를 잘라 길이 4지(指)·8지·12지·16지 등으로, 굵기는 새끼손가락 정도로 하고, 한쪽은 굵게, 다른 쪽은 가늘게 하여 굵은 쪽 끝을 씹어 거기서 나오는 즙(汁)으로 이를 닦고 가는 쪽으로는 치아에 낀 불순물을 제거했다고 한다.

◎삼단변공의(三壇變供儀)

정법계주(淨法界呪)를 외울 때 증명(證明)은 오른손 무명지를 펴서 범서(梵書) '唵囕' 두 자를 허공에 쓴다. '囕' 자(字)의 밝은 빛이 법계를 두루 비추고, 험한 구릉도 평탄해져 장애가 없어지고 모두 청정하기를 생각한다. 변식주(變食呪)를 외울 때 증명은 오른손 무명지를 펴서 '唵滿' 두 자를 공양 그릇 위에 쓴다. '滿' 자(字)의 위신(威神)이 한 알의 음식을 무량한 음식으로 변하게 할 수 있고, 한 그릇에 담긴 음식을 무량한 그릇의 음식으로 변하게 할 수 있으며, 알알이 이와 같이 하고 그릇마다 이와 같이 하여 법계에 충만하기를 생각한다. 감로주(甘露呪)를 외울 때에 증명은 단 앞에 서서 분향하고 곧 왼손으로 물그릇을 잡고 오른손으로 버드나무 가지를 잡고 버드나무 가지로 향연을 훈습(薰習)하고 물그릇에 3번 훈습한다. 수륜관(水輪觀)을 외울 때에 버드나무 가지로 '唵鑁' 두 자를 물그릇에 쓰고 그 물에 세 번 휘젓는다. 향연기로 하여금 물에 합해지게 하고 '鑁'자(字)의 신력(神力)이 향 연기 나는 신묘한 물이 유출되어 공중에 두루 뿌려지기를 생각한다. 유해주(乳海呪)를 외울 때에 버드나무 가지로 공양 그릇 위에 3번 향수를 뿌리고 공중에 또 3번 뿌리고 마치면 가슴에 합장하고 조금 물러나 주(呪)를 끝내고 자리에 나아간다. 위와 같이 보여주어 증명은 삼단에 통틀어 그것을 하고, 하단에서는 감로주와 수륜관, 유해주를 할 때 다소의 절차를 종두가 한다. 만약 증명이 보여주지 않는다면 비록 경을 외고 주를 암송할 수 있더라도 무슨 이익이 있겠는가? 헛되이 입만 아플 뿐이다.

◎하단헌식의(下壇獻食儀)

주식현공편(呪食現功篇)을 할 때에 판수(判首)는 사미 3, 4인에게 명하여 각각 깨끗한 쟁반을 가져오게 하여, 수향편(受饗篇)을 할 때 단 가운데 올린 공양물을 거두는데, 그릇 있는 곳으로 나아가서 그릇마다 모두 조금씩 거두어 각각 가지고 있는 쟁반에 놓되, 밥을 거두어들이는 자는 단지 밥만 거두어들이고, 떡을 거두어들이는 자는 단지 떡만 거두어들이며, 그 나머지 공물도 섞어 거두어 뒤섞이게 하여서는 안 된다. 거두어들이기를 마치면 받들고 선다. 종두는 향, 등, 물그릇을 취하여 또 쟁반 하나에 가득 담고, 여러 쟁반을 가진 자와 더불어 시식게(施食偈)를 함께 화창하며 나온다. 헌식대(獻食臺)에 이르면 종두는 대 앞에다 가지고 있던 쟁반을 놓아두고, 손가락을 3번 가볍게 튕기고, 밥, 떡 등을 대 위에 올린 뒤에 또 앞에서와 같이 손가락을 3번 튕기고, 마치면 향수를 전물(奠物)에 뿌리고 시식게주(施食偈呪) 및 공양진언(供養眞言)을 하나하나 함께 왼다. 진언을 끝내고 자리로 돌아온다.

범음집 상권 종(終)

전패(殿牌)

천지명양수륙재의 범음산보집 권지중
天地冥陽水陸齋儀 梵音刪補集 卷之中

◎지반삼주야 작법절차(志磐三晝夜 作法節次)

첫날 재에 앞서 하는 작법은, 예대로 12단을 설치하는데, 북쪽에는 상단, 남쪽에는 하단, 동쪽에는 중단과 당산단(當山壇), 성황단(城隍壇), 오로단(五路壇), 종실단(宗室壇)[1]을 설치하고, 서쪽에는 제산단(諸山壇), 풍백단(風伯壇), 가람단(伽藍壇), 사자단(使者壇)을 설치하고, 가친(家親)에게 권공할 때에는 풍백단(風伯壇), 가람단(伽藍壇), 당산단(當山壇), 성황단(城隍壇), 사자단(使者壇), 오로단(五路壇), 상단(上壇), 중단(中壇), 제산단(諸山壇), 하단(下壇), 종실단(宗室壇), 가친단(家親壇)에 먼저 하고, 대중들이 모이는 날에는 풍백단(風伯壇), 가람단(伽藍壇), 당산단(當山壇), 성황단(城隍壇) 4단에 먼저 청좌(請座)하고 권공 운운한다.

재를 지낸 뒤의 작법은 대령의(對靈儀) 및 분수작법을 평상시처럼 한다. 만약 재를 지내는 자가 망령을 위해 먼저 시왕(十王)에게 공양하고자 한다면, 그날 밤 시왕에게 청좌하고 권공 및 축원과 시식(施食)을 하되, 혼(魂)을 보내지는 아니한다. 이것이 1주야의 예이다.

다음 날 작법은 막제게(莫啼偈)를 한 뒤에 하는데, 법사이운(法師移運) 및 영산작법(靈山作法)은 평소와 같이 한다. 그날 회주(會主)는 향을 집어 석제(釋題)한 끝에 『연화경(蓮華經)』을 읽는다. 다음 수경게(收經偈)를 하고, 창혼(唱魂)을 운운한다. 그러면서 '구원겁중(久遠劫中)'의 곡조로 치면서, 정법계진언(淨法界眞言)을 외는데, 이때에 평소대로 마지(摩旨)를 하며, 가지권공(加持勸供) 및 축원을 운운한다. 법중(法衆)은 점심 뒤에 예수(預修)를 하거나, 조사례(祖師禮)를 하거나, 세선(祝禪)을 하거나, 제산단(諸山壇)을 하거나, 기미를 보고 사정에 따라 작법을 운운한다. 그날 밤 축시(丑時)가 되면 마지권공(摩旨勸供) 및 축원을 운운한다. 이것이 2주야의 예이다.

세째날 작법은 막제게(莫啼偈) 뒤에, 평소처럼 법사이운(法師移運)을 하고, 지반본문(志盤本文)을 전례대로 베풀되, 조문에 따라 작법한다. 이것이 3주야의 예이다.

◎3일재 앞의 작법절차(三日齋前作法節次)

격금(擊金)의 법규와 보청(普請)의 예는 모두 평소대로 하고, 다음 전종(轉鐘)을 7추(槌) 하고, 명라(鳴螺)를 3지(旨) 하고, 명발(鳴鈸)을 1종(宗) 한 뒤에, 건회소(建會疏)를 읽고, 상번(上番)은 할향(喝香)을 운운한다.

一片栴檀沒價香	한조각 전단은 값을 정할 수 없는 향으로
須彌第一最高岡	수미산 제일 최고의 가장 높은 산이로다.

---

1) 종실단(宗室壇): 왕족·임금의 일가를 위해 마련한 단.

六銖通徧熏沙界　　　　작은 향이 온 항하사 세계를 스며들어
萬里伊蘭一樣香　　　　만리까지 이 난초 한결같이 향기롭네.

조용하면, 삼등게(三燈偈)를 한 뒤에 삼귀의(三歸依)를 하고, 명발(鳴鈸)을 하고 개계소(開啓疏)를 읽는다. 바쁘면, 연향게(然香偈) 및 삼지심(三至心)을 하고, 다음 명발(鳴鈸)을 하고 개계소(開啓疏)를 읽는다. 혹 삼등게를 하고 끝에 대회소(大會疏)를 읽는 경우가 있는데, 어느 것이 옳은지 상세하지 않다. 다음에 합장게(合掌偈)와 고향게(告香偈)를 운한다. 상부(上副)는 정삼업게(淨三業偈)를 운한다.

法性湛然周法界　　　　법성은 맑게 법계에 두루하고
甚深無量絕言詮　　　　가없이 매우 깊어 말이 끊어졌네.
自從一念失元明　　　　한 생각 밝음을 잃어버리면서부터
八萬塵勞俱作蔽　　　　팔만 번뇌가 모두 덮어지네.

此日修齋興普度　　　　오늘은 재를 닦고 두루 제도하기 위해서
肅清意地謹威儀　　　　생각을 엄숙하고 맑게 하며 삼가 위의를 갖추었나이다.
仰憑密語爲加持　　　　우러러 밀어에 의지하여 가지하오니
將俾自他還本淨　　　　장차 자타가 본래 청정함으로 돌아가게 하소서.

법주(法主)는 정삼업진언(淨三業眞言)을 3번 한 뒤에, 삼동발(三動鈸)을 한다. 이 아래에 여러 주(呪)를 외울 때에도 같은 예대로 한다.

中副安慰諸神偈云　　　중부는 안위제신게를 운한다.
　　　　　　　　　　　이것은 가람에서 할 때 사용한다.

十八神王承佛勅　　　　십팔 신왕은 부처의 명을 받아
常於徧界護伽藍　　　　항상 온 법계에서 가람을 보호하시네.
維玆清淨法王宮　　　　이에 이곳 청정한 법왕궁에는
必有明神來宿衞　　　　반드시 명신이 오셔서 숙위하시리라.

此日虔興平等供　　　　오늘 정성들여 평등한 공양드리며
法音交唱衆無譁　　　　법음을 서로 부르며 대중도 떠들지 않습니다.
仰憑密語爲加持　　　　우러러 밀어에 의지하여 가지하오니
慰悅神心增勝力　　　　신심을 위로하여 견디는 힘이 더합니다.

법주는 안위제신진언(安慰諸神眞言)을 3번 하고 끝에 평소대로 동발(動鈸)을 한다. 혹 친척집에서 할 때에는 이 게를 외우고, 이 아래에 안위택신게(安慰宅神偈)를 운운한다.

維此住居勤守土	오직 이곳에 머무시며 땅을 지키시고
安護人物顯諸神	사람들을 편안히 보호하고 여러 신통 내시며
威靈自用旣無私	자재한 위세와 영험이 이미 사사로움이 없으시니
呵禁不祥應有法	상서롭지 못함을 금하심에 법도 있을 것입니다.

此日虔興平等供	이날 정성들여 평등한 공양드리며
聖凡俱會異常居	성범이 함께 모였으니 평소 거처와 다릅니다.
仰憑密語爲加持	우러러 밀어에 의지하여 가지하오니
將使身心無畏恐	장차 몸과 마음에 두려움이 없게 하소서.

법주는 안위제신진언(安慰諸神眞言)을 3번 하고, 끝에 평소대로 동발(動鈸)을 한다.

末副燃香達信偈云	말부는 연향달신게를 한다. 이는 가람에서 할 때 사용한다.

此岸栴檀無別物	차안의 전단향은 특별한 물건이 아니라
元從淸淨自心生	원래 청정한 마음으로부터 생겨나는 것입니다.
若人能以一塵消	만약 사람들이 티끌만큼이라도 향을 사른다면
衆氣自然皆具足	온갖 기운이 저절로 모두 갖추어지리이다.

此日虔興平等供	이날 정성들여 평등한 공양하여
欲令法界普熏聞	법계에 두루 향기가 퍼지게 하려 합니다.
仰憑密語爲加持	우러러 밀어에 의지하여 가지하오니
將使施心咸徧達	장차 보시하는 마음이 모두 통달하게 하소서.

법주는 연향달신진언(燃香達信眞言)을 3번 하고, 끝에 평소대로 동발(動鈸)을 한다. 혹 친척집에서 할 때에는 적광위토편(寂光爲土篇)을 사용함이 마땅하다. 법주는 예적금강(穢跡金剛)을 3번 하고, 끝에 평소대로 동발(動鈸)을 하고, 이때 종두는 그 번(幡)을 모셔서 단 위에 세우고, 인도는 다게(茶偈)를 운한다.

今將甘露茶	이제 감로다를

奉獻金剛前	금강님께 받들어 올리오니
鑑此虔懇心	정성스럽고 간절한 마음 살피시어
願垂哀納受	애틋이 여기시고 받아주옵소서.

법주는 '나는 지금 본존진언2)을 받들어 펼치오니'를 3번 하고, 끝에 평소대로 삼동발(三動鈸)을 한다.
법주는 십대명왕3)을 3번 청하고, 끝에 평소대로 동발(動鈸)을 한다. 이때 종두는 그 번(幡)을 모셔서 단 위에 세우고, 인도는 다게(茶偈)를 운한다.

今將甘露茶	이제 감로다를
奉獻明王前	명왕4)님께 받들어 올리오니
鑑此虔懇心	정성스럽고 간절한 마음 살피시어
願垂哀納受	애틋이 여기시고 받아주옵소서.

법주는 '나는 지금 본존진언을 받들어 펼치오니'를 3번 하고, 끝에 평소대로 삼동발(三動鈸)을 한다.
법주는 천룡팔부(天龍八部)5)에게 3번 청을 하고, 끝에 평소대로 동발(動鈸)을 하고, 이때 종두는 그 번(幡)을 모셔서 단 위에 세우고, 인도는 다게(茶偈)를 운한다.

今將甘露茶	이제 감로다를
奉獻天龍前	천룡님께 받들어 올리오니
鑑此虔懇心	정성스럽고 간절한 마음 살피시어
願垂哀納受	애틋이 여기시고 받아주옵소서.

법주는 '나는 지금 팔부진언(八部眞言)을 받들어 펼치오니'를 3번하고, 끝에 평소대로 삼동발(三動鈸)을 한다.
법주는 복덕대신(福德大神)을 3번 청하고, 끝에 평소대로 동발(動鈸)을 한다. 이때 종두는 그 번(幡)을 모셔서

---

2) 본존진언(本尊眞言): 불법과 도량을 호지·결계하여 불사를 원만토록 하는 진언.
3) 십대명왕(十大明王): 『석문의범(釋門儀範)』「신중작법」에는 동방염만다가대명왕(東方焰曼怛迦大明王)·남방바라이야다가대명왕(南方鉢納抳也怛迦大明王)·서방바람마다가대명왕(西方鉢納摩怛迦大明王)·북방미거라다가대명왕(北方尾仡羅怛迦大明王)·동남방탁기라야대명왕(東南方托枳羅惹大明王)·서남방이라나나대명왕(西南方尼羅能拏大明王)·서북방마하마라대명왕(西北方摩訶摩羅大明王)·동북방아좌라나타대명왕(東北方阿左羅曩他大明王)·하방바라반다라대명왕(下方縛羅播多羅大明王)·상방오니새자가라바리명왕(上方塢尼灑作仡羅縛里明王)을 들고 있다.
4) 명왕(明王): 교화하기 어려운 중생을 구제하기 위해 분노의 상(相)을 나타내는 존(尊)이므로 분노존(忿怒尊)·위노왕(威怒王)이라고도 하며 삼종윤신(三種輪身) 가운데 여래의 대지(大智)로부터 현신(顯身)한 교령윤신(敎令輪身)을 가리킨다.
5) 천룡팔부(天龍八部): 불법을 지키고 보호하는 모든 신을 총칭하여 부르는 말. 천(天)·용(龍)·야차(夜叉)·건달바(乾達婆)·아수라(阿修羅)·가루라(迦樓羅)·긴나라(緊那羅)·마후라가(摩候羅迦) 등 여덟 가지 부류.

단 위에 세우고, 인도는 다게(茶偈)를 운한다.

今將甘露茶	이제 감로다를
奉獻大神前	대신님께 받들어 올리오니
鑑此虔懇心	정성스럽고 간절한 마음 살피시어
願垂哀納受	애틋이 여기시고 받아주옵소서.

법주는 '나는 지금 소청진언(召請眞言)을 받들어 펼치오니'를 3번 하고, 끝에 평소대로 삼동발(三動鈸)을 한다. 법주는 성황(城隍)을 3번 청하고 끝에 평소대로 동발(動鈸)을 한다. 이때 종두는 그 번(幡)을 모셔서 단 위에 세우고, 인도는 다게(茶偈)를 한다. 이 청은 친척집에서 사용함이 마땅하다.

今將甘露茶	이제 감로다를
奉獻侯王前	후왕님께 받들어 올리오니
鑑此虔懇心	정성스럽고 간절한 마음 살피시어
願垂哀納受	애틋이 여기시고 받아주옵소서.

법주는 '나는 지금 소청진언(召請眞言)을 받들어 펼치오니'를 3번 하고, 끝에 평소대로 삼동발(三動鈸)을 한 뒤에, 인도는 결지게(結地偈)를 운한다.

恭白十方三寶前	공손히 시방의 삼보 전에 아뢰나이다.
明王穢跡衆威神	명왕의 자취에 온갖 위엄이 신묘하니
梵王帝釋四天王	범왕6) 제석7) 사천왕8)
八部天龍威護念	팔부의 천룡께서 위엄있게 보호하소서.

此日將修平等供	이날 장차 닦아 평등한 공양드리며
要令此地異常居	이곳을 평소와 다르게 하고자 합니다.
須憑神力爲加持	모름지기 신력에 의지하여 가지하오니

---

6) 범왕(梵王): (산)brahma. 범마(梵摩)라 음역하며, 범천왕(梵天王)·대범천왕(大梵天王)이라 번역한다. 색계초
　　선천의 주로 부처님께서 출세하실 때면 항상 제일 먼저 설법을 청한다고 하며, 언제나 부처님을 오른편에
　　모시고 손에는 흰 불자(佛子)를 들고 있다.
7) 제석(帝釋): 제석은 33天[忉利天]의 주격(主格)인 천(天)의 왕이다. 제석천은 사천왕을 거느리고 있으며, 부
　　처님을 수호하고 불법을 보호하여 후세에 전하는 것을 임무로 하고 있다.
8) 사천왕(四天王): 욕계(欲界) 육천(六天)의 제일인 사왕천(四王天)의 주인으로서 수미(須彌)의 사주(四洲)를
　　수호하는 신.

淸淨光明同佛刹　　　　　　청정한 밝은 빛은 불찰과 같나이다.

법주는 분노진언(忿怒眞言)을 7번 한다. 이때 판수(判首)는 판을 들고, 유나(維那)는 물그릇을 들고 법당 안에 물을 뿌리며 주위를 3번 돌아, 첫 번째 정토로 만든다. 법주는 금강부심진언(金剛部心眞言)을 7번 한다. 이때 판수는 판(板)을 들고, 찰중(察衆)은 물그릇을 들고 안마당에서 물을 뿌리며 3번 돌아, 두 번째 정토로 만든다. 법주는 소실지진언(蘇悉地眞言)을 7번 한다. 이때 판수는 판을 들고 기사는 물그릇을 들고 바깥마당에서 물을 뿌리고 3번 돌아, 세 번째 정토로 만든다. 법주는 위에서 한 결계편(結界篇)을 하고, 끝에 전종(轉鐘) 및 명발(鳴鈸)을 한 뒤에, 상번주(上番主)는 개계(開啓)를 한다.

恭聞 聖觀自在 於過去時 始住初地 値千光王如來 爲說廣大圓滿無碍大悲心大陀羅尼 令與衆生 作大利益 是時 大士一聞 此呪 頓超八地 至今釋迦如來 與諸菩薩普會 補陀洛迦山之時 惟我大士 躬對如來 以大悲心 說此章句 流通世間 無不蒙益 當知此呪 猶如妙藥 名阿伽陀 一切諸病 無所不治 是故 誦此呪者 三惡道業 無所不壞 諸佛國土 無不碍生 功德巍巍 莫可稱歎 我等玆日 受施主請 開建道場 修平等供 先於此地 普召請神 行結界法 用爲嚴淨 是以 復於此時 恭請 菩薩大士 以眞言力 重加法水 增益勝用 廣大難思 將使群生 擧蒙解脫

공손히 듣건대, 성관자재보살이 과거에 처음 초지에 머물 때에 천광왕여래가 관자재보살을 위해서 "광대원만무애대비심대다라니(廣大圓滿無碍大悲心大陀羅尼)"를 설하여 중생에게 큰 이익을 주었다고 합니다. 이때에 대사(大士)는 이 주를 한번 듣고 팔지(八地)에 뛰어올랐으며, 지금의 석가여래가 여러 보살들과 더불어 보타낙가산에 모였을 때, 우리 대사께서 몸소 여래를 대하여 대비심으로 이 장구를 설하고 세간에 유통시키니, 이익을 입지 않음이 없게 되었습니다. 마땅히 이 신주가 신묘한 약 이름인 아가타(阿伽陀)와 같아서 모든 병이 다스려지지 않음이 없음을 알겠나이다. 그렇기 때문에 이 주를 송하는 사람은 삼악도의 업을 무너뜨리지 않음이 없을 것이고, 여러 불국토에 태어나지 않음이 없을 것이며, 공덕이 높고 높다고 칭찬하고 감탄하지 않은 자 없을 것입니다. 우리들은 오늘 시주의 청을 받아들여 도량을 열고 평등한 공양을 닦으면서, 먼저 신들께 이곳에 오시라고 두루 청하며, 결계법을 행하여 엄정하게 하였습니다. 그리하여 다시 이때에 공손히 보살대사를 청하고, 진언의 힘에다 다시 법수를 더하여 더욱 보태었으니, 그 훌륭한 쓰임은 헤아리기 어려울 것입니다. 장차 군생들로 하여금 모두 해탈의 은혜를 입게 하소서.

바쁘면, 본문에 의지하여 관음을 3번 청하고, 끝에 아금지송(我今持誦)을 창하고, 다음에 천수(千手)를 평소대로 하는데, 이때 유나는 물그릇을 받들고 법당 안을 3번 돌면서 뿌린다. 조용하면, 평소와 같이 안에서 개계(開啓)를 운운한다. 다음 전종(轉鐘) 및 명발(鳴鈸)한 뒤에, 중번주(中番主)가 개계(開啓)를 운운한다.

恭聞 聖觀自在 爲諸大衆 乞請釋迦世尊 爲說十方刹土 一切毘盧遮那如來 皆同一時 各伸右手以摩 淸淨蓮華明王之頂 同說不空大灌頂光眞言 若有過去十惡五逆 四重諸罪 聞此二三七徧 經耳根者 卽得

減除 若諸衆生 具造惡逆 身壞命終 墮諸惡趣 以是眞言加持 土沙散其身上 及以塔墓 彼所亡者 若在
惡趣應時 卽得光明 及身除諸罪 報令所苦身 生極樂國 乃至菩提 永不退墮 我等玆日 受施主請 開建
道場 修平等供 先於此地 普召諸神 行結界法 用爲嚴淨 及爲恭請 聖觀自在 以大悲心 所說章句 重加
法水 增益勝用 是以 復於此時 專誠恭請 十方毘盧遮那如來 以灌頂光 加持此水 令使功能倍 復增勝
然後 以此最勝法水遍灑 道場及以內外 是處非處 若根若塵 一灑一添 光明煥發 當知此地 卽爲淨土
當知此日 可轉法輪 十方賢聖 無不雲臨 六道群生 無不奔走 大開法施 普度迷倫 聲法界中 咸蒙解脫

공손히 듣건대, 과거에 성관자재보살이 여러 대중을 위해 석가세존에게 설법해 주실 것을 청하자,
시방의 모든 비로자나여래께서는 모두 일시에 각각 오른손을 펴시고 청정연화명왕의 머리를 어루
만지면서 불공대관정광진언(不空大灌頂光眞言)을 함께 설하셨습니다. 과거 10악(惡)[9]·5역(逆)[10]·4
중(重)[11]의 죄를 짓고 이 경을 두 번 세 번 일곱 번 듣는 자가 있다면 죄를 곧 제거할 수 있을 것이
고, 만약 중생들이 악업을 지어 몸이 파괴되고 명이 끝나 악취에 떨어졌을 때 이 진언을 가지면,
토사가 몸에 뿌려지고 탑묘에 이르러 저 죽은 자가 악취에 있다하더라도 곧 광명을 얻을 것이고,
업에 의해 고통을 받더라도 극락에서 태어날 것이며, 보리심에 이르러 영원히 물러서거나 떨어지
지 않을 수 있을 것입니다. 우리들은 오늘 시주자의 청을 받고 도량을 열어서 평등의 공양을 닦으
면서, 먼저 이곳에 신들을 모셔서 결계법을 행하여 엄정하게 하고, 이에 공손히 청하오니, 성관자
재보살께서는 대비심으로 설법한 장구에다가 법수를 더하여 그 쓰임을 더더욱 증가하게 해주소서.
이 때문에 다시 오로지 정성으로 공손히 청하오니 시방의 비로자나여래께서는 관정광으로 이 물을
가지고 공능을 배가하여 다시 더욱 훌륭하게 한 뒤에, 이 가장 뛰어난 법수로 두루 도량과 내외에
뿌리오니, 이곳이든 다른 곳이든, 뿌리이든 티끌이든, 한번 뿌릴 때마다 한번 더 광명이 환하게 드
러납니다. 알지어다, 이곳이 곧 정토이니라. 알지어다, 오늘은 법륜을 굴릴 수 있으리라. 시방의 현
성들은 모두들 구름같이 모였고 육도 군생들은 몰려오지 않음이 없으니, 크게 법석을 열어서 미혹
한 중생을 제도하나니, 법계 중에 소리를 듣고 모두 해탈의 은택을 입으라.

중부(中副)는 법당에 들어가 찬게(讚偈)를 운한다.

| 仰啓紅蓮圓滿覺 | 붉은 연꽃의 원만한 깨달음을 우러러 알리오니 |
| 法身慈父大醫王 | 법신께서는 자비로운 아버지 대의왕이로다. |

---

9) 10악(十惡): 살생(殺生)·투도(偸盜)·사음(邪淫)·망어(妄語)·기어(綺語)·악구(惡口)·양설(兩舌)·탐욕(貪慾)·진
에(瞋恚)·우치(愚癡) 10가지의 악업을 말한다. 이 중 처음 3가지는 몸의 악, 중간의 4가지는 입의 악, 마지
막 3가지는 마음의 악. 그래서 신삼구사의삼(身三口四意三)이라고도 한다.

10) 5역(五逆): 5가지의 역죄(逆罪). 어머니를 살해하는 것, 아버지를 살해하는 것. 아라한(阿羅漢)을 살해하는
것. 부처님의 신체를 상처입혀 출혈시키는 것, 교단의 화합일치를 파괴하고 분열시키는 것.

11) 4중(重): 살생(殺生), 투도(偸盜), 사음(邪淫), 망언(妄言)의 4가지 금계(禁戒)를 범한 죄.

威光無碍照千界 위엄있는 빛 걸림없이 일천세계에 비추니
惟願光臨作證明 오직 원컨대 광림하시어 증명해 주소서.

비로청(毘盧請)

一心奉請 十方刹土 一切毘盧遮那不空如來 惟願不違本誓哀憫有情 降臨道場加持呪水
일심으로 받들어 청하옵니다. 시방의 모든 세계에 계신 비로자나불공여래여, 오직 원하옵건대 본래
서원을 어기지 마시고 유정한 것들을 어여삐 여기시어 도량에 강림하시어 여기 신주와 법수를 가
지하소서.

원강(願降)과 산화락(散花落) 및 향화청(香花請)을 하고 끝에 가영을 한다.

春山疊亂青 봄 산은 어지러이 첩첩으로 푸르고
秋水漾虛碧 가을 물에 푸른 허공이 출렁거리네.
寥寥天地間 텅 빈 천지 사이에
獨立望何極 홀로 서서 바라보니 얼마나 가이없나.

위는 무의자(無衣子)의 송(頌)에서 나왔다.
다음, 인도는 아금지송관정광진언(我今持誦灌頂光眞言)을 7번 운한다.

<唵 旃暮伽 廢嚕者娜 摩訶畝陀囉 麼尼鉢頭麼 入縛攞 跛囉韈 鞞野 斜>
옴 아모까 바이로차나 마하무드라 마니파드마 즈바라 프라바르 타야 훔

진언을 7번 한다. 이때 찰중은 물그릇을 받들고 마당 가운데에서 돌며 뿌린다. 다음 전종(轉鐘) 및 명발(鳴鈸)한
뒤, 말번주(末番主)가 개계(開啓)를 운운한다.

上來奉請 諸佛菩薩 明王諸天 各以威神加被 我輩誦持眞言 不違法則 加持淨水 有大力用 卽此法門
圓顯三德 是以 如琉璃寶 淸淨光明 無有梁碍 卽法身德 如如意珠 雨一切寶 無不具足 卽般若德 如轉
輪王 所向自在 無有罣礙 卽解脫德 呪旣三德 水亦三德全呪是水 全水是呪 體用不二 同一秘藏 我今
以此 三德秘藏 眞言淨水 散灑此地 道場內外 上天下地 中土四方 隨水所至 皆成結界 當願此處道場
香華飮食 一切供事 承此力故 一一出生 無有限量 擧行法事 沙門大衆 承此力故 一一根塵 無不淸淨
修齋施主 承事之人 承此力故 一一身心 無不光潔 乃至遠及界外 往來之人 身衣不潔 飮啖葷辛 或故
或誤 輒入道場 以呪力故 化爲淸淨 一切邪魔 及闡提者 非毁三寶 好作留難 以呪力故 咸發道心 若讚

若訪 皆得爲緣 如此觀心 方名普度 更憑衆等 同誦眞言 散灑法水 周行諸處 伏請大衆 同音唱和

위에서 청해온 모든 불보살과 명왕과 여러 천신께서는 각기 위엄과 신령으로 가피해 주시고, 우리들이 지송하는 진언이 법도에 어그러지지 않고 우리가 가지한 정수가 큰 힘과 쓰임이 있어서 이 법문에 원만히 삼덕을 드러내나이다. 이 때문에 유리보물과 같이 청정광명이 걸림 없이 법신의 덕을 나타내며, 여의주와 같이 일체 보물을 충분히 내리어 구족하지 않음이 없이 반야덕(般若德)12)을 나타내어 전륜왕(轉輪王)과 같이 향하는 것이 저절로 이루어지니 장애가 없이 해탈덕(解脫德)13)을 나타냅니다. 주(呪)는 이미 삼덕(三德)이 되었고, 물 또한 삼덕이 되었으니, 전주(全呪)가 바로 이 물이요, 전수(全水)가 바로 이 주(呪)라, 체용(體用)이 둘이 아니며 동일한 비장(秘藏)입니다. 나는 지금 이 삼덕을 비장한 진언과 정수를 도량 안팎과 하늘과 땅, 중앙과 사방에 뿌리오니, 물이 이르는 곳마다 모두 결계를 이룹니다. 원컨대 이 곳 도량에서 향화와 음식 등 공양하는 모든 사람들이 이 힘을 받아서 일일이 한량없는 곳에 나시기를 바라오며, 법사를 거행하는 사문대중들은 이 힘을 받아서 일일이 청정하지 않음이 없기를 바라오며, 재를 닦고 시주하는 자와 일을 받드는 사람은 이 힘을 받아서 신심이 빛나고 깨끗하지 않음이 없으며, 그리고 결계법 밖에 왕래하는 사람에 이르기까지 몸과 옷이 불결하거나 냄새나고 매운 것을 마시고 먹거나 고의로 했거나 잘못했거나 이 도량에 들어오기만 하면 주력 때문에 청정하게 되며, 일체 사마와 천제들도 삼보를 헐뜯지 않고 유나하기를 좋아하면, 이 주력 때문에 모두 도심을 드러낼 것입니다. 찬양하거나 비방하거나 모두 인연을 얻으리라는 이런 마음으로 보면 바야흐로 두루 제도한다 할 것입니다. 다시금 대중들에게 바라옵건대 이 진언을 함께 외고 법수를 뿌리며 여러 곳을 두루 다니고자 하니 바라건대 대중들은 같은 소리로 창화하십시오.

내개계(內開啓)를 듣지 않고 그대로 치면서 천수(千手) 할 때에, 시주 및 법중은 각각 향로를 잡고 도량을 세 번 돈 뒤에 엄정게(嚴淨偈)를 한다. 혹은 대회소(大會疏)를 읽기도 한다. 다음 참회게(懺悔偈)와 연비(燃臂)를 마치고, 다음에 법주는 "날도 좋고 때도 좋아 설법할 때로다."라고 한다.

청법게(請法偈)

菩薩衆會共圍繞　　　　　보살들이 함께 둘러싸고 모여서
演說諸佛之勝行　　　　　여러 부처님의 승행14)을 말하옵니다.
勝智菩薩僉然坐　　　　　뛰어난 지혜 지닌 보살은 다 앉아있으니

---

12) 반야덕(般若德): 진실상을 있는대로 깨닫는 부처님의 지혜를 말한다.
13) 해탈덕(解脫德): 『열반경』에서 말하는 열반에 드는 3덕의 하나. 부처님은 일체의 장애에서 벗어나 상락아정(常樂我淨)의 덕이 있는 것을 말한다.
14) 승행(勝行): 훌륭한 보살행.

各各聽法生歡喜   각각 법문을 들으면 환희가 생겨납니다.

설법게(說法偈)

是言說甚難   이 말은 말하기 매우 어려우나

無量佛神力   무량한 불신의 힘입니다.

光焰入我身   밝은 빛이 내 몸에 들어와

是力我能說   이 힘으로 나는 말할 수 있습니다.

"날도 좋고 때도 좋아서 설법할 때로다." 하고 나서 법상을 내려와 3번 두드린 뒤에 하상[15]게(下床偈)를 운한다.

하상게(下床偈)

方便智慧清淨道   방편의 지혜와 청정한 도를

我爲汝等已略說   나는 너희들을 위해 이미 대략 설했노라.

若欲次第廣分別   만약 차례대로 널리 분별하고자 한다면

經於億劫不能盡   억겁이 지나도 경전은 다 설할 수가 없으리라.

위의 게(偈) 3개는 『화엄경(華嚴經)』 「십지품(十地品)」에 나온다.

사시(巳時)에 이르면 단청불(單請佛)을 하고, 다음 헌좌와 권공을 평소와 같이 하고, 공양주와 회향주 두 주(呪)를 하고, 끝에 명발(鳴鈸)을 하고 축원(祝願)을 운한다. 이때에 법중은 공양을 받고 차를 마신 뒤에 양치질을 하고 옷을 정돈하고 보청(普請)을 기다린다.

유나는 종두에게 명하여 먼저 대종(大鐘)을 3추(槌) 하고, 다음 혼고(昏鼓)를 3종(宗) 친 뒤, 대종(大鐘)을 36추(槌) 친다. 이때 종두는 보청을 평소와 같이하고, 법중은 일제히 법연으로 간다. 전종한 뒤에, 병법은 도향(塗香) 등 여섯 주(呪)를 외우고, 다음 사자단(使者壇)과 오로단에서 권공을 하고, 다음에 공양을 받는 것도 괜찮다.

◎상단영청지의(上壇迎請之儀)

전종(轉鐘) 및 명라(鳴螺)를 3지(旨) 하고, 명발(鳴鈸)을 1종(宗) 하고, 거불(擧佛)한다.

南無清淨法身   청정 법신께 귀의하옵니다.

---

15) 하상(下床): 상(床)은 좌선이나 공양하는 평상을 말한다. 하(下)는 '내려오다'라는 뜻. 즉 승당의 평상으로부터 일어나 아래로 내려오는 것을 말한다.

南無圓滿報身　　　　　　원만 보신께 귀의하옵니다.

南無千百億化身　　　　　천백억 화신께 귀의하옵니다.

선소(宣疏)를 마치고 평소대로 동발(動鈸)한 뒤에, 법주는 여러 진언 및 유치(由致)를 한다. 다음 각 청을 하고 끝에 가영을 운한다. 급하면 한꺼번에 청을 하고 한꺼번에 가영하되, 기미를 보면서 운한다.

법신영(法身詠)

威光遍照滿乾坤　　　　　위엄의 광채 두루 비추어 하늘과 땅에 가득 차니

眞淨無爲解脫門　　　　　참되고 깨끗하고 무위한 해탈문이네.

雲暗日明身內影　　　　　구름 어둡고 해가 밝음은 몸 안의 그림자요

山靑水碧鏡中痕　　　　　산이 푸르고 물이 푸른 것은 거울 속에 자취로다.

보신영(報身詠)

因圓果滿訂如如　　　　　인과가 원만하여 여여하게 되었으니

依止莊嚴相好殊　　　　　장엄함에 의지하여 상호가 특별하도다.

究竟天中登寶座　　　　　결국에는 하늘 가운데 보엄좌16)에 오르시어

菩提樹下現金軀　　　　　보리수 아래에 금빛 몸 나투셨네.

화신영(化身詠)

兜率夜摩迎善逝　　　　　도솔천에서는 야마17)가 부처님을 맞이하고

須彌陀化見如來　　　　　수미산에서는 아미타가 여래로 나투시네.

同時同會同如此　　　　　같은 시간 같은 곳에 모여 이와 같이 함께하니

月印千江不可猜　　　　　일천 강에 달 비쳐도 시샘함이 없도다.

미륵18)영(彌勒詠)

六時說法無休息　　　　　하루종일19) 쉼 없이 설법하여

---

16) 보엄좌(寶嚴座): 보배롭고 장엄한 자리.

17) 야마(夜摩): (팔)yama. 베다 신화에서는 사자(死者)의 왕. 천상의 낙토에 산다. 죽은 자의 심판자라고 생각되며, 도교적 관념이 부가되어 염마의 상이 성립되었다.

18) 미륵(彌勒): (산)Maitreya (팔)Metteya의 음역. 인도 바라나국의 바라문 출신으로 석존의 교화를 받고, 미래에 성불하리라는 수기를 받아, 도솔천에 올라가 있으면서 지금은 그 하늘에서 천인들을 교화한다. 석존 입멸 후 56억 7천만 년을 지나 다시 이 사바세계에 출현. 화림원(華林園) 안의 용화수(龍華樹) 아래서 성도하여, 3회의 설법으로 모든 중생을 제도한다고 한다.

三會度人非等閑   3회의 설법으로 인간을 제도하니 한가하지 않네.

切念勞生沈五濁   수고로운 생각을 끊고 오탁20)을 가라앉히니

今宵略暫到人間   오늘 밤 잠시 인간 세상에 이르렀네.

미타영(彌陀詠)

靑山疊疊彌陀窟   겹겹의 푸른 산은 아미타불 극락토요,

滄海茫茫寂滅宮   끝없이 아득한 바다 적멸21)의 궁전이라.

物物拈來無罣碍   무엇을 가져와도 걸릴 것이 없으련만

幾看松頂鶴頭紅   얼마나 봤나 소나무 끝에 학의 머리 붉어짐을.22)

약사영(藥師詠)

東方世界名滿月   동방세계는 만월이라 이름하고

佛號琉璃光皎潔   부처란 호칭은 유리같이 광채가 정결하네.

頭上旋螺靑似山   머리 위에 나발은 산처럼 푸르고

眉間毫相白如雪   미간에 백호는 눈처럼 하얗구나.

삼세불영(三世佛23)詠)

六根互用俱無碍   육근24)의 상호 작용이 모두 걸림이 없어

四智圓明悉混融   네 가지 지혜는 원만하고 밝게 무르녹았네.

稽首法王無上士   법왕인 부처님25)께 머리 조아리니

---

19) 하루종일[六時]: 주야육시(晝夜六時)라고도 한다. 하루를 신조(晨朝)·일중(日中)·일몰(日沒)·초야(初夜)·중
야(中夜)·후야(後夜)의 6가지로 나누는 것을 말한다. 인도 이래 이 육시에 근행(勤行)하는 습관이 있고 당
(唐)의 선도(善導)에 육시예찬(六時禮讚)의 작품이 있다. 또 육시중에 처음의 3개를 삼시라고도 하고, 삼시
염불(三時念佛)·삼시 좌선(三時坐禪) 따위가 행하여 졌다. 중국의 천태종에서는 상행삼매(常行三昧)를 육
시에 수행했다.

20) 오탁(五濁): 악한 세상에 있어서 5종류의 더러움. 겁탁(劫濁)·견탁(見濁)·번뇌탁(煩惱濁)·중생탁(衆生濁)·명
탁(命濁)의 다섯가지를 이른다.

21) 적멸(寂滅): 범어 nirvāṇa의 의역으로서 미(迷)의 세계를 영원히 이탈한 경계. 깨달음에 의해 무명으로부터
비롯된 일체의 고뇌가 사라진 경계. 열반(涅槃)은 니르바나의 음역.

22) 학의 머리 붉어짐을[鶴頭紅]: 학정홍(鶴頂紅). 학의 붉은 머리. 속설에 학은 100년에 한 번씩 머리에 붉은
점이 생긴다 한다.

23) 삼세불(三世佛): 석가·아미타불·미륵의 3불을 말한다.

24) 육근(六根): 육식(六識)이 그 대상이 되는 육경(六境)에 대하여 인식 작용을 일으킬 경우의 그 여섯 가지
인식 기관. 안근(眼根)·이근(耳根)·비근(鼻根)·설근(舌根)·신근(身根)·의근(意根)을 일컫는다.

共垂十力接群蒙 십력26)도 함께 베풀어 중생을 만나주시네.

달마영(達摩詠)

五時各異根深淺 오시27)마다 근기의 심천이 각각 다르나
二諦雙融機頓圓 이체28)가 서로 융합하여 기틀이 돈원29)하네.
經卷塵中須具眼 수많은 경전 가운데 모름지기 안목을 갖출지니
擧頭龍藏滿山川 머리 들면 말씀30)이 산천에 가득하네.

묘각영(妙覺詠)

三身極果雙空訂 삼신31)의 지극한 과보 비었음을 증명하고
十信圓因獨主張 십신32)의 원만한 인연 홀로 주장하네.
寒山月下吟無盡 한산33)은 달 아래에서 끝없이 읊조리고
拾得巖前笑未休 습득34)은 바위 앞에서 쉬지 않고 웃네.

---

25) 부처님[無上士]: 최상의 인간. 부처님 십호(十號)의 하나.
26) 십력(十力): 부처님이 가진 특유의 10종 지력(智力).
27) 오시(五時): 석존의 성도 때부터 입멸 때까지 설법했던 기간을 5개의 시기로 나누는 사고 방식.
28) 이체(二諦): 두 가지 진리. 진체(眞體;진실한 견해)와 속체(俗體;세속 일반의 견해).
29) 돈원(頓圓): 이돈(二頓)이라고도 한다. 화엄종에서 돈교(頓敎)를 점돈(漸頓)·돈돈(頓頓)의 둘로 나누고, 원교(圓敎)에 점원(漸圓)·돈원(頓圓)의 둘을 세워 『화엄경』을 돈돈(頓頓)·돈원(頓圓)의 가르침이라 하고 『법화경』을 점돈(漸頓)·점원(漸圓)이라 하는 것을 말한다.
30) 말씀[龍藏]: 대승경전. 『대승경』이 용궁에 있었다고 하는 고사에 의한다.
31) 삼신(三身): 부처님의 세 가지 신체. 『능가아발다라보경』에는 법불(法佛)·의불(依佛)·화불(化佛)의 3신을, 『입능가경』, 『대승입능가경』에는 법불(法佛)·보불(報佛)·응화불(應化佛)의 3신을 말하고 있다.
32) 십신(十信): 『화엄경』에서 설하는 십종의 불신. 중생신(衆生身)·국토신(國土身)·업보신(業報身)·성문신(聲聞身)·벽지불신(壁支佛身)·보살신(菩薩身)·여래신(如來身)·지신(智身)·법신(法身)·허공신(虛空身)을 말한다.
33) 한산(寒山): 중국 당나라 때 사람으로 성명은 알 수 없고, 항상 천태 시풍현(始豊縣)의 서쪽 70리에 있는 한암(寒巖)의 깊은 굴속에 있었으므로 한산이라 한다. 몸은 바싹 마르고, 보기에 미친 사람 비슷한 짓을 하며 늘 국청사에 와서 습득과 함께 대중이 먹고 남은 밥을 얻어서 댓통에 넣어 가지고 둘이 서로 어울려 한산으로 돌아가곤 하였다. 미친 짓을 하면서도 하는 말은 불도의 이치에 맞으며, 또 시를 잘 하였다. 어느 날 태주자사(台州刺史) 여구윤(閭丘胤)이 한암에 찾아가서 옷과 약 등을 주었더니, 한산은 큰 소리로 '도적놈아! 이 도적놈아! 물러가라.' 하면서 굴속으로 들어간 뒤에는 그 소식을 알 수 없었다. 세상에서 한산·습득·풍간(豊干)을 3성(聖)이라 부르며, 또 한산을 문수보살의 재현이라 한다.
34) 습득(拾得): 중국 당나라 때 천태산 국청사에 있던 사람. 풍간이 산에 갔다가 적성도(赤城道) 곁에서 주워 왔다 하여 이렇게 이름 한다. 한산과 친히 사귀었고 풍간이 산에서 나온 뒤에 한산과 함께 떠난 뒤로 자세한 행적을 알 수 없다.

등각영(等覺詠)

千山萬水境難同	온 산과 물의 경계 같기 어려워
路盡何勞更立宗	길이 끝났는데 어찌 수고롭게 다시 종지 세웠나?
失却普賢渾相質	지혜[普賢]35)를 잃어버리고 아무데나 맞추어보니
豈須師利狻抁蹤	어찌 스승의 좋은 말씀의 자취 필요로 하리?

십지영(十地詠)

秘密藏含明照雨	비밀스런 장경은 광명의 비를 머금어
熾然光燭聖凡魔	거센 불빛이 성·범·마를 비춰주네.
智通王境難窮盡	법왕의 경계에 지혜가 통하여 다함없으나
不離胡蝶舊日窠	나비의 옛 보금자리에서 벗어나질 않았네.

사가행영(四加行詠)

月眉侵鬢連天碧	초승달 눈썹은 귀밑머리 넘어 하늘까지 푸르르고
相好舒光暎日紅	얼굴의 서광이 해에 비치어 붉도다.
萬行齊修皆十地	만행으로 몸을 닦아 모두 십지36)가 되었으니
塵沙世界休皆同	티끌 세계의 아름다움이 모두 같네.

십향영(十向詠)

離垢情纏頂不開	때문은 정에서 벗어났으나 정수리가 열리지 않아
法師得記未中廻	법사는 수기를 받고 중간에서 돌아서지 못하네.
悉能嚴淨虛空界	허공세계를 모조리 엄정하게 할 수 있으니
或可安詳智慧臺	때때로 지혜대에서 편안할 수 있겠네.

---

35) 보현(普賢): 보현보살은 지혜를 상징한다.

36) 십지(十地): 보살이 수행해야 하는 52단계 중 특히, 제 41위에서 제 50위까지를 십지라고 한다. 이 10위는 불지(佛智)를 생성하고, 능히 주지(住持)하여 움직이지 아니하며, 온갖 중생을 짊어지고 교화 이익하는 것이, 마치 대지가 만물을 싣고 이를 윤익(潤益)함과 같으므로 지(地)라 이름. 즉 환희지(歡喜地)·이구지(離垢地)·발광지(發光地)·염혜지(焰慧地)·난승지(難勝地)·현전지(現前地)·원행지(遠行地)·부동지(不動地)·선혜지(善彗地)·법운지(法雲地)의 10단계.

십행37)영(十行詠)

化境圓成行普周   조화의 경지 원만히 이루어 두루 다니며

神通一一盡遨遊   신통을 일일이 드러내어 모두 자적하네.

遍行道遠非擡足   먼 곳까지 두루 다녀도 발걸음을 딛지 않으니

十度門深不用修   십도38)의 깊은 문이라도 닦을 필요가 없네.

십주39)영(十住詠)

舟若空圓性己眞   반야(般若)40)가 원만하여 법성이 참되니

位居灌頂乃方親   관정의 자리에 있어야 바야흐로 친하리라.

無邊刹海歸毛孔   무변 찰해가 털구멍으로 돌아가고

一切含靈入細塵   모든 함령41)은 미세한 먼지 속에도 들어가네.

십신42)영(十信詠)

一粒潛殃始破歧   한 톨의 숨은 재앙이 갈래를 비로소 깨뜨리니

聖胎從此漸生肢   성인의 태가 이제부터 점차 갈래 생겨나네.

頻修善道餘苗落   선도를 자주 닦으면 남은 싹 떨어지리니

旋益玄談曉露資   곧장 현담43)의 새벽 이슬 같은 밑천을 더해주네.

승가영(僧伽詠)

塑象聲聞由可敬   소상은 성문으로는 공경할만하나

---

37) 십행(十行): 보살이 수행하여야 하는 52단계 중 제 21위에서 제 30위까지를 가리킨다. 이타행(利他行)을 수
   행하는 위(位)이다. ①환희행(歡喜行). ②요익행(饒益行). ③무위역행(無爲逆行). ④무굴요행(無屈撓行). ⑤
   무애난행(無礙難行). ⑥선현행(善現行). ⑦무착행(無著行). ⑧난득행(難得行). ⑨선법행. ⑩진실행(眞實行).

38) 십도(十度): 십바라밀을 말한다. 십바라밀은 육바라밀에 방편(方便)·원(願)·력(力)·지(智)의 4바라밀을 더한
   것. 보살이 실천해야만 하는 덕목.

39) 십주(十住): 보살이 수행해야 하는 52단계 중 제 11위에서 제 20위까지. ①발심주(發心住). ②치지주(治地
   住). ③수행주(修行住). ④생귀주(生貴住). ⑤구족방편주(具足方便住). ⑥정심주(正心住). ⑦불퇴주(不退住).
   ⑧동진주(童眞住). ⑨법왕자주(法王子住). ⑩관정주(灌頂住).

40) 반야(般若): 원문에는 주야(舟若)로 되어 있으나 반(般)의 오자인 듯하여 수정하였다.

41) 함령(含靈): 영성(靈性)을 감추어 갖고 있는 것.

42) 십신(十信): 보살이 행해야 하는 52단계 중, 최초의 10단계를 가리킨다. 『영락경(瓔珞經)』에 의하면 ①신심
   (信心). ②염심(念心). ③정진심(精進心). ④정심(定心). ⑤혜심(慧心). ⑥계심(戒心). ⑦회향심(廻向心). ⑧호
   법심(護法心). ⑨사심(捨心). ⑩원심(願心).

43) 현담(玄談): 불교의 현묘한 이치를 논하는 것. 현담(懸談)과 같다.

活如羅漢莫相經　　　살아있는 듯한 나한상 법으로 삼지 마라.
歸依不得生分別　　　귀의할 것이지 억지로 분별하지 말고
休擇凡聖揀聖僧　　　범성을 가려서 성승을 구별하려 하지 말라.

아난44)영(阿難詠)

靜室端居方係念　　　고요한 방에 단정히 있으면 바야흐로 생각나는데
面然應跡訴飢虛　　　면연이 자취에 응하여 배고픔을 하소연하네.
尊觀鬼狀生惶怖　　　존귀한 모습 귀상이 두려움을 내는데
鬼視尊顏願濟歟　　　귀신이 존안을 보고 제도를 바람일까?

성현영(聖賢詠)

羅漢神通世所稀　　　나한의 신통은 세상에 희귀한 바이니
行藏現化任施爲　　　나타나고 감추고 변하고 드러냄을 마음대로 하시네.
碧松巖下經千劫　　　벽송암 아래에서 천겁을 지나니
生界潛形入四維　　　중생계에서는 형적을 숨겨 사유45)에 들어가셨네.

불보영(佛寶詠)

佛身普徧十方中　　　불신이 시방에 두루 있으니
三世如來一體同　　　삼세여래가 일체로 동일하네.
廣大願雲恒不盡　　　광대한 서원의 구름은 항상 끝이 없으나
汪洋覺海杳難窮　　　넓고 넓은 깨달음의 바다는 아득하여 찾기 어렵네.

법보영(法寶詠)

敎能詮理理中玄　　　교는 이치를 깨우치고 이치는 또 현묘하니
依理修行果自然　　　이치에 의지하여 수행함이 과연 자연스럽네.
寶偈人間方十萬　　　인간에게 수많은 보배로운 게송이 있으니
金文海內廣三千　　　세상에 금문46)은 삼천으로 넓구나.

---

44) 아난(阿難): 부처님 10대 제자의 한 사람. 무염(無染)·환희(歡喜)·경희(慶喜)라 번역. 부처님의 사촌동생으로서 가비라성의 석가 종족(부왕에 대하여는 곡반왕·감로반왕·백반왕의 이설이 있다)의 집에 출생하여 8세에 출가하였다. 수행하는데 미남인 탓으로 여자의 유혹이 여러 번 있었으나 지조가 견고하여 몸을 잘 보호하여 수행을 완성하였다.
45) 사유(四維): 네 가지 중간의 방각. 동남[巽]과 동북[艮]과 서남[坤]과 서북[乾]을 말한다.

승보영(僧寶詠)

圓頂方抱繼佛燈	둥근 머리 스님[方袍]⁴⁷⁾은 불등을 계승하고
傳衣說法利群生	의발을 전한 설법이 뭇사람들을 이롭게 하네.
或開釋論或宗論	혹은 석론⁴⁸⁾을 혹은 종론⁴⁹⁾을 열고
或講三乘或一乘	혹은 삼승을 설명하고 혹은 일승⁵⁰⁾을 강하네.

청 끝에 혹은 삼보소(三寶疏)를 독송하기도 하는데, 마치면 봉영부욕편(奉迎赴浴篇)을 하고, 끝에 인도는 입실게 (入室偈)를 운한다.

毘藍園內降生時	비람원에 강생하셨을 때
金色妙身無染疲	금색의 묘한 몸은 물들고 피로함이 없었나이다.
凡情利益臨河側	세속 인정은 이익을 받으려 물가에 나섰으니
今灌度生亦復宜	이제 관욕하여 중생을 제도함이 마땅하옵니다.

한편에서 반요잡(半繞帀)하고, 법주는 정로진언(淨路眞言)을 7번 한다. 이때 인도는 구룡찬(九龍讚)을 운한다.

五方四海九龍王	오방과 사해의 구룡의 왕이시여
曾會毘藍吐水昻	일찍이 비람원에 모여 물을 토하셨나이다.
灌沐金身成勝果	금신에 관목하여 훌륭한 과보를 이루었으니
願流甘露滿蘭堂	원컨대 감로수를 흘려 난당에 가득차게 하시옵소서.

찬탄관욕편(讚歎灌浴篇)을 하고 끝에 관욕찬(灌浴讚)을 운한다.

我今灌沐聖賢衆	나는 지금 성현들을 관욕하오니

---

46) 금문(金文): 금과 같이 귀중하다는 뜻으로 부처님의 말씀인 경전을 말한다.
47) 스님[方袍]: 가사. 방복. 변하여 승려를 일컫는다. 원문에는 방포(方抱)로 되어있으나 오자인 듯하다.
48) 석론(釋論): 종론(宗論)에 대한 석론.
49) 종론(宗論): 석론의 반대. 어떤 한 경의 종지를 총괄하여 체계적으로 논한 것을 말한다.
50) 일승(一乘): 일(一)은 유일무이(唯一無二), 승은 탈 것으로, 중생을 실어 깨달음으로 향하게 하는 교리를 비유한 말이다. 일승의 사상은 『법화경』, 『승만경』, 『화엄경』 등에서 설해지고 있지만, 특히 『법화경』에서 강조한다. 사람의 자질이나 능력에 따라 성문·연각·보살 각각의 고유한 실천법이 있다고 하는 삼승(三乘)의 견해에 대하여, 삼승은 일승으로 나가기 위한 수단에 불과하다고 한다. 즉, 부처님이 설한 것을 듣고나서의 실천[성문승], 단독으로 깨달음을 여는 실천[연각승], 자타(自他)와 함께 깨달으려고 하는 실천[보살승]이 있지만 이것들이 모두 하나로 귀일한다고 하는 가르침이다.

淨智功德莊嚴聚	정결한 지혜와 공덕이 장엄하게 모이네.
願諸五濁衆生類	모든 오탁의 중생들이
當證如來淨法身	여래청정 법신을 마땅히 증명하기를 원하나이다.

<俺 底沙底沙 僧伽 莎訶>
옴 지사지사 승가 사바하

인성귀위편(引聖歸位篇) 끝에 염화게(拈花偈)를 운한다.

靈鷲拈花示上機	영취산에서 꽃을 들어 상등의 기틀을 보이시니
肯同浮木接盲龜	눈 먼 거북 물 위에 뜬 나무 만남과 어찌 같으랴!
飮光不是微微笑	가섭존자 미소짓지 않았더라면
無限淸風付與誰	한없이 맑은 가풍 누구에게 전했을까?

산화락(散花落)을 하고, 삼동발(三動鈸)을 한 뒤, 거령산(擧靈山)과 요잡(繞帀)을 하고, 끝에 좌불게(坐佛偈)를 한다.

좌불게(坐佛偈)

請入諸佛蓮華座	청하오니 여러 부처님 연화좌에 오르시며
降臨千葉寶蓮臺	강림하시어 보배로운 천엽 보련대에 앉으소서.
菩薩緣覺聲聞衆	보살, 연각, 성문승들께서는
惟願不捨大慈悲	오직 원하옵나니 대자비심을 버리지 마소서.

안위편(安位篇) 뒤에 헌좌와 다게를 운한다. 다음 찬례삼보편(讚禮三寶篇)을 하고, 끝에 대자례(大慈禮)를 운한다. 다음 대원만각(大圓滿覺)을 운하고, 다음 삼정례(三頂禮)와 위리게(爲利偈)를 한다.

◎중단영청지의(中壇迎請之儀)

전종(轉鐘) 및 명발(鳴鈸)을 한 뒤 거불(擧佛)한다.

南無天藏菩薩	천장보살께 귀의하옵니다.
南無持地菩薩	지지보살께 귀의하옵니다.

南無地藏菩薩　　　　　　　지장보살께 귀의하옵니다.

선소(宣疏)를 하고 끝에 평소대로 동발(動鈸)을 한다. 다음 법주는 여러 진언과 유치를 한 뒤 조용하면 각 청과 각 가영을 운한다. 급하면 한꺼번에 청과 가영을 한다.

천장영(天藏詠)

金冠珠翠玉瓏恩　　　　　금관과 비취색 옥구슬이 영롱하고

瓔珞光寒射碧空　　　　　영락의 차가운 광채가 벽공을 쏘네.

寶蓋寶幢離寶殿　　　　　보개51)와 보당이 보전에서 떠나가니

天仙天樂下天宮　　　　　천선 천악이 천궁에서 내려오네.

사공천52)영(四空天詠)

定果現形無樂着　　　　　선정의 결과가 나타남에 음악에 집착함이 없으나

天女天仙天管絃　　　　　천녀·천선들이 하늘의 음악을 연주하네.

天樂聽時增放逸　　　　　천상의 음악을 들으면 나태해지나니

不如聞法世尊前　　　　　세존 앞에서 법을 듣는 것만 같지 않네.

오거천영(五居天詠)

諸天常樂鎭無憂　　　　　제천에서는 늘 즐거워 근심없이 편안하고[鎭]53)

受用隨心欲便周　　　　　마음대로 받아들여 두루 하고자 하네.

龍起龍眼分晝夜　　　　　용이 눈떴다 감음에 주야가 나누어지고

花開花落辨春秋　　　　　꽃이 피고 떨어짐에 봄, 가을을 구별하네.

사선54)천영(四禪天詠)

---

51) 보개(寶蓋): 보산개(寶傘蓋). 보배·구슬로 만든 일산. 불·보살이나 국왕·법사의 높은 자리 위에 단 일산 모양의 앙장(仰帳;천장이나 상여 위에 치는 장막). 서봉개(瑞鳳蓋)·연화개(蓮花蓋)·화개(華蓋)·천개(天蓋)·법개(法蓋)·입개(笠蓋)라고도 한다. 본래 인도에서 강한 햇빛을 차단하기 위한 일산이었으나, 보주(寶珠)·보망(寶網)·영락(瓔珞)·번(幡) 등으로 장식하여 부처님의 상호를 모시는 장엄구(莊嚴具)로 쓰이게 되었다.

52) 사공천(四空天): 무색계에서 4개의 영역. ①공무변처(空無邊變). ②식무변처(識無邊處). ③무소유처(無所有處). ④비상비비상처(非想非非想處).

53) 진(鎭): 사진(寺鎭)이라고도 하는데, 절을 평안하게 한다는 뜻이다.

54) 사선(四禪): 색계(色界)에 있어서 네 가지의 단계적 경지. 초선(初禪)부터 제 4선까지를 말한다. ①초선(初禪)은 각(覺)·관(觀)·희(喜)·락(樂)·일심(一心). ②이선은 내정(內淨)·희(喜)·락(樂)·일심(一心). ③삼선은 사

增崇大覺被慈陰	자비로운 은혜 입어 큰 깨달음을 더욱 높이니
始獲今生福報酬	비로소 금생에 복으로 보답 받네.
榮貴縱經八萬劫	영화롭고 귀함을 팔만겁 동안 겪었으나
悉免無常一旦休	모두 무상함을 알고 하루아침에 그만두네.

삼선영(三禪詠)

極貴極尊極妙莊	지극히 귀하고 지극히 높으며 지극히 묘한 장엄은
七寶階墀遶殿堂	칠보로 전당의 섬돌을 에워싸네.
淨分勝劣由因造	정계의 우열이 나누어짐은 인과로 말미암나니
難敵終時一點霜	끝내 한 점 서리에 대적하기 어렵네.

이선영(二禪詠)

富貴任情隨所樂	부귀는 정에 맡겨 즐기는 대로 따르고
榮華恣意鎭連綿	영화로움은 마음대로 계속 이어져서
直饒勝樂無倫比	좋은 낙이 넉넉하여 짝이 없다 하더라도
畢竟難超有相緣	끝내 유상의 인연을 초월하기 어려우리.

초선영(初禪詠)

香風鬱鬱天顏悅	향기로운 바람이 그득해 천안이 기쁘고
瑞氣氳氳玉貌怡	상서로운 기운이 자욱해 옥같은 얼굴이 기쁘나
逍遙富樂非長久	부귀와 즐거움에 노니는 것이 오래되지 아니하고
好悟光陰瞥地期	순식간에 지나감을 깨닫기 좋으리.

욕계영(欲界詠)

妙高頂上衆天人	오묘히 높은 정상에 있는 뭇 천인들은
福德巍巍越衆辰	복덕이 높고 높아 뭇 별들보다 뛰어나네.
徧體珠瓔光奪目	온 몸 가득 진주와 영락 광채가 눈을 현란하게 하고
隨身宮殿色長新	몸이 가는 곳마다 궁전의 색이 언제나 새롭네.

(捨)·염(念)·혜(慧)·락(樂)·일심(一心). ④사선은 불고불락(不苦不樂)·사(捨)·염(念)·일심(一心).

유공영(遊空詠)

紫微大帝統星君	자미대제55)가 성군을 통솔하니
十二宮神太一神	12궁신 중에 가장 큰 신이로다.
七政齊臨爲聖主	칠정56)이 나란히 강림하시어 성주가 되고
三台共照作賢臣	삼태성57)이 함께 비추어 어진 신하가 되네.

오통58)영(五通詠)

神通逞意靑霄畔	푸른 하늘가에서 신통을 마음대로 부리고
呪術資心碧嶂前	푸른 산 앞에서 주문을 마음대로 외네.
利自利他專本業	자리와 이타의 본업에 전심하니
調龍調虎度弥年	용과 호랑이를 부리면서 평생을 보내네.

지지영(持地詠)

知眞惟有一乘法	참을 알면 오직 일승법만 있을 뿐
了忘全空二轉依	다 잊고 완전히 비우는 것이 두 개의 전의59)라네.
究竟位中留不住	구경의 자리 가운데 머물지 아니하고
大圓鏡內化群機	크고 원만한 거울60) 안에서 많은 기틀을 교화시키네.

수호61)영(守護詠)

| 如來會上無高下 | 여래가 모인 곳에는 고하가 없어 |
| 都在毫光一道中 | 백호광62) 한 길 속에 모두 있다네. |

---

55) 자미대제(紫微大帝): 중국에서 북두(北斗)의 북에 있는 별이름을 자미(紫微)라고 하고 거기에 천제(天帝)가 있다고 한다. 그곳에서 천제의 주처(住處)를 자미의 전(殿)이라고 하며 변하여 왕궁을 의미한다.

56) 칠정(七政): 일·월·화·수·목·금·토. 그 운행이 절도(節度)가 있어 국가의 정사(政事)와 비슷하므로 이같이 부른다.

57) 삼태성(三台星): 자미궁(紫微宮)의 주위에 있는 상태(上台)·중태(中台)·하태(下台)의 각각 두 별씩 도합 여섯 별.

58) 오통(五通): 5가지의 신통. 천안통(天眼通)·천이통(天耳通)·숙명통(宿命通)·타심통(他心通)·신족통(神足通)을 말한다.

59) 전의(轉依): 번뇌를 바꾸어 열반을 얻는다는 뜻이다.

60) 크고 원만한 거울[大圓鏡]: 부처님의 지혜를 크고 깨끗한 거울에 비유한다.

61) 수호(守護): 어떤 개인·가정·직업·특정 지역·국가 등을 수호하고 가호하는 신. 특정한 기능을 관장하는 기능신과 개인을 수호하는 신, 아이들을 지키는 신, 남성이나 여성을 지키는 신, 씨족신, 도시신, 국가신 등의 수호신의 두 종류가 있다.

我運處誠修等供	내가 정성으로 닦아 공양하고
奉行經典永流通	경전을 봉행하여 영원히 유통하리.

약차63)영(藥叉詠)

諸王寶劍絶纖瑕	제왕의 보검 미세한 흠마저 끊나니
福德難量大藥叉	복덕을 헤아리기 어려운 약차로다.
志益群生心不倦	중생에게 도움주려는 뜻 권태가 없어
嚴持佛法願無差	불법을 엄정하게 지녀 어긋남이 없기를.

후토64)영(后土詠)

遊逸恣情靑嶂裏	푸른 산 가운데서 마음대로 노닐면서
逍遙快樂碧巒中	푸른 봉 가운데에 즐겁게 소요하네.
蹔屈雲軿親法會	구름수레 잠시 몰아 법회에 친히 오셔서
了聽圓音悟大空	원만한 소리를 또렷이 듣고 대공65)을 깨닫네.

하원66)수궁영(下元水宮詠)

東西南北及中央	동서남북과 중앙에서
各用神功主一方	각기 신공을 써서 한 방면을 주관하시네.
無事總歸於本位	무사히 모두들 제자리로 돌아가 계시다가
有時同聚向淸凉	때가 되면 함께 모여 청량으로 향하네.

---

62) 백호광[豪光]: 부처님의 미간에 있는 백호(白豪)에서 나오는 광명. 부처님 지혜의 빛에 견준다.

63) 약차(藥叉): 야차(夜叉)와 동일. 불교에 수용되어 팔부중의 하나가 되었으며, 비사문천(毘沙門天)의 권속으로서 북방을 수호한다. 또한, 나찰(羅刹)과 함께 팔부귀중의 하나로 여겨져 사람을 상해하여 먹는 악귀라고 여긴다. 그러나 오히려 사람에게 은혜를 베푸는 예도 있다. 야차는 악인을 먹지만 선인을 먹지 않으며, 오히려 선인을 수호한다고 생각되기 때문이다.

64) 후토(后土): 토지의 신. 천(天)을 황천(皇天)이라고 말하는 데 대하여 지(地)를 후토(后土)라 한다. 옛날에는 천자(天子)가 후토를 제사했다. 한대(漢代)에는 무제(武帝)가 분수(汾水)의 북쪽에 후토사(后土祠)를 세워 제사를 지냈다. 당송시대가 되면 토지신의 신앙이 널리 민간에 행해지게 되고 토지신의 영력(靈力)의 내용도 변화 확대되어 신력(神力)이 미치는 토지의 농작물을 풍족하게 해줄 뿐만 아니라 그 토지에 사는 사람의 여러 가지 원하는 일도 들어준다고 생각하게 되었다.

65) 대공(大空): 시방 세계가 공(空)하다는 뜻이다.

66) 하원(下元): 삼원(三元) 중 하나. 도가에서 하늘을 상원, 땅을 중원, 물을 하원이라 일컫는다.

주집영(主執詠)

息怒停嗔收雲翳　　　　　노여움과 성냄을 멈추고 가리운 구름을 거두어

願承歡喜上飄颺　　　　　환희를 받들어서 위로 날아오르길 원하네.

晴明天地增光曜　　　　　청명한 천지에 밝은 빛을 더하니

咸助冥陽大道場　　　　　음양의 큰 도량을 모두 도와주시네.

육재[67]영(六齋詠)

巡察人間諸善惡　　　　　인간의 여러 선악을 순찰하시고

權衡鬼域衆魔王　　　　　귀신 세계에 뭇 마왕들 저울질하시네.

能驅士卒開冥府　　　　　사졸들을 몰아 명부를 여시고

解執符文奏上蒼　　　　　부신[符文][68]을 가지고 상제께 아뢰네.

사직[69]영(社稷詠)

威嚴整肅統城隍　　　　　위엄으로 정숙하게 성황을 통솔하고

端正靈明羈一方　　　　　단정하고 영명하게 한 방면을 통제하시네.

炳察人間諸善惡　　　　　인간의 여러 선악을 환하게 살피시니

請來法會護壇場　　　　　법회에 오시어 도량을 보호해 주소서.

지장영(地藏詠)

無上戒言怵放逸　　　　　위없는 경계의 말로 방일함을 경계하고

有情唱氣轉難當　　　　　유정한 것들이 부르는 기운 감당하기 어렵게 되네.

今霄願赦諸魂魄　　　　　오늘 밤 여러 혼백들을 용서하시어

來詣菩提解脫鄕　　　　　보리해탈향에 오게 하소서.

---

67) 육재(六齋): 재가(在家)의 사람이 몸과 마음을 맑고 깨끗하게 유지하고, 팔재계를 지키고, 선사(善事)를 행하는 정진일(精進日)로, 매월 8·14·15·23·29·30의 여섯날을 가리킨다.

68) 부문(符文): 부명문서(符命文書)의 약어. 임금의 명령인 부명이 적힌 문서. 여기서는 십대왕의 명령이 적힌 문서를 말한다.

69) 사직(社稷): 사(社)는 토지신, 직(稷)은 곡신(穀神)으로 구별하는 견해도 있지만, 둘을 일체로 본다. 사직의 제신(祭神)에 대해 정현(鄭玄)은 토신설(土神說)을, 왕숙(王肅)은 인귀설(人鬼說)을 주장한다. 옛날부터 중국의 천자나 제후로서 새로 나라를 세워 백성을 다스리게 되면 모두 사직단을 만들어 백성을 위하여 복을 비는 제사를 지냈다.

인종영(因從詠)

初因重擔別毘沙　　처음에 무거운 짐을 지고 비사문천70)을 떠나서
建國金山永作家　　금산에 나라 세우고 영원히 집으로 삼았네.
陰主尙猶難免此　　지옥의 주인은 오히려 이것을 면하기 어렵거늘
人生且莫逞豪奢　　인생도 호사를 마음대로 하지 마라.

심궁영(尋窮詠)

焰羅四案判官衆　　염라국 네 탁상의 판관들
冥府六曹列聖神　　명부의 6조에 성신들이 줄지어 섰네.
皆因罪決無私慮　　모든 죄를 결정하는데 사사로운 생각 없으니
放下塵勞證元眞　　헛수고하지 말고 원래의 진면목을 증명하라.

여래친제영(如來親諸詠)

靈聰二丸酬前志　　신령하고 총명한 두 눈이 전생의 뜻을 보답받아
惡境林中一慣常　　모진 경계 숲 속에서도 항상 한결같다네.
鐵面夜叉圍沸鼎　　철면피 야차들 솥을 에워싸고
銅牙猛獸繞屠場　　사나운 맹수들 도살장을 둘러싸네.

금강수제영(金剛水際詠)

鐵圍山內無邊事　　철위산71) 안에 가이없는 일은
權化人間不可知　　방편으로 무지한 인간을 교화함이로다.
苦痛欲言難口道　　고통을 말하고자 해도 말하기 어려우니
到頭審察怨他誰　　끝에서 자세히 살피며 다른 뉘를 원망하리.

위령가외영(威令可畏詠)

五路敬巡爲大統　　오로를 경건히 순례하는 대통이 되어
監生追死總爲君　　산 이 살피고 죽은 이 추모함은 모두 군을 위함이네.

---

70) 비사문천(毘沙門天): 사천왕의 하나로 호법(護法)과 시복(施福)의 천신.
71) 철위산(鐵圍山): (산)Cakravāḍa. 금강산(金剛山)·금강위산(金剛圍山)·철륜위산(鐵輪圍山)이라고도 한다. 모두 쇠로 만들어졌기 때문에 철위산이며, 지변산(地邊山)을 둘러싸고 있고 9산(山) 중 가장 밖에 있는 산이라고 한다.

將軍號令通今古　　　　장군의 호령은 고금을 통하니
生死其誰不見聞　　　　산 사람이나 죽은 사람 그 누가 듣고 보지 않겠나?

기도영(其徒詠)
意氣凶頑難抵敵　　　　기상이 흉악하여 상대하기 어렵나니
其徒百萬鎭冥司　　　　그 무리 백만이 명부 관청을 진압하네.
縱橫不念群情苦　　　　제멋대로 다니며 뭇 중생들 고통 생각지 않고
遇少逢尊卽倒提　　　　비천한 이나 존귀한 이 만나면 즉각 넘어뜨리네.

천도영(天都詠)
諸天常樂由因造　　　　제천의 즐거움은 인연으로 말미암아 생겨나니
定果隨身自在遊　　　　정해진 과보로 몸에 맞게 자재하게 노니네.
極尊極貴無倫比　　　　지극히 존귀하여 비할 데가 없나니
空住空行最自由　　　　공에 머물며 다니는 것이 가장 자유롭다네.

신도영(神都詠)
信受佛語常擁護　　　　부처님 말씀 받고 항상 옹호하니
菩提城內折邪魔　　　　보리성 안에 사악한 마귀를 꺾었네.
利益群生常不倦　　　　뭇 중생들 이롭게 함에 항상 싫증내지 않으시고
權衡鬼域護僧伽　　　　귀역을 저울질하며 승가를 보호하시네.

명도영(冥都詠)
位列幽冥到聖中　　　　유명계의 지위가 성중에 이르고
分明賞罰振淳風　　　　상벌을 분명히 하여 순풍을 떨치네.
金山建國安身臥　　　　금산에 나라 세워 편안히 몸을 뉘이고
能使群生業障空　　　　군생들을 잘 부려 업장을 멸하시네.

봉영부욕편(奉迎赴浴篇)을 하고 끝에 입실게(入室偈)를 운한다.

靜室燈明夜色幽　　　　고요한 방에 등불 밝히니 밤빛은 그윽하고
氷壺藻鑑瑞香浮　　　　깨끗하고 아름다운 거울에 상서로운 향기 떠 있구나.

天行地步諸神衆	하늘과 땅에 다니시는 여러 신중님들
來詣蘭湯擧錦幬	비단 휘장 걷어 난향 흐드러진 곳에 오시옵소서.

한편에서 반요잡(半繞匝)하고 한편에서는 정로진언(淨路眞言)을 7번 한다. 이때 평소대로 인도하고 가지조욕편 (加持澡浴篇)을 하고 끝에 목욕게(沐浴偈)를 운한다.

我今以此香湯水	나는 지금 이 향기로운 목욕물로
灌沐一切天仙神	모든 하늘의 선신들을 목욕시키옵니다.
身心洗滌令淸淨	몸과 마음을 씻고 청정하게 하여
證入眞空常樂鄕	진공의 상락향으로 들어감을 증거 하나이다.

<唵 底沙底沙 僧伽 莎訶>
옴 지사지사 승가 사바하

출욕참성편(出浴叅聖篇)을 한 뒤 염화게(拈花偈)를 예대로 운한다.

今向如來寶座前	지금 여래의 보좌 앞을 향하여
五體投誠歸命禮	오체를 던져 정성껏 귀명례 하옵니다.
願滅輪廻生死回	원컨대 생사의 윤회에서 벗어나게 하시어
速悟二空常樂體	빨리 이공의 상락체를 깨닫게 하소서.

산화락(散花落)을 하고 평소대로 동발(動鈸)한 뒤 대비주(大悲呪)를 외우며 인성(引聲)하고 요잡(繞匝)한다. 정문 밖에 이르면 연(輦)에서 내리고 음악을 그친다. 사부패(四府牌)는 동쪽 협문으로 들어서 단 위에 봉안한다. 예성 편(禮聖篇)을 하고 끝에 귀명게(歸命偈)를 운한다.

歸命十方調御師	시방에 계신 부처님께 목숨 바쳐 귀의하오니
演揚淸淨微妙法	청정하고 미묘한 법을 널리 선양하게 하소서.
一乘四果解脫僧	일승, 사과[72] 해탈승께서는
願賜慈悲哀攝受	자비심으로 애틋이 여기시고 거두어주소서.

다음 삼정례(三頂禮) 및 위리게(爲利偈)를 운한다. 헌좌안위편(獻座安位篇)을 하고 뒤에 헌좌를 운한다.

---

72) 사과(四果): 수행도의 4가지의 성과. 소승에서의 깨달음의 결과, 곧 견도(見道) 이후 정과(正果)의 4단계.

我今敬說寶嚴座	제가 지금 보배롭고 장엄한 자리를 삼가 마련하옵고
普獻一切天仙神	모든 천선신들께 받들어 올리오니
願滅塵勞妄想心	진로망상심을 멸하시어
速圓解脫菩提果	속히 원만히 해탈보리과를 이루기 원하나이다.

<唵 迦摩羅 星賀 莎訶>
옴 가마라 승하 사바하

다음으로 다게(茶偈)를 한다.

淸淨名茶藥	청정한 차와 약은
能除病昏沈	어둠에 빠진 병을 제거할 수 있습니다.
惟冀天仙神	오직 천선과 천신들께 바라오니
願垂哀納受	애틋이 여기시어 받아주시옵소서.

◎하단영청지의(下壇迎請之儀)

전종(轉鐘) 및 명발(鳴鈸)을 한 뒤에 인도(咽導)는 거불(擧佛)한다.

南無阿彌陀佛 觀世音菩薩 大勢至菩薩
나무아미타불 관세음보살 대세지보살

선소(宣疏)한 뒤 평소대로 동발(動鈸)을 하고 법주는 여러 진언과 유치 및 각 청을 하고 끝에 가영을 운한다. 급하면 한꺼번에 청과 가영을 하고, 인도는 상황을 보고 운한다.

증명영(證明詠)

菩提大道果非遙	보리의 대도는 과보가 멀지 않아
正直無邪經一條	정직하고 삿됨 없이 한 가닥으로 나가네.
堂上雙親勤侍養	당 위의 부모님 부지런히 봉양하고
廳前百姓與耽饒	관청 앞 백성들과 더불어 넉넉함을 즐기네.

사공73)영(四空詠)

四空十八及諸天	사공과 18 및 제천들은
不顧修心失本圓	마음을 닦지 않아 본디 원만함을 잃어버리고
隨業輪回諸惡趣	업장 따라 여러 악취에서 윤회하나니
願承佛力出黃泉	원컨대 불력을 받들어 황천을 벗어나게 하소서.

세주영(世主詠)

輪王五帝及三皇	윤왕74)과 오제75) 삼황76)이여
堯舜周泰漢共唐	요순과 주·진77)·한·당까지
曾把華夷都併統	일찍이 화이를 모조리 아우르고
或將吳楚各分疆	혹은 오와 초처럼 각기 강토를 나누어 다스리네.

직거영(職居詠)

删詩定禮文宣王	시를 다듬고 예를 정한 문선왕은
教訓儒流處廟堂	유자의 무리를 가르치며 묘당에 거처하네.
是等聰明神不滅	이런 총명함은 신령하여 없어지지 않는 것이니
請來法會伴當陽	법회에 오셔서 양계의 짝이 되기를 청하옵니다.

구통영(具通詠)

追思離別苦哀哉	이별한 일 생각하니 애닯고 애달퍼
孝子悲啼淚滿顋	효자의 슬픈 눈물 뺨에 가득 흐르네.
三寶切深能薦拔	삼보는 간절한 정성으로 능히 천도하나니
九泉路遠去難廻	구천의 길이 멀어 가면 되돌리기 어렵네.

---

73) 사공(四空): 존재에 대한 집착을 없애는 네 가지의 공. ①법법상공(法法相空), 혹은 법상공. ②무법무법상공(無法無法相空), 혹은 무법공. ③자법자법상공(自法自法相空), 혹은 자법공. ④타법타법상공(他法他法相空), 혹은 타법공.

74) 윤왕(輪王): 전륜왕(轉輪王)의 약칭. (산)cakra-vartin.

75) 오제(五帝): 소호(小昊)·전욱(顓頊)·제곡(帝嚳)·제요(帝堯)·제순(帝舜)을 말한다.

76) 삼황(三皇): 복희(伏羲)·신농(神農)·황제(黃帝)를 말한다.

77) 태(泰): 본문에는 '태'로 되어 있으나, '진(秦)'의 오자인 듯하다.

업인영(業因詠)

愛河鴻湧浪翻天	애하의 거대한 파도 하늘을 뒤집는데
一向沈浮動許年	한결같이 부침하며 얼마나 많은 세월이었던가?
黑氣旣成難拒敵	검은 기운 이미 이루어져 대적하기 어려우니
唯憑佛力布哀憐	오직 불력에 의지하여 가련하게 여기소서.

수제영(水際詠)

近邊孤獨尙驚憂	고독한 데 가까이 있어도 오히려 놀라고 근심스러운데
何況阿鼻共九幽	하물며 무간[78]지옥에 함께 있음에랴.
劍樹手攀皮肉爛	손으로 칼 나무를 붙잡으니 살가죽이 문드러지고
刀山足下血泥流	발아래 칼 산 밟으니 피범벅되어 흐르네.

확탕[79]영(鑊湯詠)

鑊湯湧沸使人愁	확탕지옥에 끓는 물은 사람을 근심스럽게 하니
長夜煎熬早晚休	밤새도록 끓이다가 아침, 저녁으로 쉬네.
銅汁灌身燒臟服	구리 즙을 몸에 부어 오장을 불사르고
鐵丸入口塞咽喉	철환은 입으로 들어가 목구멍이 막히네.

십악영(十惡詠)

悲夫炬口及針咽	슬프도다, 입을 태우고 목구멍에 침놓으니
積劫飢虛命倒懸	억겁동안 굶주려서 목숨이 경각에 달렸네.
兩耳不開醬水字	두 귀에 '수(水)'라는 글자도 들리지 않았으니
一生寧見設齋筵	평생 언제 재를 베푸는 자리 보았겠나?

---

78) 아비(阿鼻): 무간(無間)이라고 한역한다. 가장 낮은 지옥. 8대 지옥 중 하나. 무간지옥. 쉴새없이 고통을 받으므로 무간이라고 하며, 염부제의 지하 2만 유순(由旬)에 있으며, 모든 지옥 중 가장 괴로운 장소로, 5역죄와 불법을 비방한 중죄를 범한 자가 떨어지는 곳이다.

79) 확탕(鑊湯): 확탕에 익혀지는 지옥. 끓는 솥에 삶기는 고통을 받는 지옥. 넓이 40유순되는 18개의 큰 솥이 있어, 5백 나차들이 불을 때면 솥 안에 있는 끓는 쇳물이 튀어서 불꽃이 되고, 이것이 화륜(火輪)이 되어서 다시 솥으로 들어간다 한다. 계를 파한 이, 중생을 죽여 고기를 먹은 이, 산과 들에 불을 질러 많은 생류를 상하게 한 이, 또 중생을 태워 죽인 이는 죽어서 이 솥에 삶기우는 고통을 받고, 이 과보가 다하면 축생으로 태어나고, 8천만 세를 지나서 겨우 사람의 몸을 받으나, 병이 많고 수명이 짧다 한다.

품류영(稟類詠)

水陸空居衆有情	물과 뭍, 공중에 살아가는 유정한 것들은
皆迷正見墮傍生	모두 정견을 몰라서 축생에 떨어졌네.
被毛尙自淨頭角	털 덮인 것들 오히려 청정한 두각을 드러내나
插扇由來逞趍翎	날개 달린 것들 본디 제멋대로 날아다니네.

황년영(荒年詠)

因値凶年歲儉荒	흉년으로 인해 올해 흉작이 되었으니
或時趣熟或經商	혹은 낯익은 사람에게 혹은 지나는 장사꾼에게 달려드네.
身殂命喪深溝畔	깊은 구덩이에 몸과 목숨 죽고나면
犬吠鴉鴝古道傍	옛 길 곁에 개 짖고 갈가마귀 짖어대네.

살해영(殺害詠)

離居人世病縈纏	인간세상 이별하고 병에 얽매여
漸瘦羸嬴患數年	미치고 파리하게 수 년 동안 앓아누웠네.
艾炷火針燒不較	쑥뜸에 불침 태움 헤아릴 수 없으나
風勞氣喘嗽難痊	풍병, 노병, 기침에 해수병 낫기 어렵네.

숙원영(宿冤詠)

悲思苦世動干戈	슬프도다, 고통스런 세상에 전쟁 일어나
殺伐生靈命幾何	생령을 쳐죽인 것이 그 얼마이더냐?
韓信捲秦千里血	한신이 진을 석권함에 천리에 피 흘렸으나
張良散楚一聲歌	장량이 초나라를 흩은 것은 한자락 노래였네.

함원영(含冤詠)

含悲帶恨首低垂	원한과 슬픔을 품고 머리를 숙여
橫死身亡怨阿誰	비명횡사하였으니 누구를 원망하리
自刺自刑冤作使	스스로 찔러 죽음은 원한이 시킨 것이고
投河投井業相期	강물이나 우물에 투신함은 업장이 있어서라네.

인중영(因中詠)

馬踏身亡不可觀	말에 밟혀 죽은 몸 차마 볼 수가 없고
車輪碾殺更心酸	수레바퀴에 깔려 죽은 것은 더욱 마음이 아프구나.
四肢折碎難裨合	사지가 찢기고 부숴져 합하기 어렵고
五臟隕壞怎補完	오장이 무너지고 짓무르니 어찌 온전히 맞추리.

결한영(結恨詠)

或因怨恨或因則	때로는 원한으로 때로는 법률로
中毒身亡事可哀	독으로 죽게 되니 슬픈 일이로다.
藥下喉中腸已爛	목구멍으로 약을 넘겨 장은 이미 문드러졌고
血噴舌上眼難開	혀에서 피 뿜어져 나오니 눈뜨기 어렵네.

불무영(不務詠)

牢獄人間苦莫窮	지옥에 있는 사람 고통이 끝이 없고
輕囚重禁古今同	가벼운 죄수 중한 벌은 고금이 똑같네.
啣冤負屈歸冥府	원한을 품고 억울하게 명부로 돌아가나
到底須知罪性空	끝까지 알아야 하리, 죄성이 공함을.

재면영(纏免詠)

墮胎落孕莫如閑	아이를 낙태한 것 가소롭게 생각지 말라
命債冤酬神自還	목숨 빚 원한을 갚으려 귀신되어 돌아오네.
貪戀恩情深似海	은정을 탐하고 사모하는 것은 깊은 바다와 같고
誰知罪業重如山	죄업이 산과 같이 무거움을 누가 알리오?

불순영(不順詠)

乘船泛海涉滄波	바다에 뜬 배를 타고 창파를 건너려하니
命値風濤不奈何	목숨이 큰 파도 만난 걸 어쩔 수 없네.
萬斛舟翻如片葉	만 곡을 실은 큰 배 한 조각 나뭇잎과 같이 흔들리니
千尋浪捲若輕梭	천 길이나 되는 물결 마치 가벼운 북과 같이 말려가네.

형창영(螢窓詠)

十載寒窓忘寢膳 10년을 외로운 창에서 먹고 자는 것을 잊고
三年求試禱蒼空 3년 동안 창공에 기도를 하였으나
半途有病絶醫療 도중에 병이 생겨 치료도 그만두고
孤舘無親命已終 친척 없는 여관에서 목숨이 이미 다했네.

보한영(報恨詠)

師資鬪擊互爲讐 사제[師資]80)가 싸워 서로 원수가 되고
父子相侵結恨愁 부자가 서로 다퉈 원한이 생기네.
夫婦殺傷何日止 부부가 살상하는 것이 어느 날 그치리오.
如今聞法息怨流 지금 법을 듣고서 원한 그치기를.

심중영(深重詠)

善筭他人灾與福 다른 사람의 재앙과 복은 잘 헤아리면서
不知自己禍相侵 자기의 화가 침노함은 알지 못하네.
雲騰致雨轟雷電 구름은 날아올라 비 내리고 번개 칠 적에
迷入森森荊棘林 빽빽한 가시밭 속에 길을 잃고 들어가네.

인도영(人道詠)

帝王文武與農商 제왕과 문무, 농상
萬類有情降道場 온갖 것들 도량에 내려와서
普沾法會珍羞味 두루 법회에서 진미를 맛보시고
永脫幽途到淨方 캄캄한 길에서 영원히 벗어나 정방에 이르소서.

고혼영(孤魂詠)

天誅殞歿刀兵死 하늘의 벌로 죽은 이나 칼맞아 죽은 이나
冠賊虫傷凍餒亡 도적이나 벌레에 상처난 이나 얼어죽은 이나
不免飢寒長夜哭 춥고 배고픔 면하지 못해 밤새도록 곡하는 자들

---

80) 사자(師資): 사장(師匠)과 제자를 말한다. 사도(師徒)라고도 한다. 『노자』에 '善人不善人師 不善人善人資'에
근거한다. 사(師)란 제자를 가르쳐 이끄는 자. 자(資)란 스승의 가르침을 베풀어야 할 자료가 되는 자라는
뜻으로, 제자를 말한다. 불교에서는 이 사자(師資)의 관계가 중요하고 스승이 제자에게 법맥을 전하는 것
을 사자상승(師資相承) 혹은 혈맥(血脈)이라고 부른다.

| 願承佛力悟眞常 | 원컨대 불력을 받들어 진상[81]을 깨닫기를. |

삼도영(三途詠)

三途根本業障深	삼악도[三途]의 근본에 업장이 깊으면
大獄不聞大法音	큰 지옥에서는 대법음을 듣지 못하네.
針咽徵質何時免	목구멍에 침놓으며 질문함은 어느 때 모면하겠나?
飢渴幽魂日夜吟	기갈들린 고혼들 밤마다 신음하네.

인예향욕편(引詣香浴篇)을 하고 끝에 종두는 아래에 번(幡)을 걸고 다음 입실게(入室偈)를 운한다.

一從違背本心王	본심의 주인을 한 번 위배하면서부터
幾墮三途歷四生	몇 번이나 삼악도에 떨어져 사생을 지냈나?
今日滌除煩惱染	오늘 번뇌에 물든 것을 씻고서
蕭然依舊自還鄕	훌쩍 옛 고향으로 돌아가게 되리라.

한편에서 잠깐 요잡(繞匝)하고 법주는 정로진언(淨路眞言)을 7번 한다. 이때 평소대로 인도하고, 다음 가지조욕편(加持澡浴篇)을 하고 끝에 목욕게(沐浴偈)를 운한다.

我今以此香湯水	나는 지금 이 향탕수로
灌沐孤魂及有情	고혼과 유정한 것들을 목욕시키옵니다.
身心洗滌令淸淨	심신을 세척하여 청정하게 하고
證入眞空常樂鄕	진공묘유의 상락향으로 들어가게 하소서.

<唵 底沙底沙 僧伽 莎訶>
옴 지사지사 승가 사바하

출욕참성편(出浴叅聖篇)을 하고 끝에 염화게(拈花偈)를 예대로 한다.

法身遍滿百億界	법신은 백 억의 세계에 두루 가득하여
普放金色照人天	금빛 광명 널리 펴서 인천세계를 비추나이다.
應物現形潭底月	사물따라 나투심이 물속의 달과 같아서
體圓正坐寶蓮臺	본체 원만하여 보련대에 바로 앉으십니다.

---

81) 진상(眞常): 진여상주(眞如常住)의 뜻. 깨달음의 세계, 열반의 경지를 이른다.

다음 평소대로 삼동발(三動鈸)을 한 뒤 인로왕보살(引路王菩薩)을 창하고, 요잡(繞匝)한다. 정문 밖에 이르면 음악을 그치고 고혼예성편(孤魂禮聖篇)을 하고 끝에 예성게(禮聖偈)를 운한다.

稽首十方調御師	시방에 계신 부처님과
三乘五敎眞如法	삼승, 오교의 진여법과
菩薩聲聞緣覺僧	보살승·성문승·연각승께 머리를 조아리며
一心歸命虔誠禮	일심으로 정성드려 귀명례하옵니다.

다음 삼정례(三頂禮) 및 위리게(爲利偈)를 하고, 종두는 위판(位版)을 모시고 시식단(施食壇)에 이른다. 이때 법성게(法性偈)를 창하고, 수위안좌편(受位安座篇) 끝에 헌좌 한다.

我今依敎設華筵	나는 지금 가르침대로 화연을 베풀어
花果珍羞列座前	꽃과 과일과 진귀한 음식을 보리좌 앞에 차리옵니다.
大小宜依次第坐	크거나 작거나 여러분 차례로 앉으시어
專心諦聽演金言	마음을 오롯이 하여 금언 펼치는 것을 살펴 들으시옵소서.

<唵 摩尼 軍茶利 吘 吽 莎訶>
옴 마니 군다리 훔 훔 사바하

다음 다게(茶偈)를 운한다.

百草林中一味新	온갖 풀 가운데 가장 좋은 맛
趙州常勸幾千人	조주스님도 항상 많은 사람에게 권하셨다네.
烹將石鼎江心水	돌 솥에다 강 한가운데 물을 달였으니
願使仙靈歇苦輪	원컨대 영가로 하여금 고통스런 윤회를 쉬게 하소서.

상단, 중단에 진공과 권공 및 하단에 시식을 하고, 삼단에 봉송(奉送)하는 등의 의식은 중례(中禮)를 살펴보라.

◎예수재전작법(豫修齋前作法)

당일 막제게(莫啼偈)한 뒤에, 한편으로 법사이운(法師移運)과 영산작법(靈山作法)을 평소대로 한다. 그 날 회주는 염향과 석제(釋題)를 마치고, 법중은 『연화경(蓮花經)』을 읽고, 그 나머지 권공 및 축원(祝願)은 평소대로 운한다.

◎재후작법절차(齋後作法節次)

전막이운(錢幕移運)은 시왕과 여러 권속들에게 나누어 올리고, 중단에서 권공, 회향, 진언을 하고 끝에 물러나 고사단(庫司壇) 앞에서 드린다. 드리는 말은 예수재(豫修齋)의 본문에 실었기 때문에 그것을 그대로 쓴다. 전종(轉鐘)을 7번 하고 명라(鳴螺)를 3지(旨) 하고, 명발(鳴鈸)을 1종(宗) 하고 뒤에 상번(上番)이 할향을 운한다.

一片栴檀沒價香	한조각 전단은 값을 정할 수 없는 향으로
須彌第一最高岡	수미는 제일 최고의 가장 높은 산이로다.
六銖通徧熏沙界	작은 향이 온 항하사 세계에 스며들어
萬里伊蘭一樣香	만리까지 이 난초 한결같이 향기롭네.

조용하면 삼등게(三燈偈)를 하고, 다음 삼귀의(三歸依)를 운한다. 급하면 연향게(然香偈)를 하고 다음 삼지심(三至心)을 운한다. 다음 요잡(繞帀)한 뒤 명발(鳴鈸)하고 합장게(合掌偈)를 하고, 끝에 고향게(告香偈)를 운한다. 법주는 통서인유편(通敍因由篇)을 하고 끝에 정삼업주(淨三業呪) 및 여러 주를 하고 끝에 엄정팔방편(嚴淨八方篇) 제목을 하고 그 뒤 인도는 개계(開啓)를 운한다.

詳夫 聖壇旣啓 佛事方陳 將法水以加持 灑道場而淸淨 蕩諸穢汚 祛衆魔邪 凡隨禱而感通 在所求而成就 下有灑淨護魔陀羅尼 謹當宣念

살피건대, 성단을 이미 열어 불사를 바야흐로 베풂에 장차 법수를 가지고 도량에 물뿌려 청정하게 하고 여러 더러운 것은 흔들어 없애고 사악한 무리들을 제거하였으니, 무릇 기도하는데 따라 감통하고 구하는 바대로 성취하십니다. 아래에 쇄정호마다라니가 있으니 삼가 부지런히 외우십시오.

다음 평소대로 내개계(內開啓)를 하고, 다음 천수를 한 뒤, 사방찬(四方讚) 및 엄정게(嚴淨偈)를 하고, 다음 참회게(懺悔偈)를 하고, 연비(然臂)한 뒤, 법주는 연기에 대해 설명한다. 다음 여러 진언 및 여러 편의 글을 외고, 다음 사자단(使者壇)에서도 본문과 똑같이 한다.

◎상단영청지의(上壇迎請之儀)

목욕소(沐浴所)에서는 별도로 다섯 구역을 짓는데 위패는 삼신패(三身牌), 육광패(六光牌), 천조패(天曹牌), 도명무독패(道明無毒牌), 석범천왕패(釋梵天王牌)이다. 전종(轉鐘) 및 명발(鳴鈸)한 뒤 거불(擧佛)한다.

南無淸淨法身	청정법신께 귀의하옵니다.
南無圓滿報身	원만보신께 귀의하옵니다.

南無千百億化身　　　　　천백억화신께 귀의하옵니다.

선소(宣疏)를 마치고 진언과 유치 및 삼청(三請)을 하고, 끝에 원강(願降)을 하고, 다음 산화락(散花落)을 하고 삼동발(三動鈸)을 한 뒤 향화청(香花請)을 하고, 끝에 여러 가영(歌詠)을 운한다.

법신영(法身詠)

蠨蝀眼睫起皇州	초명의 눈자위에 천하가 생겨나서
玉帛諸侯次第投	옥백을 제후들이 차례로 던지네.
天子臨軒論土廣	천자는 헌에 나와 땅이 넓음을 논하지만
大虛猶是一浮漚	태허 적에는 오히려 한 개의 물거품인 것을.

보신영(報身詠)

海上曾營內外家	해상의 안팎 집 일찍이 경영하기를
往來相續幾隨波	왔다갔다 물결따라 몇 번이나 계속했나?
一條古路雖平坦	옛날로 가는 한 길은 비록 평탄하나
舊習依然走兩又	구습대로 여전히 또 양쪽으로 달리네.

화신영(化身詠)

月磨銀漢轉成圓	달은 은하수에 갈아 점차 원만해져서
素面舒光照大千	흰 얼굴에 퍼진 빛이 대천세계를 비추네.
連臂山山空捉影	산마다 어깨 맞추어 공연히 그림자를 붙잡으나
孤輪本不落淸川	외로운 달은 본디 맑은 물에 떨어지지 않았네.

지장영(地藏詠)

掌上明珠一顆寒	손바닥 위에 명주 한 알 차가워
自然隨色辦來端	자연히 빛을 따라 유래를 구분하네.
幾回提起親分付	몇 번이나 이끌어서 친히 분부해 주셨던가?
闇室兒孫向外看	어두운 방의 자손들은 바깥만을 보네.

증명영(證明詠)

| 聖化天曹現大機 | 성화82)의 하늘 신은 큰 기틀83)을 드러내시고 |
| 十方風月屬冥司 | 시방의 풍월은 명부에 소속되네. |

沒弦琴上才傾耳 　　　　　현 없는 거문고에 귀를 기울이자
六律淸音奏一時 　　　　　육율[84]의 청음이 일시에 들려오네.

보처[85]영(補處詠)

無毒王隨一道明 　　　　　무독왕을 따라가면 길 하나 밝아지니
兩家眞俗作同行 　　　　　진속 양가가 같이 다닐 수가 있네.
南方坐下參眞聖 　　　　　남방 사람들은 자리에서 진성에 참알하여
大振玄風濟有情 　　　　　현풍을 크게 떨쳐 유정한 것들을 제도하시네.

천왕영(天王詠)

理世英雄各鎭方 　　　　　세상을 다스리는 영웅은 각각 사방을 진압하고
大功爭奪法中王 　　　　　큰 공을 다투는 건 법 중에 왕이로다.
故來南國名歡喜 　　　　　예로부터 남국에서는 환희라 이름하니
也任諸公正紀綱 　　　　　제공들이 기강을 바로잡는 대로 맡겨두리라.

봉영부욕편(奉迎赴浴篇)을 하고 끝에 입실게(入室偈)를 운한다.

毘藍園內降生時 　　　　　비람원에 강생하셨을 때
金色妙身無染疲 　　　　　금색의 묘한 몸은 물들고 피로함이 없었나이다.
凡情利益臨河側 　　　　　세속 인정은 이익 때문에 물가에 나왔으니
今灌度生亦復宜 　　　　　이제 관욕하여 중생을 제도함도 마땅하옵니다.

한편에서 반 바퀴 돌고 법주는 정로진언(淨路眞言)을 7번 한다. 이때 유나는 삼신패(三身牌)를 모시고 찰중은 육광패(六光牌)를 모시고, 상기사(上記事)는 천조패(天曹牌)를 모시고, 부기사(副記事)는 도명무독패(道明無毒牌)를 모시고, 상종두는 석범천왕패(釋梵天王牌)를 모신다. 목욕을 하고 연(輦)을 받들고 분향(焚香)을 하면 유나(維那)가 다음으로 구룡찬(九龍讚)을 하고 다음 찬탄관욕편(讚歎灌浴篇)을 하고 끝에 목욕게(沐浴偈)를 한다.

我今灌沐聖賢衆 　　　　　나는 지금 성현들을 관욕하오니
淨智功德莊嚴聚 　　　　　정결한 지혜와 공덕이 장엄하게 모입니다.

---

82) 성화(聖化): 훌륭한 천자가 백성에게 베푸는 인자하고 자애로운 힘.
83) 큰 기틀[大機]: 종지(宗旨)를 밝힌 경지.
84) 육율(六律): 십이율(十二律) 가운데 양을 육율(六律), 음을 육려(六呂)라 한다.
85) 보처(補處): 부처님의 자리[處]를 보충한다는 뜻이다.

願諸五濁衆生類   원컨대 모든 오탁의 중생들은

當證如來淨法身   마땅히 여래와 청정한 법신을 증명하소서.

<唵 底沙底沙 僧伽 莎訶>
옴 지사지사 승가 사바하

인성귀위편(引聖歸位篇)을 하고 끝에 염화게(拈花偈)를 한다. 다음 산화락(散花落)을 하고 삼동발(三動鈸)을 하고 뒤에 거령산(擧靈山)과 인성(引聲)을 하고, 요잡(繞匝)한다. 법당에 이르면 육광패(六光牌)는 법당 문안에서 연(輦)을 내리고 천조패(天曹牌) 등은 문 밖에서 연을 내리고 음악을 그친다. 다음 좌불게(坐佛偈)를 운한다. 다음 헌좌안위편(獻座安位篇)을 하고 끝에 헌좌 및 다게(茶偈)를 한다. 다음 대자례(大慈禮)를 하고 다음 인도는 게를 운한다.

大圓滿覺 應跡西乾 心包太虛 量廓沙界 佛功德海 秘密甚深 殑伽沙刼 讚揚難盡
크고 원만하게 깨달으시고 서천에 자취를 응하시며 마음은 태허를 품으시고 항하사 같이 도량이 넓으신 부처님 공덕의 바다는 오묘함이 매우 깊어 항하사[殑伽][86] 같이 많아 모두 찬양하기 어렵습니다.

다음 삼정례(三頂禮) 및 위리게(爲利偈)를 운운한다.

◎중단영청지의(中壇迎請之儀)

목욕소에서는 별도로 6구역을 짓는데, 위패는 풍도패(豊都牌), 시왕패(十王牌), 판관장군패(判官將軍牌), 귀왕패(鬼王牌), 동자사자패(童子使者牌), 부지명위패(不知名位牌) 등이다. 전종(轉鐘) 및 명발(鳴鈸)을 하고 뒤에 거불을 운한다.

南無幽冥敎主   유명교주께 귀의하옵니다.

南無助揚眞化   조양진화께 귀의하옵니다.

南無助佛揚化   조불양화께 귀의하옵니다.

선소(宣疏)를 마치고 법주는 진언과 유치 및 각 청(請)을 하고 끝에 원강(願降)과 산화락(散花落)을 하고 삼동발(三動鈸)을 하고, 뒤에 향화청(香花請)을 하고 다음 가영(歌詠)을 운한다.

---

86) 항하사[殑伽]: 강가(强伽)·항가(恒伽·恒架)라고도 음역한다. 항하(恒河)·항수(恒水)라고도 한다. 인도의 갠지스강을 말한다.

풍도영(豊都詠)

深仁大帝示權衡	매우 어진 대제께서 권형을 보이시니
隨處隨時刹刹形	곳곳마다 때마다 모습을 나타내시네.
正體麗容何以比	바른 몸, 고운 얼굴 무엇에 견줄까?
琉璃盤上寶朱明	유리 소반 위의 밝은 구슬이로다.

제1 진광대왕(秦廣大王)

普天寒氣振陰綱	하늘에 두루 차가운 기운 음계의 기강을 떨치며
正令全提第一場	정령을 온전히 제기하는 첫 번째 도량이네.
鍛鐵鍊金重下手	쇠를 단련하여 금을 만드느라 거듭 손을 쓰시니
始知良匠意難量	알겠도다, 좋은 장인 뜻 헤아리기 어려움을.

제2 초강대왕(初江大王)

沃焦山作陷人機	옥산과 초산이 사람을 빠뜨리는 함정이 되나니
上下烘窯火四支	위 아래로 달구어진 화덕이 사지를 태우네.
忍見忍聞經幾刼	차마 보고 들으며 몇 겁을 지났던가?
外威還似不慈悲	밖으로 드러난 위세 도리어 자비하지 않으신 것 같네.

제3 송제대왕(宋帝大王)

四面刀山萬仞危	사면에 만 길의 칼산이 위태로우니
突然狂漢透重圍	돌연히 미친 사람 겹겹의 포위를 뚫네.
丈夫不在羅籠裡	장부는 조롱 안에 갇혀 있지 않고
但向人間辨是非	다만 인간을 향해 시비를 구별하네.

제4 오관대왕(五官大王)

淸白家風直似衡	청백의 가풍은 저울 같이 곧으니
豈隨高下落人情	어찌 높고 낮게 인정에 떨어지겠는가?
秤頭不許蒼蠅坐	저울은 쉬파리 앉는 것조차 허락하지 않으니
些子傾時失正平	조금이라도 기울어지면 평형을 잃게 되네.

제5 염라대왕(閻羅大王)

冥威獨出十王中	명부의 위엄 홀로 시왕 중에 뛰어나
五道奔波盡向風	오도[87]로 달리는 파도 모두 기풍을 따르네.
聖化包容如遠比	거룩한 포용의 덕을 멀리 비유하자면
人間無水不朝東	인간 세상에는 동쪽으로 흐르지 않는 물이 없다네.

제6 변성대왕(變成大王)

罪案堆渠所作因	네가 지은 인연으로 죄안이 쌓였으니
口中甘蛆幾雙親	입 속에 구더기[蛆] 부모님을 얼마나 불렀나?
大王尙作慈悲父	그래도 대왕은 항상 자비의 아비가 되셔서
火獄門開放此人	지옥문을 열고 이 사람들을 풀어주시네.

제7 태산대왕(泰山大王)

人頑耳目禮雖違	사람의 이목이 무디어 예가 비록 어긋나더라도
稍順冥規敬向歸	명부의 규칙을 조금이라도 따르고 공경하며 귀의하면
智不責愚言可採	어리석음 책망하지 않고 말을 다 들어주어
一毫微善捨前非	털끝만한 선이라도 있으면 잘못을 덮어 주시네.

제8 평등대왕(平等大王)

明鏡當臺照膽肝	명경을 대에 걸어놓고 간·쓸개를 비추니
物逃妍嬌也應難	사물의 곱고 미움 숨기기 어려워라.
諒哉入妙皆神決	미덥도다, 묘한 경지에 듦은 모두 신의 결단이라
鑑與王心一處安	거울과 평등왕의 마음이 한결같이 편안하네.

제9 도시대왕(都市大王)

火爲孤魂長旱魃	불이 고혼되어 가뭄이 길어지고
佛因三難絶慈雲	부처는 삼난으로 말미암아 자운을 끊어버렸네.
乾坤盡入烘爐裡	온 세상이 모조리 붉은 화로 속에 들었으니
幾望吾王雨露恩	우리 왕께 몇 번이나 우로의 은혜를 바라는가?

---

87) 오도(五道): 오취(五趣)라고도 한다. 지옥·아귀·축생·인간·천상의 오도를 말하고 이에 수라도를 더한 것을
   육도(六道)라 한다.

제10 오도전륜대왕(五道轉輪大王)

古聖興悲作此身	옛날 성인은 자비심을 일으켜 이 몸을 지으시고
逢場降迹現冥因	도처에 흔적을 두어 아득한 인연을 나타내셨네.
棒杈若不橫交用	몽둥이를 만약 휘두르지 않는다면
覺地猶難見一人	깨달은 곳에서는 한 사람도 보기 어려우리.

판관장군영(判官將軍詠)

四海澄淸共一家	사해는 맑고 맑아 함께 일가를 이루고
訟庭廖寂絶囂譁	송사하는 뜰 적막하여 시끄러움이 끊어졌었네.
如今世亂皆群犬	지금은 세상 어지러워 모두 개떼가 되어서
空使諸司判事多	여러 관리들로 하여금 재판할 일 많게 만들었네.

귀왕영(鬼王詠)

倚天長劍丈夫行	하늘에 기대어 긴 칼 찬 장부 횡행하며
各逞威風眼電光	각기 번개 같은 눈빛으로 위엄떨치네.
捧下有人知痛否	몽둥이 아래에 있는 사람 고통을 아시는가?
一拳拳倒泰山岡	한 주먹에 태산을 쳐서 넘어뜨리네.

사자영(使者詠)

來往群官指路頭	왕래하는 여러 관원들이 갈 길을 지시하니
黃泉風景卽仙遊	황천의 풍경이 곧 신선놀음이로세.
行人不識桃源洞	행인들은 도원동을 알지 못하면서
只說香葩泛水流	향기로운 꽃물에 떠서 흐른다고만 말하네.

제1(第一)

敬衛庭前劍戟橫	창칼을 비껴쥐고 마당 앞을 호위하니
此王僚佐盡賢良	이 왕의 막료들은 모두 어질구나.
一宮灑掃先從外	온 궁전 바깥부터 먼저 청소하니
豈與無辜枉不殃	어찌 죄없는 이 뜻밖의 재앙 당하게 하겠는가?

제2(第二)

左右無非是正人	좌우에 바르지 않은 사람 없으니
肅然行經絶囂塵	숙연히 걸어가며 속세 일을 끊어버리네.
赤身奪暖民休哭	발가벗겨 뺏는다고 백성들아 울지 마라
到此門前有諫臣	이 문 앞에 이르면 간하는 신하가 있네.

제3(第三)

拈匙先念食之功	숟가락 잡을 때 밥의 공덕 먼저 생각하라
粒粒來從佛血中	한 알 한 알이 부처님 피에서 생겨났네.
況有耕夫當夏日	하물며 밭가는 농부 여름철 일할 적에
汗流田土喘無風	땀이 밭에 떨어져도 바람 없어 헐떡거리네.

제4(第四)

若將珍物落含情	만약 진귀한 물건이 인간 세상에 떨어지면
父子相讐拔劍爭	부자가 서로 원수되어 검을 빼들고 다투리.
唯有聖王賢內署	오직 성왕에게 현명한 내서가 있어서
臨財揖讓濟群生	재물에 임하여 양보하며 중생들을 제도하네.

제5(第五)

上水澄澄下派淸	윗물이 맑아야 아랫물이 맑은 것은
鏡懸千古映分明	천고에 거울을 달아 분명하게 비추네.
迫然海岳歸王化	바다와 산까지 왕의 교화에 귀순함은
自是諸賢佐太平	본디 제현이 태평시대 보좌하기 때문이네.

제6(第六)

用議淸平在得賢	맑고 고른 의론은 현인을 얻음에 있어서
共評公道奏王前	함께 공평한 길을 따져 왕 앞에 아뢰네.
寧將勝氣凌孤弱	어찌 뛰어난 기개로 고단하고 약한 이 능멸하리오?
哀念貧兒一紙錢	가난한 사람 지전 한 장을 슬피 여기네.

제7(第七)

萬國千邦向一時	세상의 온 나라를 일시에 향해 가며
分身百億應無虧	백억 개 몸 나눠 나타나되 이지러짐이 없네.
盛朝際會何煩問	성대한 조정 군신의 만남을 어찌 번거롭게 물으리?
臣庶來從聖化儀	성인의 교화에 신하와 백성이 와서 따르네.

제8(第八)

數進如邪退卽忠	나가는 자 간사하고 물러난 자 충신이니
事君難得古淳風	임금 섬김에 옛날의 순풍을 얻기 어렵네.
此門別學淸平調	이 문에는 특별히 청평조를 배워서
緩急齊彈一曲中	한 곡 안에 완급을 일제히 연주하네.

제9(第九)

鐵杖金鎚響似雷	철장과 금추88) 우레같이 울리더니
劒牙蛇口向人開	칼같은 이빨 뱀의 입을 인간 향해 여네.
此方不是安身處	여기는 몸을 편안하게 있을 곳 아니니
寧貧誡言去復來	가난할지언정 갔다가 다시 옴을 경계하라.

제10(第十)

火裏探湯自不傷	불 속에서 끓는 물을 만져도 상처입지 않으니
始知門客化非常	비로소 알겠다, 문객의 조화 비상함을.
世間沐雨梳風輩	세간에서 비바람에 동분서주하는89) 무리들
空上凌煙較短長	공연히 능연각에 올라 길고 짧음을 비교하네.

부지명위영(不知名位詠)

| 古來冤債起於親 | 옛날부터 원한은 친함에서 일어나니 |
| 莫若多生不識人 | 여러 생에 사람 알지 않음만 못하네. |

---

88) 금추(金鎚): 쇠로 만든 몽둥이. 추는 팔각기둥 모양의 침(砧)을 두드리는 도구. 선종에서 대중에게 고할 일이 있을 때 사용한다.

89) 동분서주[沐雨梳風]: 비로 머리를 감고 바람으로 머리를 빗질한다는 뜻으로 풍우를 무릅쓰고 동분서주함을 이른다.

向我佛前如廣濟　　　　우리 부처님 앞에 널리 제도하는데는
無緣眞箇大悲恩　　　　인연 없음이 참으로 대자대비의 은덕이네.

청부향욕편(請赴香浴篇)을 하고 끝에 반 바퀴 돌고 한편에서 정로진언(淨路眞言)을 7번 한다. 이때 유나(維那)는
풍도패(豊都牌)를 모시고, 찰중(察衆)은 시왕패(十王牌)를 모시고, 그 나머지는 관등에 따라 차례로 모시고 가지
조욕편(加持澡浴篇)을 하고 끝에 목욕게(沐浴偈)를 운한다.

以此香湯水　　　　　　이 향기로운 목욕물로
灌沐十王衆　　　　　　시왕의 무리들을 목욕시키옵니다.
願承法加持　　　　　　원컨대 법의 가지를 얻어
普獲於淸淨　　　　　　두루 청정함을 얻으소서.

<唵 尾摩囉 秫第 薩嚩賀>
옴 미마라 숫제 사바하

다음 출욕참성편(出浴叅聖篇)을 하고 끝에 염화게(拈花偈)를 하고 예대로 아래 게를 운한다.

法身遍滿百億界　　　　법신은 백억의 세계에 두루 가득하여
普放金色照人天　　　　금빛 광명 널리 펴서 인천세계를 비추나이다.
應物現形潭底月　　　　사물따라 나투심이 물속의 달과 같아서
體圓正坐寶蓮臺　　　　본체 원만하여 보련대에 바로 앉으나이다.

다음 평소대로 삼동발(三動鈸)을 한 뒤 법성게(法性偈)와 인성(引聲)을 하고 요잡(繞匝)한다. 마당 가운데 이르러
서 음악을 그치고 연(輦)에서 내린다. 이때 인도는 평소대로 동발(動鈸)한 뒤 참예성중편(叅禮聖衆篇)을 하고 끝
에 인도는 예성게(禮聖偈)를 운한다.

稽首十方調御師　　　　시방에 계신 부처님의
三乘五敎眞如法　　　　삼승, 오교의 진여법에 머리 숙여 절하오며
菩薩聲聞緣覺衆　　　　보살승·성문승·연각승께
一心虔誠歸命禮　　　　일심으로 정성드려 귀명례하옵니다.

다음 삼정례(三頂禮)를 하고 다음 헌좌안위편(獻座安位篇)을 하고 끝에 헌좌를 운한다.

我今敬說寶嚴座　　　　나는 지금 삼가 보엄좌를 마련하옵고

普獻一切天仙神	모든 천선신께 두루 봉헌하나이다.
願滅塵勞妄想心	원컨대 진로망상심을 멸하시어
速圓解脫菩提果	속히 해탈보리과를 원만히 이루소서.

<唵 迦摩羅 星賀 莎訶>
옴 가마라 승하 사바하

다음 다게(茶偈)를 운한다.

我今持此一椀茶	나는 지금 이 차 한 사발을 들고
便成無盡甘露味	다함없는 감로의 맛을 이루었습니다.
奉獻一切冥王衆	일체 명왕들에게 봉헌하오니
惟願慈悲哀納受	원컨대 자비심으로 애련히 여겨 받아주십시오.

◎고사단영청(庫司壇迎請)

전종(轉鐘) 및 명발(鳴鈸)한 뒤에 거불(擧佛)한다. 종관단(從官壇) 아래 마땅한 곳에 단을 설치한다.

南無十方佛	시방에 계신 불보님께 귀의합니다.
南無十方法	시방에 계신 법보님께 귀의합니다.
南無十方僧	시방에 계신 승보님께 귀의합니다.

이 단에서는 본래 선소(宣疏)하는 규범이 없다. 법주는 진언을 하고 다음 유치(由致) 및 삼청(三請)을 하고 끝에 가영을 운한다.

司君位寄焰羅下	사군은 염라왕 아래의 자리에서
明察人間十二生	인간의 12생을 밝게 살피시네.
錢財領納無私念	재물은 사념없이 받아 드리고
靈鑑昭彰利有情	신령한 거울 밝게 비춰 유정계를 이롭게 하네.

종두는 미리 고사번(庫司幡)을 들고, 법주는 보례삼보편(普禮三寶篇)을 하고 끝에 보례게(普禮偈)를 운한다.

普禮十方無上尊 五智十身諸佛陀
시방의 위없이 높으신 오지·십신의 여러 불타께 예를 올리나이다.
普禮十方離欲尊 五敎三乘諸達摩
시방의 욕망이 없으신 높으신 오교·삼승의 여러 달마께 예를 올리나이다.
普禮十方衆中尊 大乘小乘諸僧伽
시방의 대중들 가운데 높으신 대승·소승의 여러 승가께 예를 올리나이다.

다음 중위(中位)에 예를 한다.

普禮酆都大帝衆　　　　　풍도대제90) 신중님께 두루 예하나이다.
普禮十王府君衆　　　　　시왕부군91) 신중님께 두루 예하나이다.
普禮判官鬼王衆　　　　　판관귀왕92) 신중님께 두루 예하나이다.

두 단[二壇]에 보례한 뒤 돌아와 본단 앞에 줄지어 서서 수위편(受位篇)을 하고 끝에 패를 안치하고 다게(茶偈)를 창한다.

今將甘露茶　　　　　　　이제 감로다를
奉獻庫司前　　　　　　　고사전에 받들어 올리오니
鑑察虔懇心　　　　　　　정성스럽고 간절한 마음 살피시어
願垂哀納受　　　　　　　애틋이 여기시고 받아주옵소서.

---

90) 풍도대제(酆都大帝): 포엽라(包閻羅)라고도 부른다. 도교에서는 지옥이 풍도현(酆都縣)의 선가(仙家)들이 거주하는 도관(道觀;도교의 寺院)의 우물 속에 있다고 한다. 그곳은 이 세상과 마찬가지로 태양이 빛나며 훌륭한 궁전도 있고, 명계(冥界)의 관리와 사람들이 살고 있다고 한다. 단 명계의 사람들은 그림자가 없고 걸을 때도 땅을 밟지 않고 공중을 밟고 다닌다. 이 지옥을 다스리는 신을 풍도현의 이름을 따서 풍도신(酆都神)이라 하였다. 이 신에 대한 신앙은 남북조시대부터 있었던 것으로 추정하고 있다.

91) 시왕부군(十王府君): 죽은 뒤의 세계인 명부(冥府)에서 망자(亡者)를 재판하는 10명의 왕. 시왕신앙의 발상은 중국에서 불교·도교 두 신앙의 혼성물로써 오대(五代) 때에 성립된 것으로 짐작된다. 당(唐)나라 때에 사문(沙門) 장천(藏川)이 『시왕경(十王經)』을 만들고 명부의 시왕을 설법했다. 이 경에 따르면 죽은 사람이 명도(冥途)에 갈 때 중유(中有;사람이 죽어 다음 생을 받을 때까지의 시간)의 존재로서 초칠일에 진광왕, 이칠일에 초강왕, 삼칠일에 송제왕, 사칠일에 오관왕, 오칠일에 염마왕, 육칠일에 변성왕, 칠칠일에 태산왕이 있는 곳을 통과하며, 다시 100일에 평등왕, 1주기에는 도시왕, 3주기에는 오도전륜왕이 있는 곳을 각각 통과하고 생전의 죄업의 경중에 따라 심판을 받으며 미래에 다시 태어날 곳을 지정 받는다고 한다.

92) 판관귀왕(判官鬼王): 도가에서 음부십전명왕안방(陰府十殿冥王案旁) 각각에 있는 서리(胥吏)를 판관이라 하고, 인귀(人鬼)의 선악부적(善惡符籍)을 관장하고 있다.

◎상단권공절차(上壇勸供節次)

법주는 제위진백편(諸位陳白篇)을 하고 끝에 인도는 정법계진언(淨法界眞言)을 외울 때 마지(摩旨)를 하고, 다음 명발(鳴鈸)하고 별문(別文)을 읽고, 뒤에 인도는 가지변공편(加持變供篇)을 운한다.

切以 淨壇旣設 香供斯陳 微塵之刹在前 滿月之容降會 栴檀再爇 蘋藻交陳 欲成供養之周圓 須仗加持
之變化 仰惟三寶 特賜加持
가만히 생각건대 깨끗한 단 이미 설치하여 향공양을 베풀었으니, 먼지처럼 미세하게 많은 사찰이 앞에 있어도, 둥근 달 같이 환한 모습 법회에 내려오시기에, 전단향을 다시 사르고 빈조93)를 번갈아 진설하오니, 공양을 두루 원만하게 하고자 하면 모름지기 가지의 변화에 의지하여야 하옵기에, 우러러 삼보에 의지하오니 굽어 가지해 주소서.

南無十方佛   시방의 부처님께 귀의하옵니다.
南無十方法   시방의 법보님께 귀의하옵니다.
南無十方僧   시방의 승가님께 귀의하옵니다.

사다라니(四陀羅尼)를 각각 21번을 운한다.

上來加持已訖 供養將陳 以此香羞 特伸供養
위로부터 가지가 이미 끝났기에 공양을 장차 베풀려하오니, 이 향기로운 음식으로 특별히 공양을 베푸옵니다.

다음 육법공양(六法供養)을 하거나 혹 오공양(五供養)을 할지 기미를 보고 운한다.
以此加持妙供具 供養三神諸佛陀
이렇게 가지한 신묘한 공양구를 가지고 삼신과 여러 불타께 공양하노이다.
以此加持妙供具 供養地藏大聖尊
이렇게 가지한 신묘한 공양구를 가지고 지장대성존께 공양하노이다.
以此加持妙供具 供養六光菩薩衆
이렇게 가지한 신묘한 공양구를 가지고 육광보살중께 공양하노이다.
以此加持妙供具 供養化身六天曹
이렇게 가지한 신묘한 공양구를 가지고 화신육천조께 공양하노이다.

---

93) 빈조(蘋藻): 개구리밥 혹은 부평초라 부른다.

以此加持妙供具　供養道明無毒衆
이렇게 가지한 신묘한 공양구를 가지고 도명무독중께 공양하노이다.
以此加持妙供具　供養釋梵諸天衆
이렇게 가지한 신묘한 공양구를 가지고 석범의 여러 천중께 공양하노이다.
以此加持妙供具　供養護世四王衆
이렇게 가지한 신묘한 공양구를 가지고 세상을 보호하는 사왕께[94] 공양하노이다.
不捨慈悲受此供　施作佛事度衆生
자비를 버리지 마시고 이 공양을 받으시어 불사를 베풀어 중생을 제도하소서.

다음 공양주와 회향주를 하고 다음 능엄주(楞嚴呪)를 외우고 다음 축원(祝願)을 운한다.

◎중단권공절차(中壇勸供節次)

切以 香燈耿耿 玉漏沈沈 正當普供十王 亦可冥資三有 玆者重伸激切 再爇名香 欲成供養之周圓 須仗
加持之變化 仰惟冥鑑 俯賜加持
가만히 생각하건대, 향등은 반짝이고 옥루는 잦아드니 정녕 두루 시왕께 공양하오며 또한 명왕의 삼
유께 바칠 때입니다. 이에 감격하고 절실한 마음 거듭 펼치고 다시 명향을 불살라 공양을 두루 원만
히 하고자 하면 모름지기 가지의 변화에 의지해야 하옵기에 우러러 원하오니 굽어 가지해 주소서.

다음 나무시방불법승(南無十方佛法僧)과 다라니를 각각 14번 운한다.

上來加持旣訖　變化無窮　以此香羞　特伸供養
위에서 가지(삼밀가지)를 이미 마쳐 변화가 무궁하오니, 이 향기로운 음식으로 특별히 공양하옵
니다.

다음 오공양(五供養)을 운한다.

以此加持妙供具　供養豊都大帝尊
이렇게 가지한 신묘한 공양구를 가지고 풍도대제존께 공양하노이다.
以此加持妙供具　供養十王冥府衆

---

94) 사왕(四王): 사천왕(四天王)의 준말.

이렇게 가지한 신묘한 공양구를 가지고 시왕명부중께 공양하노이다.

以此加持妙供具　供養泰山府君衆

이렇게 가지한 신묘한 공양구를 가지고 태산부군중께 공양하노이다.

以此加持妙供具　供養十八獄王衆

이렇게 가지한 신묘한 공양구를 가지고 십팔지옥왕께 공양하노이다.

以此加持妙供具　供養諸位判官衆

이렇게 가지한 신묘한 공양구를 가지고 여러 지위의 판관중께 공양하노이다.

以此加持妙供具　供養諸位鬼王衆

이렇게 가지한 신묘한 공양구를 가지고 여러 지위의 귀왕중께 공양하노이다.

以此加持妙供具　供養將軍童子衆

이렇게 가지한 신묘한 공양구를 가지고 장군, 동자께 공양하노이다.

以此加持妙供具　供養衙內從官衆

이렇게 가지한 신묘한 공양구를 가지고 관청 내의 종관들께 공양하노이다.

以此加持妙供具　供養使者卒吏衆

이렇게 가지한 신묘한 공양구를 가지고 사자와 병졸, 관리들께 공양하노이다.

以此加持妙供具　供養不知名位衆

이렇게 가지한 신묘한 공양구를 가지고 명위를 모르는 대중에게 공양하노이다.

悉皆受供發菩提　永離一切諸惡道

모두 보리심을 내시어 공양을 받으시고 영원히 일체 모든 악도에서 떠나소서.

다음 공양주, 회향주를 하고 다음 금강찬(金剛讚)을 외우고 다음으로 화청(和請)은 한결같이 본문대로 상세히 하고, 명발(鳴鈸)을 한 뒤 축원(祝願)을 운한다.

◎고사단권공(庫司壇勸供)

한편에서는 마구단권공(馬廐壇勸供)을 운한다.

香羞羅列(某氏)虔誠欲求　供養之周圓　須仗加持之變化　仰惟三寶　特賜加持

향기로운 음식을 나열하여 (아무개)가 정성으로 구하고자 하옵니다. 공양이 두루 원만하게 하려면 모름지기 가지의 변화에 의지해야 하오니 삼보님 특별히 가지해 주소서.

나무시방불·법·승을 하고 다음 사다라니(四陀羅尼)를 14번 한다. 다음 오공양을 펼치고, 평소대로 요잡(繞匝)한다. 이차가지묘공구(以此加持妙供具) 아래는 모두 이대로 한다.

供養天曹地府衆　供養本命星祿衆

천조지부중께 공양하옵니다. 본명성록중께 공양하옵니다.

供養善惡童子衆　供養宅神將軍衆

선악동자중께 공양하옵니다. 택신장95)군중께 공양하옵니다.

供養家龜大王衆　供養水草將軍衆

가구대왕중께 공양하옵니다. 수초장군중께 공양하옵니다.

供養福祿財祿衆　供養衣祿命祿衆

복록재록중께 공양하옵니다. 의록명록중께 공양하옵니다.

供養食祿錢祿衆　供養本庫星官衆

식록전록중께 공양하옵니다. 본고성관중께 공양하옵니다.

虔誠拜獻妙供具　不捨慈悲受此供

정성으로 묘공구96)를 절하며 올리오니 자비를 버리지 마시고 이 공양을 받으소서.

다음 공양주(供養呪), 회향주(回向呪)를 하고 끝에 함합소(緘合疏)97)를 읽은 뒤에 재자(齋者)들에게 나누어주고 다음 축원(祝願)을 한다.

◎마구단권공(馬廏壇勸供)

해탈문 내에 단을 설치하고 말 10필이 그려진 그림을 단에 건다. 잘 익은 콩죽을 각 그릇에 담아 위에 올리고 배치한 뒤에 변식주(變食呪)를 14번 운하고, 다음 운심게(運心偈)를 운운한다.

---

95) 신장(神將): 화엄신장(華嚴神將)의 준말. 사마외도(邪魔外道)를 물리치고 파사현정(破邪顯正)에 나선 화엄 성중의 모습과 힘이 적을 무찌르는 장수와 같음에서 이르는 말이다. 실제로 탱화에 모셔진 신중이 모두 장수의 모습인 것도 이런 이유에서이다.

96) 묘공구(妙供具): 공(供)과 구(具)는 모두 '공양(供養)'의 의미로 삼보님께 올리는 향화(香華)음식 등을 말한다. '묘(妙)'는 이들 공구가 삼보님께 올릴 수 있는 것임을 나타내는 수식어이다. 후세에는 불전에 바치는 음식을 공물이라 하고, 이때 쓰는 기구를 공구(供具)라 하여 구분하게 되었다.

97) 함합소(緘合疏): 함합소는 명부에 금은전을 헌납했다는 영수증과 같은 것이다. 소(疏)를 넣은 봉투의 피봉(皮封)은 수설명사승회소(修設冥司勝會疏)라고 쓰며 대중 한 사람이 소성(疏聲)으로 독창한다. 소를 다 읽으면 반을 잘라 반쪽은 불에 태우고 나머지 반쪽은 재자(齋者)가 보관하고 있다가 죽은 뒤에 가지고 간다.

願此淸淨妙香饌	원컨대 이 청정하고 묘한 향이 나는 찬을
供養幽冥神馬衆	유명계의 신마중께 공양하나이다.
受此妙供大因緣	이 묘한 공양을 받으시고 큰 인연으로 인해
速離本趣生善道	본취를 속히 떠나 선도에 태어나십시오.

<那謨 薩婆云云>
나모 살바 운운

공양주(供養呪), 회향주(回向呪)를 하고 끝에 이 단의 번(幡)을 먼저 불사를 때에 "불·법·승께 귀의합니다."를 3번 설하는 것이 좋다.

◎시식(施食)

시간이 늦어지면 시식을 재촉한다.

◎제위삼배송열입규(諸位三拜送列立規)

○병법(秉法)은 공성회향편(供聖回向篇)을 하고, 끝에 재자(齋者)는 위패를 모신다. 다음 시식을 하고, 법주(法主)와 말번(末番) 인도(咽導)는 마당 가운데 선다.

○다음 종두(鐘頭)는 고사패(庫司牌)를 들고, 당좌(堂佐)는 꽃과 향을 든다. 다음 단주(壇主) 및 고사단(庫司壇)의 인도는 마당 바깥에 선다.

○다음 사자(使者) 동자패(童子牌)의 당좌(堂佐)는 귀왕(鬼王), 장군(將軍), 판관(判官), 부지명위(不知名位) 등의 패를 모시고 두루 청하고, 당좌(堂佐)와 부종두(副鐘頭) 등이 차례차례 시왕패를 모시고, 부기사(副記事)는 풍도패(豊都牌)를 모시고, 찰중(察衆)은 단주(壇主) 및 중번(中番) 인도를 모시고 안마당 가운데의 우측에 선다.

○다음 경당좌(經堂佐)는 석범천왕패(釋梵天王牌)를 모시고, 수당좌(首堂佐)는 천조패(天曹牌)를 모시고, 상종두(上鐘頭)는 도명무독패(道明無毒牌)를 모시고, 상기사(上記事)는 육광패(六光牌)를 모시고, 유나(維那)는 연(輦)에 넣은 삼신패(三身牌)를 모시고, 단주(壇主)와 상번(上番) 인도(咽導)는 안마당 가운데에서 좌측에 선다.

○다음 병법은 경신봉송편(敬伸奉送篇)을 창하고, 끝에 고사단(庫司壇)의 인도(咽導)가 먼저 봉송게(奉送偈)를 창한다.

奉送庫官司君衆　　　　고사관 관청의 대중을 봉송하오니
遠離憂患常安樂　　　　근심을 멀리 떠나보내고 항상 안락을 누리시다가
我於他日建道場　　　　내가 다른 날 도량을 세우게 되면
不違本誓還來赴　　　　본래의 서원 저버리지 마시고 달려오소서.

다음 봉송게를 운운한다. 이때 순서대로 3번 돌고 소대(燒臺) 앞에 이르면 염불을 운운한다. 다음 중번(中番) 인도(咽導)는 봉송게(奉送偈)를 창한다.

奉送酆都大帝王　回向菩提無上果
풍도대제왕을 봉송하오니 보리무상과를 회향하소서.
奉送十殿冥王衆　速證如來正法身
시왕전의 명왕들을 봉송하오니 여래정법신을 속히 증명하소서.
奉送判官鬼王衆　各離業道證菩提
판관귀왕을 봉송하오니 각기 업장을 떠나 보리를 증득하소서.
奉送將軍童子衆　悉除熱惱得淸凉
장군동자를 봉송하오니 번뇌를 모두 멸하고 청량함을 얻으소서.
奉送使者諸眷屬　悉發菩提得三昧
사자의 여러 권속들을 봉송하오니 보리심을 모두 발하시어 삼매를 얻으소서.
我於他日建道場　不違本誓還來赴
내가 다른 날 도량을 세우게 되면 본래의 서원 저버리지 마시고 달려오소서.

봉송게(奉送偈)를 운운한다. 이때 순서대로 3번 돌고 소대(燒臺) 앞에 이르면 염불을 한다. 다음 상번(上番) 인도는 봉송게를 창한다.

奉送十方三身尊　住世度生莫還源
시방삼신존을 봉송하오니 세상에 머물며 중생들을 제도하시고 근원으로 돌아가지 마소서.
奉送地藏六光尊　拔苦與樂度衆生
지장육광존을 봉송하오니 고통을 없애고 즐거움을 주어 중생을 제도하소서.
奉送道明無毒尊　助揚眞化利有情
도명무독존을 봉송하오니 진정한 교화를 도와 유정한 것들을 이롭게 하소서.
奉送應化六天曹　大權示迹濟群生
응화육천조를 봉송하오니 큰 저울의 자취를 보여주어 군생들을 제도하소서.

奉送梵釋四天王 實報酬因利人間

범석사천왕을 봉송하오니 실제로 인과에 보답하여 인간을 이롭게 하소서.

봉송게(奉送偈)를 운운한다. 이때 거꾸로 3번 돌고 끝에 산화락(散花落)을 하고 삼동발(三動鈸)을 하고 거령산(擧靈山)과 인성(引聲), 요잡(繞匝)을 하고, 소대(燒臺) 앞으로 나간다.

◎제위소송지례(諸位燒送之禮)

제위(諸位)의 법주(法主)와 번주(番主)는 소대 앞에 죽 서서 차례차례 소송운운(燒送云云)한다. 다음 시식을 하고 법주는 상래시식(上來施食) 염불공덕(念佛功德)을 창하여 운운한다. 말번(末番) 인도는 십념(十念)을 운하고, 다음 왕생게(往生偈)와 봉송게(奉送偈)를 운한다. 다음 고사단주화재수용편(庫司壇主化財受用篇) 끝에 인도는 화재게(化財偈)를 창한다.

願諸佛以神通力	원컨대 여러 부처들은 신통력으로
加持冥財遍法界	명부의 재물을 가지하시어 법계에 고루 미치게 하시고
願此一財化多財	재물 하나가 많은 재물로 변하게 하여
普施冥府用無盡	명부에 두루 베풀어 쓰임이 다함없게 하소서.

다음 소전진언(燒錢眞言)을 하고 헌전진언(獻錢眞言)을 운한다.
중단에서 법주는 봉송명부편(奉送冥府篇)을 창하고 끝에 봉송진언(奉送眞言)을 운운한다.
다음 상단에서 법주나 혹 병법은 보신회향편(普伸回向篇)을 창하고 끝에 상번(上番) 인도는 파산게(罷散偈)를 창한다. 다음 회향진언(回向眞言)을 운한다.
다음 상번주(上番主)는 여러 번주들을 거느리고 돌아와 예를 하는데 삼회향례(三回向禮)를 운한다.

◎선문조사예참(禪門祖師禮懺)

혹 중례(中禮)의 2주야에 예참(禮懺)을 겸하면 대중이 모이는 날 막제게(莫嗁偈) 뒤에 유나(維那)는 한편으로 종두(鐘頭)에게 명하여 법당 전면의 문호를 모두 다 견고하게 닫게 한 뒤에, 혹은 베로 만든 휘장, 혹은 종이로 만든 휘장을 전면에 치고, 그대로 조사단(祖師壇)을 설치한다. 한편으로 유나는 여러 사미와 판수를 거느리고 연(輦)을 모시는 위의(威儀)를 갖추어 조사전(祖師殿)에 나가 이운(移運)을 하고, 증명(證明)은 불패(佛牌)를 연(輦)에 들여서 받들어 모시고, 그 나머지 조사(祖師)들의 영정은 법중이 손으로 받들어 들고 차례로 인도하여 평소대로 이운하되, 거령산(擧靈山)을 하고 요잡(繞匝)한다. 법당 앞에 이르면 음악을 그친다. 다음 좌불게(座佛偈)를 할 때 불패 및 조사들의 영정을 차례차례 단 위에 봉안하는데, 매번 한자리마다 각기 작은 상 하나를 놓고 그 위에 향로(香爐) 하나와 촛대 하나를 놓는 것이 좋다. 영정이 없으면 이운을 하지 않는다. 다음 당좌는 평소대로 보청(普請)을 하고, 종두는 격금(擊金) 규칙을 평소와 같이 한다. 명라(鳴螺)를 하고 명발(鳴鈸)을 한 뒤에 작법은 의문(儀文)대로 한다. 재 뒤에 예수작법(豫修作法)을 하거나, 혹은 제산단(諸山壇) 작법을 하고, 인 하여 분수작법(焚修作法)을 의문대로 행한다.

　혹은 지반삼주야(志磐三晝夜) 작법에 예참(禮懺)을 겸할 때에는, 첫날 제신단(諸神壇)에서 청좌권공(請座勸供) 을 하고, 다음 날 재 앞에 영산작법을 평소대로 하고, 재를 한 뒤의 예참은 평소대로 단을 설치하고, 종두는 격금(擊金)을 하고, 혼고(昏鼓)를 한 뒤에 전종(轉鐘) 및 명라(鳴螺)를 3지(旨) 하고 명발(鳴鈸)을 1종(宗) 하고 뒤 에 할향을 한다.

一片栴檀沒價香	한조각 전단은 값을 정할 수 없는 향으로
須彌第一最高岡	수미는 제일 최고의 가장 높은 산이로다.
六銖通徧熏沙界	작은 향이 온 항하사 세계에 스며들어
萬里伊蘭一樣香	만리까지 이 난초 한결같이 향기롭네.

다음 삼등게(三燈偈)를 하고, 끝에 조용하면 삼귀의(三歸依)를 하고, 급하면 삼지심(三至心)을 운한다. 명발(鳴 鈸)을 하고, 다음 합장게(合掌偈)를 하고, 다음 고향게(告香偈)를 하고, 다음 개계(開啓)를 운한다.

詳夫 聖壇旣啓 佛事方陳 將法水以加持 灑道場而淸淨 蕩諸穢汚 祛衆魔邪 凡隨禱而感通 在所求而成 就 下有廣大圓滿 無碍大悲心 大陀羅尼 謹當宣念

살피옵건대 성단을 이미 열어 불사를 바야흐로 베품에, 장차 법수를 가지고 도량에 물뿌려 청정하 게 하고, 여러 더러운 것은 흔들어 없애고 사악한 무리들을 제거하였으니, 무릇 기도하는데 따라 감통하고 구하는 바에 성취합니다. 아래에 광대원만하고 무애대비한 대다라니가 있으니 삼가 부지 런히 외우십시오.

천수(千手)를 마치고 사방찬(四方讚) 및 엄정게(嚴淨偈)를 운한다.

擧佛 靈山敎主 慈氏彌勒 提花竭羅
거불. 영산의 교주이시며, 자비로운 미륵, 제화갈라[98]이시며,
至心歸命禮 靈山會上 拈花示衆 是我本師 釋迦牟尼佛
영산회상에서 꽃을 들어 대중에게 보여주신 우리의 스승 석가모니불께 귀의하옵니다.

다음 원강(願降)을 하고, 산화락(散花落)을 하고, 삼동발(三動鈸)을 하고, 다음 가영(歌詠)을 운한다.

| 迦葉捧衣眉已皺 | 가섭이 의발을 받들어 눈썹을 이미 모았는데 |

---

98) 제화갈라(提和竭羅): (산)Dipamkara의 음역. 부처님의 이름.

金棺將火足猶懸	금관에 장차 불 놓으려니 발이 오히려 매달려 있네.
誰知摩竭當年事	누가 알리오, 마갈라국99)의 올해의 일을
落日雙林噪暮蟬	해 지는 쌍림100)에서는 저녁 매미소리 시끄럽네.

| 故我一心歸命頂禮 | 그러므로 나는 일심으로 목숨바쳐 예를 올리옵니다. |

다음 헌좌와 다게(茶偈)를 운한다.

至心歸命禮 第一祖師 闢山受禮 迦葉尊者
지극한 마음으로 귀의하옵니다. 제1조사이시며 벽산에서 예를 받으신 가섭101)존자여!

分坐拈花示起端	분반좌하고 꽃을 집어 단서를 보여주시며
傳持何必在金襴	하필 금란가사102)를 전하여 지니게 하였나?
至今無限多聞者	지금 무한히 듣고 배우는 자 많아서
依舊門前倒剎竿	여전히 문 앞에서 찰간103)을 거꾸러뜨리네.

至心歸命禮 第二祖師 分身四分 阿難尊者
지극한 마음으로 귀의하옵니다. 제2조사이시며 몸을 사분104)으로 나누신 아난105)존자여!

---

99) 마갈(摩竭): 고대 중인도의 나라 이름. 마갈제국(摩竭提國). 마갈국(摩竭國). 마가다(摩伽陀).

100) 쌍림(雙林): 쌍림은 두 그루의 사라수(紗羅樹)를 말하며 사라쌍수라고도 한다. 석존께서 세수 80이던 2월 15일 밤 사라수 사이에서 반열반(般涅槃)에 드셨는데 이때 석존을 에워싼 사라수는 사방에 각각 한 쌍씩 있었으므로 도합 8그루의 사라수였다고 한다. 이때 이들 사라쌍수가 꽃을 피웠다고도 하고, 이들 나무가 모두 말라서 흰 빛으로 변한 것이 마치 흰 학의 무리가 모인 것과 같았다 하여 학림(鶴林)이라고도 한다. 또 8그루 가운데 석존께서 입멸하실 때 4그루는 시들어버리고 4그루는 무성했다고 전하므로 이 사라쌍수를 사고사영수(四枯四榮樹)라고도 한다. 한편 장례식 때 흰 종이로 만든 꽃을 관의 네 모서리 또는 관 앞을 장식하는데 이를 사라화(沙羅華)라 하는 것은 석존 열반시 사방에 있던 사라쌍수를 의미한다고 한다.

101) 가섭(迦葉): 인도 왕사성(王舍城) 마하바드라의 거부였던 브란만 미그루다칼파의 아들로서 비팔라 나무 밑에서 출생하였다. 어린 나이로 비야리성(城)의 가비리라는 바라문의 딸과 결혼하였으나, 12세에 부모를 잃고 세속적인 욕망의 허무함을 깨달아 아내와 함께 출가하였는데, 그 후 석가를 만나 가르침을 받고 제자가 되었다. 석가는 모든 무상(無上)의 정법(正法)을 가섭에게 부촉(附囑)하며 자신이 죽은 뒤 모든 수행자의 의지처가 될 것이라고 예언하였다. 석가가 죽은 뒤 제자들의 집단을 이끌어 가는 영도자가 되었는데, 선가(禪家)에서는 그를 부법장(付法藏) 제1조(祖)로 높이 받들고 있다.

102) 금란(金襴): 금실로 지은 가사.

103) 찰간(剎竿): 절의 당탑(堂塔) 앞에 세워 두는 긴 장대로써 그 위에 보주(寶珠)가 붙어 있다. 사원에서 설법이 있는 것을 표시하기 위해 세우는 깃발을 거는 장대.

曾向楞嚴計較窮	일찍이 능엄을 향해 계교가 궁하여
法身雖獲證圓通	법신을 비록 얻고 원통을 증명하였으나
可憐欲睡方成道	가련하다, 잠자려다 도를 이루었으니
始信從前枉用功	알겠다, 종전에는 잘못 공부한 것을.

至心歸命禮 第三祖師 定力降龍 商那和修尊者

지극한 마음으로 귀의하옵니다. 제3조사이시며 정력으로 용을 항복시키신 상나화수[106]존자여!

生下田衣已自然	태어나면서 이미 가사[田衣][107]를 입고 있었고
六年胎孕化功圓	6년 동안 모태에 있어 조화의 공이 원만하네.
後人徒解流眞僞	후인들은 한갓 흘러오는 말을 참된 게로 알지만
非法非心未是傳	법도 아니고 마음도 아니며 전한 적 없었네.

至心歸命禮 第四祖師 降伏波旬 優婆毱多尊者

지극한 마음으로 귀의하옵니다. 제4조사이시며 파순[108]을 항복시키신 우바국다[109]존자여!

無相如來示現身	무상의 여래께서 몸을 드러내 보여주시니
衆魔降處絶纖塵	많은 마귀 항복한 곳에 가는 먼지조차 없네.

---

104) 사분(四分): 법상종 계통의 유식설에 있어서 마음 및 마음작용에는 네 가지 측면이 있다고 하는 것을 말한다. 즉 ①상분(相分). ②견분(見分). ③자증분(自證分). ④증자증분(證自證分).

105) 아난(阿難): 왕사성(王舍城) 사람. 성(姓)은 찰제리. 아버지는 곡반왕(斛飯王)으로서 부처님의 종제(從弟)이다. 범어의 아난은 경희(慶喜)·환희(歡喜)라 번역하는데 여래께서 성도(成道)하신 날 밤에 났으므로 그런 이름을 지었다. 더구나 전생에 큰 공덕이 있어서 법장을 받아 지니되 물을 다른 그릇에 전하듯 하므로 부처님께서 시자로 임명하였다.

106) 상나화수(商那和修): 인도에서 부법장(付法藏)의 제 3조. 중인도 왕사성에서 출생. 뒤에 아난(阿難)의 제자가 되어 아라한과(阿羅漢果)를 증득, 아난이 죽은 뒤 불교 포교에 전력. 문인(門人) 우바국다(優婆毱多)에게 법을 전하고 입적하였다.

107) 전의(田衣): 전상의(田相衣)의 약어. 5조·7조 등의 가사를 이른다. 이 바느질로 꿰맨 상태가 전반(田畔)과 닮았기 때문에 이렇게 불렀다.

108) 파순(波旬): (산)pâpîyâs. 불도에 정진하는 사람의 수행을 방해하는 흉악한 마왕.

109) 우바국다(優婆毱多): (산)Upagupta. 근호(近護)·대호(大護)·근장(近藏)·무상(無相)이라 번역. 아육왕의 스승. 마돌라(摩突羅)국에서 출생하였다. 17세에 상나화수에게 가서 배우고 아라한과를 증득하였다. 아육왕을 위하여 우타산으로부터 화씨성에 이르러 설법하고, 왕에게 권하여 부처님의 유적에 8만 4천의 탑을 세웠다고 한다.

室高丈六籌空滿　　　　　1장 6척 높은 곳에 산대만 공연히 가득하니

度了何曾度一人　　　　　제도를 다했지만 어찌 한 사람인들 제도했던가?

至心歸命禮 第五祖師 指乳生蓮 提多迦尊者

지극한 마음으로 귀의하옵니다. 제5조사이시며 젖을 가리키자 연꽃이 생겨나신 제다가110)존자여!

非爲身心要出家　　　　　몸과 마음이 출가해야 하는 것은 아니나

出家無我始堪誇　　　　　출가할 내가 없으니 그것이 자랑할만하네.

八十仙衆回頭處　　　　　80선중들이 머리를 돌린 곳

從此蓮生火裏花　　　　　이로부터 불 속에서 연꽃이 피어나네.

至心歸命禮 第六祖師 袈裟生體 彌遮迦尊者

지극한 마음으로 귀의하옵니다. 제6조사이시며 가사가 몸에서 생겨나신 미차가111)존자여!

本是衆仙中上首　　　　　본래 뭇 신선들 가운데 우두머리였는데

小流歸海自成波　　　　　작은 물이 바다로 들어가 절로 파도를 이루네.

大乘況有干霄氣　　　　　대승에다 하물며 하늘에 치솟는 기운 있으니

直下求人不在多　　　　　바로 내려와 사람을 구하는데 힘을 쓸 것이 없네.

至心歸命禮 第七祖師 定中聞請 波須密尊者

지극한 마음으로 귀의하옵니다. 제7조사이시며 선정 가운데서 청하는 말을 들으신 바수밀112)존자여!

---

110) 제다가(提多迦): (산)Dhrtaka. 나한(羅漢)의 이름.

111) 미차가(彌遮迦): 중인도 사람. 법을 전해 받은 뒤에 교화의 길을 떠나 북천축에 왔는데 망루 위에 금빛나는 상서로운 구름이 뜬 것을 보고 찬탄했다. 성으로 들어오니 떠드는 사람들 틈에 어떤 사람이 손에 술그릇을 들고 오면서 물었다. "선사는 어디서 오시며 어디로 가시는 길이오?" 미차가가 대답했다. "스스로의 마음에서 와서 없는 곳으로 가려하오." "내 손에 있는 물건을 알겠소?" "그것은 더러운 그릇으로 청정함을 등진 것이오." "나를 아시겠소?" "'나'라 하면 알지 못할 것이요, '안다' 하면 '나'가 아니리라." "그대의 성명이나 말해보오. 그 다음에 나도 본래의 인연을 말하리라." 미차가가 말했다. "내 스승인 제타가께서 '세존께서 북인도를 지나시다가 아난에게 하신 말씀에 내가 열반에 든지 3백년에 성은 바라타요, 이름은 바수밀이라 하는 성인이 이 나라에 태어나서 내 선맥의 일곱째 조사가 되리라.' 하셨다 하니 세존께서 그대를 예언하신 것이다. 그대는 출가하시오." 그는 곧 술그릇을 땅에 놓고 선사 곁에 섰다. 미차가 존자가 뒤에 사자분신삼매(獅子奮迅三昧)에 들어 일곱 다라수 높이까지 몸을 솟구쳤다가 다시 본래의 자리로 돌아오니, 불이 자연히 생겨 몸을 태웠다. 양왕(襄王) 17년 갑신에 바수밀이 사리를 거두어 칠보함에 담아 부도를 세웠다.

自心來往一何憑　　오고가는 내 마음을 어디에 의지하였나?
觸器常持放未能　　그릇에 닿아도 항상 지녀 놓치지 않네.
試暫稱名露消息　　잠시 이름에 맞게 소식을 드러내 보이고
廓然無得是心燈　　확연히 얻은 것이 없으니 이것이 마음의 등불일세.

至心歸命禮 第八祖師 光照四衆 佛陀難提尊者
지극한 마음으로 귀의하옵니다. 제8조사이시며 사중을 광명으로 비춘 불타난제[113]존자여!

擬求論義知非義　　의를 논하려다가 의가 아님을 알아
降了心猿息萬途　　욕심을 항복시켜[114] 모든 길을 쉬게 하네.
四十出家無外物　　마흔에 출가하여 외물이 없으니
不知誰見頂中珠　　모르리라, 정수리의 구슬을 누가 보았는지?

至心歸命禮 第九祖師 五十始行 伏陀密多尊者
지극한 마음으로 귀의하옵니다. 제9조사이시며 오십에 비로소 행하신 복다밀다[115]존자여!

---

112) 바수밀(波須密): (산)Vasumitra. 화수밀(和須蜜)·바수밀다(婆須蜜多)라 음역. 천우(天友)·세우(世友)라 번역. 북인도 건타라국 사람. 불멸 후 600년 가니색가왕 때에 가습미라국에서 『대비바사론』을 편찬하던 제4 결집 때에 상좌로 활약하였다. 학식이 풍부하여 당시에 존경받던 법구·묘음·각천과 함께 바사사대론사(婆沙四大論師)의 하나이다.

113) 불타난제(佛陀難提): 가마라국(迦摩羅國) 사람으로서 성은 구담(瞿曇), 정수리에 육계(肉髻)가 있고, 말재주가 있었다. 바수밀존자를 만나 출가하여 교법을 받았다. 무리를 거느리고 교화를 떠나 제가국(提伽國)의 비사라(毘舍羅)라는 이의 집에 이르니, 지붕 위에 흰 광명이 위로 솟는 것이 보였다. 그가 제자들에게 말했다. "이 집에는 성인이 있다. 입으로 말은 못하나 참으로 대승의 그릇이요, 사방의 거리를 다니지는 못하나 더러운 것은 알리라." 장자가 나와서 인사를 하며 무엇을 요구하느냐고 물었다. "시자(侍者)를 구합니다." "나에게는 복타밀다라 하는 외아들이 있는데 나이가 이미 50이 되었지만 말도 못하고 걷지도 못합니다." "그대의 말이 옳다. 그가 참으로 나의 제자이다." 그 후 복타밀다가 스승의 법을 받았다. 불타난제존자가 신통변화를 나타냈다가 다시 제자리로 돌아와서 점잖게 열반에 드시니 대중이 탑을 세워 전신(全身)을 그대로 봉안했다.

114) 욕심을 항복시키고[心猿]: 마음의 욕을 제어하기 어렵다는 것을 원숭이가 소동치는 것에 비유하여 하는 말이다.

115) 복타밀다(伏陀密多): 제가국(提伽國) 사람. 성은 비사라(毘舍羅). 불타난제의 법을 받은 뒤에 중인도에 가서 교화를 할 때에 향개(香蓋)라는 장자가 외아들의 손을 잡고 와서 존자께 예배하고 말했다. "이 아이가 뱃속에 60년이나 있었으므로 난생(難生)이라 부릅니다. 그리고 일찍이 한 선인을 만났는데 이 아이를 보고 말하기를 '범상치 않으니, 반드시 법기가 되리라.' 하였습니다. 이제 존자를 만났으니 출가시키고자 합니다." 존자가 머리를 깎아 주고 계를 주었는데 갈마(羯磨)할 때에 사리 30개가 나왔다. 이로부터 피로

五十年來由不語	50년 동안 말하지 않았으니
始知大法誠難擧	비로소 알겠네, 큰 법은 들어보이기 어려운 것임을.
外求有相盡皆非	밖으로 상있는 데서 구함은 모두 그른 것이라서
合掌當胸行七步	가슴에 합장하고는 7보를 걸었네.

至心歸命禮 第十祖師 變珠乘象 脇不至席尊者

지극한 마음으로 귀의하옵니다. 제10조사이시며 구슬을 변화시키고 코끼리를 타신 협부지석116)존자여!

雖飡五穀曾無漏	비록 오곡을 먹는 사람으로서 빈틈이 없었으나
母腹因循六十年	어머니 뱃속에 60년 있었네.
無限葛藤先說破	무한한 갈등을 먼저 말하여 깨뜨렸으니
更將何法化人天	인천을 무슨 법으로 감화시켰던가?

至心歸命禮 第十一祖師 變地黃金 富那夜奢尊者

지극한 마음으로 귀의하옵니다. 제11조사이시며 땅을 변화시켜 황금으로 만드신 부나야사117)존자여!

地變黃金入會來	땅이 황금으로 변하자 몰려 들어오고
心非住止定無猜	마음이 집착 아니하여 선정에 거리낌 없었네.
忽聞當座菩提樹	홀연히 보리수 아래에 앉아 한 소식 들으니
三昧門深自豁開	깊고 깊은 삼매의 문이 절로 활짝 열리네.

함을 잊고 부지런히 정진하였는데 오래지 않아 스승이 말했다. "여래의 거룩한 정법안장을 너에게 전하노니 잘 간직하여라." 존자가 법을 전한 뒤에 멸진삼매(滅盡三昧)하니 탑을 세웠다.

116) 협부지석(脇不至席): 중인도 사람. 탄생할 때 그의 아버지 꿈에 한 마리의 흰 코끼리 등 위에 보배 좌석이 있고, 좌석 위에는 밝은 구슬 하나가 놓였는데 문으로 들어와 광채가 사방으로 비치는 것을 보았다. 꿈에서 깨어나 존자를 낳았다. 뒤에 복타밀다존자를 만나 곁에서 시봉을 하는데 잠시도 자지 않았다. 그래서 협부지석(脇不至席) 존자라 부르게 되었다. 존자가 법을 전한 뒤에 신통 변화를 나타냈다가 열반에 드니, 삼매의 불이 나서 저절로 탔다. 네 무리가 제각기 옷자락에다 사리를 담아다가 곳곳에다 탑을 세우고 공양하였다.

117) 부나야사(富那夜奢): (산)Punyayasas 또는 부나사(富那奢). 덕칭(德稱)이라 번역. 1세기 경 인도 화씨국 사람으로 성은 구담(瞿曇). 아버지는 보도(寶刀). 출가한 뒤에 오랫동안 협존자를 스승으로 섬기고, 뒤에 중인도 바라내국에 가서 마명에게 대법(大法)을 전해 받았다.

至心歸命禮 第十二祖師 現日輪相 馬鳴尊者
지극한 마음으로 귀의하옵니다. 제12조사이시며 일륜상을 드러내신 마명118)존자여!

鉅義還將木義同	거의를 도리어 목의와 동일시하기에
與師平出露眞風	스승과 함께 평등하게 나와 참 기풍을 드날렸네.
金龍千尺猶曾現	천 자나 되는 금룡은 일찍이 보인 적 있기에
小小蟲兒莫費功	작은 벌레들은 공이 들지 않네.

至心歸命禮 第十三祖師 蟒受三歸 迦毘摩羅尊者
지극한 마음으로 귀의하옵니다. 제13조사이시며 이무기조차 삼귀의를 받아들였던 가비마라119)존자여!

大海曾云化不難	대해의 미물들은 감화시키기 쉽다 했으니
還如平地起波瀾	도리어 평지에서 파란을 일으키는 것 같네.
頂門揀着無言處	이무기 정수리에 말없이 갖다 붙인 곳
萬波千流徹底乾	온갖 파도가 밑바닥까지 깨끗해졌네.

至心歸命禮 第十四祖師 化現月輪 龍樹尊者
지극한 마음으로 귀의하옵니다. 제14조사이시며 월륜으로 화현하신 용수120)존자여!

---

118) 마명(馬鳴): (산)Asvaghosa. 중인도 마갈타국 사람으로 불멸 후 6백년 경에 출세한 대승의 논사(論師). 본디 외도의 집에 나서 논의를 잘하며 불법을 헐뜯었다. 협존자(脇存者;일설에는 富那奢)가 북쪽에 와서 토론을 하여 설복하자 그의 제자가 되었다. 그 뒤부터 마갈타국을 중심으로 중인도에서 전도할 때에 가니색가왕이 중인도를 정복, 배상금 대신에 마명을 데리고 북인도로 돌아갔다. 마명은 북쪽의 월지국에 들어가 임금의 보호를 받고 대승불교를 선전하였으므로, 옛적부터 그를 대승불교의 시조라 한다. 저서로는 『대승기신론(大乘起信論)』1권, 『대장엄론경(大莊嚴論經)』15권, 『불소행찬(佛所行讚)』5권 등이 있다.

119) 가비마라(迦毘摩羅): 2세기경 인도 마갈타국 화씨성(華氏城) 사람. 부법장(付法藏) 제 13조. 처음에는 3천의 제자를 거느린 외도, 마명에게 설복되어 제자들과 함께 불교에 귀의. 남인도에서 교화에 힘쓰고, 교법을 용수(龍樹)에게 전하였다.

120) 용수(龍樹): 인도의 대승 불교를 크게 드날린 사람. 용맹(勇猛)·용승(龍勝)이라 번역. 어려서부터 총명하여 일찍 4베다·천문·지리 등 모든 학문에 능통하였다. 처음에 인생의 향락은 정욕을 만족하는데 있다 하고 두 벗과 함께 주색에 빠져 왕궁에 출입하면서 궁녀들과 통하다가 탄로나 두 사람은 사형되고, 그는 위험을 간신히 면하였다. 욕락은 괴로움의 근본이 된다는 것을 깨닫고 절에 가서 가비마라에게서 소승 3장(藏)을 배우다가 만족하지 못하여 설산지방으로 갔다. 늙은 비구를 만나 대승경전을 공부하고, 후에 여러 곳으로 다니면서 대승경전을 구하여 깊은 뜻을 통달한다. 마명의 뒤에 출세하여 대승 법문을 성대히 선

雖向龍中有善根	비록 축생 가운데도 선근이 있다 하니
始知人畜有平論	이제야 사람과 축생이 평등하다는 것을 알겠네.
回心更入無爲路	마음을 돌려 다시 무위의 길로 들어가니
三界巍巍繼獨尊	삼계에 우뚝 높이 독존을 계승했네.

至心歸命禮 第十五祖師 鉢水投針 迦那提婆尊者
지극한 마음으로 귀의하옵니다. 제15조사이시며 발우 물에 바늘을 던지신 가나제바[121]존자여!

默契曾觀滿月輪	묵계로 일찍이 보름달을 보았고
佛身無相始知眞	불신의 상이 없어 비로소 진여를 알겠네.
至今得座披衣者	지금 자리에 앉으려고 옷을 제친 사람은
須憶當時洩破人	기억하라, 당시에 천기를 누설하여 설파한 사람임을.

至心歸命禮 第十六祖師 攀手梵天 羅侯羅尊者
지극한 마음으로 귀의하옵니다. 제16조사이시며 범천을 손으로 끌어당기신 라후라[122]존자여!

因問庭中木耳緣	정원에 목이버섯의 인연에 대해 묻고
提婆纔說便心歡	제바존자의 설법에 마음이 기뻤네.
寄言受供修行者	공양을 받고 수행하는 자에게 말하노니
未證圓通仔細看	원통의 도리 증명하기 전에 자세히 보라!

至心歸命禮 第十七祖師 現五佛影 僧伽難提尊者
지극한 마음으로 귀의하옵니다. 제17조사이시며 다섯 무리의 그림자로 나타나신 승가난제[123]존자여!

양하니, 대승불교가 이로부터 발흥하였으므로 후세에 그를 제 2의 석가, 8종의 조사라 일컫는다.

121) 가나제바(迦那提婆): 용수(龍樹)의 제자. 제바보살(提婆菩薩)의 별명. 가나(迦那)는 애꾸눈이란 뜻이다. 그는 애꾸눈이었으므로 가나제바라 한다.

122) 라후라(羅侯羅): 석존의 아들. 석존이 태자로 있을 때 출가하여 도를 배우려고 마음을 내었다가, 아들을 낳고는 장애됨을 한탄하여 라후라라 이름하였다. 석존이 성도한 뒤에 출가하여 제자가 되었다.

123) 승가난제(僧伽難提): 실라벌성(室羅筏城)의 보장엄왕(寶莊嚴王)의 아들이었는데, 금방 낳자마자 말을 하여 불법을 칭찬하였고, 일곱 살에 출가하였다. 출가한 뒤에 승가난제라 불렸다. 또 선리다(禪利多)라는 사문을 스승으로 삼았는데 19년 동안 잠시도 쉬지 않았다. 존자가 가야사다에게 법을 전한 뒤 오른손으로 나뭇가지를 휘어잡고 열반에 드니, 대중들이 "존자께서 나무 밑에서 열반하셨으니, 그늘이 후손들에게 드리워질 것이다." 하였다. 시체를 고원(高原)으로 옮기고 탑을 세우려는데 대중의 힘으로는 움직이지 않

生下分明解言語	태어나자마자 분명히 말을 하고
金無動靜成虛喩	금 발우가 동정이 없자 허상임을 깨우쳤네.
無我方令汝義成	내가 없음이 바야흐로 너의 의리가 성립하나니
郎然如日當空住	해와 같이 뚜렷하게 공에 머물러야하리.

至心歸命禮 第十八祖師 持鑑出遊 迦那舍多尊者
지극한 마음으로 귀의하옵니다. 제18조사이시며 거울을 가지고 놀러 나오신 가나사다[124]존자여!

會理爭如會佛機	이치를 이해함이 부처의 기틀을 이해함과 어떠하냐?
百年一日了何疑	백년 인생 하루만에 무슨 의심을 끝냈느냐?
大圓鏡裏無瑕穢	크고 원만한 거울 속에는 티끌이라고는 없을 적에
心眼分明復是誰	심안이 분명하니 이게 다시 누구인고.

至心歸命禮 第十九祖師 劈面放光 鳩摩羅多尊者
지극한 마음으로 귀의하옵니다. 제19조사이시며 베인 얼굴에서 빛이 나신 구마라다[125]존자여!

으므로 나무 밑에다 그대로 탑을 세웠다.

124) 가나사다(迦那舍多): 마제국(摩堤國) 사람. 성은 울두람(鬱頭藍). 일찍이 큰 신장이 거울을 들고 있는 것을 꿈에 보고 태기가 있었는데 7일 만에 낳았다. 살과 몸이 유리 같이 비치어 한 번도 씻지 않아도 향기롭고 깨끗했다. 어릴 때부터 조용한 곳을 좋아하고, 말하는 것이 예사 어린이와 다르더니, 거울을 가지고 놀러 나갔다가 승가난제존자를 만나 출가하게 되었다. 무리들을 거느리고 대월씨국(大月氏國)에 갔다가 한 바라문의 집에 서기가 도는 것을 보았다. 존자가 그 집에 들어가려 하니, 집주인인 구마라나가 물었다. "웬 무리들이요?" "부처님의 제자들이다." 그는 부처님이란 소리를 듣고 정신이 아찔하여 이내 문을 닫고 들어가 버렸다. 존자가 조금 있다가 다시 그 문을 두드리니 구마라다가 응답했다. "이 집에는 아무도 없소" "아무도 없다고 대답하는 이는 누구인가?" 구마라다가 이 말을 듣고 이상한 사람임을 알고, 문을 열어 맞이하였다. 존자가 그에게 말했다. "옛날에 세존께서 예언하시기를 '내가 열반에 든지 천년 뒤에 월씨국에 대사가 나타나서 나의 법을 이어 발전시키리라.' 하셨는데 이제 그대가 나를 만난 것은 이런 좋은 운을 만난 것이다." 이때에 구마라다가 숙명지(宿命智)를 얻어 정성을 기울여 출가하였고, 계를 받은 뒤에 법을 전하였다. 존자가 법을 전한 뒤에 허공으로 몸을 솟구쳐 18가지 변화를 나타냈다가 화광삼매(火光三昧)로 변하여 스스로의 몸을 태우니, 대중이 사리를 모아서 탑을 세웠다.

125) 구마라다(鳩摩羅多): 동자(童子)·동수(童受)라 번역한다. 어릴 적부터 총명하여 미명동자(美名童子)라 불리웠으며 출가하여 승가야사(僧伽耶舍)에게 배우고 처음에 달차시라국에 머물면서 여러 논을 짓고, 뒤에 걸반타국에 가서는 포교에 힘썼다. 일찍부터 경전 읽기를 좋아하여 깊은 뜻을 궁구하고 하루 3만 2천 말을 외우고 썼다고 하여 이름이 알려졌다. 『성실론(誠實論)』을 지은 하리발마(訶梨跋摩)는 그를 스승으로 섬겼고, 사야다(闍夜多)에게 법을 전했다.

此舍無人應者誰　　　이 집에는 사람이 없는데 응한 자 누구인가?

開門相見絶狐疑　　　문을 열어 얼굴 보고 의심을 끊어버리네.

那堪更問從前夢　　　종전에 꿈을 다시 물으면 어찌 하겠나?

又落靈山第七迴　　　또 영산의 일곱 전생으로 떨어지는 것을.

至心歸命禮 第二十祖師 蒙光得道 奢夜多尊者

지극한 마음으로 귀의하옵니다. 제20조사이시며 빛을 덮어 도를 얻으신 사야다[126]존자여!

足下塗油遍處尋　　　발아래 기름칠하여 온 천하를 찾아다니니

逢師施拜是投針　　　스승을 만나 절을 하는 것이 바늘 던짐이었네.

略聞因果通三界　　　인과에 대해 대략 듣고 삼계에 통하니

無限淸風到古今　　　맑은 기풍 한량없이 고금에 이르네.

至心歸命禮 第二十一祖師 胎中放光 婆須盤頭尊者

지극한 마음으로 귀의하옵니다. 제21조사이시며 태중에서 빛을 내신 바수반두[127]존자여!

執相修行去道殊　　　상을 잡고 수행하는 것은 도와 전혀 달라

還同緣木苦求魚　　　나무에서 괴롭게 고기를 구함과 도리어 같네.

---

126) 사야다(奢夜多): 북천축국(北天竺國) 사람. 나열성(羅閱城)에서 수행하는 무리들은 오직 변론만을 숭상하였다. 그곳의 우두머리인 바수반두는 항상 한 끼니만 먹고 눕지 않고 여섯 차례 예불하고 청정하고 욕심이 없으므로 대중의 추앙을 받았다. 존자가 그를 제도하고자 우선 그 무리들에게 물었다. "이 변행두타가 범행(梵行)을 닦은들 불도를 얻을 수 있겠는가?" "우리 스승이 정진하거늘 어찌 못한다 하는가?" "그대들의 스승은 도와는 멀다. 설사 티끌 수만큼 고행을 하더라도 모두가 허망의 근본이다." "그러면 존자께서는 어떤 덕행을 쌓았기에 우리 스승을 비웃는가?" "나는 도를 구하지는 않으나 뒤바뀌지는 않고, 부처에게 절을 하지는 않으나 교만하지는 않고, 오래 앉지는 않으나 게으르지는 않고, 한 끼니만 먹지는 않으나 잡되게 먹지는 않고, 만족함을 알지는 못하나 탐하지는 않나니, 마음에 희망하는 바가 없는 것을 도라 한다." 존자가 법을 전한 뒤에 자리에서 일어나지 않고 살며시 열반에 드니, 화장하고 사리를 거두어 탑을 세웠다.

127) 바수반두(婆須盤頭): (산)Vasubandhu. 바수반타(婆藪槃陀)라고도 음역한다. 세친(世親)·천친(天親)이라 번역한다. 북인도 건타라국 부루사부라(지금의 페샤와, Peshawar) 사람으로 4~5세기경의 학승. 바라문족 출신으로 아버지는 교시가(憍尸迦), 형은 무착, 아우는 사자각이다. 처음에 형과 함께 소승의 설일체유부에 출가했는데, 형 무착은 일찍 소승을 버리고 대승에 돌아갔으나 바수반두는 국금(國禁)을 범하고, 이름을 고쳐 가습미라국에 가서 설일체유부의 교의(敎義)를 전문적으로 배우고, 뒤에 고국에 돌아와서 『대비바사론』을 강의하였다. 많은 저술을 내어 대승을 비방하다가 마침내 무착의 권유에 의하여 대승에 들어간다. 80세를 일기로 아유다국에서 입적하였다.

爭如渴飮飢湌飯 　　　　　어떠하랴, 갈증나면 마시고 배고프면 밥 먹으며

一覺閑眠任卷舒 　　　　　한번 깨달아 한가로이 자며 권서128)를 마음대로 하는 것과.

至心歸命禮 第二十二祖師 鼓腹退兵 摩拏羅尊者

지극한 마음으로 귀의하옵니다. 제22조사이시며 배를 두드려 병사를 물리치신 마나라129)존자여!

隣國曾驅百萬兵 　　　　　이웃나라가 일찍이 백만 병사를 몰고 왔을 때

等閑一喝盡魂驚 　　　　　하릴없는 한 소리에 혼백이 모조리 깜짝 놀랐네.

不同後代參玄者 　　　　　후대의 현묘한 이치 참구하는 자들이

只要安排亂作聲 　　　　　단지 안배하여 어지럽게 소리 지르는 것과 다르네.

至心歸命禮 第二十三祖師 日月同禮130) 鶴勒那尊者

지극한 마음으로 귀의하옵니다. 제23조사이시며 일월과 같은 몸이신 학륵나131)존자여!

衆鶴相隨示宿因 　　　　　많은 학들이 뒤따르며 숙인132)을 보였으나

---

128) 권서(卷舒): 선승이 수행자를 가르쳐 인도하는 태도·방법을 말한다. 권은 수행자를 추궁하고, 괴롭게 하는 것, 서는 수행자를 느긋하게 수행시키는 것이다.

129) 마나라(摩拏羅): 나제국(那堤國)의 상자제왕(常自在王)의 아들. 나이 30세가 되었을 때에 바수조사를 만나 출가하여 법을 전해 받고 서인도로 갔다. 그 나라의 왕은 득도(得度)라 하였으며 구담의 종족으로서 불법에 귀의하여 부지런히 정진하였다. 하루는 길을 가는데 조그만 탑이 있어서 가지고 가 공양하려 하였으나 아무도 드는 이가 없었다. 왕은 곧 범행(梵行)·선관(禪觀)·주술(呪術) 따위 세 무리를 모아 놓고 의심나는 바를 물었다. 그 때에 존자도 이 모임에 갔는데 이 세 무리가 아무도 변론치 못하므로 존자가 탑의 원인을 자세히 말하고 지금 나타난 것은 왕이 복력으로 이루어진 것이라 하였다. 왕이 이 말을 듣고 말했다. "지극한 성인을 만나기 어렵고 세상의 쾌락은 오래지 않다." 곧 태자에게 왕위를 전하고 조사께 귀의하여 출가한지 7일 만에 과위를 증득했다.

130) 예(禮): 체(體)의 오자인 듯하다.

131) 학륵나(鶴勒那): (산)Haklena. 인도의 불법을 부촉하여 전한 제23조의 이름. 륵나(勒那)는 범어. 학(鶴)은 한어(漢語). 존자가 출세한 뒤에 학 떼가 항상 따라다녔기 때문에 이렇게 불렀다. 아들이 없자 어머니가 칠불에게 빌었는데 어머니의 꿈에 수미산 정수리에서 한 신동(神童)이 금고리[金環]를 들고 와서 "내가 왔소." 하고 외치는 것을 보고, 태기가 있었다. 일곱 살 때 마을에 놀러갔다가 동네사람들이 굿을 하는 것을 보고 당집으로 들어가서 "허망하게 복과 재화를 일으키어 세상 사람을 현혹시키면서 해마다 산 짐승을 소비하니, 살생이 이보다 더 할 수 있느냐?" 하였다. 말을 마치자 당집의 화상[神像]이 저절로 무너지니 이로부터 마을 사람들이 '거룩한 아기'라 불렀다. 마나라존자(摩拏羅尊者)를 만나서 법안(法眼)을 얻고, 중인도에 이르러 사자존자(獅子尊者)를 만나 법을 전하고 입적하였다.

132) 숙인(宿因): 과거 세상에서 만든 업인(業因).

曾通至理又迷津	일찍이 지극한 이치를 통했다가 또 미혹되었네.
回頭却念貪求輩	머리 돌려 돌이켜 생각하니 탐구하는 무리들
到此須知食悷人	이 경지에 이르니 알리라, 거짓말하는 사람을.

至心歸命禮 第二十四祖師 伏攝五衆 獅子尊者
지극한 마음으로 귀의하옵니다. 제24조사이시며 다섯 무리를 항복시키신 사자133)존자여!

求道曾無所用心	도를 구하려 일찍이 마음을 쓴 적이 없으나
頓除砂礫是眞金	단박에 모래를 제거하니 이게 진금이었네.
因排五衆如雲散	다섯 무리들을 물리치니 구름이 흩어지는 것 같아
從此瞿曇化轉深	이로부터 고타마의 가르침이 깊어졌네.

至心歸命禮 第二十五祖師 焚試傳衣 婆舍斯多尊者
지극한 마음으로 귀의하옵니다. 제25조사이시며 몸을 불살라 옷을 전하신 바사사다134)존자여!

生下誰知手握拳	주먹 쥐고 태어났을 적에 누가 알았으리
明珠收得在先天	선천에 있을 적에 밝은 구슬 얻은 것임을.
師資會遇纔拈出	스승과 제자가 만나 막 집어내자마자
無價光輝萬古傳	값으로 칠 수 없는 빛이 만고에 전하네.

至心歸命禮 第二十六祖師 指頹化山 不如密多掘尊者
지극한 마음으로 귀의하옵니다. 제26조사이시며 화산을 손가락으로 무너뜨리신 불여밀다굴135)존

---

133) 사자존자(獅子尊者): (산)Simha. 선종의 인도 28조(祖), 중국의 제 24조. 3세기경 중인도 사람. 성은 바라문. 학륵나에게 법을 받고 계빈국에 가서 교화하였으며 바사사다에게 법을 전하고, 외도인에게 모살(謀殺)되었다.

134) 바사사다(婆舍斯多): 계빈국(罽賓國) 사람. 성은 바라문. 아버지는 적행(寂行). 어머니는 상안락(常安樂). 처음에 어머니가 신기한 칼을 얻는 꿈을 꾸고 태기가 있었다. 탄생한 뒤에는 왼손을 쥐고 있더니, 사자존자를 만나 옛 인연을 깨닫고 심인을 비밀히 전해 받았다. 뒤에 남천축에 가는 길에 중인도에 이르니, 왕이 예를 갖추어 공양하였다. 주술하는 이들이 조사의 도를 시기하여 남몰래 음식에 독을 넣었다. 조사는 그것을 알면서도 그 음식을 먹었으나 도리어 그가 화를 당했다.

135) 불여밀다굴(不如密多掘): 남인도 득승왕(得勝王)의 태자. 중이 되어 법을 전해 받은 뒤에 동인도에 이르니 그 나라의 왕 견고(堅固)는 외도의 스승인 장조범지(長爪梵志)를 받들고 있었다. 존자가 그 나라에 이르렀을 때 왕과 범지는 모두 흰 서기가 위아래로 뻗은 것을 보았다. 왕은 그것이 무슨 상서이겠느냐고 물

자여!

本是王宮富貴身	본래 왕궁에서 태어난 부귀하신 몸
却來弘護大乘人	돌아와서[136] 대승인을 크게 호위하였네.
化山復壓持來衆	화산을 가져 온 무리들을 다시 진압하니
徒把螢光鬪日輪	반딧불을 가지고 태양과 다툼이로다.

至心歸命禮 第二十七祖師 垂手放光 般若多羅尊者
지극한 마음으로 귀의하옵니다. 제27조사이시며 손을 내리고 빛을 내신 반야다라[137]존자여!

| 我談般若生前會 | 나는 생전에 만나서 반야를 이야기하였는데 |
| 汝契多羅此世逢 | 너는 이 세상에서 만나 다라니[138]로 이해하네. |

었다. 범지는 존자가 들어올 징조임을 미리 알았으나 왕의 마음이 불법으로 옮길까 걱정이 되어 거짓으로 대답했다. "악마가 나타날 징조입니다." 그리고는 곧 자기의 무리를 모아 의논하였다. "불여밀다가 여기에 온다면 누가 그를 꺾겠는가?" 제자들이 모두 말했다. "저희들에겐 제각기 주술이 있어 천지를 움직이고 물·불에 들어가는데 무엇이 근심입니까?" 존자가 이르러 왕에게 가니 왕이 말했다. "대사는 무엇하러 왔소?" 존자가 대답했다. "중생을 제도하려 합니다." "어떤 법으로 제도하시겠소?" "제각기의 부류에 맞는 법으로 제도합니다." 이때에 범지가 이 말을 듣고 분함을 이기지 못하여 요술로써 큰 산을 변화해서 존자의 정수리 위에 얹어 두었다. 그러나 존자가 손가락으로 가리키니 홀연히 그의 머리 위로 옮겨갔다. 범지는 겁이 나서 존자에게 귀의했다. 존자는 그들의 어리석음을 가엾이 여겨 다시 가리키니 허깨비의 산이 즉시 사라졌다. 그리고는 왕에게 바른 법을 말해 주어 그로 하여금 참 법에 나아가게 하였다.
136) 돌아와서[却來]: 절대평등의 세계로부터 도리어 상대차별의 세계로 돌아옴.
137) 반야다라(般若多羅): 동인도 사람. 남인도에 향지(香至)라는 왕이 불법을 숭상하므로 존중하고 공양하여 헤매는 무리들을 건져주었다. 왕에게 세 아들이 있었는데 막내가 총명하였다. 그를 시험하고자 하여 구슬로써 왕자에게 물었다. "이 구슬이 둥글고 밝은데 이에 미칠 것이 있을까?" "이는 세상의 보배이니 귀히 여길 것은 못됩니다. 모든 보배 중에 법의 보배가 으뜸입니다. 또 이 광채는 세간의 광채이니, 귀할 것이 못됩니다. 모든 광채에는 법보의 광채가 으뜸입니다. 또 이 광명은 세간의 광명이니 귀할 것이 못됩니다. 모든 광명에는 법보의 광명이 으뜸입니다." 존자가 그의 변재를 탄복하고 다시 물었다. "모든 물건 가운데 어떤 물건이 형상이 없는가?" "모든 물건 가운데서 일어나지 않는 것이 형상이 없습니다." "모든 물건 가운데서 어떤 물건이 가장 높은가?" "모든 물건 가운데서 '나'와 남의 집착이 가장 높습니다." 존자는 속으로 그가 법기임을 알았다. 뒤에 향지왕이 세상을 떠날 때에 다른 이들은 모두가 통곡을 하는데 셋째 왕자 보리달라만이 영구 앞에서 선정에 들어 7일 만에 깨어나서 출가하겠다고 하였다. 구족계를 준 뒤에 존자가 분부했다. "여래께서 정법안장을 가섭에게 전했고, 차츰 전하여 나에게 이르렀는데 나는 이제 그대에게 전하노라." 존자가 법을 전한 뒤에 바로 그 자리에서 일어나 좌우의 손을 펴서 각각 광명을 놓으니, 27줄기에 오색이 찬란하였다. 또 몸을 허공으로 일곱 다라수 높이에 솟구쳐 삼매의 불을 내어 스스로를 태우니, 허공에서 사리가 비오듯 하였다. 그것을 거두어서 탑을 세웠다.

已離衆緣起蘊界　　　　뭇 인연 일어나는 오온계[139]를 이미 떠났으니

不知何處演眞宗　　　　어느 곳에서 진실한 종지 설법해야 할지 모르겠구나?

至心歸命禮 第二十八祖師 葬後西歸 達磨大師

지극한 마음으로 귀의하옵니다. 제28조사이시며 장례 뒤에 서쪽으로 가신 달마대사[140]여!

咄咄西來碧眼胡　　　　'쯔쯧'하며 서쪽에서 오신 벽안의 호승이여!

廓然無聖更多圖　　　　텅비어 성인 없는 곳에 도모함이 많았네.

九年端坐撈籠盡　　　　9년 단정히 앉아 법의 조롱에 담은 것은

只有梁王是丈夫　　　　단지 장부인 양무제라네.

至心歸命禮 第二十九祖師 雪中斷臂 惠可大師

지극한 마음으로 귀의하옵니다. 제29조사이시며 눈 속에서 팔을 끊으신 혜가대사[141]여!

---

138) 다라니(多羅尼): 부처님 가르침의 핵심으로, 신비적인 힘을 지니고 있다고 믿어지는 주문. 비교적 긴 구의 주문을 말한다. 보통 다라니는 두 가지가 있다. ①지혜 혹은 삼매를 말한다. 이것은 말을 잊지 않고 뜻을 분별하여, 우주의 실상에 계합하여 수많은 법문을 보존하여 가지기 때문. ②진언(眞言). 범문(梵文)을 번역하지 않고 음 그대로 적어서 외우는 것. 이를 번역하지 않는 이유는 원문의 전체 뜻이 한정되는 것을 피하기 위한 것과, 밀어(密語)라 하여 다른 이에게 비밀히 하는 뜻이 있다. 흔히 범문의 짧은 구절을 진언 또는 주(呪)라 하고, 긴 구절로 된 것을 다라니 또는 대주(大呪)라 한다.

139) 온계(蘊界): 3과(科) 중에서 5온과 18계.

140) 달마대사(達磨大師): (산)dharma (팔)dhamma의 음역. 남인도 향지국(香至國)의 세쩨 왕자로 반야다라(般若多羅) 존자의 법통을 이은 뒤 중국에 와서 양무제를 만났다. 그 때 달마대사의 나이가 130세 였다고 한다. 당시 중국은 남북으로 나뉜 채 북쪽 낙양에는 북위가 도읍을 정하고 있었고 남쪽에는 양나라가 있었다. 양무제는 불심천자(佛心天子)라 불릴 정도의 사람이어서 항상 가사를 걸치고 『방광반야경(放光般若經)』을 강의했고 또 『오경의주(五經義註)』 2백여 권 및 그 밖의 많은 저술도 있었다. 그러나 그는 현세적인 이익에 더 관심을 기울였다. 달마대사를 만나자 먼저 "짐은 절을 세우고 경을 간행하며 승려들을 권장하오. 그러니 그 공덕이 얼마나 되겠오?" 하자, 달마는 "무공덕(無功德)이오." 라고 잘라 말하고는 양자강을 건너 위나라로 갔다. 그리고는 소림산에서 9년간 면벽(面壁)을 시작했다. 사람의 마음은 본래 청정하다는 이치를 깨달아야 한다고 주장하여 이 선법(禪法)을 제자 혜가(慧可)에게 전수하였다. 이로 인해 후세에 그를 중국 선종의 시조로 숭앙하였다.

141) 혜가대사(487~593): 중국 승려. 선종 제2조. 이름은 신광(神光). 속성은 희(姬). 낙양 무뢰(武牢) 사람으로 낙양 향산에서 출가하였다. 여러 곳으로 다니면서 불교와 유교를 배우고, 32세에 향산에 돌아와 8년 동안 좌선하였다. 40세에 숭산 소림사에 보리달마를 찾아가서 눈 속에 앉아 가르침을 구하였으나 허락치 않으므로 드디어 왼팔을 끊어 그 굳은 뜻을 보이고 마침내 허락을 받는다. 552년 제자 승찬에게 법을 전하였다. 변화(辨和)라는 승려의 참소로, 수나라 개황 13년 적중간(翟仲侃)의 혹형으로 107세에 입적하였다.

立雪忘勞斷臂求	눈밭에서 노고를 잊고 팔을 끊어 도를 구하고
覓心無處始心休	마음을 찾아도 없는 곳에 그 마음이 쉬었네.
後來安坐手懷者	뒷날 편안히 앉아 손수 품어주는 자들은
粉骨亡身未足酬	분골망신 하더라도 충분히 갚지 못하리라.

至心歸命禮 第三十祖師 攀樹示滅 僧璨大師
지극한 마음으로 귀의하옵니다. 제30조사이시며 나무를 끌어안고 입적하심을 보여주신 승찬대사142)여!

毀佛書成現大風	부처를 비난하는 책이 만들어지자 큰 기풍 드러내니
從兹起敎化盲聾	이로부터 가르침 일으켜 소경과 귀머거리를 교화하였네.
旣知罪性無來處	죄성이 온 곳이 없음을 이미 알아서
劍斷浮雲水洗空	칼로 뜬구름을 끊고 허공을 물로 씻어내네.

至心歸命禮 第三十一祖師 神兵退賊 道信大師
지극한 마음으로 귀의하옵니다. 제31조사이시며 신병으로 도적을 물리치신 도신대사143)여!

無縛明明解脫身	매임없이 밝고 밝게 해탈한 몸
西山堆裏一花春	서산 첩첩산중에 봄이 왔네.
直饒不受文皇詔	곧아서 문황의 조서를 받지 않으니
也是蘄州廣濟人	이가 바로 기주의 광제인이네.

至心歸命禮 第三十二祖師 四八小七 弘忍大師
지극한 마음으로 귀의하옵니다. 제32조사이시며 32상호 중 7개가 모자란 홍인대사144)여!

---

142) 승찬대사(?~606): 선종 제3조. 2조 혜가의 종요(宗要)를 잇고, 서주 환공산에 은거, 후주(後周)의 무제가 불교를 크게 탄압할 적에 대호현 사공산에 왕래하며, 일정한 주소없이 10여 년을 지냈으나, 세상 사람들이 알지 못하였다. 593년(수나라 개황13) 도신을 만나 의발(衣鉢)을 전하고, 나부산에 있다가 2년 뒤에 다시 환공산에 돌아가 크게 교화, 대업 2년 10월에 입적하였다.

143) 도신대사(580~651): 선종 제4조. 기주(蘄州) 광제(廣濟) 사람으로 속성은 사마(司馬). 593년 14세에 승찬을 만나 스승으로 섬기기 9년, 마침내 의발을 받는다. 대중을 거느리고 여산(廬山)의 대림사(大林寺)에 살았다. 624년 기주에 돌아가 파두산(破頭山)에서 사부 대중을 교화한다. 태종(太宗)이 불렀으나 나가지 않고, 영휘(永徽) 2년에 입적한다. 세수는 72세이고, 시호는 대의선사(大醫禪師), 오조 홍인에게 전법한다.

144) 홍인대사(602~675): 선종 제5조. 기주(蘄州) 황매현(黃梅縣) 사람으로 4조 도신을 만나 그 심인(心印)을

絶域殊方擬破頭	인적이 끊어진 타국에서 의심을 깨치려 했으니
最初消息更難收	처음 소식 다시 거두어들이기 어려웠네.
只應養母堂空在	단지 양모당은 공연히 남아있으려니
長使行人暗點頭	오래도록 행인들로 하여금 몰래 고개를 끄덕이게 하네.

至心歸命禮 第三十三祖師 覆鉢庾巖 惠能大師
지극한 마음으로 귀의하옵니다. 제33조사이시며 유암에서 발우를 뒤집으신 혜능대사[145]여!

衣鉢纔傳慷慨行	의발을 전하자마자 개탄하며 떠났는데
渡江南去月三更	강 건너 남쪽 가자 삼경이었네.
本來若道全無物	만약 본래부터 전혀 물건이 없다고 한다면
何事黃梅衆手爭	무슨 일로 황매산[146]의 무리들은 다투었는가?

至心歸命禮 伽智山祖師 海外傳燈 道義國師
지극한 마음으로 귀의하옵니다. 가지산조사이시며 해외에 등을 전하신 도의국사[147]여!

받는다. 671년 법을 6조 혜능에게 전하고 당 상원 2년에 입적한다. 세수가 74세였다.
145) 혜능대사(638~713): 선종 제6조. 남해(南海) 신흥(新興) 사람으로 어려서 아버지를 여의고, 땔나무를 팔아 어머니를 봉양하다가, 어느 날 장터에서 『금강경』 읽는 것을 듣고 출가할 발심을 한다. 어머니의 허락을 얻어 당 함형(670~674)때 소양(詔陽)으로 갔다가 무진장(無盡藏) 비구니가 독송하는 『열반경』을 듣고 그 뜻을 이해하였으며, 뒤에 제5조 홍인에게 찾아가서 선의 깊은 뜻을 전해 받았다. 동문 신수(同門神秀)의 북점(北漸)의 종풍에 대립하여 돈오돈수(頓悟頓修)적인 남돈(南頓)의 선풍을 선양하였다. 무 태후가 효화 황제의 글을 보내어 초청하였으나 병을 핑계하여 가지 않고, 당나라 서천 2년 8월 76세로 입적하였다.
146) 황매산(黃梅山): 기주(蘄州;湖北城) 황매현(黃梅縣) 서쪽 40리에 있는 산. 일명 누두산(漏頭山)이라고도 한 다. 산중에 매화가 많기 때문에 붙여진 이름. 오조 홍인(弘忍)스님이 고향인 황매현에 동선사(東禪寺)를 건립하고 선풍을 크게 일으켰다. 육조 혜능(慧能)스님의 수의발전법(受衣鉢傳法)도 여기서 이루어졌다.
147) 도의국사(?~?): 신라 후기의 스님, 구산선문(九山禪門) 중 하나인 가지산문(迦智山門)의 개조이다. 호는 원적·명적(元寂·明寂), 성은 왕(王). 784년(선덕왕5) 당나라에 건너가 광부(廣府)의 보단사(寶壇寺)에서 비 구계를 받았다. 조계에 가서 육조(六祖)의 영당(靈堂)에 참배하고, 강서(江西) 홍주(洪州)의 개원사(開元 寺)에서 서당(西堂) 지장(智藏)으로부터 법을 얻고 도의(道義)라고 호를 고쳤다. 821년(헌덕왕13) 귀국하여 선을 일으키려 했으나, 당시 사람들이 교(敎)만을 숭상하고 무위법(無爲法)을 믿지 않으며 선을 마설(魔 說)이라 비방하면서 받아들이지 않았다. 그는 설악산 진전사(陳田寺)에 은거하여 40년 동안 수도에 전념 하다가 제자 염거(廉居)에게 남선(南禪)을 전하고 입적했다. 그 뒤 염거의 제자인 제3세 보조(普照) 체징 (體澄)이 법을 받아 가지산에 보림사(寶林寺)를 짓고 그의 종풍을 크게 떨쳐 일파를 이루었다. 이로 인해 그는 신라에 처음 선을 전한 가지산문의 개조로 일컬어진다.

空外聞鐘上五臺   허공 밖에 종소리 듣고 오대산에 오르니

曹溪門扇是誰開   조계의 문풍을 누가 열었나?

因玆記得當年事   이것으로 그 때의 일을 기억해 본다면

産了眞他鹿守胎   참으로 녹야원에서 받은 부처의 종자를 생산하였네.

至心歸命禮 海東祖師 遊歷諸山 龍女執侍 義相和尙

지극한 마음으로 귀의하옵니다. 해동조사이시며 여러 산을 돌아다니시며 용녀가 시중을 드신 의상148)화상이시여!

羅時義相迹多傳   신라 때 의상의 자취 많이 전하나니

水畔山前幾處延   물가나 산 앞 몇 곳에 머물렀나.

講釋華品常式事   일정한 법도로 화엄을 풀이하시나니

至今靈迹滿山川   지금도 신령스런 자취 산천에 가득하네.

至心歸命禮 海東祖師 遊歷諸山 華品講師 元曉和尙

지극한 마음으로 귀의하옵니다. 해동조사이시며 여러 산을 돌아다니시며 화엄경의 강사이신 원효149)화상이시여!

講釋華品猶昨夢   화엄경은 어젯밤 꿈과 같이 강론하셨고

---

148) 의상(625～702): 화엄종의 개조. 644년(선덕여왕13) 19세에 출가하여 황복사(皇福寺)에서 스님이 되었다. 650년(진덕여왕4) 원효(元曉)와 함께 당나라에 구법의 길을 떠났다가 요동 지방에서 고구려 순찰병에게 붙잡혀 수십 일간 갇혀 있다가 돌아왔다. 661년(문무왕1) 당나라에 가서 양주(楊州)의 장군 유지인(劉至仁)의 초청을 받아 관아에 머물며 융숭한 대접을 받았다. 당시 화엄의 대가인 지엄(智儼)을 찾아가서 교학을 연구하여 인가를 받아 이름을 떨쳤다. 지엄이 입적한 후, 그의 뒤를 이어 문하를 지도하다가 671년(문무왕11) 귀국했다. 676년(문무왕16) 왕명으로 태백산 아래 부석사(浮石寺)를 세우고『화엄경』을 강론하여 해동 화엄종의 창시자가 되었다. 702년(성덕왕1) 9월 23일 나이 78세, 법랍 49년으로 입적했다.

149) 원효(617～686): 이름은 설서당(薛誓幢). 잉피공(仍皮公)의 손자이고 설총의 아버지. 617년(진평왕39) 압량군(押梁郡) 불지촌(佛地村)에서 태어나서 648년(진덕여왕2) 32세에 황룡사에서 출가하고, 집을 불문에 희사했다. 초개사(初開寺)를 세우고, 자기가 태어난 자리에 사라사(沙羅寺)를 세웠다. 661년(문무왕1) 바닷길로 당나라에 가기 위해 의상과 함께 당항성(黨項城)으로 갔다가 '만법이 유식'임을 깨닫고 발길을 돌린다. 분황사에 있으면서 통불교(通佛敎)를 제창하고, 국내에서 더욱 정진하여 많은 저술과 강의로 불법을 폈다. 자찬훼타계(自讚毁他戒)를 세워 자기를 칭찬하고 남을 헐뜯는 것을 금했다. 당나라로부터『금강삼매경』이 구입되자 왕과 큰스님들 앞에서 이 경을 풀이했다. 686년(신문왕6) 3월 30일 나이 70세, 법랍 38년으로 입적했다.

謳歌般若亦非功　　　　반야를 노래하는 것은 또한 힘이 안 들었네.
麒麟鸞鳳難成聚　　　　기린과 봉황새 함께 모이기 어려운 것인데
獨有嘉朋義相翁　　　　오직 좋은 벗으로 의상이 있었구나!

至心歸命禮 生知絶俗 夢裡傳經 淸眞國師
지극한 마음으로 귀의하옵니다. 태어나서 속세를 끊고 꿈속에서 경을 전하신 청진국사150)여!

妙色玉寮誰定價　　　　묘한 색 아름다운데 누가 값을 정하나?
六窓寒月照無時　　　　여섯 창에 찬 달은 무시로 비추네.
珍光永淨周沙界　　　　보배로운 광채 항하사 세계에 영원히 깨끗하리니
和與淸風入戶飛　　　　맑은 바람 어울려 집집마다 들어가 날리네.

至心歸命禮 西天禪師 提納薄陀尊者 指空大和尙
지극한 마음으로 귀의하옵니다. 서천의 선사이시며 제납박타존자이신 지공대화상151)이시여!

遊歷諸方涉萬途　　　　여러 곳을 돌아다니시고 온갖 길을 건너다녀도
幾聞靈跡事崎嶇　　　　신령스런 그의 행적 들려오니 일마다 기구하도다.
還來我國營諸刹　　　　우리나라로 돌아와 여러 사찰을 경영하시고
國統封來大聖軀　　　　국통으로 책봉하여 큰 성인의 몸이 왔도다.

---

150) 청진국사(?~1252): 고려 중기의 스님. 조계산 수선사(修禪社;송광사) 16국사 중 제3세 국사. 진각혜심(眞
　　覺 慧諶)의 제자로서 그가 수선사 제3세로 활약한 시기는 혜심이 입적한 1234년(고종21)부터 그가 입적하
　　기까지의 18년간으로 추정된다. 이때의 고려 불교는 거란과 몽고의 침략으로 기복불교가 크게 성행했던
　　시기로서, 궁중에서는 거의 매월 복을 비는 여러 가지 도량(道場)이 열렸고, 황룡사 9층탑이 몽고인에 의
　　하여 불타는 등 침체일로에 있었다. 이처럼 어려운 시기에 수선사를 맡아 보조 지눌에 의해서 선양된
　　선풍을 크게 진작시켰다. 또한 혜심의 비를 세우고, 혜심의 『선문염송』에 347칙(則)을 첨가, 보완하는 등
　　참신한 선풍을 잇게 하는 데 크게 공헌했다.
151) 지공대화상(?~1363): 인도 승려. 법명은 제납박타. 인도 마갈타국 만왕(滿王)의 제3왕자. 8세에 출가하였
　　다. 19세에 남인도 능가국 길상산 보명(普明)에게 참배하여 의발을 전해 받고, 중국으로 왔다. 1328(고려
　　충숙왕15)년에 우리나라에 와서 금강산 법기도량(法起道場)에 예배하고, 7월에 연복정(延福亭)에서 계를
　　설하고, 즉시 연도(燕都)에 돌아가 법원사를 짓고 머물다가, 지정 2년 입적하였다. 1368년 다비(茶毘)하고,
　　대사도(大司徒) 달예(達叡)가 유골을 받들고 우리나라에 옴에, 1372년(공민왕21) 그 부도를 양주 회암사에
　　세웠다.

至心歸命禮 智異山祖師 梵音傳通 眞鑑國師
지극한 마음으로 귀의하옵니다. 지리산 조사이시며 범음을 전하신 진감국사[152]이시여!

眞鑑頭陀化震方	진감국사 혹두타가 동방을 교화시키고
華嚴講說共鄉唐	신라와 당나라에서 화엄을 공히 강설하셨네.
並傳魚梵明燈續	어산 범패를 아울러 전해 밝은 등불 이어지니
一箇心源事理常	하나의 심원에 사와 이가 일정하네.

至心歸命禮 闍崛山祖師 螺髻頂 梵日國師
지극한 마음으로 귀의하옵니다. 사산조사이시며 머리에 나발이 있는 범일국사[153]시여!

一船西去訪眞宗	배타고 서쪽으로 가서 참된 종지를 찾아
八部相隨却返東	팔부대중이 따랐는데 도리어 동으로 돌아왔네.
普得鹽官犀扇子	염관의 귀한 부채를 두루 얻어
熱忙堆裏打淸風	번뇌 속에 청풍을 두드려 깨우네.

至心歸命禮 獅子山祖師 霜氣漫天 哲鑑國師
지극한 마음으로 귀의하옵니다. 사자산조사이시며 추상같은 기운 하늘에 흩으신 철감국사[154]여!

---

152) 진감국사(774~850): 신라 후기의 스님. 우리나라에 처음 범패(梵唄)를 전한 스님.

153) 범일국사(810~889): 신라 후기의 스님. 구산선문 중 하나인 사굴산문(闍崛山門)의 개조. 휘가 범일. 810년 (헌덕왕2) 1월 10일 어머니의 태중에서 13개월 만에 태어났고 나발정주(螺髮頂珠)의 특이한 상이 있었다. 824년(헌덕왕16) 15세에 출가하여 829년(흥덕왕4) 구족계를 받고, 831년(흥덕왕6) 왕자 김의종(金義琮)을 따라 당나라로 갔다. 선사 염관 제안(鹽官 齊安)을 방문했는데, 제안이 "어디서 왔는가?" 하자, "동국에서 왔습니다." 했다. 다시 "바다를 건너 왔는가, 육지로 걸어왔는가?" 하니 "바다도 건너지 않고 육지도 건너지 않았습니다."고 했다. "그러면 두 길을 밟지 않고 어떻게 왔는가?" "해와 달이 동쪽에서 서쪽으로 가는데 무슨 장애가 있습니까?" 제안이 "참으로 동국의 보살이다."라고 칭찬했다. 제안이 "평상심이 곧 도"라고 하는 말에 크게 깨치고, 6년 동안 그 문하에 있었다. 889년(진성여왕3) 5월 1일 사굴사에서 나이 80세, 법랍65년으로 입적했다.

154) 철감국사(798~868): 신라 후기의 스님. 구산선문 중 하나인 사자산문(獅子山門)의 개조. 호는 쌍봉(雙峰), 휘는 도윤(道允). 성은 박(朴). 815년(헌덕왕7) 18세에 출가하여 황해도 귀신사(鬼神寺)에서 『화엄경』을 듣고 '원돈(圓頓)의 교인들 어찌 심인(心印)만 같으랴?' 생각하고 825년(헌덕왕17) 당나라로 갔다. 남천(南泉) 보원(普願)에게서 법을 이어받고 847년(문성왕9) 귀국하여 금강산에 주석했는데, 사방에서 학도들이 운집했다. 경문왕의 숭앙을 받았던 그는 다시 쌍봉사(雙峰寺;전남 綾州)로 가서 종풍을 크게 떨쳤으므로 쌍봉화상이라 했다. 868년(경문왕8) 4월 18일 나이 71세, 법랍 53세로 입적했다.

一朝霜氣忽生脣	하루아침에 서리의 기운이 홀연 입술에서 생겨
棄落歸根不復春	잎이 떨어져 뿌리로 돌아가서는 봄이 오지 않네.
無限南泉淸白在	무한한 남천은 맑고 맑은 곳에 있으면서
喚醒多少醉眠人	술 취해 잠자는 많은 사람을 불러 깨우네.

至心歸命禮 聖住山祖師 無舌揄揚 無染國師
지극한 마음으로 귀의하옵니다. 성주산 조사이시며 혀 없이 찬양한 무염국사[155]여!

胡僧胎受藕花來	호승의 태를 받아 연꽃으로 오셨으니
知向紅蓮焰裏開	붉은 연꽃이 불꽃 속에서 핀 것을 알겠네.
雖在淤泥終不染	비록 진흙 속에 있으나 끝내 물들지 않으니
禁庭遊踐莫疑猜	왕궁에 다니더라도 시기하지 마라.

至心歸命禮 鳳林山祖師 造塔供魚 玄昱國師
지극한 마음으로 귀의하옵니다. 봉림산 조사이시며 탑을 조성하고 고기를 공양하신 현욱국사[156]시여!

兒戲當初絶世情	어릴 때부터 세상의 정을 끊고
更參章敬得心明	곧 장경을 뵙고 심명을 얻었네.
暮年鳥獸何哀叫	해 저물어 금수들이 어찌 그리도 슬피 우는가?

---

155) 무염국사(801~888): 신라 후기의 스님. 구산선문 중 하나인 성주산문(聖住山門)의 개조. 호는 무주(無住), 일명 성주대사(聖住大師). 태조 무열왕의 8대손이다. 어려서 글을 배울 때 눈으로 보면 곧 외므로 '해동의 신동'이라 불렸다. 813년(헌덕왕5) 13세에 설악산 오색석사(五色石寺)에서 법성(法性)에게 득도하고, 그 밑에서 공부했다. 그 뒤 부석사 석징(釋澄)에게 『화엄경』을 배웠다. 그 뒤 당나라 남산(南山) 지상사(至相寺)에서 『화엄경』을 묻고, 불광사(佛光寺)의 여만(如滿)에게 법을 물었으며, 마곡 보철(麻谷寶徹)을 방문하여 법인을 받았고, 고적과 큰스님을 찾아 여러 곳을 두루 돌아보았다. 845년(문성왕7) 귀국하여 김양(金陽)의 청으로 남포(藍浦;충남 보령) 오합사(烏合寺)에 주지로 주석했는데, 학도가 운집하여 선이 홍행했다. 상주 심묘사(深妙寺)의 주지로 있다가 888년(진성여왕2) 11월 17일 88세로 입적했다.

156) 현욱국사(787~868): 신라 후기의 스님. 구산선문 중 하나인 봉림산문(鳳林山門)의 개조. 808년(애장왕9) 구족계를 받았다. 824년(헌덕왕16) 당나라로 가서 태원부(太原府)의 여러 절에서 공부하다가 마조의 문인 장경 회휘(懷暉)에게서 법을 받았다. 신라의 왕자 김의종(金義宗)을 따라 837년(희강왕2) 귀국하여 남악의 실상사에서 안거하다가, 경문왕의 청으로 혜목산(慧目山) 고달사(高達寺)로 옮겨 교화 활동을 폈다. 이로 인해 '혜목산 화상'이라고도 부른다. 868년(경문왕8) 나이 82세로 입적했다.

只爲洪鐘擊不鳴 　　　　단지 큰 종이 쳐도 울리지 않기 때문이라네.

至心歸命禮 曦陽山祖師 山神現請 道憲國師
지극한 마음으로 귀의하옵니다. 희양산 조사이시며 산신이 나타나 청하신 도헌국사[157]시여!

燈傳慧隱孰能瞻 　　　　혜은에게 전해 받은 등불을 누가 우러러 보았는가?
唯見靈蹤在碧巖 　　　　오직 신령스런 자취를 본 벽암만이 있었네.
山鳥似嫌僧不管 　　　　산새는 싫어하는듯 하지만 중은 상관하지 않고
水邊林下語喃喃 　　　　물가와 나무 밑에서 소리만 재재거리네.

至心歸命禮 桐裏山祖師 南嶽分輝 慧徹國師
지극한 마음으로 귀의하옵니다. 동리산 조사이시며 남악의 빛을 나누신 혜철국사[158]시여!

西來祖焰續書堂 　　　　서쪽에서 오신 조사의 불꽃 서당에 이어지니
南嶽分輝照夜長 　　　　남악에서 나누어진 빛 밤새도록 비치네.
遂使叢林迷路客 　　　　마침내 총림에서 길을 잃어버린 객으로 하여금
不曾擡步到家鄉 　　　　일찍이 발걸음 딛지 않고서 고향에 이르게 하네.

至心歸命禮 須彌山祖師 太祖王師 利嚴尊者
지극한 마음으로 귀의하옵니다. 수미산 조사이시며 태조 왕사이신 이엄존자[159]시여!

---

157) 도헌국사(824~882): 신라 후기의 승려로 희양산 봉암사(鳳巖寺)를 창건한 이. 법명은 지선(智詵). 경주
사람이다. 부석사의 범체(梵體)에게 출가하고, 혜은(慧隱)에게 현리(玄理)를 배워 사자산문(獅子山門)의
개조인 쌍봉 도윤의 마지막 손이 된다. 864년(경문왕4) 현계산(賢溪山) 안락사(安樂寺)로 옮겨 교화 활동
을 폈다. 881년(헌강왕7) 왕이 승통 후공(後恭)과 숙정사(肅正史) 배율문(裵律文)을 보내 절의 경계를 정하
게 하고, 절 이름을 봉암사라 하여 사액하였다. 882년(헌강왕8) 12월 17일 나이 59세, 법랍 42년으로 가부
좌한 채 입적한다.

158) 혜철국사(785~861): 신라 후기의 승려. 구산선문 중 동리산문(桐裏山門)의 개조. 자는 체공(體空)·청보(淸
寶), 휘가 혜철. 799년(원성왕15) 15세에 출가하여 부석사에 가서 『화엄경』을 배웠고 814년(헌덕왕6) 당나
라에 가서 서당(西堂) 지장(智藏)에게서 법을 받았다. 지장이 입적한 뒤 사방으로 다니다가 서주(西州)의
부사사(浮沙寺)에서 3년간 대장경을 읽고, 839년(문성왕1) 귀국한다. 뒤에 동리산(전남 곡성군) 태안사(泰
安寺)에서 개당하여 선풍을 일으키고, 861년(경문왕1) 나이 77세, 법랍 62년으로 입적한다.

159) 이엄존자(866~932): 신라 말 고려 초의 승려. 구산선문 중 수미산문의 개조. 877년(헌강왕3) 12세에 가야
갑사(伽倻岬寺)의 덕량(德良)에게 출가하고, 896년(진성여왕10) 당나라에 들어가 운거(雲居) 도응(道膺)의
문하에서 6년을 수학하고, 법을 전해 받았다. 911년(효공왕15)에 귀국하여 나주의 승광사(勝光寺)에서 4년

石頭一派接須彌　　　　석두일파가 수미를 접하여
直上高峯脚不移　　　　곧장 높은 봉우리에 올라 걸음을 옮기지 않았네.
實德如山無與等　　　　실덕은 산과 같아 동등한 것이 없으니
故宜神聖禮爲師　　　　신성한 대왕이 스승으로 모셨네.

至心歸命禮 實相山祖師 九夏持身 洪陟國師
지극한 마음으로 귀의하옵니다. 실상산 조사이시며 90일 동안 몸을 조심하신 홍척국사[160]시여!

西堂證覺覺心明　　　　서당 지장에게서 깨침을 증명받고 심명을 깨치니
凝寂光中萬慮灰　　　　대적광 가운데 만 가지 생각이 재가 되었네.
最好轉身歸故國　　　　가장 좋은 때 몸을 돌려 고국으로 돌아왔고
頭流接得片雲來　　　　두류산에 접하니 편운이 오네.

至心歸命禮 願力受生 中興祖道 海東佛日 普照國師
지극한 마음으로 귀의하옵니다. 원력으로 생을 받고 조사의 도를 중흥시키셨으며 해동의 불일이신 보조국사[161]시여!

巍巍一坐大須彌　　　　높고 높은 한 자리 대 수미산에
無限風波不暫欹　　　　무한한 풍파에 잠시도 기울지 않네.

동안 법을 폈다. 또 고려 태조가 그의 명성을 듣고 궁중으로 맞아 들여 사사했으며, 932년(태조15) 수미산(황해도 해주군)에 광조사(廣照寺)를 창건하고 주지로 추대된다. 936년(태조19) 8월 17일 개성 오룡사(五龍寺)에서 나이 67세, 법랍 55년으로 입적한다.

160) 홍척국사(?~?): 신라 후기의 승려. 구산선문 중 실상산문(實相山門)의 개조. 일명 남한조사(南漢祖師)라고 한다. 헌덕왕(809~825) 때 당나라에 건너가 서당(西堂) 지장(智藏)의 문하에서 법을 전해 받고, 826년 (흥덕왕1)경에 귀국한다. 흥덕왕과 선광(宣光) 태자의 귀의를 받아 실상사를 중수하여 근본 도량으로 삼고, 지장의 선풍을 크게 떨쳤다. 최치원이 지은 경북 문경 봉암사의 지증대사 적조(寂照) 탑비에 의하면 그가 당나라에 가서 법을 전해 온 것은 도의보다 뒤이지만, 절을 짓고 문파를 이룬 것은 구산선문 가운데 가장 먼저라 한다. 도의와 더불어 당시의 대표적 고승이었으며, 우리나라 선불교의 선구자이다.

161) 보조국사(1158~1210): 고려 승려. 호는 목우자(牧牛子). 8세에 종휘(宗暉)에게 의지하였다가 출가하였다. 구족계를 받았으나 일정한 스승없이 도를 구하였다.『육조단경(六祖壇經)』을 보다가 스스로 깨달은 바가 있어, 1185년 하가산 보문사에서 대장경을 열람하였다. 1200년 송광산 길상사로 옮겨 11년 동안 학자들을 지도하고 법을 행하니, 승·속이 모여들었다. 1205년 희종이 즉위하여 송광산을 조계산으로, 길상사를 수선사로 고치고, 또 만수가사(滿繡袈裟)를 보냈다. 희종 6년 법상에 올라 설법하다가 그대로 주장자를 잡고 입적하였다. 나이는 53세, 법랍은 36년이다.

放普光明淸淨日　　　　　청정한 광명을 두루 펼치던 날에
照先東土破昏迷　　　　　먼저 해동에 비춰 어두움을 깨뜨리네.

至心歸命禮 西天百八代祖師 提納縛多尊者
지극한 마음으로 귀의하옵니다. 서천의 108대 조사이시며 제납박다[162]존자시여!

指空陀中看般若　　　　　지공에게서 반야를 보고
忽然三處頓忘形　　　　　홀연히 삼처에서 문득 형상을 잊어버리셨네.
當年若負衝天志　　　　　당시에 만약 하늘에 치솟는 뜻을 저버렸다면
何必南天見普明　　　　　하필 남천축[163]에서 보명을 보았겠나?

至心歸命禮 龍神護裝 漲水旱天 恭愍王師 普濟尊者
지극한 마음으로 귀의하옵니다. 용신들이 감싸 호위하며 가뭄에 물이 불어나게 했고 공민왕의 왕
사이신 보제존자[164]시여!

摩竭千劍平山喝　　　　　마갈라국[165]의 천검과 평산의 할로써

---

162) 제납박다(?~1363): 지공화상의 범명(梵名). 지공 화상은 신통력이 뛰어난 스님이었다. 양무제는 그가 이
　　상한 행동으로 사람들을 미혹케 한다 하여 그를 잡아 옥에 가뒀다. 그러나 사람들은 여전히 거리를 자유
　　롭게 다니는 지공 화상을 볼 수 있었다. 옥에 가보면 스님은 옥 안에 그대로 앉아 있었다. 그 이야기를
　　듣고 무제는 크게 놀랐다. 무제는 지공 화상을 궁중에 모셔놓고, 잔치를 베풀어 참회를 올리며, "스님,
　　몰랐습니다. 옥에 모실 것이 아니라 대궐로 모시겠습니다. 궁중에 머물러 계시면서 법문을 해 주십시오."
　　했다. 지공 화상은 그 청에 응했다. 그런데 스님이 계시던 절에서도 예전과 똑같이 지공 화상이 제자들을
　　모아놓고 법문을 한다는 것이었다. 이에 양무제는 크게 발심하여 천자 자리에 있던 40여 년 동안 불교를
　　융성시켰다.
163) 남천축[南天]: 남천축(南天竺). 남인도.
164) 보제존자(1320~1376): 고려말의 고승. 혜근(彗勤)이라고도 쓴다. 호는 나옹(懶翁). 21세 때 친구의 죽음으
　　로 무상을 느끼고, 공덕산 묘적암(妙寂庵)에 있는 요연선사(了然禪師)를 찾아가 출가하였다. 1347년(충목
　　왕3) 원나라로 건너가서 연경(燕京) 법원사(法源寺)에 머물면서 인도승 지공(指空)의 지도를 받으며 4년
　　동안 지내다가 1358년(공민왕7)에 귀국하였다. 그는 정도(正道)가 혼미된 고려 말의 불교계에 습정균혜
　　(習定均慧)와 근수(勤修)·지혜로 성불의 가능성을 보여줌으로서, 철저한 불이사상의 토대 위에서 선(禪)
　　을 이해시키고자 하였다. 그는 전통적인 간화선(看話禪)의 입장을 취하였고, 임제(臨濟)의 선풍을 도입하
　　여 침체된 불교계에 새로운 바람을 불러일으켰다. 왕명으로 밀성(密城) 영원사(瑩源寺)로 옮기던 중 5월
　　15일 나이 56세, 법랍 37세로 여주 신륵사에서 입적하였다.
165) 마갈(摩竭): (산)Magadha. 중인도에 있던 옛 왕국의 이름. 석존 생존시에는 빈바사라왕이 왕사성(王舍城)
　　을 서울로 정하고 나라를 다스려 문화가 크게 발달하였다. 석존은 이 나라의 니련선하(尼連禪河)가에서

選擇工夫對御前	선택하여 공부한다고 어전에서 대답하셨네.
最後神光遺舍利	최후에 신령스런 빛의 사리를 남기니
三韓祖室萬年傳	삼한의 조실에 만년토록 전하네.

至心歸命禮 朝鮮國 太祖王師 妙嚴尊者 無學大和尙

지극한 마음으로 귀의하옵니다. 조선국의 태조 왕사이신 묘엄존자 무학대화상166)이시여!

分衿別有相量處	법 상속을 받더라도 별도로 생각해야 할 것이 있으니
誰識其中意更玄	누가 알리, 그 중에 뜻이 현묘함을.
任你諸人皆不可	너희에게 맡기는 것 모두 안 되나
我言透過空劫前	나는 말하리라, 무학은 공겁 전167)에 경지를 넘었다고.168)

참죄발원게(懺罪發願偈)

至心歸命禮 十方塵刹 三界導師 海藏眞詮 寶塔靈像 三賢十聖 緣覺聲聞過現未來 一切三寶 普爲三途 八難 九類四生 悉願斷除諸障 歸命懺悔

지극한 마음으로 귀명례하옵니다. 시방 진찰의 삼계에서 인도하는 스승이시어! 바다 속에 감추어진 참된 진리와 보배로운 탑과 신령한 상으로 삼현십성과 연각승, 성문승, 과거불, 현재불, 미래불, 일체 삼보로 두루 삼도팔난과 구류사생의 모든 업장이 끊어지길 바라며 귀명하여 참회하옵니다.

주관하는 사람이 거론하면 대중이 같은 소리로 참회한다.

我弟子衆等至心懺悔

우리 제자들이 지극한 마음으로 참회하옵니다.

성도 하였다. 임금은 석존을 위하여 죽림정사를 짓고, 그의 아들 아사세왕도 불교의 외호자가 되어 제1회의 불전을 결집하였다.

166) 무학대화상(1327~1405): 이름은 자초(自超). 18세에 출가. 용문산 혜명국사에게 불법을 배운 뒤, 묘향산 금강굴 등에서 수도 하였다. 고려 공민왕 때 연경(燕京)에 가서 지공대사를 찾고, 이듬해 법천사에 가 있는 나옹화상을 찾고, 오대산 등지를 순례한 뒤 서산 영암사에서 나옹을 만나 수년간 머물다가, 1356년(공민왕5)년에 돌아왔다. 1392년에 태조에 의하여 황사가 되었다. 이듬해 수도를 옮기려고 지상(地相)을 보러 계룡산·한양 등지를 태조를 따라다녔다. 금강산 금장암(金藏菴)에서 입적하였다.

167) 공겁전(空劫前): 천지가 열리기 이전이라는 뜻. 부모 미생(未生) 이전과도 같다.

168) 투과(透過): 불조(佛祖)의 경지에 투철하여 그것을 넘는 것.

我昔所造諸惡業   내가 옛날에 지은 모든 악업들은

皆由無始貪嗔癡   모두 끊임없는 탐진치에서 비롯한 것이며

從身口意之所生   신구의 삼업에서 생겨난 것이니

一切我今皆懺悔   나는 지금 이 모든 것 참회하옵니다.

懺悔已歸命禮 一切三寶 我(弟子衆等)至心懺悔

참회를 마치고 일체 삼보께 귀명례하고, 나는(제자들) 지극한 마음으로 참회하옵니다.

十方所有世間燈   시방에 있는 세간의 수많은 등불

最初成就菩提者   처음으로 성취한 사람 석존이라네.

我今一切皆勸請   나는 지금 일체 모든 것에 청하노니

轉於無上妙法輪   위없는 묘한 법륜을 굴리소서.

勸請已歸命禮 一切三寶 我(弟子衆等)至心懺悔

권청을 마치고 일체 삼보에게 귀명례하고, 나는(제자들) 지극한 마음으로 참회하옵니다.

十方一切諸衆生   시방의 일체 여러 중생들과

二乘有學及無學   이승[169]과 유학, 무학까지

一切如來與菩薩   일체 여래와 보살이

所有功德皆隨喜   가지고 있는 공덕을 모두 기뻐하네.

隨喜已歸命禮 一切三寶 我(弟子衆等)至心懺悔

수회(隨喜)[170]를 마치고 일체 삼보에게 귀명례하고, 나는(제자들) 지극한 마음으로 참회하옵니다.

所有禮讚供養福   예찬을 하고 공양한 복을 가지고

請佛住世轉法輪   부처에게 세간에 머무르며 법륜을 굴리시기를 청하네.

---

169) 이승(二乘): 성문승(聲聞乘)과 연각승(緣覺乘) 두 가지를 말한다. 성문은 스승의 가르침에 의해 깨달은 사람으로 부처님의 가르침을 직접 듣고 사제(四諦)의 진리에 의해 깨달은 사람들. 연각은 이법(理法)을 체득하여 스스로 깨달은 사람으로 부처님의 가르침에 의하지 않고 혼자 십이인연의 진리를 관찰하여 깨달은 사람들.

170) 수회(隨喜): 타인이 선한 행위를 닦아 덕을 이루는 것을 기뻐하거나 멸죄를 위한 수행으로서의 참법 등을 말한다.

隨喜懺悔諸善根	기뻐하며 참회하는 여러 선근들은
回向衆生返佛道	중생을 돌이켜서 불도로 되돌리게 하네.

回向已歸命禮 一切三寶 我(弟子衆等)至心懺悔

회향을 마치고 일체 삼보에 귀명례하고, 나는(제자들) 지극한 마음으로 참회하옵니다.

身口意業恒淸淨	신·구·의 업은 항상 청정하니
諸行刹土亦復然	모든 행실이 어디에서든지 또한 그러하네.
如是智慧號普賢	이러한 지혜를 보현이라 하나니
願我與彼皆同等	나와 저것이 모두 같기를 바라나이다.

發願已歸命禮 一切三寶

발원을 마치고 일체 삼보께 귀명례 합니다.

마지(摩旨)할 때 인도는 정법계진언(淨法界眞言)을 외우고 이때 진공(進供)을 한다. 다음 명발(鳴鈸)을 하고 뒤에 별도의 글을 읽는다. 다음 가지를 창하고 사다라니(四陀羅尼)를 21번한 뒤, 오공양을 펼치거나 육법공양을 하고 요잡(繞匝)한 뒤, 공양주(供養呪)와 회향주(回向呪)를 한다. 다음 경(經)을 외고 축원(祝願)을 운한다.

◎성도재작법절차(成道齋作法節次)

유나는 종두로 하여금 대중 앞에 고하여 목욕하고 옷을 단정하게 입고, 7일째 되는 날 3경(更) 뒤에는 종두가 향로전(香爐殿)에서 금(金) 1종(宗)을 친다. 다음 보청(普請)을 평상시대로 하고, 만약 삭발을 할 때에는 팔금강(八金剛)[171]·사보살(四菩薩)[172]의 명호를 써서 네 곳의 벽에 붙이고, 가사는 미리 제석단(帝釋壇)에 올린다. 임시로 설산소(雪山所)와 니련하(尼連河)[173]를 만들고, 서쪽 한편에 목욕실 한 칸을 만든다. 그곳에 들어가는 물건은 수륙재(水陸齋) 때 목욕소와 똑같이 한다. 연(輦)을 들이는 것과 불패이운(佛牌移運)은 평소대로 하고 거령산(擧靈山)과 인성(引聲)을 하고, 요잡(繞匝)한다. 설산소(雪山所)에 이르면 음악을 그치고 대종(大鍾)을 36추(槌) 친 뒤 선당(禪堂)과 승당(僧堂)의 금(金)을 두드리며 출입하는 것은 평소대로 한다. 다음 전종(轉鐘)을 7추(槌)

---

171) 팔금강(八金剛): 팔대금강(八大金剛)·팔대명왕(八大明王)이라고도 한다. 오대명왕(五大明王)인 부동(不動)·항삼세(降三世)·군다리(軍茶利)·대위덕(大威德)·금강야차(金剛夜叉)에 예적(穢迹)·무능승(無能勝)·마두(馬頭)를 더한 것이다.

172) 사보살(四菩薩): 사바세계의 중생과 가장 인연이 깊은 네 보살, 관음·미륵·보현·문수를 말한다.

173) 니련하(尼連河): 중인도 마갈타국 가야성의 동쪽에서 북으로 흐르는 강 이름. 항하(恒河)의 1지류. 석존이 6년 고행하던 끝에 이 강에서 목욕하고 강을 건너 불타가야로 가서 보리수나무 아래서 성도하였다고 한다.

하고 명라(鳴螺)를 3지(旨) 울리고 명발(鳴鈸)을 1종(宗) 한 뒤 할향을 운한다.

正覺山中一片香	정각한 산중의 한 조각 향으로
須彌第一最高岡	수미산 제일 최고의 가장 높은 곳에서
年年此夜爐中熱	해마다 이 밤중 화로의 불을 피워
供養本師釋迦尊	본사 석가에게 공양 올리네.

조용할 때면 삼촉게(三燭偈)와 삼귀의(三歸依)를 하고, 급하면 삼지심(三至心)을 하고, 요잡(繞匝)한 뒤 명발(鳴鈸)을 한다. 다음 합장게(合掌偈)와 고향게(告香偈)를 하고 다음 개계(開啓)를 운한다.

詳夫 水含淸淨之功 香有普熏之德 故將法水 特熏妙香 灑斯法筵 成于淨土
자세히 살피오니 물은 청정의 공을 머금고 있고, 향은 두루 스며들게 하는 덕이 있사옵니다. 그러므로 장차 법수로 특별히 묘향을 스며들게 하여 이 법연에 뿌려 정토를 이루게 하나이다.

천수(千手)와 사방찬(四方讚), 엄정게(嚴淨偈)를 하고 다음 법주는 여러 진언을 하고 끝에 삭발이 없으면 우러러 고한다. 다음 예청(禮請)을 하고 다음 입실게(入室偈)를 운한다. 삭발이 있으면 유치와 삼청(三請)을 하고 끝에 가영을 운운한다.

佛身普徧十方中	불신이 시방에 두루 있으니
三世如來一體同	삼세 여래가 일체로 같도다.
廣大願雲恒不盡	광대한 발원의 구름 항상 끝이 없으니
汪洋覺海杳難窮	깨달음의 바다는 넓고 넓어 끝을 헤아리기 어렵네.

고아게(故我偈)를 하고 끝에 입실게(入室偈)를 운한다.

毘藍園內降生時	비람원에 강생하셨을 때
金色妙身無染疲	금색의 묘한 몸은 물들고 피로함이 없었나이다.
凡情利益臨河側	세속 인정이라는 것은 이익으로 물가에 나서는 것이니
今灌度生亦復宜	관욕하여 중생을 제도함이 마땅하옵니다.

잠시 요잡(繞匝)할 때 유나는 불패(佛牌)를 받들고 욕실로 들어간다. 음악을 마친 뒤에 법주는 정로진언(淨路眞言)을 하고 다음 구룡찬(九龍讚)을 운한다.

五方四海九龍王	오방과 사해의 아홉 용왕이시여

曾會毘藍吐水昻　　　　일찍이 비람원에 모여 물을 둥그렇게 토하셨나이다.
灌浴金身成勝果　　　　금신을 관욕하여 훌륭한 과보를 이루었으니
願流甘露滿蘭堂　　　　원컨대 감로수를 흘려 난당에 가득차게 하시옵소서.

관욕게(灌浴偈)
我今灌浴釋迦尊　　　　나는 지금 석가존을 관욕하오니
正智功德莊嚴聚　　　　정지와 공덕이 장엄하게 모이네.
五濁衆生令離苦　　　　오탁의 중생들은 고통에서 떠나니
當證如來淨法身　　　　마땅히 여래의 청정한 법신을 증명하리라.

시수게(施水偈)
我今持此吉祥水　　　　나는 지금 이 길상수를 들고
灌注一切衆生頂　　　　일체 중생의 정수리에 물을 붓습니다.
塵勞熱惱悉消除　　　　모든 번뇌가 멸하게 해주시고
自他紹續法王位　　　　모두가 법왕의 자리를 잇게 하소서.

잠시 요잡(繞匝)할 때에 불패를 받들고 영청당(迎請堂)에 이르면 음악을 그친다. 다음 헌좌를 하고, 다음 죽(粥)을 받들고, 다음 다게(茶偈)와 운심게(運心偈)를 하고, 다음 공양주(供養呪)를 하고, 다음 팔상(八相)[174]에 예를 마치고, 대중들이 점다(點茶)한 뒤에 계사(戒師)가 귀의대성존[175](歸依大聖尊)부터 가사은애편(假使恩愛篇)까지 운하고, 끝에 당좌는 물그릇을 받들고 끝에서부터 거꾸로 돌아 계사(戒師) 앞에 이르면 집도게(執刀偈)를 창한다.

寶殿主人曾作夢　　　　보전의 주인이 일찍이 꿈을 꾸었는데
無明草茂幾多年　　　　무명초 우거진 것이 몇 년이던가?
如今斷向金剛刀　　　　지금 금강도로 끊어버리면
從此高開第一人　　　　이로부터 높은 곳에 제 일인이 되리라.

---

174) 팔상(八相): 부처님의 일생에 8가지의 중요한 사항. 이 8가지 중에서 성도(成道)가 특히 중심이므로, 팔상성도(八相成道)라고도 한다. ①강도솔(降兜率);전생의 석존이 도솔천에서 백상(白象)을 타고 이 세상에 내려옴. ②탁태(托胎);마야부인의 오른쪽 옆구리로 들어와 잉태됨. ③출태(出胎);4월 8일에 탄생하심. ④출가(出家);무상을 깊이 생각하고, 수행을 위해 백마를 타고 시종을 거느리고 왕궁을 나감. ⑤항마(降魔);악마의 유혹·공갈을 전부 물리침. ⑥성도(成道);12월 8일에 깨달음을 열어 불타의 자리에 이르렀음. ⑦전법륜(轉法輪);녹야원(鹿野苑)에서 5명의 비구에게 설법하였음. ⑧입멸(入滅);80세에 쿠시나가라성 밖의 사라쌍수 아래에서 최후의 설법을 마치고 입멸함.
175) 대성존(大聖尊): 부처님은 성인 중의 성인이므로 이렇게 칭한다.

오계(五戒)와 상래수계편(上來受戒篇)을 하고, 끝에 시련(侍輦)을 하면 염화게(拈花偈), 산화락(散花落)을 하고 삼동발(三動鈸)을 한다. 다음 거령산(擧靈山)과 인성(引聲), 요잡(繞匝)을 한다. 법당에 이르면 음악을 그친다. 다음 좌불게(坐佛偈)를 운하고 진공할 때에는 정법계진언(淨法界眞言) 및 가지사다라니(加持四陁羅尼)를 외운다. 다음 육법공양을 펴고, 다음 공양주(供養呪)와 회향주(回向呪)를 하고, 다음 능엄주(楞嚴呪)를 마치고, 정각산전편(正覺山前篇) 끝에 축원(祝願)을 운한다.

삭발이 없으면 관욕게(灌浴偈)를 하고, 다음 이수게(洡水偈)를 하고, 다음 헌좌하고, 죽(粥)을 받든다. 다음 다게(茶偈) 및 운심게(運心偈)를 운한다.

本師釋迦牟尼佛	본사이신 석가모니부처시여!
六年苦行出山來	6년 동안 고행하시고 산을 나와
初坐菩提樹王下	처음 보리수 아래에 앉으셔서
臘月八日夜未晨	12월 8일 밤 새벽이 되기 전에
因見明星成正覺	밝은 별을 보고 정각을 이루셨네.
應供牧女乳味粥	공양할 때 목녀가 유미죽을 올리니
應時降起諸形相	때 맞추어 여러 형상을 일으키셨네.
種種光明神通變	종종 광명이 신통하게 변하니
三十二相遍莊嚴	32상[176]이 두루 장엄하네.
八十種好皆圓滿	80종호 모두 원만하여
住世七十有九年	79년을 세상에 머무르시는 동안
教談三百六十會	360회나 가르침을 주시니
觀根逗敎不參差	선근을 보고 가르침을 주는 것과 차이가 없도다.
說法利生咸解脫	설법은 삶에 이로워 모두 해탈하게 하시니
我今獻粥亦如是	내가 지금 죽을 공양하며 이와 같이 하는 것은
回作自他成佛因	회향하여 자타가 부처의 인연을 이루기 바람이네.
慈悲受供增善根	자비로 공양을 받으시고 선근을 더하시어

---

176) 32상(相): 위대한 인간이 가진 32가지 서상(瑞相). 두상에 육계가 있음, 신체의 털이 하나하나 오른쪽으로 말려 있음, 앞이마가 평평하고 바름, 미간에 하얗고 부드러운 털이 오른쪽으로 말려 있음, 눈동자가 감청색이고 속눈썹이 암소의 것과 같음, 치아가 40개, 치열이 고름, 이가 벌어지지 않음, 이가 하얗고 깨끗함, 최상의 미감(味感), 턱 뼈가 사자와 같음, 혀가 길고 좁음, 절묘한 음성, 어깨 끝이 매우 둥글고 풍만함, 7개의 융기, 두 겨드랑이 아래의 살이 원만함, 피부가 세밀하고 부드러우며 황금과 같음, 손이 길어 무릎에 닿을 정도, 상반신이 사자와 같음, 신체가 넓고 김, 하나하나의 모발이 오른쪽으로 말려 있음, 신체의 털이 모두 위를 향함, 남근이 몸의 내부에 감추어져 있음, 넓적다리가 둥긂, 발의 복사뼈가 노출, 손발이 유연, 손발 모두 손가락 사이에 갈퀴가 있음, 손가락이 김, 손발에 고리 표시가 있음, 발이 땅에 안주하고 있음, 발꿈치가 넓고 길며 풍만, 종아리가 섬세하고 원만함.

常住不滅轉法輪　　　　　항상 사라지지 않고 법륜을 굴리네.

　　　　　　　　<曩謨 薩縛云云>
　　　　　　　　나무 살바 운운

다음 공양주를 하고 다음 팔상(八相)에 예를 한다.

南無 三界師 四生父 釋迦如來
삼계의 스승이시며 사생의 아버지이신 석가여래께 귀의하옵니다.

兜率來儀相　　　　　　도솔천궁에서 사바세계 오시는 님의 모습
毘藍降生相　　　　　　비람원에서 탄생하신 님의 모습
四門遊觀相　　　　　　서남북 성문 밖을 살피시던 님의 모습177)
踰城出家相　　　　　　높은 성 넘으시어 출가하신 님의 모습
雪山修道相　　　　　　설산에서 수도하신 님의 모습
樹下降魔相　　　　　　보리수 아래서 마군 이긴 님의 모습
鹿苑轉法相　　　　　　녹야원에서 설법하신 님의 모습
雙林涅槃相　　　　　　사라쌍수 아래에서 열반하신 님의 모습

삭발이 없으면 시련(侍輦) 및 마지권공(摩旨勸供)을 평상시대로 하고, 공양주(供養呪), 회향주(回向呪), 능엄주(楞嚴呪)를 왼다. 다음 명발(鳴鈸)을 하고 정각산전편(正覺山前篇)을 한다. 다음 축원(祝願)을 한다.

◎불상점안작법(佛像點眼作法)

보청(普請)을 평상시대로 하고 금(金)을 치고 다음 옹호게(擁護偈)를 한다.

八部金剛護道場　　　　팔부신중·금강역사께서 이 도량을 보호하시고
空神速赴報天王　　　　허공신께서 모든 하늘의 왕에게 속히 알리심에

---

177) 사문유관상(四門遊觀相): 사문출유(四門出遊)와 같다. 석존이 싯달다태자 때에, 가비라성의 동·남·서·북 네 문으로 나가 다녔는데, 동문에서는 늙은이를 보고, 남문에서는 병든 이를 보고, 서문에서는 죽은 사람을 보고, 북문에 나가서는 승려를 보고서 드디어 출가할 뜻을 두었으니, 이것은 태자의 출가를 재촉하기 위하여 제천이 변화한 것이라 한다.

| 三界諸天咸來集 | 삼계의 천신들이 다 함께 자리하시니 |
| 如今佛刹補禎祥 | 지금의 불찰은 좋은 징조로 더 하나이다. |

禮八金剛四菩薩   팔금강[178]·사보살께 예를 올린다.

각 구절 아래 모두 유원자비옹호도량(惟願慈悲擁護道場)을 더하여 운한다.

奉請靑除災金剛	청제재금강님을 받들어 청하옵니다.
奉請黃隨求金剛	황수구금강님을 받들어 청하옵니다.
奉請辟毒金剛	벽독금강님을 받들어 청하옵니다.
奉請白淨水金剛	백정수금강님을 받들어 청하옵니다.
奉請赤聲金剛	적성금강님을 받들어 청하옵니다.
奉請定除災金剛	정제재금강님을 받들어 청하옵니다.
奉請紫賢金剛	자현금강님을 받들어 청하옵니다.
奉請大身金剛	대신금강님을 받들어 청하옵니다.
奉請金剛眷菩薩	금강권속보살들을 받들어 청하옵니다.
奉請金剛索菩薩	금강색보살들을 받들어 청하옵니다.
奉請金剛愛菩薩	금강애보살들을 받들어 청하옵니다.
奉請金剛語菩薩	금강어보살들을 받들어 청하옵니다.

다음 전종(轉鐘)을 7추(槌) 하고 명라(鳴螺)를 3지(旨) 하고 명발(鳴鈸)을 1종(宗) 하고 다음 할향을 한다.

栴檀木做衆生像	전단목으로 중생상과
及與如來菩薩形	여래, 보살의 형상을 만드니
萬面千頭雖各異	천 가지 만 가지 얼굴이 비록 다르지만
若聞熏氣一般香	향기로운 기운 똑같이 풍기는 듯하네.

삼등게(三燈偈)를 한 뒤 삼귀의(三歸依)를 하고, 급하면 삼지심(三至心)을 하고 요잡(繞匝)한다. 명발(鳴鈸)을 하고, 합장게(合掌偈), 고향게(告香偈)를 하고, 다음 개계(開啓)는 상부운운(詳夫云云)을 한다. 다음 천수(千手)를 한 뒤에 사방찬(四方讚), 엄정게(嚴淨偈)를 운한다. 다음 참회게(懺悔偈), 연비(然臂)를 하고, 법주는 상(像)을 만드는 연기를 설명한다. 다음 앙고시방편(仰告十方篇) 및 여러 진언, 여러 게(偈)를 하고, 끝에 유치와 각 청, 각 가영

---

178) 팔금강(八金剛): 항삼세(降三世)·군다리(軍茶利)·대위덕(大威德)·금강야차(金剛夜叉)·예적(穢迹)·오추사마(烏蒭沙摩)·무능승(無能勝)·마두(馬頭).

을 운운한다.

법신영(法身詠)

法身性海超三界	법신은 불성의 바다에서 삼계를 초월하니
妙用何妨具五根	묘용이 오근[179]을 갖춘들 어찌 방해되겠나?
湛寂凝然常覺了	고요한 가운데 응결되어 항상 깨어 있으니
人間天上摠霑恩	인간계와 천상계 모두 은혜에 젖어드네.

보신영(報身詠)

因圓果滿證如如	인과가 원만하여 증득함이 여여하고
依正莊嚴相好殊	장엄함에 의지하니 상호가 특별하도다.
究竟天中登寶座	구경에는 하늘 가운데 보엄좌에 오르시어
菩提樹下現金軀	보리수 아래에 금으로 된 몸 드러내셨네.

화신영(化身詠)

兜率夜摩迎善逝	도솔천에서는 야마[180]가 부처님을 맞이하고
須彌陀化見如來	수미산에서는 불타로 변하여 여래를 보네.
同時同會同如此	동시에 함께 모여 이와 같이 함께 하니
月印千江不可猜	천강에 비친 달 시기함이 없도다.

아축영(阿閦詠)

東方阿閦無群動	동방의 아축은 무리지어 움직임이 없나니
般若宮中自性持	반야궁 가운데서 자성을 지니시네.
常住安心歡喜國	마음이 편안한 환희국에 항상 머물며
金剛鏡智似須彌	금강경의 지혜가 수미산인 듯하네.

보성영(寶性詠)

南方寶性如來佛	남방의 귀한 불성은 여래불이고

---

179) 오근(五根): 눈·귀·코·혀·몸의 5가지 감각기관.
180) 야마(夜摩): (팔)yama. 베다 신화에서는 사자(死者)의 왕. 천상의 낙토에 산다. 죽은 자의 심판자라고 생각
되며, 도교적 관념이 부가되어 염마의 상이 성립되었다.

常住普光般若宮   두루 빛이 나는 반야궁에 항상 머무네.
福德莊嚴皆具足   복덕과 장엄함을 모두 갖추어
圓明性智接群蒙   원만하고 밝은 불성과 지혜로 어리석은 이들 제도하네.

관음영(觀音詠)
位寄彌陀般若宮   미타반야궁에 자리를 잡고
妙觀自在放心通   묘관자재하여 심통을 내시네.
雖然常住三摩地   그렇지만 항상 삼매[三摩地]181)에 머물러 있어
運智興悲一體同   지혜를 움직이고 자비를 일으키는 것은 언제나 같다네.

성취영(成就詠)
珍重北方智海雲   진중한 북방 지혜 바다의 구름
雲能長雨利群生   그 구름 오래도록 비 내려 뭇 생명들을 이롭게 하네.
海含諸寶深無碍   무진장한 보배들 막힘없이 깊으니
般若宮中智月明   반야궁에 지혜의 달이 밝도다.

사림영(四林詠)
四方四大諸菩薩   사방의 사대 여러 보살들은
常住金剛般若中   금강의 반야 가운데 항상 머무르네.
五部多羅諸詮士   오부182) 다라 여러 법도를 갖춘 사람들은
常持佛法證圓通   불법을 항상 지녀 원통을 증명하시네.

옹호영(擁護詠)
梵王帝釋四天竺   범왕과 제석183)과 사천축의 사람들이
佛法門中誓願堅   불법의 문을 지키니 서원이 견고하네.
列立招提千萬歲   천만세토록 사찰을 세워
自然神間護金仙   자연스럽게 신의 문(間)184)에서 금선185)을 보호하네.

---

181) 삼마지(三摩地): (산)(팔)samādhi의 음역. 삼매(三昧)라고도 쓴다. 마음을 통일하는 것.
182) 오부(五部): 금강계(金剛界) 불·보살의 5가지 그룹. 불부(佛部)·금강부(金剛部)·보부(寶部)·연화부(蓮華部)·갈마부(羯磨部).
183) 범왕제석(梵王帝釋): 불교 성립 당시 가장 유력한 신으로서 숭배되고 있었던 제석천과 범천. 뒤에 불교의 2대 수호신이 되었다.

강생게(降生偈)

我佛釋師子 從兜率天宮 降身下閻浮 入摩耶胎藏 願今亦如是 入此空像中 甚深寂然定 久住於世間 福資諸衆生 發無上道心 施作大佛事 自此共成佛

우리 부처 석가모니께서는 도솔천 궁으로부터 몸을 나투시어 염부제에 내려오셔서 마야부인의 태중으로 들어가셨으니, 원컨대 지금도 이와 같이 이 공상 가운데 들어오시어, 매우 깊고도 적연히 좌정하시어 세간에 오래 머무르시고, 여러 중생들에게 복덕의 밑천이 되시고 위없는 도심을 드러내게 하소서. 대불사를 지으니 이로부터 함께 성불하여지이다.

법주가 오색사진언(五色絲眞言)을 할 때에 화원은 색깔있는 실로 연꽃잎을 만들어 5척 장대 위에 꿰어놓고, 오색실을 그 장대에 매어 놓은 다음, 그 장대의 실을 끌어다 불상의 손끝에 매어놓고, 화불(畫佛)은 물그릇의 귀에다 메어 놓는다. 또 그 실을 끌어다 시주의 손끝에 당겨 묶은 다음, 인도는 오불게(五佛偈)를 창한다.

南無淸淨法身毘盧遮那佛	청정법신비로자나부처님께 귀의하옵니다.
南無圓滿報身盧舍那佛	원만보신 비로자나부처님께 귀의하옵니다.
南無千百億化身釋迦牟尼佛	천백억화신석가모니부처님께 귀의하옵니다.
南無當來下生彌勒尊佛	미래에 태어나실 미륵존부처님께 귀의하옵니다.
南無東方滿月世界藥師琉璃光佛	동방만월세계약사유리광부처님께 귀의하옵니다.

다음 동악(動樂)을 예대로 한다.

赫赫雷音振	혁혁하게 천둥소리 진동하니
群聾盡豁開	모든 귀머거리들이 모두 확 뚫렸네.
不起靈山會	영산의 모임이 없더라도
瞿曇無去來	구담186)은 가고 옴이 없도다.

다음 인도(咽導)는 불(佛)을 창한다. 입안(入眼)할 때 이르러 증명은 법대로 붓으로 '옴[唵]'이라고 정수리에 쓰고, '아[阿]'라고 입안에 쓰고, '훔[吽]'이라고 가슴에 쓰고, 불(佛)을 창하여 이른다.

南無 新畵成鑄成造成重修 某佛某菩薩

---

184) 문(問): 문(門)의 오자인 듯하다.
185) 금선(金仙): 부처님의 다른 이름.
186) 구담(瞿曇): 석존의 이름 고타마 붓다를 말한다.

새롭게 화성(畵成)[주성(鑄成), 조성(造成) 중수(重修)]된 모불, 모보살께 귀의하옵니다.
肉眼成就相 肉眼清淨相 肉眼圓滿相
육안을 성취한 상, 육안이 청정한 상, 육안이 원만한 상

법주가 한 번 창하면 인도가 그것에 화답하고, 재창하면 인도가 화답하고, 각기 존상을 갖춘 끝에 나무신화성(南無新畵成)을 운운한다. 이 아래 여러 안(眼)은 모두 이것을 모방해서 한다.

天眼成就相 天眼清淨相 天眼圓滿相
천안을 성취한 상, 천안이 청정한 상, 천안이 원만한 상
慧眼成就相 慧眼清淨相 慧眼圓滿相
혜안을 성취한 상, 혜안이 청정한 상, 혜안이 원만한 상
法眼成就相 法眼清淨相 法眼圓滿相
법안을 성취한 상, 법안이 청정한 상, 법안이 원만한 상
佛眼成就相 佛眼清淨相 佛眼圓滿相
불안을 성취한 상, 불안이 청정한 상, 불안이 원만한 상
十眼成就相 十眼清淨相 十眼圓滿相
십안을 성취한 상, 십안이 청정한 상, 십안이 원만한 상
天眼成就相 天眼清淨相 天眼圓滿相
천안을 성취한 상, 천안이 청정한 상, 천안이 원만한 상
無盡眼成就相 無盡眼清淨相 無盡眼圓滿相
무진안을 성취한 상, 무진안이 청정한 상, 무진안이 원만한 상

모든 불보살은 위와 같이 하되, 중단에는 단지 오통(五通)[187] 오력(五力)[188]만을 부르고, 끝에 인도는 나무모대왕모종관(南無某大王某從官)을 창하는 것이 좋다. 다음 개안광명진언(開眼光明眞言)을 하고, 관욕편문(灌浴篇文)을 하고, 다음 인도는 관욕게(灌浴偈)를 운한다.

我今灌浴諸聖衆   나는 지금 여러 성중들을 관욕하오니
正智功德莊嚴聚   바른 지혜와 공덕 장엄함이 모였습니다.
五濁衆生令離垢   오탁에 사는 중생들을 번뇌에서 떠나게 하시면
當證如來淨法身   여래께서는 깨끗한 법신임을 증명하여 지리이다.

---

187) 오통(五通): 5가지 신통. 천안통(天眼通), 천이통(天耳通), 숙명통(宿命通), 타심통(他心通), 신족통(神足通).
188) 오력(五力): 수행(修行)에 필요한 5가지 힘. 신력(信力), 정진력(精進力), 염력(念力), 정력(定力), 혜력(慧力).

<那謨 三滿多 沒馱喃 唵 誐誐那 三摩 三摩 莎訶>
나모 사만다 못다남 옴 아아나 삼마 삼마 사바하

다음 시수게(施水偈)를 한다.

我今持此吉祥水	나는 지금 이 길상수를 들고
灌注一切衆生頂	일체 중생의 정수리에 물을 붓습니다.
塵勞熱惱悉消除	모든 번뇌가 사라지게 해주시고
自他紹續法王位	모두가 법왕의 자리를 잇게 하소서.

<唵 度尼度尼 迦度尼 沙縛賀>
옴 도니도니 가도니 사바하

다음 법주는 안상진언(安相眞言), 안장엄진언(安莊嚴眞言)을 하고, 다음 헌좌진언을 하고, 인도는 평소대로 헌좌를 한다. 또 어떤 본에는 먼저 헌좌를 한 뒤 안상진언과 안장엄진언을 운운한다고 하였는데 그 이치가 매우 마땅하다. 다음 다게(茶偈)를 하고, 끝에 대중들이 점다(點茶)를 한 뒤에 양치질을 하고, 불상을 공손히 쳐다보고 경배한다. 잠시 쉰 뒤에 인도는 정법계진언을 외우는데, 이때 마지(摩旨)를 한다. 다음 명발(鳴鈸)을 하고 평소대로 권공하고 축원(祝願)을 운운한다.

◎설선작법절차(說禪作法節次)

불사를 크게 하면, 대중이 모이는 날 재식(齋食) 뒤에 대중들은 여러 방으로 흩어져 있는데, 종두가 향로전에 있는 금(金) 3추(槌)를 치고, 화상(和尙)이 관수(盥漱)하고 옷을 단정히 입고 대종(大鐘)을 18추(槌) 치면, 종두는 화상 앞에 나아가 엎드려 절하며 "때가 이미 늦었습니다." 하고, 사미(沙彌) 두 사람으로 하여금 모시고 들어가도록 하며, 찰중이 구도하는 무리를 거느리고 위의(威儀)를 모두 갖추어 방장 앞에 나간다. 명라(鳴螺)를 하고 명발(鳴鈸)을 한 뒤 찬불게(讚佛偈)를 한다.

塵默劫前成正覺	진묵겁[189] 전에 정각을 이루고
度生發願幾千廻	중생 제도하기를 발원한지 몇 천 번이었던가?
眞淨界中留不住	진정계에 머무르지 아니하고
興悲運智爲機來	자비심을 일으켜 지혜를 운용함은 기회가 와서이네.

---

189) 진묵겁(塵默劫): 티끌이 쌓여 먹이 된 것처럼 많은 시간.

개안게(開眼偈)

佛開廣大靑蓮眼	부처님의 넓은 지혜의 눈[190]이 열리니
妙相莊嚴功德身	묘한 상에 장엄하고 공덕있는 몸이로다.
人天共讚不能量	인천이 함께 헤아릴 수 없도록 찬양하니
比若萬流歸大海	비유하자면 온갖 물 큰 바다로 돌아오는 것 같아라.

다음 화상(和尙)은 의륜(意輪)[191]방편상을 짓고, 중번(中番)은 강생게(降生偈)를 창한다.

纔降王宮示本緣	왕궁에 내려오시자 본래 인연을 보여주시고
周行七步又重宣	7보를 걷고는 또 거듭 펼쳐 보이시네.
指天指地無人會	하늘과 땅을 가리켜도 이해하는 사람 없으니
獨振雷音遍大千	대천세계에 홀로 천둥소리 진동하셨네.

유나(維那)가 방장(方丈)이 있는 문 앞에 가서 절하고 읍하며 3추(槌)를 치면, 좌우 판수가 문을 연다. 그러면 화상이 신륜(身輪)[192]방편상을 짓고, 문 밖에 나가 사방으로 각 7보씩 걷는다. 뒤에 방장으로 돌아오면, 당좌는 목어(木魚)[193] 통(通)[194]을 치는 것이 좋다. 이때 화상은 묵묵히 단정히 앉는다. 다음 삼번(三番)은 래위게(來慰偈)를 창한다.

諸佛出希有	부처가 출현하는 것은 드문 일이니
甚於優曇花	우담바라 꽃 피기보다도 더하네.
今日坐道場	오늘 도량에 앉았으니
諸天速來慰	제천의 신이 와서 위로하네.

다음 명라(鳴螺)를 12지(旨) 하고, 유나는 방장 앞으로 나가 절하고 읍한다. 화상은 다시 의륜(意輪)방편상을 짓고, 당좌(堂佐)는 목어를 3뢰성 격으로 21추(槌) 한다. 찰중(察衆)은 방장에 들어가 읍하고 절하면서 "중생을 제도

---

190) 청련안(靑蓮眼): 청련화안(靑蓮華眼). 부처님의 지혜로운 눈이 푸른 연꽃과 같다는 말이다.
191) 의륜(意輪): 삼륜(三輪)의 하나로 기심륜(起心輪)이라고도 한다. 부처님이 설법할 적에 중생의 근기(根機)를 생각하여 적당한 교법을 말하는 것이다. 윤(輪)은 업(業)을 말한다.
192) 신륜(身輪): 삼륜(三輪)의 하나이다.
193) 목어(木魚): 목어는 종루(鐘樓)나 대방(大房) 등에 걸려 있다. 그러나 작법시에는 특별히 작법이 베풀어지는 도량에 당상(堂象)과 나란히 설치하여 작법을 행한다. 또 목어 대신 넓은 백지에 커다랗게 한 마리의 물고기[잉어]를 그려서 사용하는 경우도 있다.
194) 통(通): 양사(量詞)로서 통(統)과 같다. 태고(太鼓)·전종(轉鐘)·수경(手磬) 등을 처음에 크게 울리고 점차로 조금씩 작게 울려 내려 마치거나, 혹은 크게 시작하여 작게 하였다가 다시 크게 하여 마치는 것. 또는 작게 시작하여 크게 하고 다시 작게 하여 마치기도 한다. 음악에서 말하는 한 소절을 1통이라 할 수 있다.

할 때가 되었습니다." 하고, 화상은 다시 신륜(身輪)방편상을 짓는다. 다음 상번(上番)은 도생게(度生偈)를 창한다.

世尊出世間	세존께서 세상에 나오셨으나
浩劫難値遇	여러 겁이 지나도 만나기 어려웠어라.
我今得慈母	나는 지금 자애로운 어머니를 만났으니
願聞解脫法	원컨대 해탈법을 듣기 원하나이다.

다음 기사(記事)는 방장의 문에 들어가 읍하고 말하길 "중생을 제도하시고 자비를 주소서." 한다. 화상은 고개만 끄덕이고 만다. 다음 당좌는 점종(點鐘)을 7추(槌) 하고 참주(參柱)를 8추(槌) 친다. 다음 삼번(三番)은 출현게(出現偈)를 운한다.

比如淨滿月	비유하면 깨끗한 만월과 같이
普現一切水	모든 물에 두루 나타나네.
影像雖無量	그림자 비록 헤아릴 수 없으나
本月不曾二	본래 달은 일찍이 둘이 아니라네.

다음 상번(上番)은 동불게(動佛偈)를 한다.

世尊當入雪中山	세존 당시에 설산에 들어가시어
一坐不知經六年	한 번 앉고는 육년이 흐르는 줄 알지 못했네.
因見明星云悟道	샛별 보시고 도를 깨달으셨으니
言詮消息遍三千	그 소식 온 누리에 가득 찼다네.

다음 중번(中番)은 출산게(出山偈)를 한다.

嵬嵬落落淨裸裸	높디높고 시원시원하며 깨끗하고 분명한 모습이여
獨步乾坤誰伴我	세상에 홀로 걸으니 누가 나를 짝하리.
若也山中逢子期	약야산에서 지음을 만났으니
豈將黃葉下山下	어찌 시든 잎을 가지고 산 아래로 내려가리오.

다음 산화락(散花落)을 하고 삼동발(三動鈸)을 하고, 거령산(擧靈山)과 인성(引聲)을 하고 요잡(繞匝)할 때, 모든 위의(威儀)는 열지어 선다. 사람들과 더불어 즐기며 사자좌(獅子座) 앞에 이르면 음악을 그친다. 다음 중번(中番)은 등상게(登床偈)를 한다.

獅子座高廣	사자좌 높고 넓은데
人中獅子登	사람 가운데 사자가 오르나이다.
淨名神力在	청정한 이름에 신묘한 힘이 있나니
方丈幾多昇	방장이 몇 번이나 올랐나이까?

다음 상번(上番)은 헌좌를 운한다.

妙菩提座勝莊嚴	묘보리좌가 참으로 장엄하니
和尙坐已成正覺	화상이 앉자 이미 정각을 이루셨네
我今獻座亦如是	나도 지금 이와 같이 자리를 바치오니
自他一時成佛道	우리 모두 일시에 불도 이루기를.

<唵 嚩日羅 尾囉野 莎訶>
옴 바아라 미나야 사바하

다음 중번(中番)은 다게(茶偈)를 한다.

今將甘露茶	이제 감로다를
奉獻和尙前	화상께 받들어 올리오니
俯鑑虔懇心	정성스럽고 간절한 마음 살피시어
願垂哀納受	애틋이 여기시고 받아주옵소서.

如渴思今水	목마름에는 물 마실 것[今][195] 생각나듯이
如飢思美食	배고픔에는 먹을 것 생각나듯이
我等亦如是	우리들 또한 이와 같으니
願聞甘露法	원컨대 감로법을 듣고자 하노이다.

다음 상번(上番)은 설법게(說法偈)를 한다.

我今爲汝微妙法	나는 지금 너희들을 위해 미묘한 법을 설하니
汝等諸人勿有疑	너희들은 아무것도 의심하지 말라.

---

195) 금(今): 령(令)의 오자인 듯하다.

聞則人人當作佛   들으면 곧 사람마다 마땅히 부처가 될지니

至心諦聽大歡喜   지극한 마음으로 새겨 듣고 크게 기뻐하라.

다음 대도(大都) 등은 잡인들이 잡다한 질문하는 것을 엄금하고, 납승들에게 물을 뿌려 법대로 나가 질문하게 한다.

처음 질문하는 자가 "제1구는 무엇입니까?" 하면, 화상은 침묵하고, 두 번째 질문하는 자가 "제2구는 무엇입니까?" 하면, 화상은 불자(拂子)를 들어 보여주고, 세 번째 질문하는 자가 "제3구는 무엇입니까?" 하면, 화상은 몸을 움직여 보여준다. 처음 질문한 자가 다시 들어가 질문하길 "제1구의 뜻이 무엇입니까?" 하면, 화상은 "삼요(三要)[196]의 인(印)을 여니 붉은 점이 좁아서, 주인과 손님을 나누어 논의하는 것 용납하지 않노라." 한다. 질문한 자는 "법왕이여, 법왕이여, 대법왕이여!" 하고, 송(頌)하길 "보신(報身)·화신(化身)이 진신(眞身)이 아닙니다. 운운[報化非眞云云]" 한다. 두 번째 질문한 자가 "제2구의 뜻은 무엇입니까?" 하면 화상은 "묘한 기쁨의 근거없는 질문을 용납하겠나? 거품이 뒤섞여 둥겨 있으면서 세속의 기미를 끊어 버렸네." 한다. 질문한 자가 "법왕이여, 법왕이여, 대법왕이여!" 하고 송(頌)하길 "가을 하늘이 구름에 걷히듯이 환히 알겠네 운운." 한다. 세 번째 질문한 자가 다시 들어가 "제3구의 뜻은 무엇입니까?" 하면 화상은 "무대 위에 있는 꼭두각시[傀儡] 노는 것 보라. 밀고 당기는 것이 안에 있는 사람 힘을 빌리네." 한다. 질문한 자는 "법왕이여, 법왕이여, 대법왕이여!" 하고 송(頌)하길 "젊어서부터 보아왔으나 운운." 한다. 다음 오종(五宗)의 가풍에 대해 문답한 뒤, 화상은 법을 전할 보살을 찾는다. 다음 중번(中番)은 염화게(拈花偈)를 창한다. 다음 법을 전할 사람과 자리를 나누어 앉고, 기사(記事)는 의심나고 막히는 곳은 법을 전할 사람에게 모두 묻는 것이 좋다. 다음 참주(叅柱)를 100추(槌) 하고 다음 상(床)에서 내려오라는 추(槌)를 치면, 화상은 곧 선상(禪床)에서 내려온다. 다음 대중들은 가람단(伽藍壇) 작법을 운한다.

◎축상작법절차(祝上作法節次)

108종 정금식(井金式): 처음에 8번·다음 20번·또 7번 하고, 처음 8번·다음 20번·또 7번 하고, 처음 8번·다음 20번·또 7번 하고, 뒤에 3추(槌) 한다.

처음 잠자리에서 일어날 때에는 금(金) 3종(宗)을 한 뒤에, 종두는 합해서 108종(鐘)을 친다. 정금(井金)을 할 때 대중들은 양치질을 하고 깨끗한 옷을 입고 작법하는 곳에 모인다. 다음 법당(法堂)과 선당(禪堂)과 종각과 승당(僧堂)의 금(金)을 차례차례 출입하면서 3종(宗)을 치고, 끝에 5추(槌)는 먼저 승당금을 치고 차례차례로 돌아와서 법당금(法堂金)을 멈추면 어산은 삽향게(揷香偈)를 창한다.

心香一炷起雲峯   심향 한 가닥 구름 봉오리에서 일어나

直下靑霄透碧空   곧장 푸른 하늘, 푸른 허공을 뚫습니다.

仰請佛法僧三寶   우러러 불법승 삼보님께 청하오니

降臨千葉寶蓮臺   천 개의 꽃잎 있는 보련대에 내려오소서.

---

196) 삼요인(三要印): 체(體;본질)·용(用;작용)·상(相;현상).

이때 대중들이 향을 꽂으면서 자리로 돌아가면, 인도는 금강무량수불(金剛無量壽佛)을 창하고 인성(引聲)과 요잡(繞匝)을 한다. 한참 있다가 음악을 그친다. 다음 명라(鳴螺)를 3지(旨) 하고, 명발(鳴鈸)을 1종(宗) 한 뒤에, 인도는 할향(喝香)을 운한다.

大衆一片無價香	대중들이 지금 한 조각 값없는 향을 피우오니
普熏十方諸刹海	시방의 모든 찰해에 두루 무젖게 하소서.
遇聞香者皆成佛	향기를 맡게 되는 사람은 모두 성불하시며
上體恒安壽萬歲	임금님 몸은 항상 편안하사 만세를 누리소서.

주지독향(住持獨香)

信手纔焚祝我王	손가는대로 향을 살라 우리 왕을 축원하며
玉葉金枝萬世昌	금지옥엽 만세토록 창성하소서.
文武百僚忠補理	문무백관 정치를 보필하고
萬民常樂普安寧	만민이 항상 즐겁고 두루 안녕하게 하소서.

다음 연향게(燃香偈)를 한다.

戒定慧解知見香	계·정·혜·해탈향·해탈지견향은
徧十方刹常氛馥	두루 시방 사찰에 항상 향기 가득하오니
願此香烟亦如是	원컨대 이 향연기도 또한 이와 같이
熏現自他五分身	우리들 오분신이 훈습하여 나타나게 하시옵소서.

대중들은 시방불, 시방법, 시방승을 염불한다.

稽首十方華藏海	시방의 화엄장 세계에 머리 조아리나이다.
刹塵等數諸如來	찰진과 같은 여러 여래여!
法身報身及化身	법신, 보신, 화신이여!
等覺妙覺並滿覺	등각[197], 묘각[198]과 아울러 원만히 깨닫기를.

圓滿修多羅教海	원만한 수다라니의 바다와 같은 가르침

---

197) 등각(等覺): 평등일여(平等一如)의 깨달음.

198) 묘각(妙覺): 부처님의 불가사의 절묘한 무상(無上)의 깨달음.

大悲菩薩聖賢僧	대비보살과 성현승이시어
我今祝壽爲主上	나는 지금 주상을 위해 축수하오니
惟願三寶垂加護	오직 원컨대 삼보께서 보호해 주소서.

원불축수(願佛祝壽)

無量壽佛 無量壽佛 主上殿下壽萬歲(衆和)無量壽佛

무량수불 무량수불 주상전하수만세(대중들은 화창한다)무량수불

藥師如來 藥師如來 王妃殿下壽齊年(衆和)藥師如來

약사여래199) 약사여래 왕비전하수제년(대중들은 화창한다)약사여래

釋迦如來 釋迦如來 世子邸下壽千秋(衆和)釋迦如來

석가여래 석가여래 세자저하수천세(대중들은 화창한다)석가여래

消災障菩薩 消災障菩薩 干戈息靜國民安(衆和)消災障菩薩

소재장보살 소재장보살 간과식정국민안(대중들은 화창한다)소재장보살

熾盛光如來 熾盛光如來 天下泰平法輪轉(衆和)熾盛光如來

치성광여래200) 치성광여래 천하태평법륜전(대중들은 화창한다)치성광여래

南無 光明會上 佛菩薩　　　광명회상 불보살께 귀의하옵니다.

요잡(繞匝)은 일어나서 놀라도록 친다.[起驚打之]

佛說大乘聖金剛無量壽佛 決定光明王多羅尼

불설대승성금강무량수불 결정광명왕다라니

다음 광명주(光明呪)를 21번 하고 명발(鳴鈸)을 하고 표백(表白)201)을 한다.

---

199) 약사(藥師): (산)Bhaiṣajaguru-vaiḍūrya. 『약사여래본원경』에 의하면 동방 10항하사불토(恒河沙佛土) 밖에 정유리(淨瑠璃)라는 세계가 있고 그곳의 부처님이 '약사유리광여래'라 한다. 이 부처님께서는 과거 인행시(因行時) 12대원을 세우고 중생의 질병을 치료하고 수명을 연장케 하며, 재화(災禍)를 소멸, 의복·음식 등을 만족하게 하며 선행을 닦아 무상묘과(無上妙果)를 증득케 하리라고 했다. 형상은 큰 연화 위에 계시며 왼손에 약병을 들고 오른손으로 시무외인(施無畏印)을 맺으셨으며, 또는 오른손을 들고 왼손을 내리시는 등의 여러 모습이 있다.

200) 치성광여래(熾盛光如來): 금륜불정(金輪佛頂)이라고도 한다. 금륜은 전륜성왕(轉輪聖王)이 감득(感得)하는 칠보의 하나로, 바퀴살이 1000개나 되며 금륜왕(金輪王)이 즉위하면 동방에 나타나 광명을 놓으며 왕에게로 다가온다 한다. 재질은 금강(金剛)이며, 형태는 윤형(輪形)이며, 용도는 무기로 윤보(輪寶)를 굴리는 방향에 따라 싸우지 않아도 적이 귀복(歸伏)한다고 한다.

南無 楞嚴會上 佛菩薩　　능엄회상 불보살께 귀의하옵니다.

요잡(繞帀)은 놀라도록 어지럽게 친[起驚亂打] 뒤에 염불한다.

金剛無量壽佛 仁王菩薩摩訶薩 摩訶般若波羅密
금강무량수불 인왕보살마하살 마하반야바라밀

능엄주(楞嚴呪) 혹은 사단도(沙但道)를 하고 다음 명발(鳴鈸)을 한 뒤, 보통축원(普通祝願)을 한다.

上來現前比丘衆	위에서 나타나신 비구들이여
諷誦楞嚴秘密呪	능엄비밀주를 외우오며
回向護法天龍衆	호법하는 천룡의 대중과
土地伽藍諸聖衆	토지가람의 여러 성중들에게 회향하나이다.

三災八難俱離苦	삼재팔난의 모든 고통에서 떠나게 하시고
四恩三有盡沾恩	사은202)·삼유203)의 은혜를 모두 입게 하십시오.
主上殿下壽萬歲	주상전하 만세토록 수를 누리시고
王妃殿下壽齊年	왕비전하 제년토록 수를 누리시며204)

國界安寧兵革消	나라 평안하여 전쟁 사라지고
雨順風調民安樂	비와 바람 순조로워 백성들 편안하게 하소서.
一衆熏修希勝進	온 무리들이 덕을 닦아 좋은 경지로 나가길 바라오며
十地頓超無難事	십지 뛰어넘어 장애 없게 하소서.

山間肅靜絶悲憂	이 절간도 조용해서 슬픔과 근심 없게 하시고
檀信歸依增福慧	신도들은 귀의해서 복과 지혜 더하게 하시며
四事施主壽命長	네 가지 일[四事]205)로 베푼 이 목숨 길게 하소서.

---

201) 표백(表白): 법회 또는 수법(修法)의 처음에 그 취지를 불조(佛祖) 또는 산내(山內) 대중에게 고하는 것.
202) 사은(四恩): 모든 인간이 받는 4종의 은혜. 첫째로 부모의 은혜, 둘째로 중생의 은혜, 셋째로 국왕의 은혜, 넷째로 삼보의 은혜. 이와 같은 사은은 일체 중생이 평등하다고 되어있다.
203) 삼유(三有): 유루법의 다른 이름. 3계에 있어서 각각의 존재하는 방법.
204) 이 넷째구가 『어산집』에는 들어있는데 1723년 간행된 3권본 『범음산보집』에는 생략되어 있다. 삽입되는 것이 마땅하다고 생각하여 역자가 보충하였다.

十方三世佛菩薩	시방 세계의 불보살들이여
摩訶般若婆羅密	마하반야바라밀!

다음 명발(鳴鈸)을 하고 뒤에 통알(通謁)을 운운한다.

◎주시련작법(晝侍輦作法)

천수(千手)를 하고 다음 사방찬(四方讚)을 한다.

一灑東方潔道場	첫 번째 동방에 뿌려 도량을 깨끗이 하옵고
二灑南方得淸凉	두 번째 남방에 뿌려 청량함을 얻으오며
三灑西方俱淨土	세 번째 서방에 뿌려 정토를 갖추어
四灑北方永安康	네 번째 북방에 뿌려 영원히 편안하옵니다.

삼보단(三寶壇)을 향할 때 엄정게(嚴淨偈)를 하고 치면서 돌아선다.

道場淸淨無瑕穢	도량을 청정하게 하여 티끌하나 없으니
三寶龍天降此地	삼보의 용천이 이 땅에 강림하시옵니다.
我今持誦妙眞言	나는 지금 묘한 진언을 외우오니
願賜慈悲密加護	원컨대 자비심으로 보호해 주시옵소서.

다음 명발(鳴鈸)을 하고 대회소(大會疏)를 읽고, 다음 동발(動鈸)을 평소대로 하고 다음 거불을 한다.

南無靈山敎主釋迦牟尼佛	영산의 교주 석가모니부처님께 귀의하옵니다.
南無證聽妙法多寶如來	묘법을 증명해 보이시는 다보여래께 귀의하옵니다.
南無極樂導師阿彌陀佛	극락으로 인도하는 스승 아미타부처님께 귀의하옵니다.
南無文殊普賢大菩薩	문수보현대보살께 귀의하옵니다.
南無觀音勢至大菩薩	관음대세지대보살께 귀의하옵니다.

다음 명발(鳴鈸)을 하고, 삼보소(三寶疏)를 읽고, 다음 삼동발(動鈸)을 한 뒤, 대청불(大請佛)을 한다. 다음 영산지심(靈山至心)을 한다.

---

205) 사사(四事): 수행승이 일상생활에 필요한 네 가지 물건. 곧 음식·의복·와구(臥具)·탕약(湯藥).

至心歸命禮 靈山會上 拈花示衆 是我本師 釋迦牟尼佛
영산회상에서 염화시중하신 우리의 본사 석가모니부처님께 지극한 마음으로 귀명례하옵니다.

다음 '원컨대 이 도량에 오시어 이 공양을 받으소서[願降道場受此供養]'를 한다. 다음 산화락(散花落)을 하고, 삼동발(三動鈸)을 하고, 다음 향화청(香花請)을 하고, 가영을 한다.

四顧無人法不傳	사방을 돌아봐도 사람이 없어 법이 전해지지 않으니
鹿園鶴樹兩茫然	녹야원[206]과 학수는 둘 다 아득하네.
朝朝大士生浮世	아침마다 부처는 이 세상에 태어나고
處處明星現碧天	곳곳에서 명성이 푸른 하늘에 나타나네.

고아게(故我偈)를 하고 다음 삼례청(三禮請)을 운한다.

一心禮請 南無盡虛空遍法界 十方常住一切 佛陀耶衆 達摩耶衆 僧伽耶衆(衆和) 惟願慈悲光臨法會
일심으로 예청하옵니다. 허공의 법계에 두루하시고 시방에 항상 머무르는 일체 부처님들, 달마님들, 승가님들께 귀의하옵니다.(대중들이 화창한다) 오직 원하오니 자비심으로 법회에 광림하소서.

법중들은 3배 한다.

一心禮請 三界四府主執陰陽 權衡造化 已發菩提心 一切聖衆 (和衆)惟願慈悲 光臨法會
일심으로 예청하옵니다. 삼계사부의 음양을 잡고 계시며, 조화를 저울질하시고, 이미 보리심을 발하신 모든 성중님(대중들이 화창한다) 오직 원컨대 자비심으로 이 법회에 광림하소서.

염화게(拈花偈)

靈鷲拈花示上機	영취산에서 꽃을 들어 상등의 기미를 보이시니
肯同浮木接盲龜	눈 먼 거북 물 위에 뜬 나무 만남과 어찌 같으리!
飮光不是微微笑	가섭존자 미소 짓지 않았더라면
無限淸風付與誰	한없이 맑은 가풍 누구에게 전했을까?

산화락(散花落)을 하고 삼동발(三動鈸)을 한 뒤, 거령산(擧靈山)을 하고 요잡(繞匝)한다. 법당에 이르면 음악을 그친다. 다음 좌불게(坐佛偈)를 운한다.

---

206) 녹야원(鹿野苑): 사슴이 있는 정원이라는 뜻. (산)Mṛgadāva (팔)Migadāya을 한역한 것. 중인도 베나레스 교외의 사르나트(sārnāth)에 있다. 석존이 처음으로 설법한 지역으로 유명하다.

世尊坐道場	세존께서 도량에 앉으시면
淸淨大光明	청정 세계의 큰 광명이시니
比如千日出	천 개의 해가 나와서
照曜大千界	대천세계를 환하게 비추시는 것 같도다.

다음 법중은 법도량으로 와서 각기 그 자리로 나아가고 어산은 헌좌를 운한다.

◎별식당작법(別食堂作法)

새벽 마지권공(摩旨勸供)을 마치고 종두가 대종(大鐘)을 18추(槌) 칠 적에, 법중은 각기 응기(應器)[207]를 가지고 마당 가운데 모인다. 인도는 동발(動鈸)을 예대로 하고 하발게(下鉢偈)를 운한다.

執持應器	응기 잡고서
當願衆生衆生	마땅히 중생 중생이
成就法器	법기[208]를 성취하여
受天人供	하늘과 사람의 공양 받기를 발원합니다.

다음 좌우의 판수는 마당 가운데서 곡수정진(曲水精進)을 하고, 그 때 인도는 삽향게(揷香偈)를 하고 예대로 회발게(回鉢偈)를 운한다.

佛生迦毗羅	부처는 가비라에서 태어나시고
成道摩竭陁	마갈타에서 도를 이루셨으며
說法波羅奈	바라나에서 설법하시고
入滅俱尸羅	구시라에서 열반하셨도다.[209]

다음 거령산(擧靈山)과 인성(引聲), 요잡(繞匝)을 한다. 정문 안에 이르러 두루 돌고 음악을 그친다. 다음 당(堂) 위에서 목어(木魚)를 치는 것은 평소의 예대로 한다.

---

207) 응기(應器): (산)(팔)pātra. 응량기(應量器)의 준말. 발다라의 번역으로 발우라 한다. 율장의 규정에 의하면 불교 수행자는 정해진 그릇을 사용하지 않으면 안 되는 것에서 응기라고 한다.

208) 법기(法器): 불법을 수용하고 믿을 수 있는 사람을 말한다.

209) 부처는…열반하였도다: 가비라, 마갈타, 바라나, 구시나가라는 불교의 4대 성지이다. 발우가 놓이는 위치와 일치하고 있으며, 어식발우라 불리는 가장 큰 발우는 불보를 상징할 뿐 아니라 삼보에 공양을 올릴 때는 불기(佛器)를 대신한다.

오관게(五觀偈)[210) 혹은 영산(靈山)

計功多少量彼來處　　　　　공력이 많음 헤아리고 저것이 온 곳 생각하라.

忖己德行全缺應供　　　　　자기 덕행[211)이 공양 받기에 모자람을 헤아려라.[212)

防心離過貪等爲宗　　　　　마음을 막아 과실과 탐욕 버림을 종지로 삼고

正思良藥爲療形枯　　　　　정녕 좋은 약으로 야윈 육신 치료하여

爲成道業應受此食　　　　　불도의 수행 이루기 위해 이 밥 먹는다 생각하라.

만약 빈 발우를 보면 다음 막제게(莫啼偈)를 운운한다.

佛於無量劫　　　　　　　　부처는 무량겁 동안

勤苦爲衆生　　　　　　　　부지런히 중생을 위해 고생하셨네.

云何諸衆生　　　　　　　　어찌하면 여러 중생들이

能報大師恩　　　　　　　　대사의 은혜를 능히 갚을까?

자리에서 물러나 당에서 나온다. 다음 인도는 곧 삼자귀의(三自歸依)를 운한다.

自歸依佛(衆和)當願衆生 體解大道 發無上意

스스로 불보에 귀의하나이다. (대중들은 화답한다) 마땅히 중생들은 대도를 체득하여 위없는 뜻 발원하기를 원하옵니다.

自歸依法(衆和)當願衆生 深入經藏 智慧如海

스스로 법보에 귀의하나이다. (대중들은 화답한다) 마땅히 중생들은 경장에 깊이 들어가 바다와 같은 지혜를 얻기 원하옵니다.

自歸依僧(衆和)當願衆生 統理大衆 一切無碍

스스로 승보에 귀의하나이다. (대중들은 화답한다) 마땅히 중생들은 이치에 통하여 대중들이 일체 장애 없기를 원하옵니다.

반요잡(半繞帀)하고 곧 동발(動鈸)을 그치고 예대로 회향게(回向偈)를 운한다.

---

210) 오관게(五觀偈): 공양의 의미를 다섯 가지 관점에서 살핀 게송으로 공양에 즈음한 출가자가 음식에 대해 헤아려야 하는 것이다.

211) 덕행(德行): 객관적 소성(所成)인 선(善)을 덕이라 하고, 주관적 능성(能成)의 도(道)를 행이라 이른다. 삼학(三學)인 계정혜(戒定慧)와 육바라밀을 뜻한다.

212) 응공(應供): (산)arhat. 응수공양(應受供養)의 뜻. 아라한과 같다. 모든 번뇌를 끊어서 타인으로부터 공양을 받을 만한 자격이 있는 사람의 뜻이다.

普願衆生苦輪海	두루 원하오니 중생들이 윤회하는 고통의 바다[213]에서
摠令除熱得淸凉	모두 번뇌를 제거하고 청량함을 얻게 하소서.
皆發無上菩提心	모두 위없는 보리심을 내시어
同出愛河登彼岸	애하강에서 벗어나 피안에 오르게 하소서.

식당에서 재식(齋食)할 때 만약 빈 발우를 보면 다음 광수게(廣修偈)를 한다.

南無 靈山會上 佛菩薩	영산회상의 불보살께 귀의하옵니다.
南無 普賢菩薩 廣大願	넓은 대원을 세우신 보현보살께 귀의하옵니다.
南無 廣修供養 無疲厭	지침없이 널리 공양하시는 분께 귀의하옵니다.

자리에서 물러나 당에서 나온다.
다음 삼자귀의(三自歸依)를 하고 다음 게(偈)와 찬(讚)을 위와 같이 운한다.

◎총림사명일영혼시식절차(叢林四名日靈魂施食節次)

유나는 종두로 하여금 주지 앞에 나아가 격금(擊金)의 규정에 대해 묻게 하고, 주지는 하나하나 가르쳐 준 뒤, 먼저 향로전(香爐殿)의 금(金)을 1종(宗) 치고, 아침 북은 3종(宗) 친다. 다음 대종(大鍾)은 36추(槌) 치는데, 이때 보청(普請)은 평상시대로 한다. 다음 법당(法堂), 선당(禪堂), 승당(僧堂)과 종각에 있는 금(金)을 각각 3추(槌) 친 뒤에, 종두는 정문 밖에 영혼단(迎魂壇)을 설치하고, 상(床)을 놓고 인로왕번(引路王幡)을 걸되, 좌측에는 종실번(宗室幡)을 걸고 우측에는 고혼번(孤魂幡)을 건 뒤, 종두는 대종(大鍾) 3추(槌)를 치고, 주지와 대중들은 각기 체전(體錢)을 가지고 영혼소(迎魂所)로 간다. 전종(轉鍾)은 7추(槌) 치고, 명라(鳴螺)는 3지(旨) 하고, 명발(鳴鈸)을 1종(宗) 한 뒤 거불(擧佛)을 운한다.

南無阿彌陀佛	아미타불께 귀의하옵니다.
南無觀世音菩薩	관세음보살께 귀의하옵니다.
南無大勢至菩薩	대세지보살께 귀의하옵니다.

선소(宣疏)

---

213) 고륜해(苦輪海): 고륜(苦輪)은 고통스런 세계에 나고 죽는 일의 반복이 마치 바퀴가 돌 듯 끝없음을 시간 위에서 비유한 것이고, 이를 다시 바다[海]와 같이 많음을 공간 위에서 비유하여 강조한 것.

지옥게(地獄偈)

願承三寶力加持	원컨대 삼보께서 가지하시는 힘 받들어
地獄變成蓮花池	지옥을 연꽃 피는 연못으로 변화시키소서.
居人欲識圓通境	이곳에 사는 사람들이 원통의 경지를 알고자 한다면
返聞聞性始應知	돌이켜 불성을 들어야 비로소 아시리라.

법주는 요령을 3번 흔들고, 다음 주지가 있으면 "오늘 주지 신중 아무개 등이 선왕(先王), 선후(先后)를 위하여 받들고 운운."라고 말한다. 주지가 없으면 "오늘 앞에 있는 대중 등이 선왕, 선후를 위하여 받든다."고 말한다. 암자의 당(堂)이면 "오늘 온 강당에 모인 청중(淸衆) 등이 선왕, 선후의 각 위 선가(仙駕)를 위하여 받든다."고 한다.

金鈴高振兩三聲	금방울 두 세 소리 높이 흔드니
特地仙靈眼割開	특별한 선령의 안목이 활짝 열렸나이다.
願承三寶力加持	삼보의 가지하시는 힘 받들어
高馭雲車暫下來	구름수레 높이 몰아 잠시 내려오소서.

전종(轉鐘)을 3추(槌) 하면 대중은 창혼(唱魂)을 운한다. 창혼을 마친 뒤에 법주는 요령을 3번 흔든다. 다음

(亦爲 合院大衆 各各伏爲 顯考顯妣 恩師法師 先亡父母 久近親戚 列名) 靈駕 兼及法界 有主無主 滯魄沈魂 戰亡將帥兵卒 苦死生靈等 生本無生 滅本無滅 生滅本虛 實相常住 (再爲各各列名) 靈駕 還會得無生滅 底一句麽 (良久) 俯仰 隱玄玄視 聽明歷歷若也 會得頓證法身 永滅飢虛 其或未然承佛神力 仗法加持 赴此香壇 受我妙供

(또한 온 사찰[合院]214)의 대중들은 엎드려 각각 현고, 현비와 은사, 법사와 돌아가신 부모와 가까운 친척 등의 이름을 열거한다.)215) 영가여! 법계의 유주무주216) 제도 받지 못한 체백217)과 전쟁에서 죽은 장수와 병졸, 고통스럽게 죽은 생령들이여. 태어남은 본래 태어남이 아니요,218) 멸은 본래 멸함이 아니며, 나고 사라짐은 본래 허한 것이라서 실상219)은 항상 머무르느니라. (각각의 이름을

---

214) 합원(合院): 결계(結界) 안에 자리한 당우(堂宇)의 대중을 총괄적으로 일컫는 말이다.
215) 원문에는 대문으로 되어 있으나 세주로 보는 것이 옳을 듯하여 괄호로 처리하였다.
216) 유주무주(有主無主): 상주(喪主)가 있는 영가와 그렇지 못한 영가를 통틀어 이르는 말. '주'는 제주(祭主)로 제사를 받들고 주장하는 상주나 사람. 혹은 재주(齋主)로 망자의 명복을 비는 상주나 사람을 가리킨다.
217) 침혼체백(沈魂滯魄): 침체(沈滯)된 혼백(魂魄). 침체는 '일이 잘 진전되지 않음'을 나타내는 말로서 여기서는 제도 받지 못한 영가를 가리킨다.
218) 무생(無生): 무생법인(無生法忍)의 약어. 무생의 법리 곧, 불생불멸의 진여를 깨달아 알고, 거기에 안주하여 움직이지 않는 것. 보살이 초지(初地)나 7·8·9지에서 얻는 깨달음이다.

다시 열거한다.)[220] 영가여! 도리어 알겠느냐? 생멸이 없다는 1구에 대하여. (한참 있다가) 아래, 위로 살펴보면 까마득하게 숨겨져 있으나 보고 듣기에 뚜렷이 밝구나. 만약 알아챈다면[221] 단박 법신을 증명하여 영원히 기허를 멸하리라. 혹 그렇지 아니하면 불신의 힘을 받들고 법의 가지에 힘입어 이 향단[222]으로 달려와 나의 묘한 공양을 받으소서.

以此振鈴伸召請	이 요령을 흔들며 소청하나니
冥途鬼界普聞知	명도와 귀신의 세계 두루 알아듣고
願承三寶力加持	삼보의 가지하는 힘을 받들어
今日今時來赴會	지금 이 시간에 모두 모이소서.

천수찬게(千手讚偈)

慈光照處蓮花出	자비로운 빛 비추는 곳 연꽃이 피고
慧眼觀時地獄空	혜안으로 볼 때 지옥은 텅 비었네.
又況大悲神呪力	또 하물며 대비심과 신비한 주력으로
衆生成佛刹那中	중생들도 찰나 중에 성불하나이다.

백종[223]칙(百種則)

年年七月盂蘭會	해마다 칠월 우란분 날은
是乃目連救母恩	바로 목건련[224]이 어머니의 은혜에 보답하는 날.
箇箇人人無父母	사람마다 부모 없으리오
清魂共結濟冤親	맑은 영혼 함께 맺어 원귀를 제도하세.

---

219) 실상(實相): 모든 것의 있는 그대로 진실된 모습. 상주불변의 이법(理法).

220) 원문에는 대문으로 되어 있으나 세주로 보는 것이 옳을 듯하여 괄호로 처리하였다.

221) 회득(會得): 사물의 이치를 요해(了解)·체득(體得)하는 것.

222) 향단(香壇): 영단(靈壇)의 다른 이름.

223) 백종(百種): 음력 7월 15일. 석존 당시에 목건련(目犍連)이 지옥에 떨어져 있는 어머니를 제도하기 위하여 백가지 음식을 차려 스님들에게 공양한 날. 그 공덕으로 어머니는 극락에 갔다고 한다.

224) 목건련(目犍連): (산)Maudgalyayana. 부처님 10대 제자 중의 한 사람으로 신통 제일. 중인도 왕사성 근방에 있던 구리가촌 바라문의 아들. 처음에 사리불과 함께 사리사바(波離闍婆) 외도인 산사야(珊闍野)에게 가서 도를 배웠다. 사리불이 5비구의 하나인 아설시(阿說示)를 만나 불법을 알아 깨달은 뒤 서로 손잡고 죽림정사에 가서 부처님의 제자가 되었다. 불교에 귀의한 뒤에는 여러 고장으로 다니면서 부처님의 교화를 펼쳤다.

다음 천수를 운한다.

若人欲了知	사람이 또렷이 깨달으려면
三世一切佛	삼세의 모든 부처
應觀法界性	법계의 성품 모두가
一切惟心造	오직 마음이 지은 것임을 보아야 하리.

파지옥진언(破地獄眞言) 　　<唵 迦囉帝野 莎訶>

　　　　　　　　　　　　　　옴 가라지야 사바하

해원결진언(解冤結眞言) 　<唵 三陁羅 伽陀 薩縛>

　　　　　　　　　　　　　　옴 삼다라 가닥 사바하

보소청진언(普召請眞言) 　<南無 步步帝哩 伽哩哆哩 怛他 誐多野>

　　　　　　　　　　　　　　나무 보보제리 가리다리 다타 아다야

나무대방광불화엄경(南無大方廣佛華嚴經)

유치(由致)

切以 冥間杳杳 前路茫茫 回頭失却家鄕路 擧顔顧視無伴侶 不憑我佛慈悲 難使孤魂度脫 由是沙門大衆等 運平等心 設食無遮 仰承三寶之力 來赴道場之會 (將伸召請 別有詞文) 謹秉一心 先陳三請

가만히 생각건대 명부는 아득하고 앞길은 막막한데, 머리를 돌리니 고향 가는 길 잃어버리고, 얼굴을 들어 돌아봐도 길동무가 없네. 우리 부처의 자비심에 의지하지 않으면 고혼들은 제도받기 어려우리. 이리하여 사문대중들은 평등심을 움직여 막음없이 먹을 것을 베푸니, 우러러 삼보의 힘을 이어받아 도량의 모임에 달려오소서. (장차 소청을 펼칠 때에 별도의 글이 있다.)[225] 삼가 마음을 잡고 먼저 3청을 펼칩니다.

南無一心奉請 手擎寶蓋 身掛花鬘 導淸魂於極樂界中 引亡靈向碧蓮臺畔 大聖引路王菩薩摩訶薩 惟願慈悲 降臨道場 證明功德

일심으로 받들어 귀의하며 청합니다. 손으로는 보개를 높이 들고, 몸에는 화관을 걸치고, 극락세계

---

225) 원문에는 대문으로 되어 있으나 세주로 보는 것이 옳을 듯하여 괄호로 처리하였다.

로 맑은 영혼을 인도하오며, 죽은 영혼은 푸른 연대로 이끄시는 대성인로왕보살마하살이시어, 원컨대 자비심으로 이 도량에 강림하시어 공덕을 증명하소서.

향화청(香花請)을 한다.

又

南無一心奉請 承權起敎 普濟飢虛 爲救於惡道衆生 故現此尫羸之狀 大聖焦面鬼王 悲增菩薩摩訶薩 惟願慈悲 降臨道場 證明功德

또

일심으로 받들어 귀의하며 청합니다. 권세를 받아 교화를 일으키시고, 악도에서 기허에 시달리는 중생들을 구하시려고 파리하고 야윈 모습을 드러내시는 대성초면귀왕에 자비를 더하신 보살마하살이시어, 원컨대 자비심으로 이 도량에 강림하시어 공덕을 증명하소서.

향화청(香花請)을 하고 다음 가영(歌詠)을 한다.

修仁蘊德龍神喜	인을 닦고 덕을 쌓으니 용신이 기뻐하고
念佛看經業障消	염불하고 경을 보니 업장이 소멸되나이다.
如是聖賢來接引	이러하기에 성현들이 와서 맞이하니
庭前高步上金橋	정원 앞에 높은 걸음으로 금교226)에 오르소서.

헌좌(獻座)

妙菩提座勝莊嚴	묘보리좌가 참으로 장엄하니
諸佛坐已成正覺	여러 부처님들 앉아서 이미 정각을 이루었네.
我今獻座亦如是	나도 지금 이와 같이 자리를 바치오니
自他一時成佛道	우리도 일시에 불도 이루기를.

<唵 嚩囉尾耶 沙訶>
옴 바아라 미나야 사바하

| 今將甘露茶 | 이제 감로다를 |
| 奉獻證明前 | 증명 앞에 받들어 올리오니 |

---

226) 금교(金橋): 금으로 제작된 다리. 즉, 이승으로부터 극락이나 성불에 이르는 다리의 경칭.

鑑察虔懇心   정성스럽고 간절한 마음 살피시어
願垂哀納受   애틋이 여기시고 받아주옵소서.

국혼청(國魂請)

南無一心奉請 位稱世主 國號明王 承大寶而臨御八荒 列虎符而權衡四海 十方法界 古今先亡 帝主明君 后妃天眷 幷從眷屬 惟願承三寶力 杖²²⁷⁾秘密語 今日今時 來臨法會 受此供養
일심으로 받들어 귀의하며 청합니다. 지위는 세상의 임금이라 칭해지시며, 나라에서는 명왕이라 부르며, 대보를 받들어 8황을 거느리시며, 병부를 벌려 사해를 저울질하시는, 시방의 법계와 고금에 먼저 돌아가신 제왕과 현명한 군주와 후비의 하늘 권속과 아울러 권속을 따르는 자들, 오직 원컨대 삼보의 힘을 이어받아 비밀스런 말에 의지하여 금일 금시에 이 법회에 오시어 이 공양을 받으소서.

創業雄都傳百代   웅대한 도읍 창업하여 백대에 전하나니
仁王山下幾經春   인왕산 아래 봄이 몇 해나 지났던가?
明君世主繩繩出   밝은 임금 세상의 주인 줄줄이 나오시니
奕世威光日又新   세상에 혁혁한 위엄의 빛이 날마다 또 새롭네.

승혼청(僧魂請)

南無一心奉請 捨家僧行 棄俗尼童 或抛父母 而遠去雲遊 或別親知 而叅禪問道 諸方論議 到處尋師 挑襄負鉢 而柱杖驅馳 涉水登山 而往來辛苦 致使 燒身煉臂爲法亡軀 不遇聖因徒勞喪命 一切往古煉行 僧尼等衆 惟願承佛神力 降臨道場 受沾供養
일심으로 받들어 귀의하며 청합니다. 집을 떠나 승으로 다니며, 속을 버리고 비구가 되며, 혹 부모를 버리고 멀리 떠나 구름같이 노닐며, 혹 친척들과 이별하고 참선하고 도를 물으며, 여러 곳에서 논의하며, 도처에 스승을 찾아다니며, 바랑을 흔들며 바리때를 짊어지고 다니며, 주장자를 짚고 바삐 다니며, 물을 건너고 산을 오르며 고생스럽게 오고가며, 몸을 불살라 연비하고 법을 위해 몸을 버리며, 성인의 인연을 만나지 못하고 한갓 고생스럽게 목숨을 잃어버린, 지난날 수행하러 다닌 모든 승려들이시어, 오직 원컨대 불신력을 이어받아 이 도량에 강림하시어 공양을 받아드십시오.

離鄕千里度幾春   천리 고향 떠난 지 몇 해나 지났는가?

227) 장(杖): 伏의 오자인 듯하다.

便是雲遊海上人　　　　구름같이 떠도는 바다 위의 사람일세.
父母只言行脚去　　　　부모는 단지 행각하러 갔다 말하나
豈知鄕外作孤魂　　　　어찌 알리, 고향 밖 고혼이 되었음을.

고혼청(孤魂請)

南無一心奉請 實相離名 法身無迹 從緣隱顯 若鏡像之有無 隨業昇沈 如井輪之高下 妙變莫測 幻來何
難 (靈駕) 惟願不迷 本性承佛威光 今日今時 來臨法會 受沾香供
일심으로 받들어 귀의하며 청합니다. 실상은 이름에서 떠나고 법신의 자취 없어서, 인연 따라 숨고
드러나니 마치 거울에 상이 있는 듯 없는 듯하고, 업 따라 오르고 가라앉으니 두레박이 높아졌다
낮아졌다 하는 것과 같아서, 묘하게 변하는 것 헤아릴 수 없으니 환상이 옴을 어찌 따지리? (영가
여!) 오직 원컨대 미혹되지 말고 본성인 부처의 위엄있는 빛을 받들어 금일 금시 이 법회에 오시어
향공을 받아 적시소서.

又

南無一心奉請 因緣合會 聚散無窮 四大各離 一眞獨露 旣然如是 快如登虛 往返無礙 請則便到 惟願
承三寶力 杖秘密語 今日今時 來臨法會 受沾香供
또
일심으로 받들어 귀의하며 청합니다. 인연이 모여서 흩어지는 것이 무궁하여, 4대가 각기 떨어져
신령스런 마음이 홀로 드러남이 이미 이와 같이 되었으니, 상쾌하게 허공에 올라 오고 감에 장애가
없고, 청하면 곧 올 수 있습니다. 오직 원컨대 삼보의 힘을 받들고 비밀스런 말에 의지하여 금일
금시 이 법회에 오시어 향공양을 받아 적시소서.

三魂杳杳歸何處　　　　삼혼228)은 아득히 어느 곳으로 돌아가나?
七魄茫茫去遠鄕　　　　칠백229)은 막막한 먼 곳으로 떠나가네.
今日振鈴伸召請　　　　오늘 요령을 흔들며 소청을 펼치니

---

228) 삼혼(三魂): 사람에게 있는 세 가지의 영혼을 말한다. 『지장보살발심인연시왕경』에는 태광업혼신식(胎光
業魂神識)·유정전혼신식(幽情轉魂神識)·상령현혼신식(相靈現魂神識)이라 했다.
229) 칠백(七魄): 사람의 정신 작용을 혼(魂), 형체에 의지한 영(靈)을 백(魄, 넋)이라 한다. 삼혼 칠백은 도교에
서 하는 말이다. 『포박자(抱朴子)』에는 "형체가 분산하면 몸에 있는 삼혼 칠백을 본다." 하였다. 칠백은
작음백신식(雀陰魄神識)·탄적백신식(吞賊魄神識)·비독백신식(非毒魄神識)·시구백신식(尸垢魄神識)·취폐
백신식(臭肺魄神識)·제예백신식(除穢魄神識)·복시백신식(伏屍魄神識)이라 하였다.

願赴冥陽大道場   원컨대 명양의 큰 도량으로 달려오십시오.

각각 이름을 열거한다. 영가여.

旣受虔請 已降香壇 合掌專心 參禮金仙
이미 정성스런 청을 받았으니 향단에 오시어 합장하고 전심하여 금선에 참례하소서.

    지단지언(指壇眞言)   <唵 曳呬 吠路左曩耶 莎訶>
                   옴 예이혜 볘로자나야 사바하

염화게(拈花偈)를 예대로 한다.

法身遍滿百億界   법신은 백억의 세계에 두루 가득하여
普放金色照人天   금빛 광명 널리 펴서 인천세계를 비추나이다.
應物現形潭底月   사물따라 나투심이 물속의 달과 같아서
體圓正坐寶蓮臺   본체 원만하여 보련대에 바로 앉으십시오.

나무대성인로왕보살(南無大聖引路王菩薩)

인성(引聲)하고 요잡(繞匝)할 때, 판수는 먼저 인도하고 기사는 인로왕번(引路王幡)을 들고, 주지는 종실번(宗室幡)을 들고, 당좌는 고혼번(孤魂幡)을 들고 천천히 걸어간다. 마당 가운데 이르면 음악을 그치고, 법주는 요령을 3번 흔들고, 다음 정문이 없으면 먼저 정중게(庭中偈)를 한 뒤 개문게(開門偈)를 하고, 정문이 있으면 먼저 개문게를 한 뒤 정중게를 한다.

정중게(庭中偈)
一步曾不動   한 걸음도 일찍이 움직이지 않고서
來向水雲間   물과 구름 사이[230]로 오시네.
旣到阿練若   이미 아란야[231]에 도착했으니
入室禮金仙   방에 들어가 금선에 예를 올리소서.

---

230) 수운간(水雲間): 장애물이 없는 휑하니 뚫린 공간을 말한다.
231) 아란야(阿練若): (산)araṇya. 적정처(寂靜處). 비구가 거주하여 수행하는데 적당히 마을에서 떨어진 조용한 장소이다.

개문게(開門偈)

捲箔逢彌勒	발을 말아 올리면 미륵을 만나고
開門見釋迦	문을 열면 석가를 보네.
三三禮無上	아홉 번 위없는 예를 드리니[232]
遊戲法王家	법왕가[233]에서 노니네.

보례삼보(普禮三寶)

普禮十方常住　法身報身化身諸佛陀

시방에 항상 머무르는 법신, 보신, 화신, 모든 불타께 예경하나이다.

普禮十方常住　經藏律藏論藏諸達摩

시방에 항상 머무르는 경장, 율장, 논장, 모든 달마께 예경하나이다.

普禮十方常住　菩薩緣覺聲聞諸僧伽

시방에 항상 머무르는 보살승, 연각[234]승, 성문승, 모든 승가께 예경하나이다.

수위안좌(受位安座)

(各各列名靈駕　諸佛子) 上來承佛　攝受仗法加持　旣無囚繫以臨筵　願獲逍遙而就座

(각각 영가와 여러 불자들의 이름을 열거한다.)[235] 위에서 부처의 법에 의지한 가지를 받아들여 이미 묶인 것이 없이 자리에 임하였으니 마음대로 소요하며 자리에 나아가소서.

下有安座之偈　大衆　隨言後和　各幡還位時法性偈云

아래에 안좌게가 있으니 대중들은 말에 따라 화답한다. 각 번을 자리로 되돌려 놓을 적에 법성게를 운한다.[236]

괘전게(掛錢偈)

| 諸佛大圓鏡 | 여러 부처의 크고 원만한 거울은 |

---

232) 아홉 번 위없는 예를 드리니: 모두 세 번 절하는데, 한 번 절할 때마다 엎드린 자세에서 고개를 세 번 조아리니, 합하면 아홉 번이 된다. 즉, 무수히 예를 올리는 극경례법(極敬禮法)이다.

233) 법왕가(法王家): 열반의 세계. 불국토.

234) 연각(緣覺): 십이인연의 이치를 관찰하여 진리를 깨닫는 일이다.

235) 원문에는 대문으로 되어있으나 세주로 봄이 옳을 듯하여 괄호로 처리하였다.

236) 원문에는 대문으로 되어있으나 세주로 봄이 옳을 듯하여 원문과 역문을 함께 싣고 세주로 처리하였다.

畢竟無內外　　　　　필경 안팎이 없으리라.

爺孃今日會　　　　　아버님 어머님 오늘 모이니

眉目正相撕　　　　　반가움에 눈썹이 정녕 올라갈지어다.

안좌게(安座偈)

我今依敎設華筵　　　나는 지금 가르침에 의지하여 화연을 베풀어

花果珎羞列座前　　　꽃과 과일과 진귀한 음식을 좌전에 차리옵니다.

大小宜依次弟坐　　　크거나 작거나 여러 사람들은 차례로 앉으시어

專心諦聽演金言　　　마음을 오롯이 하여 금언 펼치는 것을 살펴들으소서.

<唵 摩尼 軍茶利 吽 吽 莎訶>
옴 마니 군다리 훔 훔 사바하

전물(奠物)을 내갈 때에 각색 풍류를 일시에 연주를 하며, 소리 없이 걸어서 단에 이른다. 진수(珍羞)를 나열한 뒤에 음악을 멈추고 다음 다게(茶偈)를 한다.

百草林中一味新　　　온갖 풀 가운데 가장 좋은 맛

趙州常勸幾千人　　　조주스님도 항상 많은 사람에게 권하셨다네.

烹將石鼎江心水　　　돌 솥에다 강 한가운데 물을 달였으니

願使仙靈歇苦輪　　　원컨대 영가로 하여금 고통스런 윤회를 쉬게 하소서.

법주는 향을 들고 인로왕(引路王) 앞에 3배(拜) 하고, 주지는 향을 들고 종실 앞에 2배(拜) 하고, 대중들도 차례 차례 향을 들고 고혼단(孤魂壇)에 각기 3배(拜) 한 뒤 가피력운(加被力云) 한다.

佛身充滿於法界 普現一切衆生前 隨緣赴感靡不周 而恒處此菩提座

법계에 불신이 충만하여, 두루 일체 중생 앞에 나타나서, 인연 따라 감응하여 두루 하지 않음이 없으니, 항상 이 보리좌에 앉으십니다.

是日今時 沙門(大衆等)運慈悲心 行平等行 以本願力 大方廣佛華嚴經力 諸佛加被之力 以此淸淨法食 普施一切法界 面然鬼王 所統領者 三十六部 無量無邊 恒河沙數 諸餓鬼衆 洎訶利帝母 一切眷屬 婆羅門仙衆 倂此方他界力 兵殞命水火焚漂 疾疫琉璃 飢寒凍餒 繩木自盡 形憲而終 産難而死 一切滯魄 孤魂 依草附木 一切鬼神 地府酆都 大小鐵圍山 五無間獄 八寒八熱 輕重諸地獄 獄司城隍等處 一切受苦衆生 六道傍來 一切中陰 衆生 咸赴我請無一遺者 願汝一一 各得摩伽陁國 所用之斛 七七斛食

除詣飢渴 苐恐凡聖難通 當求三寶加被

금일 금시에 사문(대중들)은 자비심을 움직이고 평등행을 행하여, 본원의 힘과 대방광불화엄경의
힘과 여러 부처의 가피237)력으로 이 청정한 법식을 일체 법계에 두루 보시하옵니다. 면연귀왕이
거느리는 36부의 무량무변의 항사사 같이 많은 여러 아귀와 아리제모의 모든 권속, 바라문선중들
과 그리고 이 세계나 다른 세계나 물과 불로 죽은 병사들, 역질로 떠돌다 죽은 사람들, 배고프고
추워 동사한 사람들, 나무에 목매달아 스스로 죽은 사람들, 형벌로 죽은 사람들, 난산으로 죽은 사
람들의 일체 체백 고혼들, 초목에 붙어있는 일체 귀신들, 지옥과 크고 작은 철위산, 오무간지옥,238)
팔한팔열, 가볍고 무거운 여러 지옥, 옥사와 성황 등 모든 곳에서 고통을 받는 중생들, 육도에서
오지도 가지도 못하는 중음 중생들, 우리가 청하는 소리 듣고 모두 달려오십시오. 원컨대 너희 하
나하나 각기 마가타국에서 사용하는 휘[斛]를 써서 77휘의 밥을 얻어먹고 기갈을 멸하십시오. 단지
두려운 것은 범성이 통하기 어렵나니 삼보의 가피를 입어야 하리라.

南無常住十方佛	시방에 항상 머무시는 불보님께 귀의하옵니다.
南無常住十方法	시방에 항상 머무시는 법보님께 귀의하옵니다.
南無常住十方僧	시방에 항상 머무시는 승보님께 귀의하옵니다.
南無本師釋迦牟尼佛	본사석가모니부처님께 귀의하옵니다.
南無觀世音菩薩	관세음보살님께 귀의하옵니다.
南無冥陽救苦地藏王菩薩	명양구고 지장왕보살님께 귀의하옵니다.
南無起教阿難陁尊者	기교 아난다존자께 귀의하옵니다.

(各各列名靈駕 諸佛子) 已承三寶 加被之力 悉赴我請 當生希有心 捨離顚倒想 歸依三寶 懺除罪障 咽
喉開通 平等受我所施 無遮無碍 淸淨法食 除諸飢渴

(각각 영가와 여러 불자들의 이름을 열거한다.)239) 이미 삼보의 가피력을 받들어 모두 나의 청을
듣고 달려오셨으니, 마땅히 희유심을 가졌으리이다. 전도상을 버리고 삼보께 귀의하여 죄업을 참회

---

237) 가피(加被): 불보살이 마음으로 유정(有情)을 위해 일종의 힘을 더하는 것. 가비(加備)·가피력(加被力)·가
위력(加威力)이라고도 한다.
238) 오무간옥(五無間獄): 아비지옥(阿鼻地獄)의 다른 이름. 아비지옥에는 다섯 종류의 무간(無間)이 있으므로
'오무간'이라 한다. ①취과무간(趣果無間);이 지옥의 고과(苦果)를 받는 죄업은 순현업(順現業)이나 순생
업(順生業)으로 조업(造業)과 수과(受果) 사이에 절대 다른 생(生)을 격(隔)함이 없는 것. ②수고무간(受苦
無間);고(苦)를 받는데 휴식이 없는 것. ③시무간(時無間);고를 받는 시간이 끊임없는 것. ④명무간(命無
間);목숨이 항상 계속되어 죽을 수도 없는 것. ⑤형무간(形無間);넓이가 8만 유순(由旬)이나 되는 지옥에
몸이 가득 차서 조금도 빈틈이 없는 것.
239) 원문에는 대문으로 되어있으나 세주로 봄이 옳을 듯하여 괄호로 처리하였다.

하시면 목구멍이 열리니 평등하게 나의 보시를 받으시고 차별없고 장애없이 청정한 법식을 얻어서
모든 배고픔과 갈증을 제거하소서.

歸依佛	불보님께 귀의하옵니다.
歸依法	법보님께 귀의하옵니다.
歸依僧	승가님께 귀의하옵니다.

歸依佛兩足尊 歸依法離欲尊 歸依僧衆中尊 歸依佛竟 歸依法竟 歸依僧竟
두 발이 존귀하신 부처님께 귀의하오며, 욕망을 떠난 존귀한 법에 귀의하오며, 대중 가운데 존귀하
신 승가님께 귀의하옵니다. 불보에 귀의하였사오며, 법보에 귀의하였사오며, 승보에 귀의하였사옵
니다.

지장왕보살 멸정업진언(地藏王菩薩滅定業眞言)　　<唵 鉢羅 末顆陀顆 娑婆訶>
　　　　　　　　　　　　　　　　　　　　　　　　옴 바라 마니다니 사바하

관세음보살 멸정업장진언(觀世音菩薩滅業障眞言) <唵 阿贈勒繼 娑婆訶>
　　　　　　　　　　　　　　　　　　　　　　　옴 아로륵계 사바하

개인후진언(開咽喉眞言)　　　　<唵 步步帝哩 伽哩哆哩 怛佗 誐多野>
　　　　　　　　　　　　　　　옴 보보제리 가리다리 다타 아다야

삼매야계진언(三昧耶戒眞言)　　<唵 三昧耶 薩怛 梵>
　　　　　　　　　　　　　　　옴 삼매야 살다 밤

변식진언(變食眞言)　　　　　　<南無 薩嚩怛佗 誐哆 縛路枳帝 唵 三跋囉 吽>
　　　　　　　　　　　　　　　나무 살바다타 아다 바로기제 옴 삼마라 훔

감로수진언(甘露水眞言) <南無 素嚕皤耶 怛陀誐哆耶 怛你陀 唵 素嚕素嚕 鉢羅素嚕 鉢羅素嚕 莎訶>
　　　　　　　　　　　나무 소로반야 다타아다야 다냐타 옴 소로소로 바라소로 바라소로 사바하

일자수륜관진언(一字水輪觀眞言)　　<唵 鑁鑁鑁 鑁>
　　　　　　　　　　　　　　　　　옴 밤밤밤 밤

유해진언(乳海眞言)　　　　　　<南無 三滿哆 沒馱喃 唵 鑁>
　　　　　　　　　　　　　　　나무 사만다 못다남 옴 밤

南無多寶如來 願諸孤魂 破除慳貪 法財具足

다보여래[240]께 귀의하옵니다. 원컨대 여러 고혼들이 간탐심을 없애고 법재[241]를 구족하게 하소서.

南無寶勝如來 願諸孤魂 各捨惡道 隨意超昇

보승여래께 귀의하옵니다. 원컨대 여러 고혼들이 각기 악도를 버리고 뜻에 따라 훌쩍 법계로 뛰어 넘게 하소서.

南無妙色身如來 願諸孤魂 離醜陋形 相好圓滿

묘색신여래[242]께 귀의하옵니다. 원컨대 여러 고혼들이 추하고 천한 모습을 벗고 상호가 원만하도 록 하소서.

南無廣博身如來 願諸孤魂 捨六凡身 悟虛空身

광박신여래[243]께 귀의하옵니다. 원컨대 여러 고혼들이 육도 중생의 몸을 버리고 허공신임을 깨닫 게 하소서.

南無離怖畏如來 願諸孤魂 離諸怖畏 得涅槃樂

이포외여래[244]께 귀의하옵니다. 원컨대 여러 고혼들이 온갖 두려움에서 벗어나 열반락을 얻게 하 소서.

南無甘露王如來 願諸孤魂 咽喉開通 獲甘露味

감로왕여래[245]께 귀의하옵니다. 원컨대 여러 고혼들이 목구멍이 열려 감로맛을 얻게 하소서.

南無阿彌陀如來 願諸孤魂 隨念超生 極樂世界

아미타여래께 귀의하옵니다. 원컨대 여러 고혼들이 생각따라 뛰어넘어 극락세계에 살게 하소서.

神呪加持淨飲食　　　　신령스런 주문으로 깨끗한 음식을 가지고
普施河沙衆鬼神　　　　두루 항하사만큼 많은 귀신들에게 베푸오니

---

240) 다보여래(多寶如來): 시아귀법(施餓鬼法)의 오여래 가운데 한 분으로 보생불(寶生佛)·보승여래(寶勝如來) 와 동체(同體). 이 분은 남방보부(南方寶部)로 간탐업을 없애고 복덕(福德)을 원만하게 한다.

241) 법재(法財): 법이 중생을 이롭게 하고 윤택하게 함을 세간의 재물에 비유한 것이다.

242) 묘색신여래(妙色身如來): 시아귀법의 오여래 가운데 한 분으로 아축불(阿閦佛)과 동체(同體). 동방 금강부 (金剛部) 대만다라신(大曼茶羅身)으로 아귀의 추루한 모습을 없애고 제근(諸根)을 구족하게 하여 상호를 원만하게 함을 본서로 한다.

243) 광박신여래(廣博身如來): 시아귀법의 오여래 가운데 한 분으로 대일여래(大日如來)와 동체(同體). 넓고 넓 은 몸이기 때문에 아귀의 인후(咽喉)를 광대하게 하여 음식의 수용을 용이하게 함을 본서로 한다.

244) 이포여래(離怖畏如來): 시아귀법의 오여래 가운데 한 분으로 석가모니불과 동체(同體). 북방갈마부과후방 편(北方羯磨部果後方便)의 존(尊)으로 공포를 없애 아귀취(餓鬼趣)를 떠나게 함을 본서로 한다. 따라서 그 인상도 또한 시무외(施無畏)를 나타낸다.

245) 감로왕여래(甘露王如來): 시아귀법의 오여래 가운데 한 분으로 아미타불과 동체(同體). 서방연화부(西方 蓮花部)로 아귀의 신심(身心)에 감로의 법을 주어 쾌락을 얻게 한다.

願皆飽滿捨慳貪	원컨대 모두 가득 배불러 간탐을 버리고
速脫幽冥生淨土	속히 유명을 벗어나 정토에 태어나게 하소서.

歸依三寶發菩提	삼보님께 귀의하고 보리심을 발하여
究竟得成無上道	끝까지 위없는 도를 이루소서.
功德無邊盡未來	공덕이 끊임없어 미래가 다하도록
一切衆生同法食	모든 중생들이 법식을 함께 하소서.

汝等鬼神衆	너희 귀신들에게
我今施汝供	내가 지금 공양을 베푸니
此食遍十方	이 음식이 시방에 두루하여
一切鬼神供	모든 귀신들이 공양받게 하소서.

願以此功德	원컨대 이 공덕으로
普及於一切	일체 중생에 두루 미치어
我等與衆生	우리와 중생들도
皆共成佛道	모두 함께 불도 이루기를.

시무차법식진언(施無遮法食眞言)[246]

<唵 穆力陵 莎訶>
옴 목역능 사바하

보공양진언(普供養眞言)

<唵 誐誐那 三婆嚩 嚩羅 斛>
옴 아아나 삼바바 바아라 훔

(各各靈駕列名) 受法食已 飢渴旣除 今當再爲 汝等懺悔 無始以來 至於今日 身口意作 諸不善業 各各 至誠隨我音聲 發露懺悔

(각각 영가의 이름을 열거한다.)[247] 법식을 받아 기갈이 이미 제거되었으리라. 지금 마땅히 다시 너희들을 위하여 참회하노라. 옛날부터 오늘에 이르기까지 신구의로 지은 여러 악업을, 각각 내 음성을 따라 지극한 마음으로 참회를 드러내어라.

---

246) 시무차법식진언(施無遮法食眞言): 유주·무주의 일체고혼에게 차별없이 법식을 베푸는 진언.
247) 원문에는 대문으로 되어있으나 세주로 봄이 옳을 듯하여 괄호로 처리하였다.

我昔所造諸惡業　　　내가 옛날에 지은 모든 악업들은

皆由無始貪嗔癡　　　모두 끊임없는 탐진치에서 비롯한 것이며

從身口意之所生　　　신구의 삼업에서 생겨난 것이니

一切我今皆懺悔　　　나는 지금 이 모든 것 참회하옵니다.

(各各靈駕列名　諸佛子) 懺悔罪業 已今當至誠 發四弘誓願 然後諦聽妙法

(각각 영가와 여러 불자들의 이름을 열거한다.)248) 죄업을 참회하였으니 이제 마땅히 지성으로 사홍서원(四弘誓願)249)을 발하고 그런 뒤에 묘법을 살펴들으시라.

衆生無邊誓願度　　　중생들 끝없이 제도하기 서원하오며

煩惱無盡誓願斷　　　번뇌 끝없지만 끊기를 서원하오며

法門無量誓願學　　　법문 한없지만 배우기를 서원하오며

佛道無上誓願成　　　불도 위없지만 이루기를 서원하나이다.

自性衆生誓願度　　　자성의 중생 제도하기 서원하오며

自性煩惱誓願斷　　　자성의 번뇌 끊기 서원하오며

自性法門誓願學　　　자성의 법문 배우기 서원하오며

自性佛道誓願成　　　자성의 불도 이루기 서원하나이다.

(各各靈駕列名) 發四弘誓願 已各宜洗心 諦聽妙法 我佛如來 怜憐汝等自 無始以來 至於今日 迷眞逐妄隨業漂流 出沒四生 往來六道 受無量苦 特爲汝等 開大解脫門 演說十二因緣法 各令於言下頓 明自性 永絶輪廻 十二因緣法者 亦因亦因因 亦果亦果果 迷之則生死業海 悟之則寂滅性空 無明緣行 行緣識 識緣名色 名色緣六入 六入緣觸 觸緣受 受緣愛 愛緣取 取緣有 有緣生 生緣老死 憂悲苦惱

(각각 영가의 이름을 열거한다.)250) 사홍서원을 드러내었으니 각기 마땅히 마음을 씻고 묘법을 살

---

248) 원문에는 대문으로 되어있으나 세주로 봄이 옳을 듯하여 괄호로 처리하였다.

249) 사홍서원(四弘誓願): 보살이 일으키는 4가지 서원. 모든 살아있는 것을 구하고자 하는 서원. 즉, ①중생무변서원도(衆生無邊誓願度);일체의 살아있는 모든 것을 깨달음의 피안으로 건너가게 하고자 하는 맹세. ②번뇌무량서원단(煩惱無量誓願斷);일체의 번뇌를 끊고자하는 맹세. ③법문무진서원학(法門無盡誓願學);부처님의 가르침 전부를 배워 알고자하는 맹세. ④불도무상서원성(佛道無上誓願成);위없는 깨달음에 이르고자 맹세하는 4가지의 큰 결심. 보살의 맹세를 4가지로 정리한 가장 대표적인 것으로, 총원(總願)이라고 말한다.

250) 원문에는 대문으로 되어있으나 세주로 봄이 옳을 듯하여 괄호로 처리하였다.

펴들어라. 우리 부처 여래는 너희들이 옛날부터 지금까지 진리를 모르고 망상을 좇아서 업따라 떠돌아다니며 사생을 드나들고 육도를 왕래하며 헤아릴 수 없는 고통 받는 것을 불쌍하게 여기시어, 너희들을 위해 특별히 큰 해탈문을 열고 12인연법251)을 연설하시어, 각기 말이 끝나자마자 단박에 자성을 밝게 깨달아 영원히 윤회를 끊게 하시노라. 12인연법이란 인연이 또한 인연으로 말미암으며, 과보는 또한 과보의 과보이니, 그것에 미혹되면 생사 업장이 바다에 들어가는 것이고, 깨달으면 적멸의 성품이 공하게 되는 것이라. 무명에 행이 따르고, 행에 식이 따르고, 식에 명색이 따르고, 명색에 육입252)이 따르고, 육입에 촉이 따르고, 촉에 수가 따르고, 수에 애가 따르고, 애에 취가 따르고, 취에 유가 따르고, 취에 태어남이 따르고, 태어남에 늙어 죽음, 근심, 슬픔, 고통, 번뇌가 따른다.

無明滅則行滅 行滅則識滅 識滅則名色滅 名色滅則六入滅 六入滅則觸滅 觸滅則受滅 受滅則愛滅 愛滅則取滅 取滅則有滅 有滅則生滅 生滅則老死 憂悲苦惱滅

무명이 멸하면 행이 멸하고, 행이 멸하면 식이 멸하고, 식이 멸하면 색이 멸하고, 색이 멸하면 육입이 멸하고, 육입이 멸하면 촉이 멸하고, 촉이 멸하면 수가 멸하고, 수가 멸하면 애가 멸하고, 애가 멸하면 취가 멸하고, 취가 멸하면 유가 멸하고, 유가 멸하면 생이 멸하고, 생이 멸하면 늙어 죽는 것, 근심 고통스런 번뇌가 멸할 것이다.

一切有爲法   모든 유위법253)은

---

251) 12인연법: 12연기법이라고도 하며, 미혹한 세계의 인과관계를 설명한 것이다. 즉, 무명(無明)·행(行)·식(識)·명색(名色)·육입(六入)·촉(觸)·수(受)·애(愛)·취(取)·유(有)·생(生)·노사(老死)이다. ①'무명'은 미혹의 근본으로서의 무지로, 사제(四諦)와 연기 등의 올바른 세계관·인생관을 모르는 것을 말한다. ②'행'은 무지로부터 일어나는 것이기 때문에 필연적으로 윤회(輪廻)의 원인으로서의 업(業)을 가리킨다. ③'식'은 감각작용으로서의 안식(眼識)·이식(耳識)·비식(鼻識)·설식(舌識)·신식(身識)의 5식과 의식(意識)을 가리키는데, 의식은 6식을 주체적으로 보는 것으로, 식체(識體)라고도 한다. ④'명색'과 ⑤'육입'은 앞의 '식'과 밀접한 상호의존 관계에 있다. '식'은 식체 즉, 인식판단의 주체이며, '명색'은 이 '식'의 대상으로서 인식된 물질[色]과 정신[名]이다. 명색은 6식의 대상으로서의 색(色)·성(聲)·향(香)·미(味)·촉(觸)·법(法)의 6경(六境)이다. ⑥'촉'은 근·경·식의 셋이 접촉하는 것이다. 즉 3자의 화합이 '촉'이다. ⑦'수'는 근·경·식의 3자가 화합하여 생긴 고락(苦樂) 등의 감수작용(感受作用)이다. ⑧'애'는 맹목적인 사랑을 말한다. ⑨'취'는 싫어하는 것을 버리고, 좋아하는 것을 취하는 취사선택의 행동이다. ⑩'유'는 취착적 행위가 계속되고 선악업이 축적되어 잠재력으로 자리잡은 것을 말한다. ⑪'생'은 내세의 생이라 할 수도 있으며, 시시각각으로 변화하여 새롭게 나타나는 모습을 생이라 할 수도 있다. ⑫'노사'란 모든 인간고의 총칭이다.
252) 육입(六入): 정신활동이 그것을 통해 일어나는 여섯 가지 영역. 안의 육입은 육근(六根), 밖의 육입은 육경(六境)을 의미한다.
253) 유위법(有爲法): 형성된 것의 존재 형태. 여러 종류의 조건이 모여서 형성된 것이라는 뜻. 이것은 윤회하

如夢幻泡影	꿈과 헛것, 물거품이나 그림자 같고
如露亦如電	이슬 같고 또한 번개 같으니
應作如是觀	마땅히 이와 같이 볼지어다.254)

若以色見我	만약 색으로 나를 보거나
以音聲求我	음성으로 나를 구하면
是人行邪道	이런 사람은 사도255)로 가서
不能見如來	여래를 볼 수가 없다네.

一念普觀無量劫	일념으로 무량겁을 두루 살피니
無去無來亦無住	감도 없고 옴도 없으며 또한 머무름도 없네.
如是了知三世事	이와 같이 삼세의 일을 이해하면
超諸方便成十力	여러 방편을 벗어나 공을 충분히 이루리라.

반야심경(般若心經)을 외우고 다음 왕생정토진언(往生淨土眞言)을 한다.

<那謨 阿彌哆婆夜 多佗 伽哆夜 哆地夜佗 阿彌唎 嘟婆毘 阿彌唎哆 悉耽婆毘 阿彌唎哆 尾迦蘭帝 阿彌唎哆 毘迦蘭哆 伽彌膩 伽伽耶 枳多迦隸 婆婆訶>

나무 아미타바야 다타 가타야 다리야타 아미리 도바비 아미리다 싯담바비 아미리다 비가란제 아미리다 비가란제 가미니 가가나 깃다가례 사바하

◎명일별대령시식규(明日別對靈施食規)

어떤 본에는 "한편에서는 권공을 평소대로 하고, 한편에서는 종두가 정문 밖에 대령단(對靈壇)을 배치하면, 미리 차일을 펼쳐 단을 만든 뒤에 탁상보로 덮는다. 단 위에 인로왕번(引路王幡)을 세우고 좌측에는 종실번(宗室幡)과 후비번(后妃幡) 2개의 번을 세우며, 우측에는 장상번(將相幡)과 고혼번(孤魂幡) 2개의 번을 세운다. 화병(花甁)과 등촉(燈燭), 향로(香爐)와 쇄수기(灑水器)를 단에 올린다. 단 우측에 5, 6보 떨어진 곳에 별도로 욕실

는 우리들의 생존을 구성하고 만들어진 것. 인연에 의해 생멸하는 현상계의 일체의 사물. 다양한 원인과 조건에 따라 생성된 존재. 인과 관계 위에 있는 존재. 유위법이란 생(生)·주(住)·이(異)·멸(滅)을 말한다. 유위의 법은 인연에 의해 생겨나고, 일시적인 형상을 가지고 살며, 그 사이에도 끊임없이 변화하면서 드디어는 없어져 버리는 것을 말한다.

254) 응작여시관(應作如是觀):『금강경』 32분 끝부분에 나온다.
255) 사도(邪道): 샛길. 팔정도(八正道)를 실행하지 않는 것.

3칸을 만드는데, 그 높이는 6척을 넘지 않는다. 넓이는 4척, 길이는 척수를 논하지 않는다. 북쪽 벽은 완전히 가리고, 종실 욕소는 가운데 한 칸을 둘로 나눈다. 장상(將相)의 욕소는 동쪽 한 칸을 한 구역으로 하고, 고혼 (孤魂)의 욕소는 서쪽 한 칸인데 두 구역으로 만든다."라 하였다.

욕실이 없을 때에는 병풍 한 틀로 종실 자리 한 곳 두 구역을 만들고, 또 두 틀로 별도로 장상과 고혼 등의 자리 세 구역을 만든다. 또 작은 베 휘장을 각기 전면에 드리우고, 휘장이 없으면 종이 휘장으로 하는 것도 좋다. 각 욕소 문 밖에 각기 그 이름을 표하여 제왕, 후비, 장상, 남녀 혼백이 각기 제 처소를 알게 한다. 매양 한 곳에 깨끗한 수건 한 장과 이쑤시개 1개, 목욕물 1그릇, 양칫물 1그릇을 단에 올려둔다. 또 남녀 혼백의 지의 (紙衣) 피봉 밖에 각기 명목을 써서 상자에 담아서 각기 그 상에 봉안함이 옳다. 상단권공을 이미 마치고 종두 가 대종(大鐘)을 3추(槌) 치면, 주지는 대중들과 더불어 각기 체전(體錢)을 가지고 문 밖 대령소(對靈所)로 내려 간다. 전종(轉鐘)을 7추(槌) 하고, 명라(鳴螺)를 3지(旨) 하고, 명발(鳴鈸)을 1종(宗) 한 뒤, 거불(擧佛)을 운한다.

南無大聖引路王菩薩　　　　대성인로왕보살께 귀의하옵니다.

선소(宣疏)를 마치고 법주는 평소와 같이 의식에 들어간다. 착어(着語)와 진령게(振鈴偈) 다음 천수게(千手偈)를 한다. 다음 천수를 한 번 하여 마치고, 약인욕료지(若人欲了知)를 한 다음 파지옥진언(破地獄眞言)을 하고, 다음 대중들은 창혼(唱魂)을 운한다. 다음 소청진언(召請眞言)을 하고, 해원결진언(解冤結眞言)을 한다. 다음 『대방광 불화엄경(大方廣佛華嚴經)』을 하고, 끝에 증명청(證明請)과 가영(歌詠)을 평소대로 하고, 헌좌와 다게(茶偈)를 운 한다. 다음 국혼청(國魂請)을 하고, 다음 가영과 봉다(奉茶)를 운한다. 고혼청(孤魂請) 끝에 가영과 봉다(奉茶)를 운하고, 법주는 결수(結手)를 하여 하례한 다음 인예향욕편(引詣香浴篇)[256]을 운한다.

上來已憑佛力法力 三寶威神之力 召請人道 一切人倫 泊無主孤魂 及有情等衆 已屆道場 大衆聲鈸 請 迎赴浴

위에서 이미 불력·법력·삼보 위신력에 의지하여, 인도[257]의 일체 인륜과 무주고혼 및 유정한 것들 을 소청하여 이미 도량에 왔으니, 대중들은 발을 울려[258] 청하고 맞이하여 욕실로 나아가게 하십시오.

잠시 요잡(繞帀)하다가 곧 멈추고, 심경을 한 번 한다. 다음 법주는 가지조욕편(加持澡浴篇)을 창한다.

詳夫 淨三業者 無越乎澄心 潔萬物者 莫過於淸水 是以 謹嚴浴室 特備香湯 希一濯於塵勞 獲萬劫之 淸淨

살펴보건대, 삼업을 깨끗이 하는 데에는 마음을 맑히는 것보다 나은 것이 없고, 만물을 청결하게 하는 것은 청수보다 더할 것이 없나니, 이때문에 욕실은 근엄하게 하여 특별히 향탕을 준비하였으 니, 향수로 수고로움을 한 번에 씻어서 만겁의 청정을 얻기 바랍니다.

---

256) 인예향욕편(引詣香浴篇): 영가 제위를 욕실로 안내할 것을 대중에게 부탁하는 것.
257) 인도(人道): 육도(六道)의 하나. 인계(人界)·인취(人趣)·인간계(人間界)·인간의 세계를 말한다.
258) 성발(聲鈸): '발'을 울리다. '발'은 요발(鐃鈸). '바라'보다 작은 악기.

下有沐浴之偈 大衆隨言後和	아래에 목욕게가 있으니 대중들은 말에 따라 화창한다.

我今以此香湯水	나는 지금 이 향기로운 목욕물로
灌沐孤魂及有情	고혼과 유정한 것들을 목욕시키옵니다.
身心洗滌令淸淨	몸과 마음을 씻고 청정하게 하여
證入眞空常樂鄕	진공의 상략향으로 들어갈 수 있음을 증거하나이다.

목욕진언(沐浴眞言)[259]	<唵 鉢頭暮 瑟尼灑 旆暮伽 惹嘛 吽>
	옴 바다모 사니사 아모가 아레 훔
작양지진언(嚼楊枝眞言)[260]	<唵 拔玆囉賀 莎訶>
	옴 바아라하 사바하
수구진언(漱口眞言)[261]	<唵 覩覩哩 矩嚕矩嚕 莎訶>
	옴 도도리 구로구로 사바하
세수면진언(洗手面眞言)[262]	<唵 縒曼多 播囕述悌 吽>
	옴 사만다 바리슷제 훔

가지화의편(加持化衣篇)

諸佛子 沐浴旣周 身心俱淨 今以如來 無上秘密之言 加持冥衣 願此一衣 爲多衣 以多衣爲無盡之衣 令稱身形 不長不短 不窄不寬 勝前所服之衣 變成解脫之服 故吾佛如來 有化衣財陀羅尼 謹當宣念

여러 불자들은 목욕하여 이미 몸과 마음이 함께 깨끗해졌나이다. 이제 여래의 위없는 비밀의 말로 명부의 옷을 가지하니, 원컨대 이 옷 한 벌이 여러 벌이 되게 하고, 여러 벌이 다함없는 옷이 되게 하여, 몸에 맞추어 길지도 않고 짧지도 않고 좁지도 않고 넓지도 않고, 앞에 것보다 나은 옷이 되어 해탈의 옷으로 변하게 하소서. 그러므로 우리 부처 여래에게는 화의재다라니(化衣財陀羅尼)가 있으니 삼가 부지런히 외웁니다.[263]

---

259) 목욕진언(沐浴眞言): 원문에는 제목이 없으나 역자가 제목을 찾아 붙였다.
260) 작양지진언(嚼楊枝眞言): 구업(口業)을 청정히 하는 진언.
261) 수구진언(漱口眞言): 구업(口業)을 청정히 하는 진언.
262) 세수면진언(洗手面眞言): 의업(意業)을 청정히 하는 진언.
263) 선념(宣念): 선력염지(宣力念之)의 준말. 즉, 있는 힘을 다해 잘 생각하라는 뜻이다.

화의재진언(化衣財眞言)[264] <曩謨 三滿多 沒馱喃 唵 般遮那 毘盧枳帝 莎訶>

　　　　　　　　　　　　　나무 사만다 못다남 옴 바자나 비로기제 사바하

諸佛子 持呪旣周 化衣已遍 　　여러 불자들이 신주를 가지하여 한 바퀴 돌아오면 화의가 끝난다.

無衣者 與衣覆體 有衣者 棄古換新 將詣淨壇 先整服飾

옷이 없는 자에게는 옷을 주어 몸을 덮게 하고, 옷이 있는 자는 옛것을 버리고 새것으로 갈아입혀,

장차 정단에 나갈 것이니 먼저 복식을 정돈하십시오.

수의진언(授衣眞言)[265] 　　<唵 鉢里摩囉嚩 嚩哩尼 吽>

　　　　　　　　　　　　옴 바리마라바 바아리니 훔

착의진언(着衣眞言)[266] 　　<唵 嚩囉 嚩沙細 莎訶>

　　　　　　　　　　　　옴 바아레 바사세 사바하

정의진언(整衣眞言)[267] 　　<唵 三曼多 婆馱囉拏 鉢頭米 吽 登>

　　　　　　　　　　　　옴 사만다 바다라나 바다메 훔 박

諸佛子 旣周服飾 可詣壇場 禮三寶之慈尊 聽一乘之妙法 請離香浴 當赴淨壇 合掌專心 徐步前進

여러 불자들은 복식을 두루한 다음, 단에 나아가 삼보의 자애로운 존자께 예를 하여 일승의 묘법을

듣고, 향기로운 목욕소에서 떠나 마땅히 깨끗한 정단으로 갈 것이니, 합장하고 마음을 오롯이 하여

천천히 걸어 앞으로 나가십시오.

지단진언(指壇眞言) 　　　<唵 曳㖶呬 吠路左那野 莎訶>

　　　　　　　　　　　옴 예이혜 베로자나야 사바하

행보게(行步偈)를 하고, 다음 인도는 인로왕보살을 창하고 요잡(繞匝)한다. 이때 각 번(幡)이 차례차례 위와 같이

모시고 가면서, 마당 가운데 이르면 정중게(庭中偈)를 하고, 다음 개문게(開門偈)를 한다.

普禮十方常住 法身報身化身諸佛陀

시방에 항상 머무르는 법신, 보신, 화신, 모든 불타께 예경하나이다.

---

264) 화의재진언(化衣財眞言): 삼보의 가지력으로 명의(冥衣)를 해탈복으로 변하게 하는 진언.
265) 수의진언(授衣眞言): 명부의 옷을 영가에게 전달하는 진언.
266) 착의진언(着衣眞言): 해탈복을 영가로 하여금 착용하게 하는 진언.
267) 정의진언(整衣眞言): 옷 매무새를 정돈하게 하는 진언.

普禮十方常住　經藏律藏論藏諸達摩

시방에 항상 머무르는 경장, 율장, 논장, 모든 달마께 예경하나이다.

普禮十方常住　菩薩緣覺聲聞諸僧伽

시방에 항상 머무르는 보살승, 연각승, 성문승, 모든 승가께 예경하나이다.

諸佛子　旣禮三寶　還得衣珠　放下身心　依位而住

여러 불자들은 이미 삼보께 예하고 옷과 구슬을 도로 얻었으니, 몸과 마음을 내려놓고 자리에 의지하여 머무십시오.

각 번이 자리에 돌아올 때 인도는 법성게(法性偈)를 창한다. 각 번을 모시고 시식단에 이르러 그곳에 건 뒤에 괘전게(掛錢偈)를 한다. 다음 법주는 수위안위편(受位安位篇)을 한다.

諸佛子　上來承佛攝受　仗法加持　旣無囚繫　以臨筵　願獲逍遙而就座

여러 불자들은 위에서 부처께서 임시로 주신 법도에 의지하는 가지를 받아 이미 매이거나 갇힘이 없으니, 자리에 임하여 원컨대 소요하시며 자리로 나가십시오.

下有安座之偈　大衆　隨言後和　　아래에 안좌게가 있으니 대중들은 말에 따라 화창한다.

我今依敎設華筵　　　　　나는 지금 가르침에 의지하여 화연을 베풀어

花果珍羞列座前　　　　　꽃과 과일과 진귀한 음식을 좌전에 차리옵니다.

大小宜依次第坐　　　　　크거나 작거나 여러 사람들은 차례로 앉으시어

專心諦聽演金言　　　　　마음을 오롯이 하여 금언 펼치는 것을 살펴들으십시오.

　　　　　<唵 摩尼 軍茶利 吽 吽 莎訶>
　　　　　옴 마니 군다리 훔 훔 사바하

다음 삼단(三壇)에 전물(奠物)을 진설할 때 각색 풍류를 일시에 함께 울리고, 소리 없이 걸어 단 가운데 이르러서 진수를 나열하고, 뒤에 다게(茶偈)를 운한다.

百草林中一味新　　　　　온갖 풀 중에 최고의 맛으로 신선하거니와

趙州常勸幾千人　　　　　조주스님께서도 항상 많은 사람에게 권하셨다네.

烹將石鼎江心水　　　　　이 돌 솥에 강심수를 달였사오니

願使仙靈歇苦輪　　　　　선령으로 하여금 고통스런 윤회에서 쉬게 하소서.

전물(奠物)을 각 단에 배치한 뒤, 법주는 향을 받들고 인로(引路) 앞에 3배(拜) 한다. 주지는 향을 받들고 종실(宗室) 앞에 2배 한다. 대중들도 차례차례 향을 받들고 고혼단에 각 3배 한다. 뒤에 법주는 요령을 3번 흔들고, 다음 선양성호편(宣揚聖號篇)으로부터 봉송육도편(奉送六道篇)까지 한다. 다음 봉송진언(奉送眞言)을 하고 마친다.

◎상당축원(上堂祝願)

會主: 宗說兼統 道統禪林 德高諸山 達古知令 開人眼目 一國名現 說主大師某人比丘

회주: 종지와 설법에 통달하고, 도는 선림을 통솔하며, 덕은 여러 산문에서 높고, 고금을 통달하며, 사람들의 안목을 열어, 온 나라에 이름이 나신, 설주대사 아무개 비구시여!

證明: 山河大地 一口能吞 眼掛長空 七寶花閣 閑坐無心 出格道人 證明大師 某人比丘

증명: 산하대지를 한 입으로 삼키고 눈은 먼 허공에 걸려, 칠보화각에 한가로이 무심하게 앉아 도인의 격조를 벗어난, 증명대사 아무개 비구시여!

秉法: 遺敎奉行 法師嚴明 龍宮萬藏 無不能通 利濟群迷 名顯叢林 秉法大師 某人比丘

병법: 남긴 가르침을 받들어 행하여 법사를 엄중하게 밝히며, 용궁의 팔만대장경에 통하지 않는 것 없으며, 미혹한 중생들을 잘 제도하여 총림에 이름이 드러난, 병법대사 아무개 비구시여!

禪德: 靑山芳草 去來無休 白雲明月 自在來往 拾得家風 龍像大德 禪伯禪和 某人比丘

선덕: 청산에 향기로운 풀 쉼 없이 가고오고, 백운과 명월은 자유롭게 왕래하며, 가풍을 습득하신 용상의 대덕, 선백 선화상 아무개 비구시여!

魚山: 靈山妙音 上徹有頂 下振無間 山崩海竭 令人喜動 一國名現 大德魚山 某人比丘

어산: 영산의 묘음 위로는 정수리까지 이르고 아래로는 무간지옥[268]까지 흔들어, 산이 무너지고 바닷물이 마르도록 사람으로 하여금 기쁘게 하여 한 나라에 이름이 드러나신, 대덕어산 아무개 비구시여!

---

268) 무간지옥(無間地獄): 팔대지옥(八大地獄) 가운데 하나. 열기로 고통을 받는 8종의 지옥. ①등활(等活) ②흑승(黑繩). ③중합(衆合). ④규환(叫喚). 또는 호규(號叫). ⑤대규환(大叫喚). ⑥초열(焦熱). 또는 염열(炎熱). ⑦대초열(大焦熱) 또는 혹열(酷熱). ⑧무간(無間) 또는 아비(阿鼻). 팔대니리(八大泥犁), 팔열지옥(八熱地獄).

梵音: 梵音梵唄 讚佛功德 誦法加持 金玉其音 一國諸山 名現將來 中番末番 某人比丘
범음: 범음, 범패로 부처의 공덕을 찬양하며, 법을 외워 가지하며 금옥 같은 그 소리 한 나라 여러 산에 장차 드러내실 중번, 말번 아무개 비구시여!

維那: 水月道場 空花佛事 龍象付榜 善知出入 奉行三寶 摠持萬事 大德維那 某人比丘
유나: 수월도량269)의 불사를 아름답게 하고 용상에 방을 붙이고, 선지식을 출입하게 하며 삼보를 봉행하며 모든 일을 총지270)하는, 대덕 유나 아무개 비구시여!

察衆: 無遮大會 聖凡無遺 分揀善惡 總察人事 清淨法席 永絶私心 察衆大德 某人比丘
찰중: 무차대회에 성범을 남김 없이 선악을 분간하고, 사람의 일을 모두 살펴 법석을 청정하게 하여 사사로운 마음을 영원히 끊어버린, 찰중 대덕 아무개 비구시여!

記事: 上遵佛法 下合人心 於諸凡事 出入分明 書寫草榜 一無遺失 詳明記事 某人比丘
기사: 위로는 불법을 따르고 아래로는 인심에 합하며 범사에 출입을 분명하게 하며, 글쓰고 방을 초할 적에 하나도 실수없이 자세히 밝히는, 기사 아무개 비구시여!

鐘頭: 內以堂司 外於諸處 設壇鋪陳 往來無勞 一邊作法 一邊看客 總察鐘頭 某人比丘
종두: 안으로는 당사에, 밖으로는 여러 곳에, 단을 설치하고 깔개를 깔고 수고로움 없이 왕래하며, 한편에서는 작법하고 한편에서는 대중들을 살피는, 총찰 종두 아무개 비구시여!

沙彌: 作法之處 事事出入 各色威儀 疏文祝願 一一能當 一一奉持 沙彌少年 某人比丘
사미: 작법하는 곳마다 일일이 출입하며 각색 위의와 축원소문을 하나하나 능히 맡으며, 하나하나 받들어 지니는, 사미 소년 아무개 비구시여!

堂佐: 叢林請衆 諸山不請 各房諸處 往來三請 迎入法席 去就安詳 普請堂佐 某人比丘
당좌: 총림에 대중들을 청하고, 여러 산문 중 각 방에 청하지 못한 이들에게 왕래하며 세 번 청하고 법석에 맞아들여 거취가 자상한, 보청 당좌 아무개 비구시여!

---

269) 수월도량(水月道場): 하나의 달이 모든 물에 평등하게 비추이듯 모든 존재는 각기 절대평등하고, 때문에 이 현실계야말로 불도(佛道)의 진실한 도량임을 말하는 것.
270) 총지(摠持): 한량없이 많은 것을 지니고 기억하여 잊지 않는다는 뜻. 보살이 갖추고 있는 열 가지 힘 중의 하나. 총지력(摠持力).

道者: 佛前音樂 振動諸天 水陸衆心 歡喜踊躍 鈸螺法鼓 小鐘大鐘 善手道者 某人比丘
도자: 불전 음악은 하늘을 진동시켜 수륙의 중생들 마음이 기뻐 용약하게 하며, 바라[鈸螺], 법고
　　　(法鼓), 소종(小鐘), 대종(大鐘)을 잘 치는, 도자(道者) 아무개 비구시여!

○육색장축원(六色掌祝願)

飯頭: 金牛仰山 玉粒珠粟 百件洗淨 虔誠流出 三德六味 奉獻如來 香積飯 某人比丘
반두: 금소가 산을 우러러보듯 옥같이 구슬같이 귀한 곡식을 수백 번 깨끗이 씻고 정성을 내어 삼
　　　덕271)을 갖춘 육미272)를 만들어 여래께 봉헌하는, 향적반두273)인 아무개 비구시여!

造菓: 南海聳出 七珍寶寶 珊瑚骨等 淨菓大卓 淸淨齋主 某人比丘
조과: 남해에서 솟아 나온 일곱 가지 진귀한 보물, 산호골과 같은 깨끗한 과자를 큰 상에 차린, 청
　　　정한 재주 아무개 비구시여!

造餠: 如雲若雪 妙潔眞味 細白軟餠 如銀如月 玉粒蒸水 雲門餬餠 德山點心 圓融造餠 某人比丘
조병: 구름 같고 눈 같은 묘한 참 맛에 가늘고 희며 부드러운 떡이 은 같고 달 같은데 옥 같은
　　　낱알 물에 쪄내 운문의 호병과 덕산의 점심을 원만하게274) 만들어낸 아무개 비구시여!

茶角: 龍宮萬藏 雪山香乳 百草林中 一味淸新 玉甌銀鼎 大家煎點 趙州常勸 幾千萬人 醍醐甘露 攪
　　　成滋味 淸淨茶角 某人比丘
다각: 용궁에 가득 보관한 설산의 향기로운 우유와 같이 온갖 풀 중에 맑고 신선한 일미를 옥사발
　　　과 은솥에 크게 찻물 끓이고, 조주가 많은 사람에게 항상 권했던 제호와 감로를 맛있게 휘저
　　　어 정갈한 차를 달이는 아무개 비구시여!

---

271) 삼덕(三德): 완성된 음식물의 평가 기준이 되는 세 가지. 첫째 경연(輕軟)이니 담백하고 깔끔한 것. 둘째
　　　정결(淨潔)이니 모양으로도 아름다운 것. 셋째 여법작(如法作)이니 순서 및 조리 방법에 따라 만들어진 것.
272) 육미(六味): 맛의 근본인 감(甘;단 맛)·신(辛;매운 맛)·함(鹹;짠 맛)·고(苦;쓴 맛)·산(酸;신 맛)·담(淡;담백한
　　　맛) 여섯 가지 맛.
273) 향적반(香積飯): '향적반두'인데 '두(頭)'가 생략되어 있다. ①유마거사(維摩居士)가 향적불(香積佛)의 세계
　　　로부터 가져와 중승(衆僧)에게 공양했다고 하는 식사. ②청정한 공양. 부처님 및 일반 승려에게 제공하는
　　　공양을 높여 부르는 말.
274) 원융(圓融): 걸리고 편벽됨이 없이 가득하고 만족하며, 완전히 일체가 되어서 서로 융합하므로 방해됨이
　　　없는 것.

熟頭: 鎭州蘿蔔 靈照洗菜 生薑熟薑 山蔘瑞蔘 細切薄批 甘醬艮醬 淸油和合 醎淡一味 適口充腸 恭
　　敬熟頭 某人比丘
숙두: 진주의 무와 영조의 세채와 생강·숙강·산삼·서삼을 가늘게 썰고 얇게 저미고, 감장·간장과
　　참기름으로 버무려 소금으로 담백하게 맛을 내어, 입에 맞게 배를 채워주는 공경숙두인 아무
　　개 비구시여!

菜露: 明水大羹 不濕禪羹 靑梅白鹽 傅說調羹 衆味和合 朝暮勤苦 一味菜露 某人比丘
채로: 명수의 대갱, 젖지 않는 선갱, 청매와 백염으로 부열이 국을 조미하듯 온갖 맛을 조화하여
　　대중들의 입맛에 맞게 아침저녁으로 고생하며 맛있는 채로를 만드는 아무개 비구시여!

洗淨: 工器金器 銀器鍮器銅器 河濱陶出 瓦鉢沙鉢 大帖中鉢 帖匙從子 溫泉汲水 滿盛槽中 勤苦洗淨
　　某人比丘
세정: 공기·금기·은기·유기·동기와 하빈 물가에서 빚어낸 와발·사발·대접·중발·접시·종지를 온천
　　에서 물을 길어 물통에 가득 채워 부지런히 고생스럽게 설거지하시는 아무개 비구시여!

盤色: 八角磨盤 天妃玉盤 至於山間 枯木靑松 斫伐巧作 大小圓盤 次第按排 不憚勤苦 微塵拂拭 慈
　　悲盤色 某人比丘
반색: 팔각의 마반, 천비의 옥반, 산중의 고목과 청송을 베어내어 교묘히 만든 크고 작은 둥근 소반
　　을 차례로 안배하여 고생스럽게 작은 먼지 하나도 닦아내는 자비로운 반색이신 아무개 비구
　　시여!

匙色: 姸美童子 肩荷竹箭 處處屹立 目顧四方 左行出匙 右行收筋 勤苦橫行 少年行者單身
시색: 고운 동자 어깨에 죽통을 메고 곳곳에 우뚝 서서 눈으로 사방을 돌아보고, 좌로 가서는 숟가
　　락을 내어주고 우로 가서는 젓가락을 거두며, 부지런히 고생스럽게 왔다갔다하는 소년 행자
　　단신이여!

火臺: 星辰耿耿 宇宙沈沈 光明普照 洞徹十方 滅盡無明 心華發明 廓然道場 人天 歡喜 自在出入 光
　　明火臺 某人比丘
화대: 별은 반짝반짝하고 우주는 침침할 적에 밝은 빛으로 두루 비추며, 시방을 통철하게 무명을
　　사라지게 하며, 마음의 꽃을 밝게 드러내어 도량을 확연하게 하며 인천이 환희하도록 자재하
　　게 출입하며 화대를 밝히는 아무개 비구시여!

淨桶: 龍像大德 時二盥漱 慤慤汲水 冷暖得所 淨潔香湯 令人淸淨 妙觸宣明 無垢淨桶 慈悲首座 某
　　　人比丘
정통: 용상의 대덕들에게 때마다 두 번 세수하고 양치하도록 부지런히 물을 길어와 차고 따뜻함을
　　　알맞게 해드리고, 향탕수를 정결하게 하여 사람으로 하여금 청정하게 하며, 묘한 오감을 선
　　　명하게 하는 무구정통이신 자비수좌 아무개 비구시여!

地排: 淸淨道場 金沙寶地 蔓花方席 嚴陳地排 請坐衆人 慈悲善積 某人比丘
지배: 청정 도량 금모래 보배로운 땅에 꽃방석 자리를 엄정히 펼치고 많은 사람들을 청해 앉히며
　　　자비롭게 선근을 쌓는 아무개 비구시여!

持殿: 初更開寢 起寢五更 釋金焚修 晝夜分明 十二時中 耿耿燈燭 焚香禮拜 常住持殿 某人比丘
지전: 초경에 잠자리에 들어 오경에 일어나서 석금분수하고 주야가 분명하게 하루 종일 등촉을 밝
　　　게 하시고 분향예배하며 항상 전을 지키는 아무개 비구시여!

內排備: 牧丹芍藥 蓮池水貝 盤龍魚蟹 白鷺黃罵 靑黃赤白 介介交影 百般工巧 衆人戲笑 莊嚴佛前
　　　　一國名現 善手畵員 某人比丘
내배비: 모란·작약·연지275)·수패·반룡·어해·백로·황앵·청·황·적·백으로 서로 낱낱이 비추어 온갖
　　　　교묘한 재주로 사람들이 즐거워하며 불전을 장엄하게 하여 한 나라에 이름이 드러나신 솜
　　　　씨 좋은 화원 아무개 비구시여!

外排備: 上補如來 中補菩薩 下補十王 紅紅白白 靑靑紋彩 虛空寶盖 諸佛莊嚴 畵員 某人比丘
외배비: 위로는 여래를 도우며 가운데로는 보살을 도우며 아래로는 시왕을 도우며 붉은 것은 붉게
　　　　흰 것은 희게 푸른 것은 푸른 문채로 허공의 보개를 꾸며 제불을 장엄하게 하는 화원 아무
　　　　개 비구시여!

書寫: 佛敎能通 世世傳法 代代遺傳 龍蛇混動 善寫光彩 生筆現出 山人大德 書寫 某人比丘
서사: 불교에 능통하여 세세대대로 법을 전하여 남기고, 용과 뱀이 뒤섞여 움직이는 모습을 잘 그
　　　려내어 살아 있는 듯 붓으로 광채를 나타내는 산인대덕이신 서사 아무개 비구시여!

大都監: 大小賓客 欣迎接待 內外萬事 摠持檢察 都大都監 某人比丘

---

275) 연지(蓮池): 연꽃이 피어 있는 못. 즉, 9종류의 연꽃이 피어 있는 아미타불의 극락세계.

대도감[276]: 대소 빈객을 흔연히 맞아들여 접대하며 안팎 온갖 일을 도맡아 살피시는 대도감 아무
　　　 개 비구시여!

別座: 上供諸佛 中供天仙 下及群生 平等法會 善察諸事 各色指出 向佛傾心 種種次備 磨鍊分明 摠
　　　 持萬事 都大別座 慈悲道人 某人比丘

별좌[277]: 위로는 제불들을 공양하고 가운데로는 천선을 공양하고 아래로는 뭇 생령들에 미쳐 법회
　　　 를 평등하게 하며 여러 가지 일을 잘 살펴 각 담당자를 지적하여 부처를 향해 마음을 기
　　　 울이게 하고 각종 차비를 분명히 단련하여 만사를 도맡아하는 도대별좌 자비도인 아무개
　　　 비구시여!

各房老主: 無事閑僧 施主供養 四時飽食 晝夜長臥 扣腹是非 竟夜昏沈 晩起頑僧 各房 老主比丘

각방노주: 일없어 한가한 스님으로 시주의 공양 받고 사시로 포식하며 주야로 누워 배 두드리며
　　　 시비하고 밤새도록 잠자고 아침 늦게 일어나는 각 방에 완고한 중 노주 비구시여!

◎다비문(茶毘文)

○명정서규(銘旌書規)

大宗師: 傳佛心印 扶宗樹敎 一國諸山 名現大宗師 某堂大禪師之龕

대종사: 부처의 심인을 전하고 종지를 붙들고 가르침을 수립하여 온 나라 여러 산문에 이름이 드러
　　　 나신 대종사 모당 대선사의 영감.

시호가 있으면 그것을 쓴다.

念佛人: 念佛三昧 心口相應 名現大德 某堂大師之柩

염불인: 염불 삼매에서 마음과 입이 상응하여 이름이 드러난 대덕 모당 대사의 영구.

坐禪人: 參詳活句 脫洒衲僧 山中大德 某堂大師之柩

---

276) 도감(都監): 절에서 돈이나 곡식을 맡아보는 일. 또는 그 소임을 맡은 승려.
277) 별좌(別座): 불사(佛事)가 있을 때 부처님 전에 음식을 차리는 일. 또는 그 소임을 맡은 승려.

좌선인: 활구를 자세하게 참구하고 속세에서 벗어나 맑고 깨끗한 납승 산중대덕 모당 대사의 영구.

判事人: 摠領僧風 不違規繩 禪敎兼判 某堂大師之柩
판사인: 승풍을 총괄하여 법도에 어김없고 선과 교를 겸하여 판정하는 모당 대사의 영구.

學道人: 奉佛遺囑 禪敎兼講 名現山人 某大師之柩
학도인: 부처의 유언을 받들어 선과 교를 겸해 강설하시어 이름이 드러나신 산인 모대사의 영구.

平常人: 剃染栖雲 從師學道 淸風衲子 某人之柩
평상인: 머리를 깎고 산에 살며 스승을 좇아 도를 배우는 청풍 납자 아무개의 영구.

○오방번서규(五方幡書規)

南無東方 滿月世界 藥師尊佛 惟願大慈 接引新圓寂(某靈) 靑琉璃世界中 (衆和)南無阿彌陀佛
동방의 만월세계 약사존불께 귀의하옵니다. 원컨대 대자비로 새로이 원적에 든278)(아무개 영가)를 푸른 유리 세계 가운데로 인도하옵소서. (대중은 화답한다) 나무아미타불

南無南方 歡喜世界 寶勝如來佛 惟願大慈 接引新圓寂(某靈) 赤琉璃世界中 (衆和)南無阿彌陀佛
남방의 환희세계 보승여래불께 귀의하옵니다. 원컨대 대자비로 새로이 원적에 든 (아무개 영가)를 붉은 유리 세계 가운데로 인도하옵소서. (대중은 화답한다) 나무아미타불

南無西方 極樂世界 阿彌陀佛 惟願大慈 接引新圓寂(某靈) 白琉璃世界中 (衆和)南無阿彌陀佛
서방의 극락세계 아미타불께 귀의하옵니다. 원컨대 대자비로 새로이 원적에 든 (아무개 영가)를 흰 유리 세계 가운데로 인도하옵소서. (대중은 화답한다) 나무아미타불

南無北方 無憂世界 不動尊佛 惟願大慈 接引新圓寂(某靈) 黑琉璃世界中 (衆和)南無阿彌陀佛
북방의 무우세계 부동존불께 귀의하옵니다. 원컨대 대자비로 새로이 원적에 든 (아무개 영가)를 검은 유리 세계 가운데로 인도하옵소서. (대중은 화답한다) 나무아미타불

南無中方 華藏世界 毘盧遮那佛 惟願大慈 接引新圓寂(某靈) 黃琉璃世界中 (衆和)南無阿彌陀佛

---

278) 신원적(新圓寂): 승려로서 금방 돌아간 사람. 원적은 열반(涅槃)의 역어.

중방의 화장세계 비로자나불께 귀의하옵니다. 오직 원컨대 대자비로 새로이 원적에 든 (아무개 영가)를 황색 유리 세계 가운데로 인도하옵소서. (대중은 화답한다) 나무아미타불

○무상게서규(無常偈書規)

夫無常戒者 入涅槃之要門 越苦海之慈航 是故一切諸佛 因此戒故 而入涅槃 一切衆生 因此戒故 而度苦海 某靈 汝今日向脫根塵 靈識獨露 受佛無上淨戒 何幸如也 某靈 劫火洞然 大千俱壞 須彌巨海 磨滅無餘 何況此身 生老病死 憂悲苦惱 能與遠違 某靈 髮毛爪齒 皮肉筋骨 髓腦垢色 皆歸於地 唾涕(氣歸)[279] 津液沫淚[280] 精氣 大小便利 皆歸於水 煖氣歸火 動靜歸風 四大各離 今日亡身 當在何處 某靈 四大虛假 非可愛惜 汝從無始以來 至于今日 無明緣行 行緣識 識緣名色 名色緣六入 六入緣觸 觸緣受 受緣愛 愛緣取 取緣有 有緣生 生緣老死憂悲苦惱 無明滅則行滅 行滅則識滅 識滅則名色滅 名色滅則六入滅 六入滅則觸滅 觸滅則受滅 受滅則愛滅 愛滅則取滅 取滅則有滅 有滅則生滅 生滅則老死憂悲苦惱滅 諸法從本來常自寂滅相 佛子行道 已來世得作佛 諸行無常 是生滅法 生滅滅已 寂滅爲樂 歸依佛陀戒 歸依達磨戒 歸依僧伽戒 南無過去寶勝如來 應供 正遍知 名[281]行足 善逝 世間解 無上事[282] 調御丈夫 天人師 佛 世尊 某靈 脫劫五陰穀 徧子靈識獨露 受佛無常戒 豈不快哉 豈不快哉 天堂佛刹 隨念往生 快活快活

대저 무상계란 열반에 들어가는 요긴한 문이요, 고해를 뛰어넘는 자비로운 배이니라. 그렇기 때문에 일체 제불이 이 계로 인하여 열반에 들어가고, 일체 중생이 이 계로 인하여 고해를 건너느니라. 아무개 영가여! 너는 오늘 번뇌에서 멀리 벗어나 영식(靈識)만 홀로 드러나 부처의 무상정계를 받았으니 얼마나 다행하냐? 아무개 영가여! 겁화[283]가 활활타서 대천세계가 모두 무너지고, 수미산과 큰 바다가 남김없이 마멸되는데, 하물며 이 몸의 생로병사 우비고뇌야 능히 멀리 벗어날 수 있으리라. 아무개 영가여! 터럭과 손톱 발톱과 치아와, 피부, 근육, 골수, 뇌에 있는 때와 색까지도 모두 땅으로 돌아가고, 침과 콧물, 진액, 말담, 정기, 대소변은 모두 물로 돌아가고, 따뜻한 기운은 불로 돌아가고, 동정은 바람으로 돌아가서, 4대(大)가 각기 떨어져 오늘 육신을 잃었으니, 이제 어느 곳에 있어야 되겠는가? 아무개 영가여! 4대는 허망한 것이라 애석할 것이 아니니라. 무시 이래로부터 지금까지 무명(無明)에 행이 따라오고 행(行)에 식이 따르고, 식(識)에 명색이 따르고, 명색(名色)에 육입이 따르고, 육입(六入)에 촉이 따르고, 촉(觸)에 수가 따르고, 수(受)에 애가 따르고, 애(愛)에 취

---

279) 기귀(氣歸): 기귀(氣歸)는 연문(衍文)이다.

280) 루(淚): 담(淡)의 오자인 듯하다.

281) 명(名): 명(明)의 오자인 듯하다. 명행족(明行足).

282) 사(事): 사(師)의 오자인 듯하다.

283) 겁화(劫火): 사겁(四劫) 가운데 괴겁말(壞劫末)에 일어나는 삼재(三災) 가운데 화재(火災).

가 따르고, 취(取)에 유가 따르고, 유(有)에 생이 따르고, 생(生)에 노사(老死) 우비고뇌(憂悲苦惱)가 따르나니, 무명이 멸하면 행이 멸하고, 행이 멸하면 식이 멸하고, 식이 멸하면 명색이 멸하고, 명색이 멸하면 육입이 멸하고, 육입이 멸하면 촉이 멸하고, 촉이 멸하면 수가 멸하고, 수가 멸하면 애가 멸하고, 애가 멸하면 취가 멸하고, 취가 멸하면 유가 멸하고, 유가 멸하면 생이 멸하고, 생이 멸하면 노사 우비고뇌가 멸한 것이니라. 모든 법은 본래부터 항상 적멸의 모습이니 불자들은 도를 행하여 내세에 부처가 되느니라. 제행은 무상한 것이니 이것이 바로 생멸법이로다. 생멸이 없어지고 나면 적멸이 즐거움이 되느니라. 불타계에 귀의하며, 달마계에 귀의하며, 승가계에 귀의하며, 과거보승여래께 귀의하며, 응공·정편지·명행족·선서·세간해·무상사·조어장부·천인사·불·세존께 귀의하라. 아무개 영가여! 오음의 껍질에서 벗어나 영식이 홀로 드러나 부처의 무상계를 받았으니 어찌 상쾌하지 않겠는가, 어찌 상쾌하지 않겠는가? 천당·불찰은 생각따라 왕생하리니 쾌활쾌활하도다.

西來祖意最堂堂　　　　서쪽에서 온 조사의 뜻은 가장 당당하여
自淨其心性本鄉　　　　스스로 그 마음 깨끗하게 하니 성품의 본향일세.
妙體湛然無處所　　　　묘한 본체 담연하여 처소가 없으니
山河大地現眞光　　　　산하대지가 참된 빛을 드러내네.

○소신처치수기법(燒身處置水器法)

오방(五方)의 땅에 작은 그릇에 물을 담아 방위마다 놓아둔다. 그런 뒤에 정중앙을 석 자 깊이로 파서 물그릇을 놓아두는데, 이것이 중방수(中方水)이다. 돌로 덮고 흙으로 묻는다.

○다비문절차(茶毘文節次)

만약 병든 승려가 있어 임멸(臨滅)한 뒤에 본 방에 거처하던 승려가 슬프게 주지 앞에 고하면, 주지는 종두에게 명하여 대종을 1종 치고, 뒤에 사자밥[使者飯]을 설치하고, 머리를 깎고 목욕하는 등의 일은 다비문과 같이 한다. 또 법사에게는 붕신(崩神)·등신(騰神)이 있는 곳은 피한다. 봄 3개월은 신유(申酉) 사이에 있으며, 여름 3개월은 해자(亥子) 사이에 있으며, 가을 3개월은 인묘(寅卯) 사이에 있으며, 겨울 3개월은 사오(巳午) 사이에 있다. 대종사는 빈당(殯堂)을 세 칸으로 만들어, 가운데 한 칸에 신체를 감(龕)에 넣어 안치하고, 왼쪽에는 영정(影子)을 걸고, 오른쪽에는 명정(銘旌)을 건다. 향·화·등·촉·다·과를 차리고, 아침저녁 제(祭)에는 영정 앞에 봉헌하거나, 혹 감실 앞에서 제물을 올려 제사지낸다. 평민이라서 영정이 없으면 위패를 만들어서 하는 것도 괜찮다.

◎법사입방법(法師立方法)

봄 3개월은 좌로 나가 법사가 우로 서고, 여름 3개월은 남으로 나가 법사가 북으로 서고, 가을 3개월은 우로 나가 법사가 좌로 서고, 겨울 3개월은 북으로 나가 법사가 남으로 선다.

신체를 발인할 때 위의(威儀)의 차례와 가고 서는 규정.

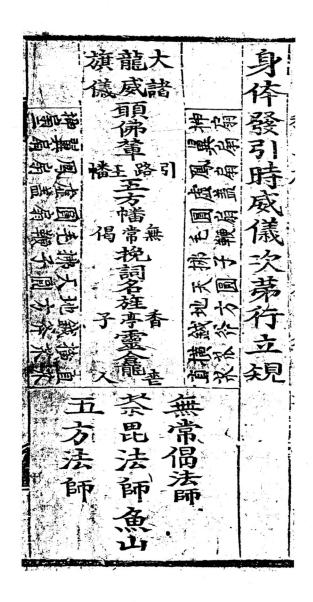

葬司主僧 領諸人 分列左右 魚山唱下偈
장사(葬司)를 맡은 스님은 여러 사람들을 거느리고 좌우로 나누어 서고, 어산은 아래의 게(偈)를 창한다.

自歸依佛 自歸依法 自歸依僧
스스로 부처님께 귀의하옵니다. 스스로 법보님께 귀의하옵니다. 스스로 승보님께 귀의하옵니다.

삼동발(三動鈸)한 뒤에 다비법사(茶毘法師)[284]는 요령을 3번 흔들고, 다음 아무개 영가를 부른다.

萬垛靑山圍梵刹	일만 청산이 사찰을 둘러쌌는데
一竿紅日照十方	장대 한 길 붉은 해가 시방을 비추네.
願承三寶加持力	원컨대 삼보의 가지하는 힘을 받들어
高馱雲車向蓮臺	구름수레 높이 타고 연대로 향하시기를.

魚山唱十二佛號   어산은 12불호를 창한다.

南無西方極樂世界 大慈大悲 阿彌陀佛 惟願金臺寶座 乘空而接引此身 往生淨土 歸命阿彌陀佛
서방의 극락세계 대자대비하신 아미타불께 귀의하옵니다. 원컨대 금대보좌[285]로 공중에 오르사 이 몸을 잡아 이끌어 정토에 왕생하게 하소서. 아미타불께 귀의하옵니다.

南無西方極樂世界 大慈大悲 阿彌陀佛 惟願便隨佛號 脫此界身 信受奉行 安樂國土 歸命阿彌陀佛
서방의 극락세계 대자대비하신 아미타불께 귀의하옵니다. 원컨대 곧 불호를 따라 이 세계를 벗어난 몸 믿음을 받아서[286] 안락국토로 가리이다. 아미타불께 귀의하옵니다.

南無西方極樂世界 大慈大悲 阿彌陀佛 惟願觀音勢至 引導而行 隨上善人 遊歷佛國 歸命阿彌陀佛
서방의 극락세계 대자대비하신 아미타불께 귀의하옵니다. 원컨대 관음과 대세지보살이 인도하고 가시어 상선인[287]을 따라 불국토에 노닐게 하소서. 아미타불께 귀의하옵니다.

---

284) 다비법사(茶毘法師): 다비에서 의식부분을 책임진 스님.
285) 금대보좌(金臺寶座): 금빛 찬란한 높은 곳에 마련된 보배로운 자리. 즉 극락세계 가운데서도 아미타불께서 자리하신 곳이다.
286) 신수봉행(信受奉行): 부처님의 가르침을 믿고[信] 받아서 이해하고[受], 그 가르침을 받들고[奉] 나아가 실제에 있어서 몸에 익혀 행한다는 뜻이다.
287) 상선인(上善人): 극락에 있는 성자. 성불이 정해진 보살.

南無西方極樂世界 大慈大悲 阿彌陀佛 惟願經行寶地 遊戲園林 大悟三空 不聞八苦 歸命阿彌陀佛
서방의 극락세계 대자대비하신 아미타불께 귀의하옵니다. 원컨대 보배로운 땅에 법을 행하고 원림에 유희하면서 삼공288)을 크게 깨닫고 팔고289)를 듣지 않게 하소서. 아미타불께 귀의하옵니다.

南無西方極樂世界 大慈大悲 阿彌陀佛 惟願阿惟越智 是不退心 彼證無生 達無生忍 歸命阿彌陀佛
서방의 극락세계 대자대비하신 아미타불께 귀의하옵니다. 원컨대 아유월의 지혜는 물러서지 않는 마음이니 무생을 증명하고 무생인290)을 통달하게 하옵소서. 아미타불께 귀의하옵니다.

南無西方極樂世界 大慈大悲 阿彌陀佛 惟願金沙瑩水 寶樹浮空 悟四摠持 得六波羅密 歸命阿彌陀佛
서방의 극락세계 대자대비하신 아미타불께 귀의하옵니다. 원컨대 금모래 맑은 물 보배로운 나무 허공에 떠서 사총지를 깨닫고 육바라밀을 얻게 하소서. 아미타불께 귀의하옵니다.

南無西方極樂世界 大慈大悲 阿彌陀佛 惟願遇無量壽 得無量光 自在優遊 光相齊等 歸命阿彌陀佛
서방의 극락세계 대자대비하신 아미타불께 귀의하옵니다. 원컨대 무량수를 만나고 무량광을 얻어 마음대로 노닐며 빛난 형상이 같게 하소서. 아미타불께 귀의하옵니다.

南無西方極樂世界 大慈大悲 阿彌陀佛 惟願親近智者 同上善人 得遇如來 便聞授記 歸命阿彌陀佛
서방의 극락세계 대자대비하신 아미타불께 귀의하옵니다. 원컨대 지자와 친하고 상선인과 함께 여래를 만나 곧 수기를 받게 하소서. 아미타불께 귀의하옵니다.

南無西方極樂世界 大慈大悲 阿彌陀佛 惟願得不動智 成自在身 五分香燃 六度圓滿 歸命阿彌陀佛
서방의 극락세계 대자대비하신 아미타불께 귀의하옵니다. 원컨대 움직이지 않는 지혜를 얻고 자재한 몸을 이루고 오분향을 살라 육도291)에 원만하게 하소서. 아미타불께 귀의하옵니다.

---

288) 삼공(三空): 아공(我空)·법공(法空)·아법구공(我法俱空)을 말한다.
289) 팔고(八苦): 불교에서 이르는, 인생의 여덟 가지 괴로움. 곧, 생로병사(生老病死)의 사고(四苦)에 애별리고(愛別離苦)·원증회고(怨憎會苦)·구부득고(求不得苦)·오음성고(五陰盛苦)를 더한 것.
290) 무생인(無生忍): 무생법인(無生法忍)의 약어. 무생(無生)의 무(無)는 부정이 아니고 무위(無爲)의 뜻으로 의식이전(意識以前)의 절대사실을 말한다. 따라서 무생은 절대사실로서의 생을 말하는데, 전하여 세간생멸(世間生滅)의 상(相)을 떠난 당체(當體)를 가리킨다.
291) 육도(六度): 육바라밀. 육도는 일체만행의 근본으로 육도를 펼치면 일체만행이 되고, 일체만행을 섭(攝)하면 육도가 된다.

南無西方極樂世界 大慈大悲 阿彌陀佛 惟願還同諸佛 大化人天 以淸淨身 演淨妙法 歸命阿彌陀佛
서방의 극락세계 대자대비하신 아미타불께 귀의하옵니다. 원컨대 여러 부처와 더불어 크게 인천을
교화시켜 청정한 몸으로 정묘한 법을 펴게 하소서. 아미타불께 귀의하옵니다.

南無西方極樂世界 大慈大悲 觀世音菩薩摩訶薩
서방의 극락세계 대자대비하신 관세음보살마하살께 귀의하옵니다.

南無 西方極樂世界 大慈大悲 大勢至菩薩摩訶薩 惟願 觀音勢至 大願流行 指授花臺 令生淨土 (衆和)
歸命阿彌陀佛
서방의 극락세계 대자대비하신 대세지보살마하살께 귀의하옵니다. 원컨대 관음세지의 대원이 유행하
여 연화대를 가르쳐 주시어 정토에 태어나게 하소서. (대중이 화답한다) 아미타불께 귀의하옵니다.

대개 영감(靈龕)은 안마당에 들어오지 않기 때문에 영정, 혹 위패를 향정자(香亭子)[292]에 넣어서 메고, 다비법사
(茶毘法師)가 거감편(擧龕篇)을 창하고, 다음 법사가 무상게(無常偈)를 설하고, 다음 오방법사(五方法師)가 각기
오방번(五方幡)을 잡고 각기 삼청(三請)한 뒤에, 인도는 아래 게를 창한다.

願以此功德	원컨대 이 공덕이
普及於一切	일체 중생에게 두루 미쳐
我等與衆生	우리들과 중생들이
皆共成佛道	모두 함께 불도 이루게 되기를.

마당 가운데를 두루 3번 돈 뒤에 대중들은 법당을 향해 보례(普禮)를 한다.

普禮十方 常住佛 常住法 常住僧
두루 시방에 항상 머무시는 불보님, 법보님, 승보님께 예경하옵니다.

재자(齋者)는 명정(銘旌)을 잡고 각 1배(拜)를 한 뒤, 하직금(下直金)을 3종(宗) 친다. 부처와 오방불(五方佛)이
있던 곳을 돌아보고, 산화락(散花落)을 하고 거령산(擧靈山)과 요잡(繞匝)을 한다. 발인처(發引處)에 이르면 음악
을 그친다. 발인제(發引祭)는 전물(奠物)을 배치하고, 제문을 읽고 곡하고 재배한 뒤에, 영감을 상여에 올린다.

---

292) 향정자(香亭子): 향로를 두는 작은 정자(亭子). 장례식 때 향합(香盒), 향로, 그 밖의 제구(祭具)를 받쳐드
는 작은 정자 모양의 기구. 향로를 옮길 때 존엄성과 위의를 갖추기 위해 향로를 안치하는 도구로써 형
태는 정자와 같이 만들고 사방은 얇은 비단으로 막는다. 정자의 편액이 걸리는 위치에 '향정(香亭)'이라
쓴다. 규격은 일정치 않으나 한 사람이 들기에 적당해야 한다.

사람이 큰 소리로 서방대교주나무아미타불(西方大教主南無阿彌陀佛)을 창하면, 상여를 메는 중인들은 이 염불 소리를 듣고서 일시에 창화하며 천천히 걷는다.

○다비법사행방법(茶毗法師行方法)

봄 3개월 신(神)은 오른쪽으로 가고 법사는 왼쪽으로 가고, 여름 3개월 신은 앞으로 가고 법사는 뒤로 가고, 가을 3개월 신은 왼쪽으로 가고 법사는 오른쪽으로 가고, 겨울 3개월 신은 뒤로 가고 법사는 앞으로 간다.

영감(靈龕)이 가다가 도유소(闍維所)에 이르면, 한편으로 산신제(山神祭)를 하고 한편으로 백 보 밖에 미타단(彌陀壇)을 설치하는데, 원불괘(願佛掛)를 하고 한 층을 내려와 영정을 건다.

勸供如常式靈飯式施食云   권공은 평상시의 영반식과 같이 시식운한다.

다비법사가 오른쪽으로 가면 오른쪽에 서고, 왼쪽으로 가면 왼쪽에 서고, 앞에서 가면 앞에 서고, 뒤에서 가면 뒤에 선다. 요령을 3번 울리고 "신원적(新圓寂) 아무개 영가여!"를 의례문대로 한다. 다음 무상게(無常偈)를 운하고, 다음 오방법사(五方法師)는 각기 그 방향에 따라 오방불(五方佛)을 부르고, 각기 삼청(三請)을 한 뒤에 다비법사는 거화편[293](擧火篇)을 창한다. 다음

下火篇次 下火法   하화[294]편을 하고 다음 하화법을 한다.

正五九月西立先付火 二六十月北立 三七十一月東立 四八十二月南立付火
1월 5월 9월에는 서쪽에 서서 먼저 불을 붙이고, 2월 6월 10월에는 북쪽에 서고, 3월 7월 11월에는 동쪽에 서고, 4월 8월 12월에는 남쪽에 서서 불을 붙인다.

반혼착어(返魂着語)

아무개 영가여!

眞明性體妙難測	참으로 밝은 불성의 본체는 미묘해 헤아리기 어려우니
月墮秋潭桂影寒	달 비친 가을 연못에 계수나무 그림자 차네.
金鐸數聲開覺路	금방울 몇 소리에 깨달음의 길 열리니
幻軀永脫坐靈壇	환으로 된 몸을 영원히 벗어나 영단에 앉았도다.

---

293) 거화(擧火): 점화의 도구인 '홰'에 불을 붙이는 것.

294) 하화(下火): 다비를 거행함에 즈음하여 거화(擧火)한 횃불로 유체(遺體)가 안치된 장작더미에 점화하는 작법을 말한다. 재래식 다비가 아닌 경우 유체를 모신 화구(火口)에 점화하는 때를 시점으로 '거화'와 '하화'를 거행한다.

毛鞭拂子·引路幡名²⁹⁵⁾旌等物 皆置影子壇前次

모편,²⁹⁶⁾ 불자,²⁹⁷⁾ 인로번,²⁹⁸⁾ 명정 등 물건은 모두 영자단 앞에 둔다. 다음

안좌진언(安座眞言)   <唵 摩尼 軍茶利 吘 吘 莎訶>

옴 마니 군다리 훔 훔 사바하

奉茶振鈴云 某靈駕

차를 받들고 요령을 흔들며 운한다. 아무개 영가여!

다게(茶偈)

趙州茶藥親拜獻   조주는 차와 약을 친히 받쳐 올려서

聊表沖情一片誠   충정의 한 조각 정성을 표하였습니다.

覺醉昏迷三界夢   취하여 혼미한 삼계의 꿈 깨어나서

翻身直到法王城   몸을 뒤척여 곧바로 법왕의 궁전에 이르리라.

여러 대중들이 함께 「행원품(行願品)」과 『연화경(蓮花經)』을 외면서 불이 다 타기를 기다린다. 앉았던 자리를 흩을 때 오방번(五方幡)을 도로 불 가운데 넣어서 태운다. 절에 돌아올 때 먼저 용기(龍旗)를 앞세우고, 모편(毛鞭), 불자(拂子), 원불연(願佛輦) 및 향정자(香亭子)가 천천히 걸어서 마당 가운데 들어와 원불정(願佛幀)을 있던 곳에 건다. 영정은 부처님 앞에 참례한 뒤에 영자전(影子殿)에 건다. 그런 뒤에 위패(位牌)를 영실(靈室)에 안좌(安座)하는 거행 방법은 본문과 같다.

---

295) 명(名): 명(銘)의 오자로 보인다.

296) 모편(毛鞭): 악령을 쫓는 도구로 쓰였던 것이라 하나 형태와 재료는 알 수 없다.

297) 불자(拂子): 불(拂) 또는 불진(拂塵)이라 한다. 본래는 인도에서 사용하던 것으로 짐승의 털이나 삼[麻] 등을 묶어 벌레나 모기 등을 쫓기에 편리하도록 만든 도구이다. 중국이나 우리나라에서는 선종의 승려가 번뇌와 어리석음을 물리치는 표시로 지녔고, 후세에는 불사(佛事) 혹은 법요의식에서 도사(導師)가 사용하는 법구(法具)의 하나가 되었다. 장의행렬에서는 선(扇)과 마찬가지로 악령을 쫓는 것이다. 규격은 일정치 않으나 자루의 직경은 대략 2cm, 길이 30~35cm정도며, 자루에 50~60cm쯤 되는 백마의 꼬리털을 단다.

298) 인로번(引路幡): '인로'란 인로왕보살(引路王菩薩)을 가리킨다.

○승상복도(僧喪服圖)

		祖父母 周年		
	俗伯叔 大功	父母 三年	僧伯叔 大功	
教授師[299] 周年	戒師[300] 三年	養師 三年	羯磨師[301] 周年	受學師 隨喪
僧俗姪 大功	僧兄弟 大功	受業師[302] 周年	俗兄弟 大功	受弟子 隨喪
俗姉妹 大功	義兄弟 隨喪	親弟子 周年	義伯叔 小功	同法門[303] 隨喪
		親法孫 大功		

三年者 二十五月 周年者 十三月 大功者 九月 小功者 五月

삼년은 25개월이고, 주년은 13개월이며, 대공은 9개월이고, 소공은 5개월이다.

범음집 중권 종(終)

---

299) 교수사(敎授師): 수자(受者)에게 수계의 작법을 교수하는 자. 계를 받는 자에게 위의 작법 등을 교수하는 승려를 말한다. 화상(和尙)·갈마사(羯磨師)와 함께 수계할 때 3사(師)의 하나.

300) 계사(戒師): 계화상(戒和尙)·수계사(授戒師)·전계사(傳戒師)·갈마사(羯磨師)라고도 한다. 계를 내려주는 스승. 수계 작법의 의식을 담당하는 스승. 소승에서는 구족계를 받고 10년 이상 지나야 자격이 있으나, 대승계에서는 직접적으로 석존을 계사로 받들고, 불조정전(佛祖正傳)의 법통을 계승한 승려가 그 역할을 맡는다.

301) 갈마사(羯磨師): 구족계를 받을 때 수계자(受戒者)를 위해 백사갈마작법(白四羯磨作法)을 주재하는 사람. 계단(戒壇)에서 계를 받는 이에게 지침이 되는 스님. 소승계(小乘戒)에서는 학덕과 법랍을 갖춘 스님으로 선정, 원돈교(圓頓敎)에서는 문수를 갈마아사리라 한다.

302) 수업사(受業師): 친교사(親敎師)라고도 한다. 득도수교(得度受敎)의 스승을 말한다. 득도와 그 후의 지도를 받은 스승.

303) 동법문(同法門): 수행을 함께 하는 사람. 도반(道伴).

실상도와 법계도

3권 자기문오주야작법규 권지하
三卷 仔虁文五畫夜作法規 卷之下

◎초일풍백우사단작법(初日風伯雨師壇作法)

次喝香 燃香偈 單頂禮 合掌偈 信香喝 開啓篇 千手呪 嚴淨偈 鳴鈸次 舉佛
다음 할향, 연향게, 단정례, 합장게, 신향할, 개계편, 천수주, 엄정게, 명발을 하고 다음 거불을 한다.

南無十方佛　　　　　시방에 계신 불보님께 귀의합니다.

南無十方法　　　　　시방에 계신 법보님께 귀의합니다.

南無十方僧　　　　　시방에 계신 승보님께 귀의합니다.

다음 선소를 하고 진령게(振鈴偈)를 한다.

以此振鈴伸召請　　　이 요령을 흔들며 소청하나니

風伯雨師普聞知　　　풍백·우사는 두루 알아들으시고

願承三寶力加持　　　삼보의 가지하는 힘을 받들어

今日今時來赴會　　　지금 이 시간에 와서 모이소서.

　보소청진언(普召請眞言)　　＜南無 步步帝哩 加哩哆哩 怛他 誐哆野＞
　　　　　　　　　　　　　나무 보보제리 가리다리 다타 아다야

切以 佛鑑施彰 功博及於幽顯 金田資祐 福可利乎存亡 兼仗神聰威光 勝事方堪成遂 將開勝會 必仗神聰 是以玆者 先伸協贊 次序請詞 謹秉一心 先陳三請 一心奉請 威風具足 神力周旋 布甘雨而拔潤群萌 扇惠風而滋榮稼穡 雨師風伯電母雷公衆 幷從眷屬 來臨法會 守衛道場
가만히 생각건대 부처의 거울이 밝게 베풀어지고, 공이 두터워 어둡고 밝은 세상에까지 다 미치시며, 금전의 복이 존망에 이로울 수 있도록 하며, 신총과 위엄있는 빛에 의지하여 좋은 일을 바야흐로 이룰 수 있나이다. 장차 좋은 집회를 열고자 함에 반드시 신총에 의지하여야 하겠기에, 이에 이제 먼저 협찬을 펼치고 다음으로 청사를 서술하며, 삼가 한 마음을 잡고 먼저 3청을 펼칩니다.

일심으로 받들어 청하옵니다. 위풍이 구족하고 신력이 두루 하시며 감우를 펴서 많은 싹을 윤택하게 나게 하시며 은혜로운 바람 일으켜서 농사를 풍성하게 하는 풍백·우사·전모·뇌공의 무리와 그들을 따르는 권속들이시어! 이 법회에 임하시어 도량을 지켜주소서.

향화청(香花請)

가영(歌詠)
馳騁威神不可量   치달리는 신의 위엄 헤아릴 수 없고
暫時忿怒稱威光   잠시 분노함도 위광에 걸맞네.
轟雷掣電行霜雹   우레와 번개에다 서리와 우박 내리고
驟雨乖風降禍殃   소나기와 폭풍 불어 재앙을 내리시네.

안위공양편(安位供養篇)

竊謂 神通叵測 威力難思 一念精誠 必應於神聰慧鑑 部馭以臨於勝會 大衆虔誠諷經安座
가만히 말하건대 신통력이 헤아릴 수 없고 위력은 생각하기 어렵지만, 일념으로 정성들이면 반드시 신의 총명과 지혜에 응하는지라, 무리를 거느리시고 좋은 모임에 임하셨기에, 대중은 정성으로 경을 외워[1] 자리를 편하게 하옵니다.

다음 심경(心經)을 한 뒤 오공양(五供養)을 펼친다.

以此加持妙供具 供養風伯雨師神祇衆
이 묘한 공양구를 가지하여 풍백·우사 신중께 공양올립니다.

공양진언(供養眞言)과 회향진언(回向眞言)을 한다.

宣牒疏   첩소를 펼친다.

◎가람단작법(伽藍壇作法)

명발(鳴鈸)를 하고 다음 거불(擧佛)을 운한다.

---

1) 풍경(諷經): 선원에서 부처님 앞에 경을 소리내어 읽고 외우거나 예배하는 일.

南無十方佛	시방에 계신 불보님께 귀의합니다.
南無十方法	시방에 계신 법보님께 귀의합니다.
南無十方僧	시방에 계신 승보님께 귀의합니다.

宣疏-次振鈴偈	선소 다음 진령게를 한다.

以此振鈴伸召請	이 요령을 흔들며 소청하나니
伽藍土地願聞知	가람의 토지신은 원컨대 알아들으시고
願承三寶力加持	삼보의 가지하는 힘을 받들어
今日今時來赴會	지금 이 시간에 와서 모이소서.

<那謨 三滿多 沒馱喃 唵 沒哩替 尾哩野 莎嚕訶>
나무 사만다 못다남 옴 모지찬 미리야 사바하

찬청가람신편(讚請伽藍神篇)

竊以 智周洞鑒曰聖 聰明正直曰神 躬誓大覺之前 密護演輪之次 同袍一十八輩 各施眷屬之無央 應化
百千萬身 共列招提之有職 願垂加祐 固護檀場 成褫無上之緣 究滿當時之願 玆者已伸叶贊 次敍請辭
施主上香 愍懃設拜

가만히 생각건대 지식이 두루 통찰하는 것을 성(聖)이라 하고, 총명하고 정직한 것을 신(神)이라 하나이다. 대각을 이루기 전에 몸소 서원하시어 법륜을 펼치는 곳을 비밀스레 보호하시고, 동포 18나한과 함께 각기 권속들에게 재앙이 없게 베푸시며, 백천만의 몸으로 나투시어 함께 사찰의 직분을 가지고 늘어섰습니다. 원컨대 복을 더 내리시어 도량을 굳게 호위하시어, 무상의 연을 벗어 던지고 당시의 발원을 원만하게 하소서. 이제 협찬의 말씀을 이미 펼치옵고, 다음으로 청사를 서술하오며, 시주가 향을 올리고 은근히 절하옵니다.

一心奉請 分付十八 義屬河沙 擁無上於覺場 護修心于淨域 伽藍土地 不爽願言

일심으로 받들어 청하오니 항하사 같은 18무리의 권속들에게 분부하여, 대각의 도량에 무상의 법을 옹호하시고, 깨끗한 땅에서 마음 닦는 것을 보호하시어, 가람 토지의 발원한 말이 어긋나지 않게 하소서.

가영(歌詠)

招提列職賴誠諶	도량의 여러 직분이 성실함에 힘입어서
固護全憑一片心	굳건히 보호함은 한 조각 마음에 달렸습니다.
寶獸未完山寺曉	보수는 미완인데 산사의 아침 밝아오고
義龍徵徹聖義沈	의룡이 투철함에 성의가 깊나이다.

안위공양편(安位供養篇)

竊謂 信心一念精誠 必應於神聰 惠鑑無私 部馭已臨於勝會 幷諸眷屬 允副群心 聊備香餚 請歸照位
가만히 생각건대 신심의 일념 정성은 반드시 신총에 응하고, 은혜로운 거울 사사로움 없어서 무리
를 거느리고 좋은 모임에 이미 임하였으니, 여러 권속들과 아울러 군중들의 마음에 부합하나이다.
애오라지 향기로운 음식을 갖추오니 청컨대 돌아와 자리를 비추소서.

심경을 욀 때 진공(進供)하고 오공양을 펼치고 요잡(繞匝)을 한다. 공양진언, 회향진언을 한다.

宣牒疏   첩소를 펼친다.

◎당산천왕단작법(當山天王壇作法)

명발(鳴鈸)하고 거불(擧佛)한다.

南無佛陀耶	부처님께 귀의하옵니다.
南無達摩耶	달마님께 귀의하옵니다.
南無僧伽耶	승가님께 귀의하옵니다.

진령게(振鈴偈)

以此振鈴伸召請	이 요령을 흔들며 소청하나니
諸天山王普聞知	제천의 산왕은 두루 알아들으소서.
願承三寶力加持	원컨대 삼보의 가지하는 힘을 받들어
今日今時來赴會	지금 이 시간에 모두 와서 모이소서.

보소청진언(普召請眞言)   <南無 步步帝哩 伽哩哆哩 怛他 誐哆野>
                        나무 보보제리 가리다리 다타 아다야

一心奉請 居止大地接建峯巒 峭峻而聳至穹窿 巍峨而衝極霄漢 法界一切諸天山王 幷從眷屬等衆 惟
顯2)不違本誓 臨降道場 護持結界

일심으로 받들어 청하옵니다. 대지에 머무르시면서 봉우리를 끌어 세워서 높다랗게 치솟아 하늘에
이르며, 우뚝우뚝하여 은하수에까지 닿는 법계의 모든 제천 산왕과 그들을 따르는 권속들이여, 오
직 본래 서원을 어기지 마시고 이 도량에 임하시어 이 결계3)를 보호하소서.

가영(歌詠)

遊逸恣情靑嶂裡   푸른 산 속을 마음대로 돌아다니며
逍遙快樂碧巒中   소요하는 즐거움이 푸른 산중에 있네.
暫屈雲騈親法會   구름수레 잠시 굽히어 법회에 오시어서
了聽圓音悟大空   원음4)을 듣고 대공5)을 깨치소서.

헌좌안위(獻座安位)

我今敬設寶嚴座   제가 지금 보배롭고 장엄한 자리를 삼가 마련하옵고
普獻諸天山王衆   제천의 산왕중께 받들어 올리오니
願滅塵勞妄想心   진로망상심을 멸하시어
速圓解脫菩提果   속히 원만히 해탈보리과를 이루기 원하나이다.

                <唵 迦麼羅 僧賀 莎訶>
                옴 가마라 승하 사바하

다게(茶偈)

今將甘露茶   이제 감로다를
奉獻山王衆   산왕중께 받들어 올리오니

---

2) 현(顯): 원(願)의 오자인 듯하다.
3) 결계(結界): (산)simābandha. 작법에 의해 일정 지역을 구획 제한하는 일. 또는 그 제한된 지역을 말한다.
   밀교에서는 불법 수행에 장애요소를 방지하기 위해 일정 지역을 한정하는데 이를 결계호신(結界護身)이라
   한다.
4) 원음(圓音): 일음(一音)이라고도 하며, 가르침을 말하는 사람, 즉 부처님의 소리를 말한다.
5) 대공(大空): 시방세계가 공(空)하다는 뜻이다.

鑑此虔懇心　　　　　　정성스럽고 간절한 마음 살피시어
願垂哀納受　　　　　　애틋이 여기시고 받아주옵소서.

諷心經 伸五供養 供養眞言 回向眞言 祝願
심경을 외우고 오공양을 펼친다. 공양진언과 회향진언을 하고 축원을 한다.

◎당산용왕단작법(當山龍王壇作法)

명발(鳴鈸)을 하고 거불을 한다.

南無十方佛　　　　　　시방에 계신 불보님께 귀의합니다.
南無十方法　　　　　　시방에 계신 법보님께 귀의합니다.
南無十方僧　　　　　　시방에 계신 승보님께 귀의합니다.

진령게(振鈴偈)
以此振鈴伸召請　　　　이 요령을 흔들며 소청하나니
護法龍王普聞知　　　　법을 보호하는 용왕은 두루 알아들으시고
願承三寶力加持　　　　삼보의 가지하는 힘을 받들어
今日今時來赴會　　　　지금 이 시간에 와서 모이소서.

　　보소청진언(普召請眞言)　　<南無 步步帝哩 伽哩哆哩 怛他 誐哆野>
　　　　　　　　　　　　　　　나무 보보제리 가리다리 다타 아다야

一心奉請 堅牢地神 金剛座神 菩提樹神 護法龍神 幷從眷屬 惟願 不違願言 臨降道場 護持結界
일심으로 받들어 청하옵니다. 견뢰지신, 금강좌신, 보리수신, 호법용신과 그들을 따르는 권속들이시어, 오직 원컨대 서원을 어기지 마시고 이 도량에 임하시어 이 결계를 보호하소서.

가영(歌詠)
天龍八部滿虛空　　　　천룡팔부가 허공에 가득하니
都在毫光一道中　　　　한 줄기 백호광[毫光]6) 속에 모두 다 있네.
───────────
6) 호광(毫光): 부처님의 눈썹 사이에 있는 백호의 빛. 부처님 지혜의 빛에 비유한다.

| 信受佛言常擁護 | 부처님 말씀 믿고 받아지녀 항상 옹호하며 |
| 奉行經典永流通 | 경전을 봉행하여 영원히 유통하리라. |

헌좌안위(獻座安位)

我今敬設寶嚴座	제가 지금 보배롭고 장엄한 자리를 삼가 마련하옵고
普獻護法龍王衆	법을 보호하는 용왕들께 두루 올리오니
願滅塵勞妄想心	진로망상심을 멸하시어
速圓解脫菩提果	속히 원만히 해탈보리과를 이루기 원하나이다.

<唵 迦麼羅 僧賀 莎訶>
옴 가마라 승하 사바하

今將甘露茶	이제 감로다를
奉獻龍王衆	용왕중께 받들어 올리오니
鑑察虔懇心	정성스럽고 간절한 마음 살피시어
願垂哀納受	애틋이 여기시고 받아주옵소서.

심경과 오공양을 펼친다. 공양진언과 회향진언을 하고 다음 축원(祝願)을 한다.

至巳時常住勸供祝願 法衆點心 齋食後
사시가 되면 상주권공을 하고 축원을 한다. 법중은 점심을 먹는다. 재식한 뒤에

◎예적단작법(穢跡壇作法)

전종(轉鐘)하고 명발(鳴鈸)을 한다.

喝香次 燃香偈 單頂禮 合掌偈 信香偈 開啓篇 千手呪 嚴淨偈 次鳴鈸 次擧佛
할향을 하고, 다음 연향게를 하고, 단정례를 하고, 합장게를 하고, 신향게를 하고, 개계편을 하고, 천수주를 하고, 엄정게를 하고, 다음 명발을 하고, 다음 거불을 한다.

| 南無十方佛 | 시방에 계신 불보님께 귀의합니다. |
| 南無十方法 | 시방에 계신 법보님께 귀의합니다. |

南無十方僧   시방에 계신 승보님께 귀의합니다.

진령게(振鈴偈)
以此振鈴伸召請   이 요령을 흔들며 소청하나니
穢跡金剛普聞知   예적 금강은 두루 알아들으시고
願承三寶力加持   삼보의 가지하는 힘을 받들어
今日今時來赴會   지금 이 시간에 와서 모이소서.

　　보소청진언(普召請眞言)   <南無 步步帝哩 伽哩哆哩 怛他 誐哆野>
　　　　　　　　　　　　　　　나무 보보제리 가리다리 다타 아다야

一心奉請 如來化現 圓滿神通 大穢跡 金剛聖者 幷諸眷屬 惟願不違願言 臨降道場 護持結界
일심으로 받들어 청하옵니다. 여래가 화현하여 원만신통하신 대예적 금강성자와 그에 따른 권속들
이시어, 원컨대 서원을 어기지 마시고 이 도량에 강림하시어 이 결계를 호지하소서.

가영(歌詠)
穢跡慈光不可陳   예적7)의 자애로운 빛 다 펼칠 수 없더니
爲降魔業現全身   마업을 항복시키려고 전신을 드러내시네.
如藍澱色埋釘刺   쪽의 앙금 푸른 빛 못질한 흔적을 묻어버리고
似惡雷聲嚙劍輪   모진듯한 뇌성으로 검륜을 물어뜯으시네.

헌좌안위(獻座安位)
我今敬設寶嚴座   제가 지금 보배롭고 장엄한 자리를 삼가 마련하옵고
普獻穢跡金剛衆   예적 금강중께 두루 올리오니
願滅塵勞妄想心   진로망상심을 멸하시고
速圓解脫菩提果   속히 원만히 해탈보리과를 이루기 원하나이다.

　　　　　　　　　　　　<唵 迦麽羅 僧賀 莎訶>
　　　　　　　　　　　　옴 가마라 승하 사바하

---

7) 예적(穢迹): 오추사마명왕(烏芻沙摩明王)의 다른 이름. (산)Ucchuṣma의 음역. 예적금강(穢迹金剛)·부정금강
　(不淨金剛) 또는 화두금강(火頭金剛)이라 번역한다. 더러운 것을 제하는 명왕(明王). 형상에는 팔이 둘·넷·
　여섯·여덟 등이 있고 온 몸에 큰 불길을 냄은 음탕한 마음을 변하여 지혜화(智慧火)가 된 것을 상징한다.

다게(茶偈)

今將甘露茶	이제 감로다를
奉獻金剛衆	금강중께 받들어 올리오니
鑑察虔懇心	정성스럽고 간절한 마음 살피시어
願垂哀納受	애틋이 여기시고 받아주옵소서.

진공할 때에 심경(心經)을 하고, 오공양(五供養)과 요잡(繞匝)을 한다. 공양진언과 회향진언을 하고, 능엄주(楞嚴呪)와 축원(祝願)을 한다.

◎범왕단작법(梵王壇作法)

명발(鳴鈸)을 하고 거불(擧佛)을 한다.

南無十方佛	시방에 계신 불보님께 귀의합니다.
南無十方法	시방에 계신 법보님께 귀의합니다.
南無十方僧	시방에 계신 승보님께 귀의합니다.

진령게(振鈴偈)

以此振鈴伸召請	이 요령을 흔들며 소청하나니
大梵梵補普聞知	대범왕과 보필[補][8]들은 두루 알아들으시고
願承三寶力加持	삼보의 가지하는 힘을 받들어
今日今時來赴會	지금 이 시간에 와서 모이소서.

보소청진언(普召請眞言)　<南無 步步帝哩 伽哩哆哩 怛他 誐哆野>
　　　　　　　　나무 보보제리 가리다리 다타 아다야

一心奉請 大梵梵輔梵衆之天 色界初禪三天 幷從眷屬 惟願不違願言 臨降道場 護持結界
일심으로 받들어 청하옵니다. 대범왕과 범왕의 보필과 범중의 하늘[9], 색계초선삼천과 그들을 따르

---

8) 보(補): 보(輔)의 오자인 듯하다.
9) 범중천(梵衆天): 범신천(梵身天)이라고도 한다. 색계초선천(色界初禪天)의 제1천. 색계 제1의 정려처(靜慮處)에 있는 천(天). 대범천에 통할(統轄)되는 천중(天衆)이 이곳에 거주한다.

는 권속들이시어, 원컨대 서원을 어기지 마시고 이 도량에 임하시어 이 결계를 호지하소서.

가영(歌詠)

梵天三種事無疑	범천의 세 가지 일 의심이 없어
勝劣高低因植題	우열과 고저대로 이름을 세우네.
香風鬱鬱天顏悅	향풍이 가득하여 천안은 기쁘고
瑞氣氳氳玉貌怡	상서로운 기운이 가득쌓여 옥같은 얼굴이 기쁘네.

헌좌안위(獻座安位)

我今敬設寶嚴座	제가 지금 보엄좌를 삼가 마련하옵고
普獻大梵諸眷屬	대범의 여러 권속들께 두루 올리오니
願滅塵勞妄想心	진로망상심을 멸하시어
速圓解脫菩提果	속히 원만히 해탈보리과를 이루기 원하나이다.

<唵 迦摩羅 僧賀 莎訶>
옴 가마라 승하 사바하

다게(茶偈)

今將甘露茶	이제 감로다를
奉獻金剛衆	금강중께 받들어 올리오니
鑑察虔懇心	정성스럽고 간절한 마음 살피시어
願垂哀納受	애틋이 여기시고 받아주옵소서.

심경과 오공양을 펼친다. 공양진언과 회향진언을 하고 축원(祝願)을 한다.

◎제석단작법(帝釋壇作法)

명발(鳴鈸)을 하고 거불(擧佛)을 한다.

南無十方佛	시방에 계신 불보님께 귀의합니다.
南無十方法	시방에 계신 법보님께 귀의합니다.

南無十方僧　　　　　　　시방에 계신 승보님께 귀의합니다.

진령게(振鈴偈)

以此振鈴伸召請　　　　　이 요령을 흔들며 소청하나니

帝釋天王普聞知　　　　　제석천왕께서는 두루 알아들으소서.

願承三寶力加持　　　　　원컨대 삼보의 가지하는 힘을 받들어

今日今時來赴會　　　　　지금 이 시간에 모두 모이소서.

　　보소청진언(普召請眞言)　　　＜南無 步步帝哩 伽哩哆哩 怛他 誐哆野＞

　　　　　　　　　　　　　　　나무 보보제리 가리다리 다타 아다야

一心奉請 他化化樂兜率焰摩帝釋 忉利六欲界 諸天幷從眷屬等衆

일심으로 받들어 청하옵니다. 타화·화락·도솔·염마·제석·도리천·육욕계 제천과 그에 따른 권속들
이시여!

가영(歌詠)

妙高頂上衆天人　　　　　묘고의 정상에 있는 많은 천인들은

福德巍峨越衆辰　　　　　복덕이 높고 높아 별들보다 뛰어나네.

徧體珠瓔光奪目　　　　　몸에 걸친 구슬목걸이 빛이 눈에 찬란하고

隨身宮殿色長新　　　　　몸이 가는 대로 궁전의 빛은 오래도록 새롭네.

헌좌안위(獻座安位)

我今敬設寶嚴座　　　　　제가 지금 보배롭고 장엄한 자리를 삼가 마련하옵고

普獻大梵諸眷屬　　　　　대범의 여러 권속들께 두루 올리오니

願滅塵勞妄想心　　　　　진로망상심을 멸하시어

速圓解脫菩提果　　　　　속히 원만히 해탈보리과를 이루기 원하나이다.

　　　　　　　　　　＜唵 迦麼羅 僧賀 莎訶＞

　　　　　　　　　　옴 가마라 승하 사바하

今將甘露茶　　　　　　　이제 감로다를

奉獻帝釋尊　　　　　　　제석존께 받들어 올리오니

鑑察虔懇心	정성스럽고 간절한 마음 살피시어
願垂哀納受	애틋이 여기시고 받아주옵소서.

진공할 때에 심경 및 오공양을 펼치고, 혹은 운심게(運心偈)를 한다.

願此淸淨妙香饌	원컨대 이 청정하고 묘한 향기로운 찬으로
供養能天帝釋尊	하늘에 계신 제석존께 공양올리오니
及與四方諸天子	사방과 제천의 사자들은
不捨慈悲受此供	자비심을 버리지 마시고 이 공양을 받으소서.

運心偈 眞言次 供養眞言 回向眞言 楞嚴呪 祝願
운심게와 진언을 하고 다음, 공양진언과 회향진언, 능엄주를 하고 축원을 한다.

◎사천왕단작법(四天王壇作法)

명발(鳴鈸)을 하고 거불(擧佛)을 한다.

南無十方佛	시방에 계신 불보님께 귀의합니다.
南無十方法	시방에 계신 법보님께 귀의합니다.
南無十方僧	시방에 계신 승보님께 귀의합니다.

진령게(振鈴偈)

以此振鈴伸召請	이 요령을 흔들며 소청하나니
四大天王普聞知	사대천왕께서는 두루 알아들으소서
願承三寶力加持	원컨대 삼보의 가지하는 힘을 받들어
今日今時來赴會	지금 이 시간에 모두 모이소서.

　　보소청진언(普召請眞言)　　＜南無 步步帝哩 伽哩哆哩 怛他 誐哆野＞
　　　　　　　　　　　　　　　나무 보보제리 가리다리 다타 아다야

一心奉請 持國 增長 廣目 多聞 四大天王 幷諸眷屬等衆 惟願不違本誓 臨降道場 護持結界

일심으로 받들어 청하옵니다. 지국천왕, 증장천왕, 광목천왕, 다문천왕 사대천왕과 아울러 그에 따른 권속들이시여! 원컨대 본래 서원을 어기지 마시고 이 도량에 임하시어 결계를 호지하소서.

가영(歌詠)

四大天王威勢雄	사대천왕의 위세 웅장하여
護世巡遊處處通	세상을 돌면서 보호하시니 곳곳에 통하네.
從善有情貽福廳	선을 따르는 유정한 것들에게는 복을 주고
罰惡郡品賜災隆	악한 군(郡)10)생들에게는 벌주고 재앙을 주네.

헌좌안위(獻座安位)

我今敬設寶嚴座	제가 지금 보배롭고 장엄한 자리를 삼가 마련하옵고
普獻四大天王衆	사대천왕중께 두루 올리오니
願減塵勞妄想心	진로망상심을 멸하시어
速圓解脫菩提果	속히 원만히 해탈보리과를 이루기 원하나이다.

<唵 迦麼羅 僧賀 莎訶>
옴 가마라 승하 사바하

今將甘露茶	이제 감로다를
奉獻帝釋尊	제석존께 받들어 올리오니
鑑察虔懇心	정성스럽고 간절한 마음 살피시어
願垂哀納受	애틋이 여기시고 받아주옵소서.

진공할 때에 심경 및 오공양을 펼치고 요잡(繞帀)을 한다. 공양진언과 회향진언을 한다.

楞嚴呪 祝願   능엄주와 축원을 한다.

◎성황단작법(城隍壇作法)

명발(鳴鈸)을 하고 거불(擧佛)을 한다.
___
10) 군(郡): 군(群)의 오자인 듯하다.

南無十方佛　　　　　　시방에 계신 불보님께 귀의합니다.

南無十方法　　　　　　시방에 계신 법보님께 귀의합니다.

南無十方僧　　　　　　시방에 계신 승보님께 귀의합니다.

선소(宣疏)

진령게(振鈴偈)

以此振鈴伸召請　　　　이 요령을 흔들며 소청하나니

城隍眞宰普聞知　　　　성황의 진재께서는 두루 알아들으소서.

願承三寶力加持　　　　원컨대 삼보의 가지하는 힘을 받들어

今日今時來赴會　　　　지금 이 시간에 와서 모이소서.

　　보소청진언(普召請眞言)　　<南無 步步帝哩 伽哩哆哩 怛他 誐哆野>
　　　　　　　　　　　　　　　나무 보보제리 가리다리 다타 아다야

一心奉請 威嚴執正 秉直無私 守成池於 本境之間 察善惡於 幽冥之際 城隍眞宰 幷從眷屬 惟願 不違
願言 臨降道場 護持結界

일심으로 받들어 청하옵니다. 위엄으로 바른 도리를 잡으시고 곧은 도리를 지켜 사사로움이 없으
시며, 본 지역에서 성지를 지키시며, 유명계에서 선악을 살피시는 성황 진재와 그에 따른 권속들이
시어, 원컨대 서원하신 말을 어기지 마시고 이 도량에 임하시어 결계를 호지하소서.

가영(歌詠)

威嚴整肅統城隍　　　　위엄있고 정숙하게 성황을 통솔하시며

端正靈明霸一方　　　　단정하고 영명하게 한 지방을 장악하시네.

炳察人間諸善惡　　　　인간의 여러 선악을 밝게 살피시며

權衡鬼域衆魔王　　　　귀신의 영역에서 뭇 마왕들을 저울질하시네.

헌좌안위(獻座安位)

我今敬設寶嚴座　　　　제가 지금 보배롭고 장엄한 자리를 삼가 마련하옵고

普獻城隍眞宰衆　　　　성황 진재께 두루 올리오니

願滅塵勞妄想心　　　　진로망상심을 멸하시어

速圓解脫菩提果　　　　속히 원만히 해탈보리과를 이루기 원하나이다.

<唵 迦摩羅 僧賀 莎訶>
옴 가마라 승하 사바하

다게(茶偈)

今將甘露茶	이제 감로다를
奉獻城隍衆	성황중께 받들어 올리오니
鑑察虔懇心	정성스럽고 간절한 마음 살피시어
願垂哀納受	애틋이 여기시고 받아주옵소서.

심경 및 오공양을 펼치고 공양주(供養呪)와 회향주(回向呪), 첩소(牒疏)를 읽는다.

時常住作法進供勸供 是謂一晝夜之禮也 對靈作法如儀文
이때 상주작법으로 진공과 권공을 하는데, 이것을 일컬어 1주야의 예라고 한다. 대령작법은 의문과 같이 한다.

次二日華嚴作法如文 一邊禮懺作法如文 鳴鈸次 喝香次 三燈偈 鳴鈸次 大會疏 三歸依 鳴鈸次 開啓疏 合掌偈 信
香偈 開啓次 內開啓 如儀文 千手及 普淨偈 嚴淨偈 鳴鈸次 擧佛云
다음 2일 화엄작법은 의문과 같이 하고, 한편으로 예참작법을 의문과 같이 한다. 명발을 하고, 다음 할향을 하고, 다음 삼등게를 하고, 명발을 하고, 다음 대회소를 읽고, 삼귀의를 하고, 명발을 하고, 다음 개계소를 읽고, 합장게를 하고, 신향게를 하고, 개계를 하고, 다음 내개계를 의문과 같이 하고, 천수 및 보정게를 하고, 엄정게를 하고, 명발을 하고, 다음 거불을 운한다.

南無華嚴教主毘盧遮那佛	화엄교주 비로자나불께 귀의하옵니다.
南無圓滿報身	원만보신께 귀의하옵니다.
南無千百億化身	천백억화신께 귀의하옵니다.
南無文殊普賢	문수보현보살께 귀의하옵니다.
南無觀音勢至	관음세지보살께 귀의하옵니다.
南無華嚴會上佛菩薩	화엄회상[11]불보살께 귀의하옵니다.

鳴鈸 讀三寶疏畢 三動鈸 請佛起頭覺照圓明云
명발을 하고, 삼보소를 읽고, 삼동발(三動鈸)을 하고, 불(佛)을 청하는데, 첫머리에 "원만하고 밝게 깨달아 비춘다"고 운한다.

비로청(毘盧請)

一心奉請 始成正覺 華嚴教主 淸淨法身 毘盧遮那佛 願降道場 受此供養

---

11) 화엄회상(華嚴會上): 석존께서 정각 후, 『화엄경』을 설하시던 자리.

일심으로 받들어 청하옵니다. 비로소 정각을 이루신 화엄교주 청정법신 비로자나불이시어, 원컨대 이 도량에 오시어 이 공양을 받으소서.

가영(歌詠)

威光遍照滿乾坤	위엄있는 빛이 두루 하늘과 땅을 비추니
眞淨無爲解脫門	참되고 깨끗한 무위의 해탈문이로세.
雲暗日明身內影	구름 어둡고 해가 밝음은 몸 안의 그림자이니
山靑水碧鏡中痕	산 푸르고 물 푸른 것은 거울 가운데 혼적이로다.

삼례청(三禮請)

一心禮請 南無盡虛空遍法界十方 常住一切 佛陀耶衆 達摩耶衆 僧伽耶衆 惟願慈悲 光臨法會
일심으로 예를 갖춰 청하옵니다. 모든 허공과 시방의 법계에 항상 두루 머무시는 모든 불타님, 달마님, 승가님께 귀의하옵니다. 원컨대 자비로운 마음으로 법회에 광림하소서.

사부청(四府請)

一心禮請 三界四府 主執陰陽 權衡造化 已發菩提心 一切聖衆 惟願慈悲 光臨法會
일심으로 예를 갖춰 청하옵니다. 삼계사부의 음양을 잡고 조화를 저울질하시며 이미 보리심을 내신 모든 성중들이시어, 오직 원컨대 자비로운 마음으로 법회에 광림하소서.

獻座偈呪次茶偈 或香花偈則 如儀文
헌좌게주 다음 다게를 한다. 혹 향화게를 한다면 의문과 같이 한다.

會主拈香及釋題 次法衆同誦蓮花經畢 收經偈靈駕 唱魂 次遠劫中淨法界眞言 唵噠進供 次鳴鈸讀別疏畢 加持四陁羅尼呪 六法供養 供養呪 回向呪 楞嚴呪 祝願 齋後
회주는 향을 잡고 제목을 풀고, 다음 법중은 『연화경』을 함께 외우고, 마치면 수경게를 하고, 영가의 혼을 부른다. 다음 원접중정법계진언 '옴 람'을 하고 진공을 한다. 다음 명발을 하고, 별소를 읽고, 끝나면 사다라니주를 가지한다. 육법공양을 하고, 공양주, 회향주, 능엄주, 축원을 한다.

재후(齋後)

◎예수작법(預修作法)

錢幕移運 自喝香至嚴淨偈 次擧佛宣疏 諸眞言上中下徧文及請詞 沐浴侍輦如文 進供勸供祝願畢 奉送儀一一如儀文
전막이운을 하고, 할향으로부터 엄정게까지 하고, 다음 거불을 하고, 선소(宣疏)를 하고, 여러 진언을 하고, 상중하편의 문 및 청사를 한다. 목욕과 시련을 의문대로 하고, 진공, 권공, 축원을 마치고, 봉송의를 하나하나 의문대로 한다.

이것을 2주야의 예라고 한다.

次三日大靈山作法如文
다음 3일 대영산작법은 의문과 같다.

會主拈香釋題畢 法衆同誦蓮花經畢 收經偈後 進供勸供如文
회주는 염향하고, 석제를 마치면, 법중은 『연화경』을 함께 외우고, 마치면 수경게를 한 뒤에, 진공, 권공을 의식문과 같이 한다.

재후(齋後)

◎자기초권작법(仔夔初卷作法)

鳴鈸讀建會疏畢 三動鈸喝香次 三燈偈鳴鈸次 大會疏三歸依 鳴鈸次 開啓疏 合掌偈 信香偈(秉法振鈴三下) 讚佛聖德篇 通敍因緣篇 歸命一切智等篇諸眞言 嚴淨八方篇
명발을 하고, 건회소를 읽고, 마치면 삼동발을 한다. 할향을 하고, 다음 삼등게를 하고, 명발을 하고, 다음 대회소를 읽고, 삼귀의를 하고, 명발을 하고, 다음 개계소를 읽고, 합장게, 신향게를 한다. (병법은 요령을 3번 흔든다.) 찬불성덕편과 통서인연편, 귀명일체지 등편과 여러 진언, 엄정팔방편을 한다.

釋師子曰 諸佛清凉月 遊於畢竟空 衆生心水淨 菩提影現中. 李伯揚曰 上善若水 水善利 萬物皆淨. 孔仲尼曰 仁者樂山 智者樂水. 故夫水者 昇之爲霧露 湧之爲泉流 含識得之而利身 土石得之而堅潤 珎寶得之而澤曄 草木得之而芬茂 列沠千岐 濕無二性 天池 一滴 味具百川 大堅弥深郡12)鱗 不能離其體 迹窪雖小二照曷以逌其形 醍醐上味也 烹之熟酥 大藥神丹也 熏乎寂照 其或散之則爲風爲雨 聚之則爲沼爲湖 激而成汝 湛而若鏡 漈湲疊石迸千點之珠璣 瀑布重岩瀉一條之雪練 滔滔東逝浮范蠡之輕舟 浩浩朝宗漂任公之短艇 浪浪相排而鴻湧 注溟渤以無窮 波波峻疊而吐呑 泛古今而不盡 任重致遠

---

12) 군(郡): 군(群)의 오자인 듯하다.

能持萬斛之舟 隨方就圓頓落無邊之器

是以靈源泚湛 性海汪洋 迷之者莫測其淺深 悟之者洒識其涯涘 禪河浪淨非色而衆像祭天 定水波清無聲而群音揭地 可謂興雪幢之有普玄動 歷沙劫而無能究盡 此者卽有秉爐檀信某甲 發最上心施無窮益 建天地冥陽之勝會 修無遮水陸之齋儀 將召三界聖賢 須假八方嚴淨 所謂 靈山一滴淸涼水洒 徧三千 及大千 故我佛如來 有洒淨護魔眞言 謹奉宣楊眞言曰

부처는 "여러 부처 청량한 달밤에 노닐지만 필경에는 공이고, 중생들 마음의 물은 깨끗한지라 보리의 그림자가 그 가운데 나타나노니." 하였다. 노자는 "최상의 선은 물과 같다. 물은 만물을 이롭게 하며 모두 깨끗하다." 하였다. 공자는 "어진 자는 산을 좋아하고 지혜로운 자는 물을 좋아한다." 하였다. 그러므로 대저 물이란 올라가서 안개와 이슬이 되고, 솟아올라서 샘이 되어 흘러서, 유정한 것들은 그것을 얻어 몸을 이롭게 하고, 흙과 돌은 그것을 얻어 견고하고 윤택하게 하고, 진귀한 보물은 그것을 얻어 빛나고, 초목은 그것을 얻어 무성해진다. 천 갈래 물길 나뉘나 축축한 성품 다름이 없고, 천지에서 한 방울 떨어지면 백천의 맛을 구비하고 있다. 큰 골짜기 아무리 깊어도 물고기들이 그 체에서 떠날 수 없고, 발자국 웅덩이 비록 작지만 일월이 어찌 그 모습 감추리오. 제호는 최상의 맛이로되 삶아 연유를 익혀야 되고, 대약은 신약이로되 따뜻하게 하여 조용히 관조해야 한다.[13] 혹 그것이 흩어지면 바람이 되고 비가 되고, 그것이 모이면 늪이 되고 호수가 되고, 물결치면 탁하게 되고 담연하면 거울과 같이 되고, 첩첩 바위를 졸졸 흐르면 일천점의 구슬 줄이 한꺼번에 나타나고, 겹겹의 바위에 폭포 흘러내리면 한 줄기 눈같이 하얀 배가 되고, 넘실넘실 동쪽으로 흘러가면서 범려의 가벼운 배를 띄우고, 거침없이 바다로 달려가면서 임공의 짧은 배를 휩쓸어 가네. 물결이 서로 밀치며 크게 솟구쳐 명발 바다로 무궁하게 쏟아지고, 파도가 높아서 토하고 삼키며 고금에 둥둥 떠서 다함이 없다. 무거운 짐을 맡아 먼 곳까지 가나니 일만섬의 배를 띄울 수 있고, 방향따라 원만하게 되니 무변한 그릇으로 떨어지네.

그러므로 신령스런 근원이 가득히 맑고 성품의 바다가 왕양하나, 미혹한 자는 그 천심을 헤아릴 수 없고, 깨달은 자라야 이에 그 끝을 알 수 있다. 선(禪)의 강물에 파도가 깨끗하니 색이 아니면서 뭇 상이 하늘에 닿고, 정(定)의 물이 파도 깨끗하여 소리 없으면서 뭇 소리 땅에 걸어놓았네. 설당을 일으켜 보현의 공덕이 있으니 오랜 겁을 거치면서도 궁구할 수 없네. 이제 방금 향로를 잡고 온 신도 아무개가 최상심을 발하고 다함없는 이익을 베풀어, 천지명양의 좋은 모임을 세우고 무차수륙재의를 닦아서 장차 삼계의 성현들을 부르고 모름지기 팔방을 엄정하게 하려하오니, 이른바 영산에 청량한 물을 떨어뜨려 삼천대천세계에 두루 뿌림이로다. 그러므로 우리 부처 여래께서 쇄정호마진언이 있으니 삼가 받들어 진언을 선양하겠나이다.

---

13) 적조(寂照): 진리의 본체를 적(寂)이라 하고, 참 지혜의 활동을 조(照)라 한다. 지(止)와 관(觀).

觀音讚 觀音請 次願降 次歌詠 乞水偈 灑水偈
관음찬, 관음청, 다음 원강, 다음 가영, 걸수게, 쇄수게를 한다.

菩薩柳頭甘露水   관음보살이 쥔 버드나무 끝의 감로수는
能令一滴灑十方   한 방울로도 시방세계에 뿌릴 수 있네.
腥膻垢穢盡蠲除   성전의 비린내 노린내 더러움 모두 없애시어
令此道場悉清淨   이 도량이 모두 청정하게 하시옵소서.

　　<曩謨 三滿多 沒馱喃 阿鉢羅底 三弭 誐誐那 三弭 三滿多 訥哩誐底鉢囉訖哩底尾輪提 達哩摩馱覩尾秫
　　馱你 莎訶>
　　나무 사만다 못다남 아바라디 삼미 아아나 삼미 사만다 놀아디바라아리디 미슈디 달마다도미슈다니
　　사바하

千手次四方讚 嚴淨偈 燃臂時懺悔偈 秉法水陸起緣畢 祝香回向篇及眞言 祝香供養篇普伸廻向篇畢 十念云
천수를 하고 다음 사방찬, 엄정게를 하고, 연비할 때 참회게를 한다. 병법은 수륙연기를 설명하는 것을 마치고,
축향회향편과 진언을 하고, 축향공양편을 한다. 보신회향편을 마치고 십념을 운한다.

至使者壇 鳴鈸擧佛   사자단에 이르면 명발을 하고 거불을 한다.

南無十方佛   시방에 계신 불보님께 귀의합니다.
南無十方法   시방에 계신 법보님께 귀의합니다.
南無十方僧   시방에 계신 승보님께 귀의합니다.

次宣疏 振鈴偈及眞言 禮請讚歎使者篇 各請各詠供養篇 請入照位篇 安座眞言讚白篇畢 進供及心經一徧 次伸五供
養 供養呪回向呪 撤奠物 次仰授文疏篇畢 宣牒疏奉錢遍召篇及眞言 奉送再囑使者篇
다음 선소, 진령게 및 진언을 한다. 예청찬탄사자편을 하고, 각 청과 각 영, 공양편을 하고, 청입조위편을 한다.
안좌진언, 찬백편을 마치고, 진공 및 심경 1편을 하고, 다음 오공양을 펼치고, 공양주와 회향주를 하고, 전물을
거둔다. 다음 앙수문소편을 마치고, 선첩소, 봉전편소편 및 진언을 하고, 봉송재촉사자편을 한다.

奉送使者歸所屬   사자가 소속한 데로 돌아감을 전송하오니
不違佛語度郡迷   부처 말씀 어기지 말고 미혹된 무리 제도하소서.
普期時分摠來臨   약속한 시간에 모두 여기에 임하시었으니
惟願使者登雲路   사자께서는 구름길에 오르시길 바라옵니다.

문 밖에서 봉송할 때에는 명라(鳴螺)와 명발(鳴鈸)을 하고, 다음 염불과 회향진언을 한다. 가람(伽藍)에서 먼저

청하기 때문에 쓰지 않는다.

○지오방단(至五方壇)

명발(鳴鈸)을 하고 거불(擧佛)을 한다.

南無佛陀耶   부처님께 귀의하옵니다.

南無達摩耶   달마님께 귀의하옵니다.

南無僧伽耶   승가님께 귀의하옵니다.

宣疏, 振鈴偈及眞言 由致各請各詠 安位供養篇畢 動鈸三次千手及 進供伸五供養 次供養呪回向呪 法衆夜祭療飢
선소, 진령게 및 진언을 하고, 유치와 각 청, 각 영을 한다. 안위공양편을 마치고 삼동발을 하고, 천수 및 진공
을 하고 오공양을 펼치고, 다음 공양주와 회향주를 한다. 법중은 야참 때에 요기한다.

◎가등작법(加燈作法)

법당을 향해서 평소대로 작법을 의례문대로 하고 천수(千手)와 엄정게(嚴淨偈)를 한다.

가등통서편(加燈通敍篇), 경헌법보편(敬獻法寶篇), 등봉승보편(燈奉僧寶篇), 보헌삼보편(寶獻三寶
篇), 별공성범편(別供聖凡篇), 실헌제불편(悉獻諸佛篇), 공제보살편(供諸菩薩篇), 앙헌명왕편(仰獻明
王篇), 경헌삼승편(敬獻三乘篇)

상편(上篇)은 일륜등(一輪燈), 반야륜등(般若輪燈)이다.

헌제천등편(獻諸天等篇), 헌일체선등편(獻一切僊等篇), 헌제용군편(獻諸龍君篇), 헌수나등편(獻修羅
等篇), 대약차왕편(大藥叉王篇), 헌라차등편(獻羅叉等篇), 아리제모등편(阿利帝母等篇), 제주집신편
(諸主執神篇), 명부제신편(明符諸神篇), 제망세주삼교제도편(諸亡世主三敎諸徒篇)

위는 이륜등(二輪等)이다.

시주지령편(施主知靈篇), 고혼등류편(孤魂等類篇), 지옥제혼편(地獄諸魂篇), 귀도중등편(鬼道衆等
篇), 소청수중편(召請垂衆篇), 사대사자편(四大使者篇), 등공회향편(燈供廻向篇)

我以法輪無盡燈	나는 법륜의 다함없는 등불을 가지고
上中下位普供養	상중하의 자리에 모두 공양하옵니다.
淸淨光明照十方	청정한 밝은 빛이 시방에 비추어
六道觸光皆解脫	육도[14]에도 빛이 닿아 모두 해탈하게 하소서.

無明業障盡蠲除	무명의 업장을 모두 제거하여
發悟心花成正覺	마음 깨치는 꽃을 피워 정각을 이루나니
願此燈光徧法界	원컨대 이 등불 법계에 두루하게 하여
幽顯聖凡哀納受	이승과 저승의 성범을 불쌍히 여겨 받아주옵소서.

절이향등편(竊以香燈篇)을 하고, 다음으로 일등편(一燈篇), 이등편(二燈篇), 삼등편(三燈篇), 사등편(四燈篇), 오등편(五燈篇), 육등편(六燈篇)을 한다.

위는 삼륜등(三輪燈)이다.

　　회향진언(回向眞言)

축(祝)과 찬(讚)은 마음에서 하고자 하는 말을 하는 것이니 모두 축원이 된다.

◎별삼보단작법(別三寶壇作法)

명발(鳴鈸)을 하고 선소(宣疏) 한다.

喝香次 三燈偈 三至心次 鳴鈸開啓疏 合掌偈 信香偈 開啓次 千手呪 普淨偈嚴淨偈 擧佛
할향을 하고, 다음 삼등게, 삼지심을 하고, 다음 명발을 하고, 개계소를 하고, 합장게를 하고, 신향게를 하고 개계를 하고, 다음 천수주를 하고, 보정게를 하고, 엄정게를 하고, 거불을 한다.

南無十方常住 一切眞如佛寶
시방에 항상 머무시는 모든 진여이신 불보께 귀의하옵니다.

---

14) 육도(六道): 중생이 업에 의해 생사를 반복하는 여섯가지 세계. 지옥도(地獄道, naraka-gati)·아귀도(餓鬼道, preta-gati)·축생도(畜生道, tiryagyoni-gati)·수라도(修羅道, asura-gati)·인간도(人間道, manuṣya-gati)·천도(天道, deva-gati)를 말한다.

南無十方常住 一切甚深法寶
시방에 항상 머무시는 모든 깊고 깊은 법보께 귀의하옵니다.
南無十方常住 一切淸淨僧寶
시방에 항상 머무시는 모든 청정한 승보께 귀의하옵니다.

선소를 마치고 동발(動鈸)을 3탁(度) 한다.

소청삼보위(召請三寶位)

振鈴偈及眞言 由致 各請 各詠末 引聖歸位篇次 侍輦則拈花偈 散花落 三動鈸擧靈山引聲繞帀至法堂止樂座佛偈云
진령게 및 진언을 하고, 유치, 각 청, 각 영을 하고, 끝에 인성귀위편을 하고, 다음 시련을 하면, 염화게를 하고,
산화락을 하고, 삼동발을 하고, 거령산(擧靈山)과 인성(引聲), 요잡(繞帀)을 한다. 법당에 이르면 음악을 그치고,
좌불게를 운한다.

헌좌안위게주(獻座安位偈呪)

妙菩提座勝莊嚴   묘보리좌가 참으로 장엄하니
諸佛坐已成正覺   여러 부처님들 앉아서 이미 정각을 이루었네.
我今獻座亦如是   나는 지금 이와 같이 자리를 바치오니
自他一時成佛道   모두 일시에 불도를 이루기 원하옵니다.

　　<唵 菩嚩 怛他阿誐哆 迦摩攞 星賀 阿薩那 布惹弥伽 三毋棳囉 薩頗囉拏 三摩曳 吽>
　　옴 살바 다타아다 가마라 승하 아사나 보아미가 삼모나라 사바라나 삼몌예 훔

다게(茶偈)

今將妙藥及名茶   지금 장차 묘약과 좋은 차를
奉獻十方三寶尊   시방의 삼보존에 봉헌하려 하나이다.
鑑察檀那虔懇心   단나[15]의 정성스런 마음을 비추시어
願垂慈悲哀納受   자비로운 마음으로 애틋이 여겨 받아주옵소서.

앙유삼보편(仰惟三寶篇)을 마치고 작법할 곳에 이르러 거찬(擧讚)을 하고, 올라가 바라를 각 1회 하고, 회중이
소리를 내어 '운하범(云何梵)' 3자를 3번 지으면, 병법은 뒤의 게를 설하는 것이 마땅하다. 다음 게를 마치고
수심소원(隨心所願)에서 마하반야바라밀(摩訶般若波羅蜜)까지 3번 하고, 아래의 진언을 한다.

---

15) 단나(檀那): 보시자. 승려를 불사에 초대한 시주자.

摠皆結印當至心誦七眞言 讚歎普禮三寶篇畢 三頂禮末眞言 爲利偈呪畢
총개결인16)은 마땅히 일곱 개의 진언을 지극한 마음으로 외고, 찬탄보례삼보편을 마치고, 삼정례 끝에 진언을 하고, 위리게주를 마친다.

進供時淨法界眞言唵嚂唵嚂 鳴鈸讀別文 加持四陁羅尼六法供養 供養呪回向呪楞嚴呪 鳴鈸祝願施食如文
진공할 때 정법계진언 "옴람옴람"을 하고, 명발을 하고, 별문을 읽는다. 가지사다라니와 육법공양을 하고, 공양주와 회향주를 하고, 능엄주를 한다. 명발을 하고, 축원을 하고, 시식을 하는 것은 의문과 같다.

이것을 3주야의 예라고 한다.

○다음 4일 중권 비로단작법(毘盧壇作法)

명발(鳴鈸)을 한다.

鳴鈸次 三燭偈 三歸依 合掌偈 信香偈 開啓次 千手呪 普淨偈 嚴淨偈 鳴鈸 擧佛
할향을 하고, 다음 삼촉게를 하고, 삼귀의를 하고, 합장게를 하고, 신향게를 하고, 개계를 하고, 다음 천수주를 하고, 보정게를 하고, 엄정게를 하고, 명발을 하고, 거불을 한다.

南無淸淨法身毘盧遮那佛   청정법신 비로자나부처님께 귀의하옵니다.
南無圓滿報身盧舍那佛   원만보신 노사나부처님께 귀의하옵니다.
南無千百億化身釋迦牟尼佛   천백억화신 석가모니부처님께 귀의하옵니다.

선소(宣疏)하고 삼동발(三動鈸)을 한다.

召請上位諸佛菩薩篇 振鈴偈及眞言 切以如是篇 唱禮歎佛篇各請各詠 上來召請篇次 入室偈時 亂經繞匝 一邊道路
眞言七遍 茶偈
소청상위제불보살편을 하고, 진령게 및 진언을 하고, 절이여시편을 하고, 예탄불편을 창한다. 각 청, 각 영, 상래소청편을 하고, 다음 입실게를 할 때 난경(亂經)하면서 요잡(繞匝)을 하고, 한편으로 도로진언을 7번 하고, 다게를 한다.

◎수중단작법(垂衆壇作法)

명발(鳴鈸)을 하고 거불(擧佛)을 한다.

---

16) 총개결인(摠皆結印): 옴 라유바 아다 살마 달마, 옴 사바 바바 슈다 살바 달마, 옴 함 바아라 다도밤, 옴 바아로 디따훔, 옴 라다나 디따 다륵, 옴 달마 디따 하리예, 옴 갈마 디따악의 일곱 개 진언.

南無一伐敎主釋迦牟尼佛	일벌교주 석가모니부처님께 귀의하옵니다.
南無左補處迦葉尊者	좌보처 가섭존자께 귀의하옵니다.
南無右補處阿難尊者	우보처 아난존자께 귀의하옵니다.

召請垂衆篇 振鈴偈及眞言 由致 各請 各詠畢 迎請入浴篇次
소청수중편을 하고, 진령게 및 진언을 하고, 유치와 각 청, 각 영을 마치고, 영청입욕편을 한다.

다음 상위(上位)의 여러 불, 보살이 이 단의 수중(垂衆) 등과 같이 목욕실에 들어간다. 그러므로 대중은 바라 소리를 내고 고승을 이끌고 요령을 흔들고 염불하고 도로진언(道路眞言)을 하면서 욕실에 이른다.

九龍讚 讚歎 沐浴篇及眞言 詳夫蓮不着泥篇
구룡찬과 찬탄을 하고, 목욕편 및 진언을 하고, 상부연불착니편을 한다.

관욕게(灌浴偈)

我今灌浴聖賢衆	나는 지금 성현들을 관욕하오니
淨智功德莊嚴具	정지와 공덕과 장엄을 구비하였습니다.
五濁衆生今離垢	오탁의 중생들은 지금 때에서 벗어나서
當證如來淨法身	마땅히 여래의 청정한 법신을 증명하소서.

戒定惠解知見香	계향 정향 혜향[17] 해탈향 해탈지견향이
徧十方刹常芬馥	시방세계에 두루 항상 향기롭습니다.
願此閼伽亦如是	원컨대 이 물[18] 또한 이와 같아서
無量無邊作佛事	무량무변한 불사를 짓도록 하소서.
普願衆生苦輪息	두루 원하오니 중생들이 고통스런 윤회를 쉬게 하고
摠令除熱得淸凉	모두 번뇌를 제거하고 청량함을 얻게 하소서.
皆發無上菩提心	모두 위없는 보리심을 내시어
同出愛河登彼岸	함께 애욕의 강에서 나와 피안에 오르게 하소서.
毘藍園內降生時	비람원에 강생하셨을 때
龍母諸天咸鹽沐	용모 제천이 모두 목욕하셨네.

---

17) 계정혜(戒定惠): 삼학(三學)이라고도 한다. 불도수행자가 반드시 수학 실천해야 할 근본의 일. 비(非)를 방지하고 악을 그만두는 것을 계, 사려분별의 의식을 닦는 것을 정, 의혹을 깨고 진실을 증거하는 것을 혜라고 한다.

18) 알가(閼伽): (산)argha의 음역. 불전에 드리는 물.

如來所有吉祥事	여래께서 소유하시는 길상의 일은
今此灌浴亦如是	지금 관욕하는 것과 같도다.

<唵 薩哩縛 怛他阿 誐多阿囉 伽囉布惹 弭伽 三母棕囉 薩頗囉拏 三摩曳 吽>
옴 살바 다타아 아다아라 가라보야 미가 삼모나라 살바라나 삼마예 홈

以本淸淨水	청정수를 근본으로 삼아
灌沐無垢身	관욕하여 몸에 때가 없게 하시옵소서.
不捨本誓願	본래의 서원을 버리지 마시고
證明我佛事	우리의 불사를 증명하시옵소서.

<曩謨 三滿多 沒馱喃 唵 誐誐那 三摩三莫 莎訶>
나무 사만다 못다남 옴 아아나 삼마삼막 사바하

讚請出浴篇畢 漱口偈	찬청출욕편을 마치고 수구게를 한다.

今將甘露水	이제 감로수를
奉獻聖賢衆	성현중에 받들어 올리오니
不捨大慈悲	대자비심을 버리지 마시고
願垂哀納受	애틋이 여기시고 받아주옵소서.

仰惟聖衆篇 茶偈	앙유성중편을 하고 다게를 한다.

今將妙藥及名茶	지금 장차 묘약과 좋은 차를
奉獻如來聖賢衆	여래와 성현중께 봉헌하려 하나이다.
鑑察檀那虔懇心	단나의 정성스런 마음을 비추시어
願垂慈悲哀納受	자비로운 마음으로 애틋이 여기시고 받아주시옵소서.

引聖歸位篇畢 拈花偈 散花落 三動鈸 擧靈山引聲繞匝至法堂止樂 坐佛偈 殼獻寶座篇次 獻座偈呪
인성귀위편을 마치고, 염화게와 산화락을 하고, 삼동발을 하고, 거령산(擧靈山)과 인성(引聲), 요잡(繞匝)을 하고, 법당에 이르면 음악을 그친다. 좌불게를 하고, 각헌보좌편을 하고, 다음 헌좌게주를 한다.

善來善逝	잘 왔다가 잘 가시며

善來世尊	잘 오신 세존이시어!
降臨道場	이 도량에 오시어
當就此座	이 자리에 앉는 것이 마땅하옵니다.

<俺 迦麽羅 僧賀 莎訶>
옴 가마라 승하 사바하

다게(茶偈)

今將甘露茶	이제 감로다를
奉獻賢聖前	성현들께 받들어 올리오니
鑑此虔懇心	정성스럽고 간절한 마음 살피시어
願垂哀納受	애틋이 여기시고 받아주옵소서.

盖聞大士篇 溥禮聖衆篇 眞言 盖聞法身篇 四無量偈 大圓滿覺篇 各頂禮如文 比丘某甲篇畢 懺悔偈呪
개문대사편을 하고, 보례성중편을 하고, 진언을 한다. 개문법신편을 하고, 사무량게와 대원만각편, 각기 정례는
의문과 같이 하고, 비구모갑편을 마치고, 참회게주를 한다.

懺除三業罪	삼업의 죄를 참제하오니
自從過去世	과거세로부터
流轉於三有	삼유에 전전하다가
今對聖衆前	지금 성중 앞에 마주하였습니다.

運心而懺悔   운심을 하고 참회를 한다.

<俺 薩哩嚩 播波薩普吒 諾賀諾野 嚩惹羅野 薩嚩賀>
옴 살바 반바살보타 나하나야 바아라야 사바하

입지게(立志偈)

諸佛所懺悔	여러 부처가 참회한 것을
我今亦如是	나도 지금 이와 같이 합니다.
三世一切罪	삼세의 모든 죄가
願成加持力	원컨대 가지하는 힘을 이루어
三業悉淸淨	삼업이 모두 청정하게 하소서.

二壇一時進供之時 誦法界眞言 鳴鈸讀別疏 三動鈸 加持四陁羅尼三七徧伸六法供養 繞匝

두 단에서 일시에 진공할 때 법계진언을 외운다. 명발을 하고, 별소를 읽고, 삼동발을 한다. 가지사다라니를 21
번 하고, 육법공양을 펼치며 요잡(繞匝)을 한다.

대공양진언(大供養眞言)

<唵 薩哩嚩 怛他阿誐當 嚩惹喃 姑舍播舍薩 普咤 吠曾攞紬 摩禮 涅哩帝 倪也帝 度閉補瑟 閑祢閉 獻弟
普惹曩 佉惹曩 舍婆曩 奔尼多 曼拏迦 薄乞又訖哩 婆羅 枾羅多 薩哩嚩 播欲乞又 囉捺地 曼拏 曼尼攞
迦 迦葛咤 誐囉娑 沒哩乞又 囉怛曩 計覩摩尼 持嚩惹 嚩日囉 鉢多迦阿 囉怛曩 刹怛囉 僧賀怛曩 秙弟
彈努彈你也 毛禮馱囉 薩哩嚩尾你也 薩哩嚩嚩 婆怛囉 薩哩嚩尾曳賀 能迦囉 布惹弭伽 三毋 楺囉 薩頗
囉拏 三摩曳 吽>

옴 살바 다타아다 바아랑 끄샤바사 보타 볘사라셰 마례 나리데 야뎨 도볘보볘녜볘 안뎨보아나 카아
나 샤사나 보니다 만나가 박사가리 사라 녜라다 살바 바욕사 라나디 만나 마니라가 가가다 아라사
마릭사 라다나 계도마니 돠아 바아라 바다가 라다나 차다라 승하다나 슷제 단노다냐 모례다라 살바
미냐 살바 사다라 살바뮤하 낭가라 보이미가 삼모나라 사바라나 삼마예 훔

<那謨 三滿哆 沒馱喃 唵 說仡囉夜 婆嚩訶>
나무 사만다 못다남 옴 샤가라야 사바하

<那謨 三滿哆 沒馱喃 唵 呵祢贊也 贊怛嚩也 (婆嚩訶)[19]>
나무 사만다 못다남 옴 아녜다 잔다바야 (사바하)

<那謨 三滿哆 沒馱喃 唵 阿蘇羅也 辢羅塞擔 沒嚩沒囉 娑嚩賀>
나무 사만다 못다남 옴 아소라야 라라땀 마라마라 사바하

보례진언(普禮眞言)   <唵 薩哩嚩 怛他誐哆 播捺滿那喃 迦嚕弥>
옴 살바 다타야다 반나만나남 가로미

楞嚴呪 鳴鈸 祝願 齋後   능엄주를 하고 명발을 하고 축원을 한다. 재 뒤에

◎천선단작법(天仙壇作法)

명발(鳴鈸)을 한다.

조용해지면 상주작법(常住作法)을 운하고, 급하면 거불만 하고 만다.

---

19) 사바하(婆嚩訶): 원문에 사바하(婆嚩訶)가 생략되어 있어서 역자가 삽입하였다.

南無大聖天藏王菩薩   대성천장왕보살께 귀의하옵니다.

南無大眞珠菩薩   대진주보살께 귀의하옵니다.

南無小眞珠菩薩   소진주보살께 귀의하옵니다.

명발(鳴鈸)을 하고 선소(宣疏) 한다.

請天仙衆篇及眞言次 振鈴偈次諸眞言 由致 各請各詠畢 引迎赴浴篇畢 亂經繞匝時 誦道路眞言七篇 灌浴篇次 灌浴偈呪

청천선중편 및 진언을 하고, 다음 진령게를 하고, 다음 여러 진언을 한다. 유치와 각 청, 각 영을 마치고, 인영 부욕편을 마치고, 난경(亂經)하며 요잡(繞匝)할 때, 도로진언 7번을 외고, 관욕편을 하고, 다음 관욕게주를 한다.

我今灌沐天仙類   나는 지금 천선들을 관욕하오니

願減五衰塵垢穢   원컨대 오쇠[20]와 티끌이 멸하게 하소서.

誓修無上菩提回   위없는 보리심으로 수행하기를 서원하며

當證如來灌頂位   여래의 정수리를 씻으오니 마땅히 증득하리이다.

以此香湯水   이 향기로운 목욕물로

灌沐天仙神   하늘의 선신들을 목욕시키옵니다.

願承法加持   원컨대 법의 가지를 받들어

普獲於淸淨   두루 청정함을 얻게 하소서.

<唵 莎婆嚩秫 馱薩哩嚩 達哩摩 莎婆嚩秫 度撼>

옴 사바바바 수다살바 달마 사바바바 수도함

<唵 薩哩嚩 播波薩普吒 諾賀 那嚩惹 囉野 莎賀>

옴 살바 반바살보타 야하 나바야 나야 사바하

<唵 嚩惹囉 羯哩摩 尾輪馱野 薩哩嚩 阿嚩囉拏你 沒馱 薩帝曳那 三摩曳 吽>

옴 바아라 갈마 미슈다야 살바 아바라나니 못다 사뎨예나 삼마예 홈

<曩謨 喝囉怛曩 怛囉夜野>

나무 아라다나 다라야야

---

20) 오쇠(五衰): 천인(天人)이 죽기 전에 그 신체 등에 나타나는 다섯 가지 쇠망(衰亡)의 모양.

<曩謨 阿哩也 嚩嚕枳帝 伊濕囉野 胃地 薩怛囉野 摩賀 迦嚕抳迦野 怛你也他>
나무 아리야 바로기제 사라야 모지 사다야 마하 사다야 사가라 마하가로 니가야

<唵 哆唎哆唎 咄 哆唎咄咄 哆唎咄 哆唎 莎嚩賀>
옴 다리다리 돌 다리돌돌 다리돌 다리 사바하

<唵 薩哩嚩你 嚩喃沒哩贊 喃阿鉢喃 鉢帝毘藥 斯那難那 阿呼演帝 薩嚩賀>
옴 사리바니 바나모리찬 나하발나 발제비약 사나난나 아호연제 사바하

<唵 尾摩羅 秔帝 婆嚩賀>
옴 미마라 슷제 사바하

再白天仙篇畢 動鈸三度時 迎引歇浴堂
재백천선편을 마치고 동발을 3탁 할 때 헐욕당으로 맞아들인다.

수수게(漱水偈)

今將甘露水	이제 감로수를
奉獻天仙衆	천선중께 받들어 올리오니
鑑察虔懇心	정성스럽고 간절한 마음 살피시어
願垂哀納受	애틋이 여기시고 받아주옵소서.

다약게(茶藥偈)

淸淨名茶藥	청정한 차와 약으로
能除病昏沈	어둠에 빠진 병을 제거할 수 있사옵니다.
惟冀天仙神	오직 천선과 천신들께 바라오니
願垂哀納受	애틋이 여기시어 받아주시옵소서.

天仙參禮聖賢篇末 散花落三動鈸後千手呪引聲繞匝 至庭中止樂散花落三 次聞海月篇及眞言普禮偈 次三頂禮爲利
偈呪 伏聞諸天篇 迎引位版安於本壇
천선참례성현편을 하고, 끝에 산화락, 삼동발을 한 뒤, 천수주와 인성을 하며 요잡하고, 마당 가운데 이르면 음악을 그치고, 산화락을 3번 한다. 다음 문해월편 및 진언을 하고, 보례게를 하고, 다음 삼정례와 위리게주를 하고, 복문제천편을 하고, 위판을 맞이해 들어서 본 단에 봉안한다.

안좌게주(安座偈呪)

你時善施請佛日	그 때에 선시[21]가 부처님[22]을 청하던 날
祗園伸座獻如來	기림에 자리를 펴고 여래께 바치었지요.
我今此會亦如然	나도 지금 이 법회에서 또한 그와 같이 하오니
幸請照題而就座	써둔 글을 비추어 보시고 자리에 앉으소서.

<唵 迦摩羅 僧賀 莎訶>
옴 가마라 승하 사바하

◎지기단작법(地祗壇作法)

명발(鳴鈸)을 하고 거불(擧佛)을 한다.

南無大聖持地王菩薩	대성지지왕보살께 귀의하옵니다.
南無儒童菩薩	유동보살께 귀의하옵니다.
南無龍樹菩薩	용수보살께 귀의하옵니다.

선소(宣疏)

請虛空地界神祗篇及眞言 切以檀生篇及眞言次 振鈴偈及眞言 由致 各請各詠次 迎神祗入浴篇次 繞匝時誦道路眞言七篇 沐浴篇次 灌浴偈呪
청허공지계신기편 및 진언을 하고, 절이단생편 및 진언을 한다. 다음 진령게 및 진언을 하고, 유치와 각 청, 각 영, 영신기입욕편을 하고, 다음 요잡할 때 도로진언 7번을 외운다. 목욕편을 하고, 다음 관욕게주를 한다.

我以金剛無碍水	나는 금강의 걸림없는 물을 가지고
灌沐一切靈祗類	모든 영혼들을 목욕시키옵니다.
各難[23]塵勞煩惱緣	각기 티끌과 번뇌의 인연을 떠나서
逍遙證入諸佛位	소요하며 부처의 지위에 들어감을 증명하소서.

---

21) 선시(善施): (산)sudatta의 번역. 사람 이름.
22) 불일(佛日): 부처님의 빛. 부처님의 덕이 무명의 어둠을 파괴하는 것을 태양에 비유한 것.
23) 난(難): 리(離)의 오자인 듯하다.

眞言則上同 出浴叅聖篇末 位板引於歇浴堂
진언은 위와 같고, 출욕참성편을 하고, 끝에 위판을 헐욕당으로 인도한다.

수구게(漱口偈)

今將甘露水　　　　　　　이제 감로수를
奉獻靈祇衆　　　　　　　영기중께 받들어 올리오니
願賜威神力　　　　　　　원컨대 위신력을 주시어
不違哀納受　　　　　　　어김없이 애틋이 여기시어 받아주옵소서.

다약게(茶藥偈)

施主發虔誠　　　　　　　시주는 정성을 드러내어
奉獻茶及藥　　　　　　　차와 약을 봉헌하나이다.
郞鑒賜威靈　　　　　　　밝은 거울로 위엄과 영험을 내리시고
願垂哀納受　　　　　　　원컨대 애틋이 여기시어 받아주시옵소서.

再白靈祇等篇畢 散花落三動鈸千手呪引聲繞匝 至庭中止樂散花落三 次聞孤月篇 次普禮偈
재백영지등편을 마치고, 산화락을 하고, 삼동발을 하고, 천수주와 인성을 하고, 요잡한다. 마당 가운데 이르러 음악을 그치고 산화락을 3번 한다. 다음 문고월편을 하고, 다음 보례게를 한다.

今向如來寶座前　　　　　지금 여래 보좌 앞에서
五體投誠歸命禮　　　　　오체를 던져 귀명례하옵니다.
願滅輪廻生死因　　　　　원컨대 생사 윤회하는 인연을 멸하시고
速悟二空常樂體　　　　　속히 이공[24]의 상락[25]체를 깨닫게 하소서.

再白地祇篇次 (位版引於本壇) 聞神通篇畢
재백지기편을 하고, 다음 (위판을 본 단으로 인도한다.) 문신통편을 마치고,

안좌게주(安座偈呪)

山川岳瀆衆靈祇　　　　　산천과 오악 사독의 뭇 신령스런 지기시여!

---

24) 이공(二空): 아(我)·법(法)의 이공(二空). 아공은 나의 존재는 오온(五蘊)이 임시로 화합한 것으로 상일주재 (常一主宰)의 아(我)인 것은 아니라고 이해하는 것. 실체적 자아의 관념을 부정하는 것. 법공은 개체를 구성하는 여러 법도 자성이 아니라고 설한 것.
25) 상락(常樂): 상주(常住)하여 이동과 변함이 없고, 고통이 없어 편한 것.

幸請照題而就座	청컨대 이 자리에 오시어
永滅塵勞放逸心	번뇌 방일심을 영원히 멸하시고
速圓解脫菩提果	속히 해탈하여 보리과를 원만히 이루소서.

<唵 迦麼羅 僧賀 莎訶>
옴 가마라 승하 사바하

다게(茶偈)

天仙地祇兩壇一時進供之時 淨法界眞言 進供旣畢 鳴鈸讀別文 加持及四陁羅尼 伸六法供養次 十供養眞言
천선단과 지기단 두 단에서 일시에 진공하면서 정법계진언을 하고, 진공을 이미 마치면 명발을 하고 별문을
읽고, 가지와 사다라니를 하고, 육법공양을 펼치고, 다음 십공양진언을 한다.

<唵 薩哩嚩怛他誐哆 度波布惹 弭伽 三母棕囉 薩頗囉拏 三麼曳 吽 度波嚩細你 度波嚩細你 誐誐那劍
莎訶>
옴 살바다타아다 도바보아 미가 삼모나라 사바라나 삼마예 훔 도바바셰니 도바바셰니 아아나깜 사
바하

次回向眞言 次心經 及和請 次祝願
다음 회향진언을 하고, 다음 심경 및 화청을 하고, 다음 축원을 한다.

문 밖을 나가서 가지하고 전산소(錢山所)를 파하고, 법주가 파전산편(破錢山篇)을 마치면 인도는 화재게(化財偈)
를 창한다.

佛以一切神通力	부처는 모든 신통력으로
加持冥財遍法界	명부의 재물을 가지하여 법계에 두루 하십니다.
願此一財化多財	원컨대 이 하나의 재물을 많은 재물로 변화시키시어
普施鬼神用無盡	귀신에게 보시하고 끊임없이 쓰게 하소서.

加持功德林篇 加持望鄉臺篇及偈曰 加持地獄篇及偈曰 上來鐵城篇及四如來竟
가지공덕림편을 하고, 가지망향대편 및 게를 하고, 가지지옥편 및 게를 하고, 상래철성편 및 사여래를 마친다.

이것이 4주야의 예이다.

◎오일하권시왕단작법(五日下卷十王壇作法)

先設諸山壇 請坐後 十王請坐 鳴鈸
먼저 제산단을 설치하고 자리를 청한 뒤, 시왕께 앉기를 청한다. 명발을 한다.

할향을 하고, 다음 연향게(烟香偈)를 하고, 단정례(單頂禮), 합장게(合掌偈)를 하고, 신향게(信香偈)를 하고, 개계
(開啓)를 한다. 다음 천수주(千手呪)와 보정게(普淨偈)를 하고, 엄정게(嚴淨偈)와 거불을 운한다.

南無十方佛	시방에 계신 불보님께 귀의합니다.
南無十方法	시방에 계신 법보님께 귀의합니다.
南無十方僧	시방에 계신 승보님께 귀의합니다.

宣疏畢 三動鈸 선소를 마치고 삼동발을 한다.

진령게(振鈴偈)

以此振鈴伸召請	이 요령을 흔들며 소청하나니
諸山知識願聞知	제산의 지식들은 원컨대 알아들으시고
願此鈴聲振山川	원컨대 이 요령소리 산천을 흔들어
無邊宿德雲來集	가없는 덕 쌓은 사람들이 구름처럼 모이게 하소서.

소청진언(召請眞言)을 하고, 다음 유치(由致)와 청사(請詞)를 한다.

一心奉請 不顯不隱 無覺無迷 江月軒前決所疑 松都城裏坐老終 名賢大德 石室璉禪師
일심으로 받들어 청하옵니다. 드러내지도 않고 숨지도 않고 깨달음도 없고 미혹함도 없이, 강월헌
앞에서 의심을 결단하고, 송도 성안에 앉아서 늙어 죽은 명현대덕이신 석실연선사26)여!

大象不遊於兎徑	큰 코끼리는 범 다니는 길에 놀지 않으니
年將八十尙愚癡	나이 80되도록 여전히 어리석었네.
深深道意碁盤處	바둑두는 곳에 깊고 깊은 도의 뜻 있더니
隱隱玄風懶臥時	은은하게 현묘한 기풍은 누워있을 때였네.

---

26) 석실연선사(石室璉禪師): 고려말 나옹혜근(懶翁惠勤)의 법맥을 이은 석실각연(石室覺璉).

一心奉請 門庭嶮峻 意氣高閑 現忿怒 具折邪之相 開慈悲 有引導之容 名賢大德 野雲牛禪師
일심으로 받들어 청하옵니다. 문정은 험준하고 의기는 높고 한가로워서, 분노를 드러내면 사특한 기운을 끊는 상을 갖추고, 자비가 열리면 인도하는 얼굴이 있으신 명현대덕 야운우선사27)여!

江月軒前侍者身	강월헌 앞에 시자인 몸은
松都滋味日新新	송도의 재미 날마다 새롭고 새롭네.
忘形結契頻頻聚	모습을 잊은 채 결계 맺고 자주 만나니
幾處同歡有味賓	재미있는 빈객들과 몇 곳에서 같이 즐겼나?

一心奉請 心無造作 道態沈沈 心下而見者自除 行直而聞人自正 名賢大德 退隱休禪師
일심으로 받들어 청하옵니다. 마음은 조작이 없고 도의 모습은 침착하며, 마음을 내려놓아 보는 자들이 저절로 사심을 없애고, 행동이 곧아 듣는 사람들이 저절로 곧게 되는 명현대덕 퇴은휴선사28)여!

嘉言道德滿朝鮮	좋은 말과 도덕이 조선에 가득차니
勤侍王師度幾年	삼가 왕사를 모신지 몇 해던가?
凡有道心誰不見	무릇 도심이 있는 이라면 누가 보지 못했겠는가?
多年執筆坐無便	여러 해 붓을 잡고 있어 자리에 편함이 없었네.

一心奉請 智冥眞際 道貌淸閑 少探紅杏仁義之府 長窮牟尼定慧之藏 名賢大德 守伊含虛堂 無准禪師
일심으로 받들어 청하옵니다. 지혜의 깊음이 진리에 닿았고 도의 모습은 청한하고, 젊어서는 붉은 살구나무의 인의의 창고를 더듬었고, 나이 들어서는 부처의 정혜의 창고를 궁구하신 명현대덕 수이 함허당 무준선사29)여!

聰明叡智證眞空	총명함과 예지는 진공을 증명하여

---

27) 야운우선사(野雲牛禪師): 나옹혜근의 시자였던 야운각우(野雲覺牛).
28) 퇴은휴선사(退隱休禪師): 무학자초(無學自超)의 법맥을 이은 퇴은장휴(退隱莊休).
29) 무준선사(無准禪師;1376~1433): 호는 득통(得通), 무준(無准), 실호는 함허당(含虛堂), 옛이름은 수이(守伊), 성은 유(劉). 1376년(우왕2) 11월 17일 충주에서 태어났다. 일찍이 성균관에 들어가 유학을 공부했으나 21세에 친구의 죽음을 본 뒤 관악산 의상암(義湘庵)에서 출가했다. 이듬해 회암사(檜巖寺)에 가서 무학자초를 만나 법요를 들은 뒤에 여러 곳으로 다니다가 다시 회암사에 주석하면서 용맹정진하여 크게 깨쳤다. 1433년(세종15) 4월 1일 58세 법랍 37년으로 입적했다.

城市山林一樣風	도시나 산림에서나 한결같은 기풍이셨네.
儒釋兼通疑德異	유불을 겸통하여 덕이 다름을 의심하고
深明般若恐川公	반야에 깊이 밝아 천공을 두렵게 하였네.

一心奉請 心超物表 位至無爲 三韓國事 了見於目前 十方佛法 皎然於掌內 僧中統御 名賢碩德 正淳和尙

일심으로 받들어 청하옵니다. 마음은 사물의 표면을 초월하고 지위는 무위에 이르며, 삼한의 국사를 눈앞에서 또렷이 보고, 시방불법을 손바닥 안에서 밝히고, 승중을 통솔하신 명현석덕 정순화상이시어!

儀容特達法王峯	법왕의 봉우리에 거동이 특별히 현달하였고
三藏眞詮講似鍾	삼장의 진전30)을 종처럼 강설하셨네.
判事曹溪名滿國	조계의 판사로 나라에 이름 가득하고
一生多半住青龍	일생의 태반을 청룡에 머무르셨네.

一心奉請 深沈道意 正直難期 日日詠 般若之謳歌 時時務 世間之雜事 名賢大德 高峰藏首座

일심으로 받들어 청하옵니다. 깊고 심오한 도의 뜻은 정직하여 기약하기 어려워, 날마다 반야의 노래를 읊조리고 때마다 세간의 잡사에 힘쓰시는 명현대덕 고봉장수좌31)여!

心平行直幾多年	마음 평온하고 행동 곧게 된 것이 몇 년이던가?
一領鶉衣道味全	남루한 옷 한 벌에 도가 온전했네.
幻住莊嚴吹草笛	환상으로 머무는 장엄이기에 풀피리를 불고
忘幾事業唱謳詮	기미를 잊어버리는 사업이라 진결의 노래를 부르네.

---

30) 진전(眞詮): 진실한 이법을 나타내는 문구.

31) 고봉장수좌(高峰藏首座;1351~1428): 수선사(修禪社)를 중창한 제 16세 국사. 일명 지숭(志崇), 호는 고봉(高峰), 성은 김(金). 1370년(공민왕19) 20세에 출가하여 선선(禪選)과정을 마친 다음 여러 곳을 편력하다가 나옹 혜근을 만나 법을 받았다. 머리카락이 두 차나 자랐고, 풀피리를 잘 불었으며, 표주박 한 개를 가지고 여러 곳으로 다녔다. 안동에 청량암(淸涼庵)을 짓고 30여 년을 산수를 즐기며 소요했다. 1428년(세종10) 7월 21일 나이 78세, 법랍 58년으로 입적했다. 수선사의 중창을 이룩한 그는 조계산 16국사의 마지막이라 하나, 조계의 정맥이 아닌 임제 계통 혜근의 법을 이은 그가 과연 제 16세 법주가 되었는지, 또 언제 국사가 되었는지는 분명하지 않다.

一心奉請 尊崇德澤 道態汪洋 封一國之尊者 讓十方之碩學 僧中統御 最尊最貴 慧覺尊者

일심으로 받들어 청하옵니다. 덕택을 존숭하고 도의 모습은 왕양하여 일국의 존자로 책봉되고 시방의 석학자리를 양보하고 승중을 통솔하시며 가장 존귀하신 혜각존자[32]시여!

無數人中第一機	많은 사람 가운데 제일의 기틀을 가지시고
僧中統御盡歸依	승중을 통솔하니 모두 귀의하였네.
年登七十加雙四	나이 70에 쌍사를 더하니
世道俱全事事輝	세속과 도의 일이 온전히 일마다 빛나네.

一心奉請 風寒及巖 月照平山 直傳心印 石室淸珙大師

일심으로 받들어 청하옵니다. 찬바람 바위에 이르고 달빛이 평산에 비추자 곧바로 심인을 전하신 석실청공대사[33]시여!

朝朝捲箔靑山聳	아침마다 발을 걷어올리면 청산이 솟고
夜夜開窓白月垂	밤마다 창을 열면 달빛이 드리우네.
雖有智深藏大道	비록 지혜 깊어 대도 감추어 가졌지만
忘形徒內座遲遲	무리 안에서 모습을 잊고 오래오래 앉아있었네.

一心奉請 結茆雪山 受法湖洲 燭破昏衢 太古普祐禪師

일심으로 받들어 청하옵니다. 설산에서 오두막 짓고 호주에서 법을 받고 불꺼진 어두운 거리를 밝힌 태고보우[34]선사시여!

安眠林下吟歌鳥	나무 아래 편안히 자니 새가 지저귀고

---

32) 혜각존자(慧覺尊者;?~?): 조선 세조 때 혜각존자의 호를 받은 신미(信眉). 그 아우가 괴애(乖涯) 김수온(金守溫;1410~1481)이다.

33) 석실청공대사(石室淸珙大師;?~?): 태고보우(太古普雨)의 스승인 복원청공(福源淸珙).

34) 태고보우(太古普愚;1301~1382): 고려 말의 고승. 성은 홍씨. 법명은 보허(普虛), 호는 태고(太古). 홍주(洪州) 출신. 13세에 출가하여 회암사(檜巖寺) 광지(廣智)의 제자가 되었고, 가지산(迦智山)으로 가서 수행하였다. 19세부터 '만법귀일(萬法歸一)'의 화두(話頭)를 혼자서 참구하였고, 26세에 화엄선(華嚴選)에 합격하였다. 그뒤 불경을 열람하면서 깊이 연구하였으나, 불경의 연구가 수단일 뿐, 진정한 수행이 되지 못한다는 것을 깨닫고 선수행(禪修行)에 몰두하였다. 선문구산(禪門九山)을 일문(一門)으로 통합하여 종파의 이름을 도존(道存)으로 할 것을 건의하였다. 1382년 12월 새벽에 목욕한 뒤 옷을 갈아입고 단정히 앉아 임종게를 남기고 입적하니, 나이 82세, 법랍 69세였다. 시호는 원증(圓證)이다.

風動松頭亦有絃	소나무 끝에 바람 부니 또한 악기가 있네.
四海無人來問道	사해에서 도를 물으러 오는 이 없으나
自甘長樂月明前	밝은 달 앞에 기나긴 즐거움 저절로 달갑네.

一心奉請 心冥覺海 道合眞知 傳道脈於太古門前 導迷泯於朝鮮境內名賢 幻庵混修禪師

일심으로 받들어 청하옵니다. 마음은 깨달음의 바다에서 깊숙하고, 도는 참 지혜를 합하여, 태고의 문 앞에서 도맥을 전해받고, 조선 경내에서 중생을 인도하시는 명현 환암혼수35)선사시여!

傳繩佛法播東方	이어서 전해온 불법을 동방에 전파하시니
花雨遐霑草有香	꽃비가 멀리 적셔 풀에도 향기가 있네.
慧日重明光一國	지혜의 태양36) 다시 밝혀 온 나라를 빛내시니
古今神足盡賢良	고금의 신통한 제자들 모두 성현의 일이었네.

一心奉請 禪門木鐸 教海舟航 演說誼於禪詮 建宗風於末裔 一國名賢大德 龜谷覺雲禪師

일심으로 받들어 청하옵니다. 선문의 목탁이시며 가르침의 바다에 배가 되어, 선의 진전을 설법하시고 말세에 종풍을 세우신 한 나라의 명현대덕 구곡각운37)선사시여!

戮力禪門事事輝	선문에 힘을 다해 일마다 빛내시니
祖師拈丹盡添誼	조사의 화두를 쥐고 모두 의미를 다하네.
已得王封尊者號	이미 왕이 봉한 존자의 호를 얻었으니
我東衰季道光威	우리 동국 말세에 도의 광채 위엄있으시네.

---

35) 환암혼수(幻庵混修;1320～1392): 자는 무작(無作). 호는 환암, 성은 조(趙). 광주(廣州) 풍양(豊壤)에서 1320년(충선왕7) 3월 13일 태어났다. 1331년(충혜왕1) 12세에 출가하여 대선사 계송(繼松)에게 득도하고 내외의 전적을 익혀 이름을 떨쳤다. 1341년(충혜왕 복위2) 선선(禪選) 상상과(上上科)에 오르고, 여러 곳으로 다니며 공부하다가 나옹혜근을 만나 배우고 뒤에 법을 이었다.

36) 지혜의 태양[慧日]: 태양과 같은 지혜. 부처의 지혜가 무한 광대하다는 것을 태양에 비유하여 하는 말이다.

37) 구곡각운(龜谷覺雲;?～?): 고려말의 승려. 임제종(臨濟宗) 보우(普愚)의 법통을 이어 남원 만행산(萬行山) 승련사(勝蓮寺)에 있으면서, 『전등록(傳燈錄)』을 깊이 연구했다. 속성은 유씨(柳氏)이며, 호는 구곡(龜谷)이다. 학덕이 높고 필법이 뛰어나 공민왕이 그의 도행(道行)을 존경하여 <달마절로도강도(達磨折蘆渡江圖)>・<보현육아백상도(普賢六牙白象圖)> 등 직접 그린 그림과 '구곡각운(龜谷覺雲)'이라는 친필을 주었으며, 대조계종사 선교도총섭 숭신진승 근수지도 도대선사(大曹溪宗師禪教都摠攝崇信眞乘勤修至道都大禪師)라는 법호를 내렸다.

一心奉請 神威將亨 値沙汰於燕山暗朝 道脈何亡 韜晦光於多水深谷 大德登階 淨心禪師
일심으로 받들어 청하옵니다. 신묘한 위엄 장차 누리려 할 적에 연산조의 암울한 사태 당하였으나
도맥이 어찌 없어지리! 물 많은 깊은 계곡에 광채를 숨기고 대덕의 품계에 오른 정심선사[38]여!

德澤沈深時不利	덕택은 깊었으나 때는 불리하여
水多幽壑晦威光	물 많고 깊은 계곡에 위엄있는 광채 숨겼네.
孤雲蔽日明何損	외로운 구름 해를 가린들 밝음 어찌 손상되리?
末路重宣大法場	말년에 큰 도량을 거듭 여셨네.

一心奉請 溫厚淸眞 行若水雪 直爲千載之妙格 磬擅萬世之弘規 名賢大德 碧松智嚴禪師
일심으로 받들어 청하옵니다. 온후하고 맑고 참되고 행동은 빙설과 같아, 오로지 천재의 묘한 격조
를 이루었고, 경쇠소리로 만세의 큰 규범을 펼치신 명현대덕 벽송지엄[39]선사시여!

忘形契理世云稀	형상을 잊고 이치에 계합하는 사람 세상에 드물다는데
杜口昆邪似訥痴	입다문[40] 스님, 벙어리인 듯하네.
淸洄道貌誰與比	맑고 아득한 도의 모습 누구와 더불어 비교하리오.
水中明月玉無泥	물속의 밝은 달에 옥처럼 티끌 없음이네.

一心奉請 解達眞空 神冥覺道 殊未極正脈之窮底 怕不妄直指之本源 大德 芙蓉靈觀禪師
일심으로 받들어 청하옵니다. 진공을 알아 통달하시고 깨달음의 도에 정신이 아득하여, 정맥의 밑
바닥에는 전혀 닿지 못하였으나, 조심하여 곧장 가르치는 본원에 함부로 하지 않았던 대덕 부용영

---

38) 정심선사(淨心禪師;?~?): 고려말 조선 초의 스님. 중국 구법승. 성은 최(崔). 호는 벽계(碧溪). 금산(경북
   금릉군) 출신이다. 구곡각운(龜谷覺雲), 혹은 환암혼수의 법맥을 이었다고 한다. 일찍이 명나라에 들어가
   서 임제종 총통(摠統)화상의 법을 받아 공양왕 때 귀국했다. 조선 태종 때 불교를 억압하여 승려를 강제로
   환속시켜 불교의 명맥이 끊어지게 되자, 황간 황악산에 들어가 고자동에서 은거하며, 법맥을 이을 제자를
   찾다가 지엄(智嚴)을 만나 3년 동안 함께 지냈다. 그의 선은 지엄, 교는 정련법준(淨蓮法俊)에게 전했다.
39) 벽송지엄(碧松智嚴;1464~1534): 호는 야로(埜老), 당호는 벽송(碧松). 전북 부안 사람이다. 1491년 28세에
   도원수 허종(許琮)의 군문에 들어가 근무하다가 여진족이 남침할 당시 공을 세우고, '심지를 닦지 못하고
   싸움터에만 쫓아다니는 것은 헛된 이름뿐이다.'고 뉘우치고는 계룡산 와초암(臥草庵)에 가서 조계(祖溪)에
   게 출가했다. 연희(衍熙)에게서 『능엄경』을 배우고, 벽계정심에게서 『전등록』을 배웠다. 1534년 11월 1일
   제자들을 수국암(壽國庵)에 모아 놓고 『법화경』을 강론하다가 이 날 나이 71세 법랍43년으로 입적했다. 법
   계로는 태고보우의 제 5세로서 정심의 법을 이었고, 제 6세인 부용영관(芙蓉靈觀)에게 법을 물려주었다.
40) 입다문[杜口]: 법의 이치나 경지가 심원하고 헤아릴 수 없이 미묘함은 말로 표현할 수 없는 것이므로 그
   입을 막고 그치는 것이 옳다는 뜻이다.

관41)선사여!

我人忘處超三界	우리들이 잊은 곳에서 삼계를 초월하고
大悟眞空證法身	진공을 크게 깨달아 법신을 증명하시네.
無影樹頭花爛熳	그림자 없는 나무에는 꽃이 난만한데
靑山依舊劫前春	청산은 변함없으니 공겁 이전에 봄이로세.

一心奉請 睿燭三際 悲化群蒙 宗途自此而綿綿 祖脈從玆而繼繼 名現一國 淸虛休靜禪師

일심으로 받들어 청하옵니다. 지혜의 등불 삼계에 닿아 어리석은 중생들 자비로 교화하시니, 종풍의 길은 이로부터 면면히 이어졌고, 조사의 맥은 이로부터 계승되었던 일국의 명현이신 청허휴정42)선사시여!

一代禪風吹八方	한 시대 선풍 팔방에 불어
百千神足秀賢良	수많은 제자 뛰어난 성현들이었네.
非徒五濁開疑塞	오탁의 무리들이 막힌 의심을 열었을 뿐 아니라
能使王都萬世强	능히 왕도를 만세토록 강성하게 하였네.

신입제산종사청(新入諸山宗師請)

至心歸命禮 虛應堂普雨大師 四溟堂惟政大師 浮休善修大師 嗣祖講教鞭羊彦機尊宿 嗣教講師白峯天

---

41) 부용영관(芙蓉靈觀;1485~1571): 호는 부용(芙蓉), 별호는 연선도인(蓮船道人)이다. 삼천포에서 태어났다. 1498년 출가하여 덕이산(德異山) 고행(苦行)에게 3년 동안 배운 뒤 승려가 되었다. 신청(信聰)에게 교리를, 위봉(威鳳)에게 선리를 배웠으며, 덕유산 구천동에 암자를 짓고 9년간 수도하였다. 1509년(중종4) 용문산에 들어가 조우(祖愚)와 선문답을 나눴으며, 1514년에는 청평산(淸平山)의 학매(學梅)로부터 불도의 묘법을 얻었다. 1530년(중종25) 지리산에서 만난 지엄으로부터 보우(普愚)의 법통을 계승하였다. 3년 동안 지엄을 모시다가 운수승으로 나서 40여년간 전국을 순례하였다. 1571년 고성의 연곡사에서 나이 87세, 법랍 73세로 입적하였다. 제자로는 전법제자인 휴정(休靜)과 부휴·선수·법융·영응·정원·신옹 등이 있다.

42) 청허휴정(淸虛休靜;1520~1604): 9세 때 어머니가 죽고 이듬해 봄에 아버지마저 죽자 안주목사 이사증(李思曾)의 양자로 들어가 서울로 옮겼다. 12세 때 성균관에 들어가 15세 때 과거를 보았으나 낙방하고, 동료들과 함께 지리산의 화엄동·청학동·칠불동 등을 유람하다가 숭인장로(崇仁長老)의 권유로 불교를 공부하기 시작했다. 5년 동안 『전등록』·『염송』·『화엄경』·『능엄경』·『반야경』·『원각경』 등의 교리를 탐구하다가 스스로 머리를 깎았으며, 1540년에 일선(一禪)에게 구족계를 받았다. 1549년 승과에 합격했으며, 1592년 임진왜란이 일어나자 선조의 부탁을 받고 전국에 격문을 보내어 의승군(義僧軍)의 궐기를 호소했다. 자신은 순안 법흥사(法興寺)에서 문도 1,500명으로 승군을 조직했으며, 평양탈환작전에 참가하여 공을 세웠다. 1604년 1월 묘향산 원적암(圓寂庵)에서 앉은 채로 입적했다.

順大師 禪教兼講逍遙太能大師 楞嚴三昧振默一玉大師 談教說禪枕肱懸卞大師 名賢大德碧巖覺性大師 名現講師暮雲震言大師 修營招提守眉和尙 信眉和尙 晦跡韜光學祖和尙 名現講主楓潭義琛大師 傳教講師翠微守草大師 教文講通友雲眞熙大師 儒釋兼通奇岩法堅大師 文名現世白谷處能大師 觀心辟穀幻寂義天首坐 禪教流布栢巖性聰大師 華嚴講誦月渚道安大師 禪門高峻淑文大師 深山不出月谷繼悟首座 龍門山講主雙峰淨源大師 助佛忠良應峻判事 山下不出昭影神鏡首座 助楊儒釋靈圭總攝 鷲棲山講主寒溪信默大師 瑞雲講師壇提大師 玉蓮講師淸信大師 儒釋分泒眞一總攝 對靈山講主文信大師 松坡義欽大師 靑坡覺欽大師 春坡雙彦大師 虛白明照大師 教文講主翠雲智一大師 法門高峻雪霽大師 南岳講主石室明眼大師 雪岩秋鵬大師 曹溪山講主無用秀演大師 無染世塵玉惠首座 雲坡義俊大師 常誦彌陀守和首座 念佛常誦若休和尙 黃岳山講主首英大師 四海無住妙定首座 嗣祖模梵國融魚山 出世應俊魚山 嗣祖梵音惠雲魚山 出世魚梵天輝魚山 名振諸山石柱魚山 名現雄音演淸魚山 名現諸山尙還魚山 名現雪湖 魚山 名現竹根魚山 名現勝寬魚山 掀天法音證戒魚山 名現唯頤魚山 名現海雲魚山 名現戒玉魚山 出世能擇魚山 一國諸山 不知名號一切尊宿等 來臨法會 受此供養

지극한 마음으로 귀의하옵니다. 허응당 보우대사, 사명당 유정대사, 부휴선수대사, 조사를 이어 가르침을 펼치신 편양언기 존숙, 교를 이어 강사가 되신 백봉천순대사, 선교를 겸하여 강설하신 소요태능대사, 능엄삼매에 드신 진묵일옥대사, 교를 말하고 선을 설파하신 침굉현변대사, 명현대덕이신 벽암각성대사, 명현강사이신 모운진언대사, 절을 재건하신 수미화상·신미화상, 자취를 감추고 빛을 숨긴 학조화상, 명현강주이신 풍담의침대사, 전교강사이신 취미수초대사, 교문강통이신 우운진조대사, 유석을 겸통하신 기암법견대사, 문명이 현세에 나신 백곡처능대사, 관심하고 곡기를 물리친 환적의천수좌, 선교를 유포하신 백암성총대사, 화엄을 강송하신 월저도안대사, 선문의 고준이신 숙문대사, 깊은 산에서 나오지 않으신 월곡계오수좌, 용문산 강주이신 쌍봉정원대사, 불가의 충량을 도운 응준판사, 산 아래로 나오지 않으신 소영신경수좌, 유석을 도와 드날린 영규총섭, 취서산 강주이신 한계신묵대사, 서운 강사이신 단제대사, 옥연 강사이신 청신대사, 유석의 분파를 일러주신 진일총섭, 대령산의 강주이신 문신대사·송파의흠대사·청파각흠대사·춘파쌍언대사·허백명조대사, 교문강주이신 취운지일대사, 법문에 고준이신 설제대사, 남악강주이신 석실명안대사·설암추붕대사, 조계산강주이신 무용수연대사, 세상에 때묻지 않으신 옥혜수좌·운파의준대사, 미타를 항상 외는 수화수좌, 염불을 항상 외는 약휴화상, 황악산의 강주이신 수영대사, 사해에 머무름 없는 묘정수좌, 조사를 이어 범음의 모범이신 국융어산, 출세하신 응준어산, 조사의 범음을 이은 혜운어산, 출세하여 어범이 되신 천휘어산, 제산에 이름을 떨치신 석계어산, 웅음으로 이름을 날리신 연청어산, 제산에 이름이 나신 상환어산, 명현이신 설호어산, 명현이신 죽근어산, 명현이신 승관어산, 법음으로 하늘을 뒤흔든 증계어산, 명현이신 유이어산, 명현이신 해운어산, 명현이신 계왕어산, 출세하신 능택어산, 일국 제산에 이름을 알지 못하는 일체 존숙 등은 이 법회에 임하시어 공양을 받으소서.

各自嗣宗六十二　　　　각자 종지를 이어받은 62[43]의 분파가
東西南北盡歸依　　　　동서남북으로 모두 귀의하였네.
行看佛敎無人我　　　　불교를 보는 데에는 나와 너가 없으니
坐入祖禪捕法衣　　　　조사선[44]에 들어가 법의를 찾네.

觀色心空因正直　　　　색을 보고 마음이 공함은 정직해서이고
離言性寂折邪非　　　　말을 않고도 불성이 고요함은 번뇌를 끊음이네.
諸師玄化皆神妙　　　　여러 선사들의 현묘한 교화 모두 신묘한 것은
摠是靈山得大機　　　　모두 영산에서 대기[45]를 얻어서이네.

인성귀위편(引聖歸位篇)

惟願聖衆 重運慈悲 請離香浴 當赴淨壇 高坐道場 普沾香供
오직 성중님께 원하나이다. 거듭 자비를 움직여 향욕에서 떠나 마땅히 깨끗한 단으로 가시어 높은 도량에 앉으시어 두루 향공양을 맛보기를 청하나이다.

염화게(拈花偈)
千尺絲綸直下垂　　　　천척 되는 낚싯대 곧바로 드리우자
一波纔動萬波隨　　　　한 파도 일어나자 일만 물결이 일렁이네.
夜靜水寒魚不食　　　　밤은 고요하고 물은 차가워 고기도 물지 않으니
滿船空載月明歸　　　　공연히 빈 배에 밝은 달빛만 가득 싣고 돌아가네.

마하반야바라밀과 인성(引聲)을 하고 요잡(繞匝)하고 본 단에 이른다.

---

43) 육십이(六十二): 육십이종의 외도(外道)의 견해. (산)dvāṣaṣṭidṛṣṭi. 자기 및 세계에 관하여 불교의 올바른 입장에서부터 빗나간 견해의 총칭. 원래는 석존재세(釋尊在世)의 시대에 불리워진 이교도의 사상을 통합한 것이다.
44) 조사선(祖師禪): 남종선이라고도 한다. 육조혜능(六祖慧能)으로부터 시작한 오가칠종(五家七宗)은 모두 이 조사선에 포함된다. 교외별전 불립문자(敎外別傳 不立文字)를 주장하고, 언어나 문자에 의지하지 않으며 직접 스승으로부터 제자에게 이심전심(以心傳心)으로 전하고 있으므로 조사선이라고 한다. 여래선(如來禪)에 대하여 쓰여지는 말로서 문자에 구애될 우려가 있는 여래선보다 조사선이 뛰어나다고 평가되고 있다.
45) 대기(大機): 소기(小機)의 반대. 대승의 훌륭한 가르침을 받아 몸에 익힐 수 있는 능력이 있는 사람들. 대승의 가르침을 지니어 보살승을 실천하는 정신적 소질이 있는 사람을 말한다.

헌좌게(獻座偈)

我今敬設寶嚴座	제가 지금 보배롭고 장엄한 자리를 삼가 마련하옵고
普獻諸山達道衆	여러 산의 통달한 분께 두루 올리오니
願滅塵勞妄想心	진로망상심을 멸하시고
速圓解脫菩提果	속히 원만히 해탈보리과를 이루기 원하나이다.

<唵 迦麼囉 僧賀 莎訶>
옴 가마라 승하 사바하

다게(茶偈)를 하고 다음 배례문(拜禮文)을 한다.

南無一心信禮 朝鮮境內 諸大名山 自古至今 明心見性 達道知識 名不載於傳燈之錄 德流布於 後代兒孫 名賢大德 一切尊宿 惟願慈悲 受我頂禮

일심으로 예를 드리며 귀의하옵니다. 조선땅 내의 여러 큰 명산에서 예로부터 지금까지 마음을 밝혀 견성하시고 불도에 통달하신 선지식으로, 이름이 『전등록』에 실리지 않았으나 후대 자손들에게 덕이 유포된 일체 존숙들이시어, 원컨대 자비심으로 나의 정례를 받으소서.

三唱三拜後 燃臂懺悔偈   3번 창하고 3번 절한 뒤, 연비하고 참회게를 한다.

無始以來到此時	무시 이래로 오늘에 이르기까지
皆由十惡見聞隨	모두 10악에 말미암아 보고 듣고 따르다가
八萬四千無量罪	팔만사천의 헤아릴 수 없는 죄를 지었으니
證明達道盡懺悔	증명자이시며 불도에 통하신 분께 모두 참회하나이다.

<怛你他 唵 伊哩怛羅 莎訶>
다니타 옴 이리다라 사바하

진공할 때에 정법계진언(淨法界眞言)을 하고 가지 및 사다라니(四陀羅尼), 육법공양(六法供養), 공양주(供養呪), 회향주(回向呪), 다음 축원(祝願)을 한다.

◎시왕단작법(十王壇作法)

명발(鳴鈸)하고 선소(宣疏)한다.

할향을 하고 다음 연향게(燃香偈), 단정례(單頂禮), 합장게(合掌偈), 신향게(信香偈)를 한다. 개계(開啓)는 '원부범치야(願夫凡峙也)'이다. 천수(千手)와 엄정게(嚴淨偈)를 하고 거불을 한다.

南無十方佛	시방에 계신 불보님께 귀의합니다.
南無十方法	시방에 계신 법보님께 귀의합니다.
南無十方僧	시방에 계신 승보님께 귀의합니다.

진령게(振鈴偈)

以此振鈴伸召請	이 요령을 흔들며 청하나니
地府十王願聞知	지부의 시왕들은 알아들으소서.
願此鈴聲振冥府	이 요령소리 명부를 흔드나니
十方典卒皆來集	시방의 전졸들은 모두 와서 모이소서.

諸眞言及由致 次各請 各詠末 (別命三塗壇由致各請各歌詠) 請赴香浴篇畢 亂經繞匝時道路眞言七徧次

여러 진언 및 유치를 하고, 다음 각 청, 각 영을 하고, 끝에 (별도로 명하여 삼도단에 가서 유치와 각 청 각 가영을 하게 한다.) 청부향욕편을 마치고, 난경하며 요잡할 때 도로진언을 7번 하고, 다음 목욕게주를 한다.

목욕게주(沐浴偈呪)

以此香湯水	이 향기로운 목욕물로
灌沐十王衆	시왕중을 목욕시키옵니다.
願承法加持	원컨대 법의 가지를 받들어
普獲於淸淨	두루 청정함을 얻으소서.

<唵 尾摩囉 秫第 薩嚩賀>
옴 미마라 슛제 사바하

衆聖位篇次 拈花偈例	참성위편을 하고, 다음 염화게를 예대로 한다.

冥間一十大明王	명부의 10대명왕은
能使人天壽筭長	인천의 수명을 길게 하시고[46]
能使亡靈到淨方	망령을 정토에 이르게 할 수 있으시니

---

46) 능사인천수산장(能使人天壽筭長): 원문에는 2구에 세필로 능사인천수산장(能使人天壽筭長)과 능사망령도정방(能使亡靈到淨房)이 함께 기록되어 있다.

願承佛力來降赴	원컨대 불력을 받들어 달려오시어
現垂靈驗坐道場	영험 드리우며 도량에 앉으소서.

천수주(千手呪)와 인성(引聲), 요잡(繞帀)을 하고, 마당 가운데 이르면 음악을 그치고, 보례게(普禮偈)를 운한다.

普禮十方無上尊 五智十身諸佛陀
시방의 위없이 높으신 오지십신의 여러 불타께 예를 올리나이다.

普禮十方離欲尊 五敎三乘諸達摩
시방의 욕망없이 높으신 오교삼승의 여러 달마께 예를 올리나이다.

普禮十方衆中尊 大乘小乘諸僧伽
시방의 무리가운데 존귀하신 대승소승의 여러 승가께 예를 올리나이다.

迎至本壇 獻座偈呪	본 단까지 맞이하여 헌좌게주를 한다.

我今敬設寶嚴座	제가 지금 보엄좌를 삼가 마련하옵고
普獻一切冥王衆	모든 명왕중께 두루 올리오니
願滅塵勞妄想心	진로망상심을 멸하시어
速圓解脫菩提果	속히 원만히 해탈보리과를 이루기 원하나이다.

<唵 迦麼羅 星賀 莎訶>
옴 가마라 승하 사바하

進供及茶偈	진공 및 다게를 한다.

淸淨茗茶藥	청정한 차와 약으로
能除病昏沈	어둠에 빠진 병을 제거할 수 있사옵니다.
奉獻冥王衆	명왕중께 봉헌하오니
願垂哀納受	애틋이 여기시어 받아주옵소서.

加持及四陁羅尼伸六法供養 供養呪 回向呪 諷心經及歎白 和請祝願
가지 및 사다라니를 하고, 육법공양을 펼치고, 공양주, 회향주를 하고, 심경을 외고, 탄백, 화청과 축원을 한다.

◎종실단작법의(宗室壇作法儀)

명발(鳴鈸)을 한다.

할향을 하고 다음 연향게(燃香偈), 단정례(單頂禮), 합장게(合掌偈), 신향게(信香偈), 개계(開啓)는 '원부범치(願夫凡峙)'이다. 천수게(千手偈), 엄정게(嚴淨偈), 거불(擧佛)을 한다.

南無十方佛	시방에 계신 불보님께 귀의합니다.
南無十方法	시방에 계신 법보님께 귀의합니다.
南無十方僧	시방에 계신 승보님께 귀의합니다.

진령게(振鈴偈)

以此振鈴伸召請	이 요령을 흔들며 소청하나니
先王先后普聞知	선왕 선후들은 두루 알아들으소서.
願承三寶力加持	원컨대 삼보의 가지하는 힘을 받들어
今日今時來赴會	금일 금시에 여기에 모이소서.

정토결계진언(淨土結界眞言)을 하고 다음 소청진언(召請眞言)을 운한다.

南無一心奉請 千手千眼 大慈大悲 觀世音自在菩薩麽訶薩
일심으로 받들어 청하오며 귀의하옵니다. 천수천안이시며 대자대비하신 관세음자재보살마하살이시여!

補陀山上琉璃界	보타산 위의 유리계[47)]에
正法明王觀世音	정법명왕이신 관세음보살
影入三途利有情	그림자는 삼도에 들어 유정한 것을 이롭게 하시고
形分六道曾無息	형체를 나누어 육도에서 일찍이 쉼이 없으시네.

南無一心奉請 太祖康獻大王靈駕 來臨法會
일심으로 받들어 청하오며 귀의하옵니다. 태조강헌대왕의 영가여, 이 법회에 임하소서.

---

47) 유리계(琉璃界): 유리와 같은 칠보(七寶)로 이룩된 청정한 세계. 곧 약사여래의 정토.

天運循環動北風   천운이 순환하여 북풍을 움직이고
聊將一箭得奇功   화살 한 개로 기이한 공을 얻었네.
松都城裡難中住   송도 성안에 머무는 것이 어려워
白岳山前築別宮   백악산 앞에 별궁을 세웠네.

南無一心奉請 伸[48]懿王太后仙駕 來臨法會
일심으로 받들어 청하오며 귀의하옵니다. 신의왕태후의 선가여, 이 법회에 임하소서.

摩耶聖后下天堂   마야 성후께서 천당에서 내려와
出現三韓一國坊   삼한 한 나라에 출현하시어
産得聖王傳萬代   성왕을 낳아서 만대에 전하니
巍巍大德熟能量   높고 높은 큰 덕 누가[熟][49] 헤아릴 수 있을까?

南無一心奉請 太宗恭定[50]大王仙駕 來臨法會
일심으로 받들어 청하오며 귀의하옵니다. 태종공정대왕의 선가여, 이 법회에 임하소서.

雉岳山東養性情   치악산 동쪽에서 성정을 기르고
自金金榜掛名名   금색으로 금방에 이름을 걸었네.
從天得國平天下   하늘로부터 나라를 얻어 천하를 편안케하시니
事事恭然事事成   일마다 공손하고 일마다 이루었네.

南無一心奉請 元敬王太后仙駕 來臨法會
일심으로 받들어 청하오며 귀의하옵니다. 원경왕태후의 선가여, 이 법회에 임하소서.

産出三王治太平   세 왕을 낳아서 정치가 태평하고
多多勝德若爲明   많고 많은 훌륭한 덕성이 밝아졌네.
民安國靜無逃屋   백성들은 편하고 나라는 고요하여 도망하는 집 없고
四海晏淸賊不生   사해에 기풍이 맑아 도적이 생기지 않네.

---

48) 신(伸): 신(神)의 오자인 듯하다.
49) 숙(熟): 숙(孰)의 오자인 듯하다.
50) 정(定): 원본에 '정(定)' 한 자가 빠져서 역자가 삽입하였다.

南無一心奉請 世宗莊憲大王仙駕 來臨法會
일심으로 받들어 청하오며 귀의하옵니다. 세종장헌대왕의 선가여, 이 법회에 임하소서.

仁義政邊無枉罰	인의로 하는 정치에 잘못된 벌이 없고
惜人廳下有蒙隣	사람을 아끼는 관청 아래에는 은혜입는 이웃있네.
碧山老衲千千祝	푸른 산의 늙은 납승 손모아 축수하고
紅粉嘉人熟不延	단장한 아름다운 사람 누군들[熟][51] 맞이하지 않겠습니까?

南無一心奉請 昭憲王后仙駕 來臨法會
일심으로 받들어 청하오며 귀의하옵니다. 소헌왕후의 선가여, 이 법회에 임하소서.

一人有慶千人樂	한 사람에게 경사 있으니 천인이 즐겁고
宮內無憂外受恩	궁 안에 근심없으니 밖에서 은혜를 받네.
滿地落花僧醉臥	낙화가 땅에 가득하고 중은 취해 누워있으니
山家猶帶太平痕	절집에도 오히려 태평스런 흔적이 있네.

南無一心奉請 文宗恭順大王 仙駕 來臨法會
일심으로 받들어 청하오며 귀의하옵니다. 문종공순대왕의 선가여, 이 법회에 임하소서.

八大君中第一當	여덟 대군 중에 첫째는
馬年生得馬年王	말해에 태어나 말해에 왕이 되었네.
太平聖德何煩問	태평 성덕을 어찌 번거롭게 물으리?
綠髮將軍宿自房	녹발장군이 방에서 숙위하였네.

南無一心奉請 世祖惠莊大王仙駕 來臨法會
일심으로 받들어 청하오며 귀의하옵니다. 세조혜장대왕의 선가여, 이 법회에 임하소서.

海岳山邊遊戲少	바다와 산에 놀던 걸음 적어지더니
含元殿裡接禪賓	함원전에서 선승들을 대접하네.
經云菩薩人間出	경전에 보살이 인간세상에 나온다더니

---

51) 숙(熟): 숙(孰)의 오자인 듯하다.

疑是觀音化現身   아마도 관음이 현신하신 듯하네.

南無一心奉請 貞喜王后仙駕 來臨法會
일심으로 받들어 청하오며 귀의하옵니다. 정희왕후의 선가여, 이 법회에 임하소서.

二十九年平天下   29년 동안 천하를 평안케하시더니
從心未滿好仙琴   70이 안 되어 돌아가셨네.
江廻山壞猶可事   강이 맴돌고 산이 무너져도 섬길만 하나니
四海何存瀝傷心   온 세상 어디 있든지 슬픈마음 쏟아내네.

南無一心奉請 懿敬懷幹大王仙駕 來臨法會
일심으로 받들어 청하오며 귀의하옵니다. 의경회간대왕의 선가여, 이 법회에 임하소서.

日出春宮未是嘉   해가 떴는데도 동궁은 가례를 못하여
從天得位力堪膀   하늘따라 자리 얻었으면 감당할 힘 있었을 것을.
碧山霞衲千千祝   푸른 산에 납승은 손 모아 축수하나니
四海峯頭火不加   사해의 봉우리에 봉화불이 오르지 않네.

南無一心奉請 叡宗襄悼大王仙駕 來臨法會
일심으로 받들어 청하오며 귀의하옵니다. 예종양도대왕의 선가여, 이 법회에 임하소서.

可哀年少督宗天   가련하도다, 나이 어린 예종이여
幸得王身只一年   왕의 몸을 받은 것이 단지 일년이었네.
福壽俱全千古罕   수복을 완전히 갖춘 이 천고에 드무니
不如意事世間纏   일이 뜻과 같지 않아 세간사에 얽매었도다.

南無一心奉請 仁宣恭靖大王仙駕 來臨法會
일심으로 받들어 청하오며 귀의하옵니다. 인선공정대왕의 선가여, 이 법회에 임하소서.

王業艱難粗一基   왕업이 가난하여 엉성한 터전
浮雲富貴又何之   부귀를 뜬구름 같이 여기고 어디로 가셨소?

好將家法推梨棗   가법을 잘 지켜 신선술을 추구하니
不向山花恨子規   산꽃을 향하여 자규를 한하지 않네.

南無一心奉請 德宗懷簡大王仙駕 來臨法會
일심으로 받들어 청하오며 귀의하옵니다. 덕종회간대왕의 선가여, 이 법회에 임하소서.

新羅時有葛文王   신라때는 갈문왕이 있었나니
欲使九原嘆喜長   저승에서 기쁨의 탄식 길게 하였네.
駛請追封拜稽首   사관이 추봉을 청하여 머리숙여 절하니
鳳嗛恩詔飛窮蒼   봉황새는 은혜로운 조칙 물고 하늘로 날았네.

南無一心奉請 成宗康靖大王仙駕 來臨法會
일심으로 받들어 청하오며 귀의하옵니다. 성종강정대왕의 선가여, 이 법회에 임하소서.

職寶巍峨勢最雄   직보가 높고 높아 세력이 가장 웅장하니
肅然行止合高穹   숙연한 행동이 높은 하늘에 알맞았네.
雲騈暫屈臨佳會   구름수레 타고 잠시 이 법회에 임하시어
了聽圖音悟法空   도음을 듣고 이해하여 법공을 깨닫네.

南無一心奉請 中宗恭僖大王仙駕 來臨法會
일심으로 받들어 청하오며 귀의하옵니다. 중종공희대왕의 선가여, 이 법회에 임하소서.

威儀整肅出天姿   위의는 정숙하여 타고난 자태이고
寶駕親臨白玉墀   귀한 행차 백옥 섬돌에 친히 임하셨네.
三十九年雖享樂   39년 동안 비록 향락을 즐겼으나
不如蒙佛悟無爲   불은을 입어 무위를 깨달은 것만 못하였네.

南無一心奉請 仁宗榮靖大王仙駕 來臨法會
일심으로 받들어 청하오며 귀의하옵니다. 인종영정대왕의 선가여, 이 법회에 임하소서.

稱仁榮樂一年强   인이라 칭한 영화가 일년 남짓했고

黎庶咸平自保康	백성들은 모두 평온하여 스스로 편안하였네.
端正靈明應不怵	단정하고 영명하심이 혼미하지 않으셔서
蒙光來見法中王	불광의 은혜 입으사 법 중에 왕을 보러오셨네.

南無一心奉請 明宗恭憲大王仙駕 來臨法會
일심으로 받들어 청하오며 귀의하옵니다. 명종공헌대왕의 선가여, 이 법회에 임하소서.

明王法令通千古	명왕의 법령은 천고에 통달하니
恭順先王法制匡	선왕의 법제를 공손히 따라 바로잡았네.
四海安淸無警急	사해가 편안하여 다급한 일이 없으니
山童野老各安鄉	아이와 노인은 각기 고향에서 편안하네.

南無一心奉請 宣祖昭敬大王仙駕 來臨法會
일심으로 받들어 청하오며 귀의하옵니다. 선조소경대왕의 선가여, 이 법회에 임하소서.

四十二年登寶位	42년 동안 보위에 있으면서
艱危歷盡保宗綱	어려움 다 겪으며 종묘를 보호했네.
睿智神時難盡說	예지와 신령함 모두 말하기 어려우니
重興社稷永流芳	사직을 중흥하여 영원히 방명을 남겼네.

南無一心奉請 元宗恭良大王仙駕 來臨法會
일심으로 받들어 청하오며 귀의하옵니다. 원종공량대왕의 선가여, 이 법회에 임하소서.

寶歷迢尊豈偶然	보력을 아스라이 높인 것이 어찌 우연이었나?
存亡得失自由天	존망과 득실이 하늘에서 말미암네.
世間榮亨皆如幻	세상의 영화는 모두 환상같으니
那似雲扃聽法言	구름 문간에서 법음을 듣는 것과 같으리?

南無一心奉請 仁祖獻文大王仙駕 來臨法會
일심으로 받들어 청하오며 귀의하옵니다. 인조헌문대왕의 선가여, 이 법회에 임하소서.

擧義初從水亥年	의기를 든 것은 계해년에 시작하시어
文經武緯兩俱全	문무를 경위하여 양쪽이 모두 온전하였네.
太平聖德何煩問	태평성덕을 어찌 번거롭게 묻느냐?
野老山童祝壽延	재야의 노인과 아이가 축수 드리네.

南無一心奉請 孝宗宣文大王仙駕 來臨法會
일심으로 받들어 청하오며 귀의하옵니다. 효종선문대왕의 선가여, 이 법회에 임하소서.

四海烟塵多亂事	사해의 먼지 속에 어지러운 일 많았고
燕京三稔歷艱難	연경에서 3년 동안 어려움을 겪었네.
太平天日君王位	태평스런 하늘의 해로 군왕이 자리하니
滿國臣民各自安	나라에 가득한 신하와 백성들이 각자 편안하나이다.

南無一心奉請 顯宗彰孝大王仙駕 來臨法會
일심으로 받들어 청하오며 귀의하옵니다. 현종창효대왕의 선가여, 이 법회에 임하소서.

今世安危前世業	지금 세상 안위는 전생의 업이고
此生仁孝後生因	이 생에서 인효는 다음 생의 원인이라네.
光陰電囚如流水	시간은 번개같이 빠르고[囚]52) 유수와 같아서
覺悟輪廻夢幻身	윤회를 깨달으면 모두가 꿈같다네.

南無一心奉請 顯義光倫睿聖英烈 肅宗大王仙駕 來臨法會
일심으로 받들어 청하오며 귀의하옵니다. 현의광륜예성영열 숙종대왕의 선가여, 이 법회에 임하소서.

威光英烈前無敵	위엄있는 빛이 강렬하여 앞에 대적할 이 없으니
六十年來致太平	60년 이래로 태평을 이루었네.
宇宙重明堯日月	요순의 일월이 우주에 다시 밝았으니
綱常制度自然成	강상의 제도가 자연히 이루어졌네.

방에 들어올 때에 반요잡(半繞匝)하고 한편에서는 정로진언53)을 하고 다음 관욕게를 한다.

---

52) 수(囚): 섬(閃)의 오자인 듯하다.

我今以此香湯水	나는 지금 이 향기로운 목욕물로
灌沐列位先王衆	여러 선왕들을 목욕시키옵니다.
身心洗滌令淸淨	몸과 마음을 씻고 청정하게 하여
證入眞空常樂鄕	진공의 상락향으로 들어감을 증거 하나이다.

<俺 底沙底沙 僧伽 莎訶>
옴 지사지사 승가 사바하

작양지진언(嚼楊枝眞言)   <俺 嚩囉賀 莎訶>
옴 바아라하 사하

수구진언(漱口眞言)   <俺 覩覩哩 矩嚕矩嚕 莎訶>
옴 도도리 구로구로 사바하

세수면진언(洗手面眞言)   <俺 縒曼哆 播履述悌 吽>
옴 사만다 바리슛제 훔

화의진언(化衣眞言)   <俺 嚩哩摩那 嚩轉哩柅 吽>
옴 바리마라 바바아리니 훔

종이옷을 불사른다.

정의진언(整衣眞言)   <俺 三曼哆 沙馱囉拏 鉢頭來 吽 薜>
옴 사만다 사다라나 바다메 훔 박

착의진언(着衣眞言)   <俺 嚩囉 縛沙紬 莎訶>
옴 바아라 바사세 사바하

지단진언(指壇眞言)   <俺 曳呬 吠嚧左那野 莎訶>
옴 예이혜 베로자나야 사바하

법성계와 인성(引聲), 요잡(繞帀)을 하고 법당 앞에 이르면 악을 그친다.

---

53) 정로진언(淨路眞言): 영가에게 청정무구한 보리(菩提)의 길로 인도하는 진언.

보례문(普禮文)

普禮十方常住佛法僧   시방에 항상 머무시는 불, 법, 승께 두루 예하나이다.

참회게(懺悔偈)
無始以來至今時   무시 이래로 지금까지
由貪嗔痴動三業   탐진치로 말미암아 세 가지 업을 짓나이다.
知不知作及自作   알게 모르게 지은 죄와 스스로 지은 죄
教他人者見聞隨   사람에게 시키거나 보고 듣고 따른 죄
所造十惡五無間   십악의 지은 죄와 오무간지옥의 죄
八萬四千偈沙罪   팔만사천의 모래수 만큼 많은 죄를 지었으나
於三寶前盡懺悔   삼보전에 모두 참회하오니
惟願慈悲皆消滅   오직 자비심으로 모두 소멸해주소서.

滅業障菩薩摩訶薩   멸업장보살마하살이시어!

退歸本壇 進奠物 獻座偈呪   본 단으로 돌아와 전물을 올리고 헌좌게주를 한다.

我今敬設寶嚴座   제가 지금 경건히 보엄좌를 마련하고
普獻一切王后衆   모든 왕후께 두루 올리오니
願滅塵勞妄想心   진로망상심을 멸하시어
速圓解脫菩提果   속히 원만히 해탈보리과를 이루기 원하나이다.

<唵 迦麽羅 僧賀 莎訶>
옴 가마라 승하 사바하

다게(茶偈)
今將甘露茶   이제 감로수를
奉獻王后前   왕후전에 받들어 올리오니
鑑察虔懇心   정성스럽고 간절한 마음 살피시어
願垂哀納受   애틋이 여기시고 받아주옵소서.

오공양(五供養)을 펼친다.

◎반고왕청(盤古王請)

作法則如上   작법은 위와 같이 한다.

一心奉請 天地混合 一源本寂 山河爲骨血 物像爲皮肉 四海爲四肢 日月爲兩眼 盤古帝王 今設壇場
府臨洞照 受此供養
일심으로 받들어 청하옵니다. 천지가 뒤섞여 합하고, 일원이 본디 적막한데, 산하는 뼈와 피가 되
고, 물상은 피부와 살이 되고, 사해는 사지가 되고 일월은 두 눈이신 반고제왕이시여, 지금 단을
설치하였사오니 임하시어 환하게 살피시고 이 공양을 받으소서.

乾坤混合未開通　　　　　천지가 뒤섞여서 열려 통하기 전에는
圓體寂然一太極　　　　　원만한 본체 고요한 하나의 태극이었네.
盤古至今元氣成　　　　　반고는 지금 원기가 이루어졌으니
遍周沙界人王國　　　　　항하의 사람 왕국에 두루하나이다.

◎태고제왕청(太古帝王請)

一心奉請 當體獨一 從頭十二 兄弟二六 萬八千歲 天皇氏 隨身其一 從首十一 兄弟十一 萬八千歲 地
皇氏 一身九頭 兄弟九人 分長九州 人皇氏 不紀年代 構木作巢 木實爲食 有巢氏 始其攢燧 敎人火食
燧人氏 始五聖帝 來臨法會 受此供養
일심으로 받들어 청하옵니다. 몸은 오직 하나 머리는 열두 개 형제는 열두 명 나이는 만팔천살인
천황씨, 몸은 하나 머리는 열하나 형제는 열한 명 나이는 만팔천살이신 지황씨, 몸 하나에 머리
아홉 형제 아홉 명이 구주를 나누어 장이 된 인황씨, 연대는 정확하지 않으나 나무를 얽어 둥지를
짓고 나무 열매를 먹게 하신 유소씨, 처음으로 부싯돌을 만들어 사람들에게 화식을 가르치신 수인
씨, 다섯 성제의 처음이신 이여! 이 법회에 임하시어 이 공양을 받으소서.

開闢乾坤始五帝　　　　　천지가 개벽할 적에 처음 나타난 오제시여

九州百郡化蒼生   구주, 백군에 창생을 교화하였네.

繼天立極萬千世   천만세토록 하늘의 뜻을 이어 법도를 세워

各自威風濟有情   각자 위풍으로 유정한 것들을 제도하셨네.

一心奉請 蛇身人首 始畫八掛 以造書契 以代結繩 始制嫁娶 又結綱罟 敎人佃漁 造五弦琴太昊 伏羲氏 始作笙簧 鍊石補天 女媧氏 人身牛首 始敎耕田 嘗草劑藥 開市交易炎帝神農氏 作指南車 以雲紀官 黃帝軒轅氏 諸大聖帝 來臨法會 受此供養

일심으로 받들어 청하옵니다. 뱀의 몸에 사람의 머리이시며, 처음으로 팔괘를 그려 그것으로 서계를 만들어 결승을 대신하시고, 처음으로 결혼을 제도화하고 또 그물을 만들어 사람들에게 사냥하고 고기잡는 것을 가르치며, 오현금을 만드신 태호복희씨, 처음으로 생황을 만들고 돌을 다듬어 하늘을 막으신 여왜씨, 사람 몸에 소 머리이시며 처음으로 밭가는 것을 가르치고 풀을 맛보고 약을 조제하고 시장을 열어 교역하신 염제신농씨, 지남차를 만들어 구름으로써 관직의 틀을 만드신 황제헌원씨, 여러 큰 성제들은 이 법회에 임하시어 이 공양을 받으소서.

羲媧炎帝軒轅氏   복희, 여왜, 염제, 헌원씨는

八卦造書鍊補天   팔괘를 그리고 서계를 만들고 돌로 하늘을 기웠네.

耕藥市塵成車軒   농사와 약초, 시장과 수레를 만드시니

威光各自衆生前   중생 앞에 각자 위엄 있으시네.

一心奉請 以鳥紀官 少昊金天氏 始以造曆 顓頊高陽氏 赤松爲師 自言其名 帝嚳高辛氏 茅茨不剪 土階三等 帝堯陶唐氏 龍項大口 目有重瞳 帝舜有虞氏 諸大帝王 來臨法會 受此供養

일심으로 받들어 청하옵니다. 새 이름으로 관직의 틀을 만드신 소호김천씨, 처음으로 책력을 만드신 전욱고양씨, 적송자를 스승삼아 태어나면서 스스로 이름을 말하신 제곡고신씨, 풀을 베지 않고 흙 세 계단으로 집 지으신 제요도당씨, 용의 목에 큰 입 겹눈동자이신 제순유우씨, 여러 큰 제왕께서는 이 법회에 임하시어 이 공양을 받으소서.

鳥官造曆自言名   새로 관직과 책력을 만들고 스스로 이름을 말하시며

分明羲和敎化成   희씨와 화씨 직분을 밝혀 교화를 이루시며

禪罷五絃民解慍   선양을 마치고 오현금으로 백성의 원성을 풀어주신

五王功德有誰京   오왕의 공덕, 누구 것이 더 크겠느냐?

一心奉請 三王八十五位 諸大聖王 來臨法會 受此供養
일심으로 받들어 청하옵니다. 3왕 85위 여러 큰 성왕이시여, 이 법회에 임하시어 공양을 받으소서.

三代明王八十五	3대의 밝은 왕 85위
昭王當歲世尊出	소왕 당시에 세존이 나오셨네.
穆霄成道昇忉利	목왕은 성도하여 도리천에 오르시니
入滅壬申春三月	임신년 춘삼월에 열반하셨네.

一心奉請 治平天下 秦漢蜀魏 晉宋齊梁 陳隋唐周元明 諸位帝王 來臨法會 受此供養
일심으로 받들어 청하옵니다. 천하를 다스려 평안케하시고 진, 한, 촉, 위, 진, 송, 제, 양, 진, 수, 당, 주, 원, 명 여러 제위의 왕이시어 이 법회에 임하시어 공양을 받으소서.

秦皇以後至皇明	진시황 이후 명에 이르기까지
聖帝明君各自英	성제와 명군이 각자 뛰어나셨네.
相代相傳天下政	서로 전하고 받으며 천하를 다스렸으니
乾坤四海救蒼生	하늘과 땅 온 세상 창생을 구하였네.

一心奉請 大聖至聖 文宣王尊靈 來臨法會 受此供養
일심으로 받들어 청하옵니다. 대성이시며 지성이신 문선왕 존령이시어, 이 법회에 임하시어 공양을 받으소서.

文章德業遍天下	문장의 덕업이 천하에 두루하고
六藝神通又十賢	육예에 신통한 십현이 있어서
正道衣冠垂萬世	정도의 의관을 만세에 드리우니
宣王敎化古今傳	선왕의 교화 고금에 전하나이다.

삼조선제왕청(三朝鮮諸王請)

一心奉請 三韓國 建都平壤 無以城郭 敎民禮儀 作屋蚕織 檀君箕子衛滿 諸大聖王 來臨法會 受此供養
일심으로 받들어 청하옵니다. 삼한국 평양에 도읍을 세우고 성곽없이 백성에게 예의와 집 짓고 명주 짜는 것 가르치신 단군·기자·위만의 여러 큰 성왕이시어, 이 법회에 임하시어 공양을 받으소서.

三開三國三朝鮮	삼국을 세 번 연 삼조선에는
諸大君王總聖賢	여러 대군과 임금 모두 성현이셨네.
宗廟玄陵幾處在	종묘와 현릉은 몇 곳에 있나?
四時無祀冷雲烟	사계절에 제사가 없어 구름 안개 차갑네.

신라오십오위청(新羅五十五位請)

一心奉請 新羅始祖 赫居世大王 南解大王 儒理大王 脫解大王 娑婆大王 祗摩大王 逸聖大王 阿達羅大王 伐木大王 奈解大王 助賁大王 沾解大王 味鄒大王 儒禮大王 基臨大王 訖解大王 奈勿大王 實聖大王 訥祗大王 慈悲大王 炤智大王 智證大王 法興大王 眞興大王 眞智大王 眞平大王 善德大王 眞德大王 太宗大王 文武大王 神文大王 孝昭大王 聖德大王 孝聖大王 景德大王 惠恭大王 宣德大王 元聖大王 昭聖大王 哀莊大王 憲德大王 興德大王 僖康大王 神武大王 文聖大王 憲安大王 景文大王 憲康大王 定康大王 眞聖大王 孝恭大王 神德大王 景明大王 景哀大王 敬順大王 與后妃嬪御仙駕 來臨法會 受此供養

일심으로 받들어 청하옵니다. 신라시조 혁거세대왕 남해대왕 유리대왕 탈해대왕 사바대왕 지마대왕 일성대왕 아달라대왕 벌목대왕 나해대왕 조분대왕 첨해대왕 미추대왕 유례대왕 기림대왕 흘해대왕 나물대왕 실성대왕 눌지대왕 자비대왕 소지대왕 지증대왕 법흥대왕 진흥대왕 진지대왕 진평대왕 선덕대왕 진덕대왕 태종대왕 문무대왕 신문대왕 효소대왕 성덕대왕 효성대왕 경덕대왕 혜공대왕 선덕대왕 원성대왕 소성대왕 애장대왕 헌덕대왕 흥덕대왕 희강대왕 신무대왕 문성대왕 헌안대왕 경문대왕 헌강대왕 정강대왕 진성대왕 효공대왕 신덕대왕 경명대왕 경애대왕 경순대왕과 왕후 비빈의 선가들이시어, 이 법회에 임하시어 이 공양을 받으소서.

新羅古國一千年	옛 국가 신라는 천년 동안
五十五王次第連	55왕 차례대로 이어졌네.
朴昔金三相代立	박, 석, 김 3성은 서로 대를 이었으나
至今陵墓各寒烟	지금까지 능묘에는 찬 연기만 나네.

고려이십팔위청(高麗二十八位請)

一心奉請 高麗始祖 東明大王 琉璃大王 大武神大王 閔中大王 慕本大王 太祖大王 次大大王 新大大王 故國川大王 山上大王 東川大王 中川大王 西川大王 烽上大王 美川大王 故國原大王 小獸林大王

故國壤大王 廣開土大王 長壽大王 文咨大王 安藏大王 安原大王 陽原大王 平原大王 嬰陽大王 榮留大王 寶藏大王 與后妃嬪御仙駕 來臨法會 受此供養

일심으로 받들어 청하옵니다. 고려시조 동명대왕 유리대왕 대무신대왕 문중대왕 모본대왕 태조대왕 차대대왕 신대대왕 고국천대왕 산상대왕 동천대왕 중천대왕 서천대왕 봉상대왕 미천대왕 고국원대왕 소수림대왕 고국양대왕 광개토대왕 장수대왕 문자대왕 안장대왕 안원대왕 양원대왕 평원대왕 영양대왕 영류대왕 보장대왕과 왕후 비빈들의 선가시여, 이 법회에 임하시어 공양을 받으소서.

三分鼎立三朝鮮	셋으로 나뉜 삼조선에
松嶽風光問幾年	송악의 풍광 몇 년이던가?
恭讓王亡嶺日沒	공양왕이 죽고 곡령에 날 저무니
寒雲冷霧起陵邊	차가운 구름 찬 안개 능 한 켠에서 일어나네.

백제삼십위청(百濟三十位請)

一心奉請 百濟始祖 溫祚大王 多婁大王 己婁大王 盖婁大王 肖古大王 仇首大王 古爾大王 責稽大王 汾西大王 比流大王 契王 近肖古大王 近仇首大王 枕流大王 辰斯大王 阿華大王 腆支大王 久爾辛大王 毗有大王 善鹵大王 文周大王 三斤大王 東城大王 武寧大王 聖王威德大王 惠王 法王 武王 義慈大王 與后妃嬪御仙駕 來臨法會 受此供養

일심으로 받들어 청하옵니다. 백제시조 온조대왕 다루대왕 기루대왕 개루대왕 소고대왕 구수대왕 고이대왕 책예대왕 분서대왕 비류대왕 계왕 근초고대왕 근구수대왕 침류대왕 진사대왕 아화대왕 전지대왕 구이신대왕 비유대왕 선로대왕 문주대왕 삼근대왕 동성대왕 무녕대왕 성왕 위덕대왕 혜왕 법왕 무왕 의자대왕과 왕후 비빈의 선가여, 이 법회에 임하시어 이 공양을 받으소서.

百濟義慈度幾年	백제의 의자왕 몇 해나 다스렸나?
唐宗蘇定合兵顚	당태종 소정방이 병사를 합하여 넘어뜨렸네.
落花岩下滄溟闊	낙화암 아래 푸른 바다는 넓디넓고
三十王陵寂寞阡	30왕릉 무덤길은 적막하도다.

가락국십위청(駕洛國十位請)

一心奉請 駕洛始祖 首露大王 居登大王 麻品大王 居比大王 彌伊大王 尸品大王 坐知大王 次希大王

鉒知大王 鉗知大王 仇衡大王 與后妃嬪御仙駕 來臨法會 受此供養

일심으로 받들어 청하옵니다. 가락시조 수로대왕 거등대왕 마품대왕 거비대왕 미이대왕 시품대왕 좌지대왕 차희대왕 질지대왕 겸지대왕 구형대왕과 왕후 비빈의 선가여, 이 법회에 임하시어 이 공양을 받으소서.

駕洛繁華共十王	번화했던 가락국 10왕은
從今物色盡凄凉	예나 지금이나 물색이 모두 처량하네.
新羅當世歸降伏	신라 당대에 귀순하여 항복하였으니
也知三百歲休長	알겠도다, 300년 동안 천복이 길었음을.

중원본국명신명장청(中原本國名臣名將請)

一心奉請 中國外國 文武百僚 名臣巨將 古今歷代 忠義將帥 持節名顯 爲國枉死 孝子順孫 巨儒碩士 一切名人等衆 來臨法會 受此供養

일심으로 받들어 청하옵니다. 중국과 외국 문무백관, 명신 거장, 고금의 역대 충의의 장수로서 지조와 절개를 지켜 이름이 나거나, 나라를 위해 비명에 죽거나, 효자와 순손, 거유와 석사 등은 이 법회에 오시어 이 공양을 받으소서.

中夏朝鮮天下國	중하 조선 천하의 나라
名臣文武盡忠良	문무의 명신과 모든 충신들.
孝孫烈女守持節	효손과 열녀 지절을 지킨 이들
來赴無遮大道場	차별없는 큰 도량으로 달려오소서.

◎삼대가친단(三代家親壇)

명발(鳴鈸)을 하고 거불(擧佛)을 한다.

南無阿彌陀佛 南無觀世音菩薩 南無大勢至菩薩

나무아미타불 나무관세음보살 나무대세지보살

宣疏振鈴偈及諸眞言 聞萬物篇 稱佛懺悔篇
선소하고, 진령게 및 여러 진언을 하고, 문만물편을 하고, 칭불참회편을 한다.

南無阿彌陀佛 (八靈) 一障罪業 願乞消滅
나무아미타불 (팔영) 일장의 죄업을 원컨대 사라지게 하소서.

南無阿彌陀佛 (八靈) 一愚罪業 願乞消滅
나무아미타불 (팔영) 일우의 죄업을 원컨대 사라지게 하소서.

南無阿彌陀佛 (八靈) 三毒罪業 願乞消滅
나무아미타불 (팔영) 삼독54)의 죄업을 원컨대 사라지게 하소서.

如是稱佛 (八靈) 四重四逆 六根七遮 八難九結 十纏罪業 願乞消滅 念佛若干云云
이와 같이 부처를 부르면서 (팔영) 4중55) 4역56) 6근57) 7차58) 8난59) 9결60) 10전61) 죄업을 원컨대
소멸하기를 염원하면서 염불을 약간 운운한다.

청인로편(請引路篇)

阿彌陀佛眞金色	아미타불은 진금색으로
相好端嚴無等倫	상호가 단엄하여 같은 이가 없네.
白毫宛轉五須彌	백호는 아름답게62) 오수미63)를 두르고
紺目澄淸四大海	푸른 눈64)은 맑고 맑아 온 세상을 비추네.

---

54) 삼독(三毒): 탐(貪)·진(瞋)·치(癡).
55) 4중(四重): 살생(殺生), 투도(偸盜), 사음(邪淫), 망언(妄言)의 네 가지 금계(禁戒)를 범한 죄. 사중죄(四重罪).
56) 4역(四逆): 부친 살해, 모친 살해, 아라한(성자) 살해, 화합승가를 파괴.
57) 6근(六根): 안근(眼根), 이근(耳根), 비근(鼻根), 설근(舌根), 신근(身根), 의근(意根).
58) 7차(七遮): 칠역죄(七逆罪)라고도 한다. 부친 살해, 모친 살해, 아라한(성자) 살해, 화합승가를 파괴, 부처님 몸을 상해. 계화상(戒和尙) 살해, 사승(師僧) 살해.
59) 8난(八難): 배고픔, 목마름, 추위, 더위, 물, 불, 칼, 병란(兵亂).
60) 9결(九結): 애결(愛結), 에결(恚結), 만결(慢結), 무명결(無明結), 견결(見結), 취결(取結), 의결(疑結), 질결(嫉結), 간결(慳結).
61) 10전(十纏): 무참(無慙), 무괴(無愧), 질(嫉), 간(慳), 회(悔), 수면(睡眠), 도거(掉擧), 혼침(惛沈), 분(忿), 복(覆).
62) 완전(宛轉): 눈썹이 아름답게 굽은 모양.
63) 오수미(五須彌): 다섯 개의 수미산. 제석천왕이 다스리는 세계를 수미산이라 하는데, 오수미란 동서남북 그리고 중앙에 수미산이 있는 것이니 이는 곧 전 우주를 상징하는 것이다.
64) 감목(紺目): 진청안상(眞靑眼相). 눈동자가 감청색인 것.

篇畢各請各詠 導詣香浴篇畢 迎入浴室時半繞帀道路眞言 七徧-大沐浴篇畢 沐浴偈呪
편을 마치고, 각 청, 각 영을 하고, 인예향욕편65)을 마치고, 욕실로 맞아들일 때 반요잡 하면서 도로진언 7번을
하고, 다음 목욕편을 마치고, 목욕게주를 한다.

以此加持功德水	이렇게 가지한 공덕수66)는
三乘聖衆沐餘湯	삼승의 성중들이 목욕하고 남은 물입니다.
身心洗滌令淸淨	몸과 마음 세척하고 청정하게 하여
證入眞空常樂鄕	진공의 상략향에 들어감을 증명하소서.

以此香湯水	이 향기로운 목욕물로
灌沐亡者身	망자의 몸을 목욕시키옵니다.
願承法加持	원컨대 법의 가지를 받들어
普獲於淸淨	두루 청정함을 얻게 하소서.

<唵 尾摩羅 秫帝 娑嚩賀>
옴 미마라 숫제 사바하

종이옷을 불사른다.

迎引歇浴堂 獻茶藥偈　헐욕당으로 맞아들여 헌다약게를 한다.

今此加持功德水	지금 이렇게 공덕수를 가지하여
變成甘露味馨香	맛있고 향기있는 감로로 변하게 하여
孝子虔誠跪奉獻	효자가 정성스레 무릎 꿇고 봉헌하오니
亡靈受已獲淸凉	망령은 이미 청량함을 얻게 될 것입니다.

依法加持茶及藥	법대로 가지한 차와 약은

---

65) 인예향욕편(引詣香浴篇): 원문에는 '도예향욕편(導詣香浴篇)'이라 되어 있으나 '인예(引詣)'의 오자인 듯하여 역자가 수정하였다.

66) 공덕수(功德水): 부처님의 정토에 있는 못에는 이 물이 가득 차 있다고 한다. 여덟 가지 훌륭한 특질이 있기 때문에 팔지덕수(八支德水)·팔미수(八味水)·팔정수(八定水)라고도 한다. 징정(澄淨)·청냉(淸冷)·감미(甘美)·경연(輕輭)·윤택(潤澤)·안화(安和)·제기갈(除饑渴)·장양제근(長養諸根)의 여덟 가지이다. 또 수미산을 에워싸고 있는 7내해(內海)에도 이 물이 차 있다고 한다. 감(甘)·냉(冷)·연(輭)·경(輕)·청정(淸淨)·무취(無臭)의 물을 마시면 목이 부드러워지고 먹은 뒤에는 배속이 편안하다고 한다.

能除疾病去昏沈　　　질병과 혼침을 제거할 수 있나이다.
孝子虔誠專奉獻　　　효자가 정성스레 오로지 봉헌하여
亡靈受已獲常身　　　망령은 이미 상신을 얻었나이다.

衆祈聖安位篇次 拈花偈例　참기성안위편을 하고, 다음 염화게를 예대로 한다.

法身遍滿百億界　　　법신은 백억의 세계에 두루 가득하여
普放金色照人天　　　금빛 광명 널리 펴서 인천세계를 비추나이다.
應物現形潭底月　　　사물따라 나투심이 물속의 달과 같아서
體圓正坐寶蓮臺　　　본체 원만하여 보련대에 바로 앉으십니다.

大聖引路王菩薩　　　위대한 성인이시며 길을 인도해 주시는 보살님이시어!

인성(引聲) 하면서 요잡하고, 문밖에 이르면 음악을 그친다. 상부편(詳夫篇)을 하고, 다음 보례게(普禮偈)를 운한다.

普禮十方一切佛　舍利靈牙窣覩波
시방의 모든 부처님과 사리, 영아, 솔도파께 예를 올리나이다.
普禮十方一切法　五敎三乘妙法藏
시방의 모든 법보님과 오교, 삼승, 묘법장께 예를 올리나이다.
普禮十方一切僧　菩薩緣覺聲聞衆
시방의 모든 승가님과 보살승, 연각승, 성문승께 예를 올리나이다.

啓白篇末 動鈸三次 位板引於家親壇 安座篇次 獻座偈呪
계백편을 하고, 끝에 삼동발을 하고, 다음 위판은 가친단으로 인도한다. 안좌편을 하고, 다음 헌좌게주를 한다.

謹敷靑帳設華筵　　　삼가 푸른 휘장을 쳐서 화사한 자리를 베풀어
花果香燈廣列前　　　꽃과 과일, 향과 등을 앞에 넓게 차리옵니다.
大小宜依次第坐　　　크고 작은 여러 분들 차례로 앉으시어
專心諦聽演金言　　　마음을 오롯이 하여 펼치는 금언을 살펴 들으소서.

<唵 摩尼 軍茶利 吽 吽 莎訶>
옴 마니 군다리 훔 훔 사바하

다음 다게(茶偈)를 운한다. 상래영청편(上來迎請篇)을 마치고, 여러 영위(靈位) 앞에 전물(奠物)을 내갈 때에, 심경 약간 및 사다라니주를 7번 운운한다.

운심게(運心偈)

願此淸淨妙香饌	이 청정하고 묘한 향이 있는 음식으로
供養家親諸靈前	가친의 여러 영위 앞에 공양하나이다.
孝子虔誠跪奉獻	효자가 정성으로 무릎 꿇고 봉헌하오니
不捨慈悲受供養	자비를 버리지 말고 이 공양을 받으소서.

供養呪回向呪及祝願
공양주, 회향주 및 축원을 한다.

◎무주고혼단(無主孤魂壇)

명발(鳴鈸)을 한다.

南無阿彌陀佛 觀世音菩薩 大勢至菩薩
나무아미타불 관세음보살 대세지보살

宣疏畢 振鈴偈及眞言 由致 各請各詠次 引詣香浴篇 末動鈸三 次時位版 迎入浴室 沐浴篇次 沐浴偈呪
선소를 마치고 진령게 및 진언을 하고, 유치와 각 청, 각 영을 하고, 다음 인예향욕편을 하고, 끝에 삼동발을 한다. 이때 위판을 욕실에 맞아들인다. 목욕편을 하고, 다음 목욕게주를 한다.

以此香湯水	이 향기로운 목욕물로
灌沐孤魂衆	고혼들을 목욕시키옵니다.
願承法加持	원컨대 법의 가지를 받들어
普獲於淸淨	두루 청정함을 얻게 하소서.

<唵 尾麼羅 秖第 娑嚩賀>
옴 미마라 슷제 사바하

謹白孤魂篇次   근백고혼편을 하고 다음

수수게(漱水偈)

加持甘露水	감로수를 가지하여
普施幽囚類	유명계에 있는 이들에게 보시하나이다.
永願滅飢虛	원하오니 영원히 기허를 멸하시어
當證無生理	마땅히 무생의 이치를 증명하오리다.

다게(茶偈)

淸淨名茶藥	청정한 차와 약으로
普施衆孤魂	고혼들에게 두루 베푸니
永除飢渴苦	영원히 기갈의 고통을 제거하여
速達菩提門	속히 보리의 문에 이르소서.

出浴衆聖篇畢 位板引於歇浴堂 服飾後 觀夫體除篇次 拈花偈例
출욕참성편을 마치고, 위판은 헐욕당으로 인도한다. 복식을 한 뒤, 관부체제편을 하고, 다음 염화게를 예대로 한다.

法身遍滿百億界	법신은 백억의 세계에 두루 가득하여
普放金色照人天	금빛 광명 널리 펴서 인천세계를 비추나이다.
底物現形潭底月	사물따라 나투심이 물속의 달과 같아서
體圓正坐寶蓮臺	본체 원만하여 보련대에 바로 앉으십니다.

법성게(法性偈)와 인성(引聲), 요잡(繞帀)을 하고, 정문 밖에 이르면 음악을 그치고, 다음 가지예성편(加持禮聖篇)을 하고, 다음 보례게(普禮偈)를 한다.

普禮十方佛	시방의 부처님께 두루 예하나이다.
法藏幷菩薩	법장과 보살이시어
緣覺聲聞衆	연각승, 성문승과
阿難大尊者	아난 대존자시여
不捨悲願力	자비의 원력을 버리지 마시고
慈悲哀受禮	자비심으로 가련히 여기시어 예를 받으시고
永離於冥塗	영원히 명도에서 떠나
得受菩提記	보리수기를 받으시기를.

<唵 薩哩嚩 沒馱 達哩摩 僧伽 喃 曩謨 窣都帝>
옴 살바 못다 달마 승가 남 나무 솔도제

再白篇畢 位板引於下壇 仰承聖力篇畢 獻座偈呪
재백편을 마치고, 위판은 하단으로 인도한다. 앙승성력편을 마치고, 헌좌게주를 한다.

헌좌게주(獻座偈呪)

普願孤魂衆	두루 원하오니 고혼들께서는
承佛威神力	부처의 위신력을 받들어
安座道場中	도량 가운데 편안히 앉으시어
諦亨甘露食	감로의 음식을 흠향하소서.

<唵 摩尼 軍茶利 吽 吽 莎訶>
옴 마니 군다리 훔 훔 사바하

다게(茶偈)

百草林中一味新	온갖 풀 중에 최고의 맛이 신선하여
趙州常勸幾千人	조주스님께서도 항상 많은 사람에게 권하셨다네.
烹將石鼎江心水	이 돌 솥에 강심수를 달였사오니
願使亡靈歇苦輪	망령으로 하여금 고통스런 윤회에서 쉬게 하소서.

◎시식단규(施食壇規)

서쪽 편에 사자단을 설치한다. 봉송편에 '다시 청한다'는 말이 있으므로 다시 단을 설치하는 것이 좋다.

宗室 家親 孤魂 別名三途等 六壇一時進奠物次 法主振鈴三下
今日齋者等 奉爲先王先后列位仙駕 亦爲各各先亡祖上父母(列名靈駕) 兼及法界無主孤魂等衆
종실, 가친, 고혼, 별명삼도 등 여섯 단에 일시에 전물을 올리고, 다음 법주는 요령을 3하 울린다.
오늘 재자 등은 선왕·선후의 열위 선가를 받들고, 또한 각각의 선망(先亡)하신 조상과 부모(영가의 이름을 열거한다)와 법계의 무주고혼 등을 받드나이다.

示位方處篇 敍敎謙敬篇 宣密加持篇 五如來及眞言 念佛懺悔篇 滅淨業眞言四十九徧云 呪食現功篇
시위방처편, 서교겸경편, 선밀가지편을 하고, 오여래 및 진언을 하고, 염불참회편을 하고, 멸정업진언 49번을 하고, 주식현공편을 한다.

사다라니를 각 7번 한다.

감로다라니게주(甘露陁羅尼偈呪)

願我所呪水	원컨대 내가 주문을 외운 물이
普變作甘露	두루 감로수로 변하여
一滴之所霑	한방울 적시면
衆生皆離苦	중생들이 모두 고통에서 벗어나게 하소서.

我今更位篇 十供養眞言　　아금갱위편과 십공양진언을 한다.

　<唵 薩哩嚩怛他阿誐哆 度波布惹 弭伽 三母棕囉 薩頗囉拏 三麿曳 吽 度波嚩細你 麿波嚩細你 誐誐曩劍
　莎阿>
　옴 살바다타아다 도바보아 미가 삼모나라 사바라나 삼마예 훔 도바바셰니 도바바셰니 아아나깜 사
　바하

시식게(施食偈)

檀越所修福	단월이 닦은 복을
普霑於鬼聚	두루 귀신들에게 적시니
食者免飢虛	먹는 자는 기허를 면하고
得生安樂處	안락한 곳에 태어나게 되리니
菩提之勝報	보리의 좋은 보답
無盡若虛空	허공과 같이 무진하리이다.
是獲如是果	이와 같은 과보를 얻어서
增長無休息	쉼없이 증장하여
天地普衆生	천지의 중생들이 두루
總願成佛道	불도 이루기를 원하나이다.

손가락을 7번 튕기고, 대중들은 발(鈸) 소리가 나면 부처 앞에 헌공하는 제물(諸物)을 맞이하여 무부산(無䃌山)
앞에 놓아 둔다.

不二供養篇 普供養眞言 孤魂受饗篇 再敍功德篇 祈聖加持篇 願聖垂恩篇畢
불이공양편을 하고, 보공양진언을 하고, 고혼수향편을 하고, 재서공덕편을 하고, 기성가지편을 하고, 원성수은
편을 마친다.

대중들은 법상을 펴고, 병법은 자리에 오른다. 시라삼귀오계첩(尸羅三歸五戒牒) 5개를 농(籠;대그릇)에 넣어 병
법 앞에 올려놓는다. 병법은 농을 열고 일일이 시주 등에게 주는데, 매번 한 사람씩 각각에게 준다. 아무개는
몇 건을 받은 뒤에, 각기 그 망령에게 이 5건을 붙이고, 모두 도장을 찍어 피봉(皮封)하고, 병법은 이름을 쓴
뒤에 창한다.

般若心經 三徧 施戒位篇 懺除宿業篇 請聖除罪篇
반야심경을 3번 하고, 시계위편을 하고, 다음 참제숙업편을 하고, 청성제죄편을 한다.

성현을 소청하는데, 혹 육사(六師), 혹 삼보(三寶), 혹 관음을 소청해도 역시 모두 가능하다. 삼청을 운운한다.

禮敬篇次 普禮偈   예경편을 하고 다음 보례게를 한다.

보례게(普禮偈)

所有十方世界中	시방 세계에 있는
三世一切人師子	삼세의 모든 스승들이시여
我以淸淨身語意	나는 청정한 신·어·의로
一一徧禮盡無餘	모두에게 빠짐없이 두루 예하나이다.

普賢行願威神力	보현보살의 위신력으로
普現一切如來前	모든 여래 앞에 두루 나타나
一身復現刹塵身	한 몸이 무수히 많은[67] 몸이 되어
一一徧禮刹塵佛	무수한 부처에게 일일이 두루 예하나이다.

普禮眞言如上 總說罪相篇   보례진언은 위와 같고, 총설죄상편을 한다.

참회게(懺悔偈)

往昔由無智慧力	옛날에는 지혜력이 없어서
所造極惡五無間	오무간지옥에 갈 지독한 악을 지었나이다.
誦此普賢大願王	이 보현의 대원을 외우오니

---

67) 찰진(刹塵): 무수한 국토를 미진으로 할만큼 수가 많은 것을 말한다.

一念速疾皆滅滅　　　　　　한 생각에 빨리 모두 사라지게 하소서.

發菩提心篇 偈句幷皆 (三說) 捨邪歸正篇 三歸依 如來至眞篇 釋相護持篇 (五戒牒宣讀之) 得戒逍遙篇 十波羅密篇 依十獲果篇 (秉法下床) 加持金銀山則 (用志盤文先誦燒之) 次偈讚後 施食竟

발보리심편을 게구와 아울러 모두 (3번 설한다.) 사사귀정편을 하고, 삼귀의를 하고, 여래지진편을 하고, 석상호지편을 한다. (오계첩을 펴서 읽는다.) 득계소요편을 하고, 십바라밀편을 하고, 의십획과편을 하고, (병법은 상에서 내려온다.) 가지금은산은 (지반문을 사용하되, 먼저 송하고 태운다.) 다음 게찬을 한 뒤, 시식을 마친다.

◎봉송의(奉送儀)

法衆還向法堂 鳴鈸讀回向疏於庭中疏畢秉法振鈴三下 加持蓮池篇(如文) 五方淨土篇及眞言(如文) 夫阿彌陀佛篇次念佛(入云) 讚偈畢(十卷仔夔淨土樓篇下讀圓滿疏件) 普散響福篇畢 次散花偈時 收壇備花具威儀 諸壇位牌及 位目香花幡盖安于床上 各壇記事鐘頭判首堂佐等 各各奉持次第而行唱散花偈 法衆聲鈸而和三匝庭中向立法堂 唱散花落三動鈸 擧靈山引聲繞匝出至淨土樓前 諸壇位牌及位目花蓋幷燒于淨土樓上時念佛及一一如文奉送可也

법중은 법당으로 되돌아오면서 명발을 울리고 회향소를 읽는다. 마당 가운데서 소를 읽은 뒤, 병법은 진령을 3번 한다. 가지연지편을 의례문대로 한다. 오방정토편 및 진언을 의례문대로 하고, 부아미타불편을 하고, 다음 염불을 하고, 들어와서 찬게(讚偈)를 마친다. (10권 자귀정토루편 아래에 원만소건을 읽는다.) 보산향복편을 마치고, 다음 산화게를 할 때, 단에 준비된 화구와 위의를 거두고, 여러 단의 위패 및 위목, 향화와 번개를 거두어 상위에 안치한다. 각 단의 기사, 종두, 판수, 당좌 등은 각각 받들어 지니고, 차례로 가면서 산화게를 창하고, 법중은 소리내어 화답하고, 마당 가운데를 3번 돌고 법당으로 향하여 서고, 산화락을 창하고, 삼동발을 하고, 거령산과 인성을 하고, 요잡하고 나가 정토루 앞에 이르면, 여러 단의 위패 및 위목, 화개는 정토루 위에서 함께 불사른다. 이때 염불하면서 일일이 예문과 같이 봉송하는 것이 좋다.

이것이 5주야의 예이다.

◎삼권자기문십권자기문겸칠주야작법규(三卷仔夔文十卷仔夔文兼七晝夜作法規)

合手禮日 先風伯雨師壇 請坐進供 勸供(如文)
손을 모아 해에 예하고, 먼저 풍백우사단에 자리를 청하고 진공, 권공을 예문대로 한다.

對靈作法如儀文　대령작법을 의식문대로 한다.

次一日靈山作法　　　　　　다음 1일 영산작법

會主拈香及法華第一卷 法衆同誦畢 收經偈 進供 勸供 祝願如儀文

회주는 향 및 『법화경』 제1권을 잡고, 법중은 함께 외우는 것을 마치고, 수경게, 진공, 권공, 축원은 의문과 같이 한다.

齋後天王龍王伽藍此三壇請坐 進供勸供祝願 其夜丑時 常住作法 進供勸供祝願如儀文
재 뒤에 천왕, 용왕, 가람단 이 삼단에 청좌하여 진공, 권공, 축원을 하고, 그날 밤 축시에 상주작법을 하고, 진공, 권공, 축원을 의문과 같이 한다.

이것이 1주야의 예이다.

次二日靈山作法　　　　　　　다음 2일 영산작법

會主拈香及法華第二卷 法衆同誦畢收經偈進供勸供祝願如儀文
회주는 향 및 『법화경』 제2권을 잡고, 법중은 함께 외우는 것을 마치고, 수경게, 진공, 권공, 축원을 의문과 같이 한다.

齋後穢跡明王梵王帝釋四王城隍 此六壇請坐 進供勸供祝願 其夜待丑時常住摩旨勸供祝願
재 뒤에 예적, 명왕, 범왕, 제석, 사왕, 성황 여섯 단에 청좌하고, 진공, 권공, 축원을 하고, 그 날 밤 축시를 기다려 상주마지권공, 축원을 한다.

이것이 2주야의 예이다.

次三日靈山作法　　　　　　　다음 3일 영산작법

會主拈香及法華第三卷 法衆同誦畢收經偈進供勸供祝願如儀文
회주는 향 및 『법화경』 제3권을 잡고 법중은 함께 외우는 것을 마치고 수경게, 진공, 권공, 축원은 의례문과 같이 한다.

齋後說禪作法畢 使者五路兩壇請坐 進供祝願 其夜待丑時 常住摩旨勸供祝願
재 뒤에 설선작법을 마치고, 사자, 오로 양단에 청좌하고 진공, 축원을 하고, 그날 밤 축시를 기다려 상주마지권공, 축원을 한다.

이것이 3주야의 예이다.

次三日靈山作法　　　　　　　다음 4일 영산작법

會主拈香及法華第四卷 法衆同誦畢收經偈進供勸供祝願如儀文
회주는 향 및 『법화경』 제4권을 잡고 법중은 함께 외우는 것을 마치고, 수경게, 진공, 권공, 축원을 예문과 같이 한다.

齋後毘盧壇地向壇行住壇三十三壇請坐 進供勸供祝願施食
재 뒤에 비로단 지향단 행주단 33단에 청좌하고, 진공, 권공, 축원, 시식을 한다.

이것이 4주야의 예이다.

次五日靈山作法   다음 5일 영산작법

會主拈香及法華第五卷 法衆同誦畢收經偈進供勸供祝願如儀文
회주는 향 및 『법화경』 제5권을 잡고 법중은 함께 외우는 것을 마치고, 수경게, 진공, 권공, 축원을 예문과 같이
한다.

齋後羅漢壇(前半壇後半壇) 開宗壇鄕唐壇諸山壇請坐 進供勸供祝願
재 뒤에 나한단(앞에 반단, 뒤에 반단), 개종단, 향당단, 제산단에 청좌하고, 진공, 권공, 축원을 한다.

이것이 5주야의 예이다.

次六日靈山作法   다음 6일 영산작법

會主拈香及法華第六卷 法衆同誦畢收經偈進供勸供祝願如儀文
회주는 향 및 『법화경』 제6권을 잡고 법중은 함께 외우는 것을 마치고, 수경게, 진공, 권공, 축원을 예문과 같이
한다.

齋後諸天壇諸神壇十王壇請坐 進供勸供祝願施食
재 뒤에 제천단, 제신단, 시왕단에 청좌하고, 진공, 권공, 축원, 시식을 한다.

이것이 6주야의 예이다.

次七日靈山作法   다음 7일 영산작법

會主拈香及法華第七卷 法衆同誦畢收經偈進供勸供祝願如儀文
회주는 향 및 『법화경』 제7권을 잡고 법중은 함께 외우는 것을 마치고, 수경게, 진공, 권공, 축원을 예문과 같이
한다.

齋後宗室壇枉死壇法界壇地獄壇餓鬼壇傍生壇上中下孤魂三壇十位請坐 施食如儀文
재 뒤에 종실단, 왕사단, 법계단, 지옥단, 아귀단, 방생단 상중하 고혼삼단의 십위에 청좌하고, 시식을 예문과
같이 한다.

이것이 7주야의 예이다.

◎십권자기문삼주야작법규(十卷仔夔文三晝夜作法規)

排備始初日觀音請坐 進供勸供祝願施食如儀文
준비하는 첫날 관음에게 청좌하고, 진공, 권공, 축원, 시식을 예문과 같이 한다.

衆會日風伯雨師壇伽藍壇請坐 進供祝願如文 至對靈所迎魂作法如儀文
대중이 모이는 날 풍백우사단, 가람단에 청좌하고, 진공, 축원을 예문과 같이 하고, 대령소에 이르러 영혼작법을 예문과 같이 한다.

齋後 　　　　　　　　　　　　재 뒤에

穢跡壇明王壇四王壇山王壇龍王壇風伯雨師壇帝釋壇梵王壇國師壇城隍壇土地壇伽藍壇天王壇此十三壇請坐 　進供勸供祝願如儀文
예적단, 명왕단, 사왕단, 산왕단, 용왕단, 풍백우사단, 제석단, 범왕단, 국사단, 성황단, 토지단, 가람단, 천왕단 이 13단에 청좌하고, 진공, 권공, 축원을 예문과 같이 한다.

焚修作法如儀文 　　　　　　　분수작법은 예문과 같이 한다.

其夜時丑時 常住作法進供勸供祝願
그 날 밤 축시에 상주작법을 하고, 진공, 권공 축원을 한다.

이것이 1주야 작법의 예이다.

次二日對靈山作法如儀文 一邊禮懺作法如儀文
다음 2일 대령산작법은 예문과 같이 하고, 한편으로 예참작법을 예문과 같이 한다.

齋後 　　　　　　　　　　　　재 뒤에

預修作法如儀文施食 　　　　　예수작법은 예문과 같이 하고 시식한다.

이것이 2주야의 예이다.

次三日 仔夔本文作法 一邊外庭設華嚴壇華嚴作法如文 設彌陀壇彌陀懺作法如文
鳴鈸讀建會疏 喝香次三燈偈 鳴鈸次大會疏 三歸依 鳴鈸次大開啓疏 合掌偈 信香偈 法主白讚佛聖德篇 通敍因緣篇 歸命一切智等篇 眞言次三神擧佛云 鳴鈸宣疏畢 淨三業偈呪 述安慰伽藍偈呪 述燃香偈呪 穢跡請末眞言 明王請末眞言 八部請末眞言 大神請末眞言
다음 3일 자기본문작법을 하고, 한편으로 마당 밖에 화엄단을 설치하여 화엄작법을 의문과 같이 하고, 미타단을 설치하여 미타참작법을 의문과 같이 한다. 명발을 하고 건회소를 읽는다. 할향을 하고 다음 삼등게를 하고, 명발을 하고, 다음 대회소를 하고, 삼귀의를 하고 명발을 하고, 다음 개계소를 하고 합장게를 하고, 신향게를 하고, 법주는 찬불성덕편, 통서인연편, 귀명일체지 등편을 아뢰고, 진언을 하고 다음 삼신거불을 한다. 명발을 하고 소를 읽고 정삼업계주를 하고, 술안위가람계주를 하고, 술연향계주를 하고 예적청을 하고 끝에 진언을 한다. 명왕청을 하고 끝에 진언을 하고, 팔부청을 하고 끝에 진언을 하고, 대신청을 하고 끝에 진언을 한다.

初結地方界偈呪七徧法堂內周廻灑水
초결지방계게주를 7번 하면서 법당 안을 두루 돌고 물을 뿌린다.

二結方隅界篇呪七徧內庭中周廻灑水
이결방우계편주를 7번 하면서 마당 안을 두루 돌고 물을 뿌린다.

三結虛空界篇呪七徧外庭中周廻香薰
삼결허공계편주를 7번 하고 마당 밖을 두루 돌면서 향을 뿌린다.

上番志盤初開啓如文畢 內開啓如常
상번은 지반초개계를 예문과 같이 하여 마친다. 내개계는 평소와 같다.

中番毘盧開啓如文畢 毘盧呪七徧灑水庭內, 末番仔夔開啓如文畢 內開啓眞言三徧 末千手一篇灑水庭中外 四方讚 嚴淨偈 燃臂時懺悔偈 法主水陸起緣或時良篇 祝香回向篇 祝香供養篇 普伸回向篇
중번은 비로개계를 예문과 같이 하여 마치고, 비로주 7번을 하면서 마당 안을 돌며 물을 뿌리고, 말번은 자기개계를 예문과 같이 하여 마치고 내개계진언을 3번 하고, 끝에 천수 1번을 하고 마당 안과 밖에 물을 뿌린다. 사방찬, 엄정게를 하고, 연비할 때 참회게를 하고, 법주는 수륙기연 혹은 시량편을 하고, 축향회향편, 축향공양편, 보신회향편을 한다.

法衆進法堂 常住作法 進供運心偈呪供養供養回向呪祝願 大衆點心
법중은 법당에 나가 상주작법을 하고, 진공, 운심게주, 공양, 공양회향주, 축원을 하고 대중은 점심을 한다.

別處設三寶壇作法 迎請灌浴如文 獻供勸供祝願如上
다른 곳에 삼보단을 설치하여 작법을 하되 영청과 관욕을 예문과 같이 한다. 헌공, 권공, 축원은 위와 같다.

至使者壇 沐浴獻茶迎引 普禮退歸本壇獻坐 次請入照位篇 進奠物勸供祝願如儀文
사자단에 이르면 목욕·헌다하고 맞아 들여 보례하고 물러나 본단으로 돌아와 헌좌한다. 다음 청입조위편을 하고 전물을 올리고 권공·축원은 의문과 같이 한다.

仰授文疏篇畢 讀使者各牒畢 其餘篇文及奉送規如儀文
앙수문소편을 마치고 사자각첩 읽기를 마치고 그 나머지 편문과 봉송규는 의문과 같이 한다.

五方壇 梵王壇 帝釋壇 天王壇 金剛壇 穢跡壇 城隍壇 風伯雨師壇 山王壇 龍王壇 伽藍壇 土地壇 此十三壇請坐沐浴
오방단·범왕단·제석단·천왕단·금강단·예적단·성황단·풍백우사단·산왕단·용왕단·가람단·토지단 이 13단에 청좌하고 목욕한다.

本壇獻坐 次同時進供勸供祝願如文
본단에 헌좌하고, 다음 동시에 진공과 권공·축원은 의문과 같이 한다.

毘盧壇 地向壇 行住壇 十六壇 五百壇 開宗壇 三十三壇 鄕唐壇 諸山壇 各位迎請沐浴侍輦如上 進供勸供祝願
비로단·지향단·행주단·십육단·오백단·개종단·삼십삼단·향당단·제산단의 각 위를 영청하여 목욕·시련하는 것은 위와 같고 진공·권공·축원을 한다.

諸天壇 諸神壇 十王壇 各位迎請 沐浴侍輦如上 迎引普禮還歸本壇獻坐 次進供勸供和請祝願如儀文
제천단·제신단·시왕단 각 위를 영청하여 목욕·시련하는 것은 위와 같고 맞아 들여 보례하고 본단으로 돌아와 헌좌한다. 다음 진공·권공·화청·축원은 의문과 같이 한다.

宗室壇 法界壇 僧魂壇 家親壇 地獄壇 餓鬼壇 傍生壇迎請沐浴迎引普禮還歸施食壇獻茶 破地獄壇 破錢山壇 寒林壇 思鄕嶺 望鄕臺 枉死壇迎請儀畢 至丑時施食之規皆如上
종실단·법계단·승혼단·가친단·지옥단·아귀단·방생단을 영청하여 목욕하고 맞아 들여 보례하고, 돌아와 시식단에 헌다한다. 파지옥단·파전산단·한림단·사향령·망향대·왕사단에 영청하는 의식을 마치고, 축시가 되어 시식하는 규범은 모두 위와 같이 한다.

이것이 3주야의 예이다.

◎삼권자기문삼주야작법규(三卷仔夔文三晝夜作法規)

衆會日風伯雨師壇 土地壇 伽藍壇 天龍壇請坐 進供勸供祝願如文
중회일에 풍백우사단·토지단·가람단·천룡단을 청좌하고, 진공·권공·축원을 의문과 같이 한다.

次對靈作法如文　　다음 대령작법은 의문과 같이 한다.

齋後穢跡壇 明王壇 梵王壇 帝釋壇 山王壇 龍王壇 四王壇 城隍壇 國師壇請坐 進供勸供
재 뒤에는 예적단·명왕단·범왕단·제석단·산왕단·용왕단·사왕단·성황단·국사단을 청좌하고, 진공·권공을 한다.

焚修作法如儀文　　분수작법은 의례문과 같이 한다.

其夜待丑時常住作法 獻供勸供祝願
그날 밤 축시를 기다려 상주작법을 하고, 헌공·권공·축원을 한다.

이것이 1주야의 예이다.

次日大靈山作法如儀文 一邊禮懺作如文

다음 날 대영산작법은 의례문과 같이 한다. 한편으로 예참작법을 의례문과 같이 한다.

齋後豫修作法如儀文 次施食
재 뒤에 예수작법을 의례문과 같이 하고, 다음 시식을 한다.

이것이 2주야의 예이다.

次三日外野設華嚴壇華嚴作法 一邊彌陀壇彌陀懺作法
다음 3일 도량 밖에 화엄단을 설치하고 화엄작법을 한다. 한편으로 미타단에서는 미타참작법을 한다.

內法場仔夔本文作法(鳴鈸) 讚佛聖德篇 通敍因緣篇 歸命一切智等篇 嚴淨八方題目
도량 안에서는 자기본문작법을 하고, 명발하고, 찬불성덕편, 통서인연편, 귀명일체지등편, 엄정팔방제목을 한다.

次開啓 內開啓 次眞言三篇末 千手畢 嚴淨偈 燃臂 懺悔 說法畢
다음 개계, 내개계를 하고 다음 진언을 3번 하고, 끝에 천수를 마치고, 엄정게, 연비, 참회, 설법을 마친다.

供養篇 祝香回向篇畢(十念) 加燈作法如文
공양편, 축향회향편을 마치고, 십념을 하고, 가등작법을 의문과 같이 한다.

至使者壇 伽藍壇 五帝壇請坐 進供勸供祝願如上 別三寶壇迎請 侍輦進供勸供祝願如儀文
사자단·가람단·오제단에 이르러 청좌하고, 진공·권공·축원을 위와 같이 한다. 별삼보단을 영청하여, 시련·진공·권공·축원을 의문과 같이 한다.

次毘盧壇鳴鈸擧佛宣疏畢 眞言及請詞歌詠 入室時入室偈獻茶已耳
다음 비로단에서는 명발, 거불을 하고, 선소 한 뒤, 진언과 청사·가영을 한다. 입실할 때에는 입실게와 헌다만 하고 만다.

垂衆壇迎請 沐浴侍輦進供勸供祝願如儀文 諸天壇 諸神壇迎請 沐浴侍輦進供勸供祝願如儀文
수중단을 영청하여 목욕·시련·진공·권공·축원을 의문과 같이 한다. 제천단·제신단을 영청하여 목욕·시련·진공·권공·축원을 의문과 같이 한다.

十王壇迎請沐浴侍輦進供勸供和請祝願如文 宗室壇 僧魂壇 家親壇 上中下孤魂壇 別命三塗壇請坐 呪食畢 施食壇排設之規 其餘篇文及奉送之規上同
시왕단에서는 영청하여 목욕·시련·진공·권공·화청·축원을 의문과 같이 한다. 종실단·승혼단·가친단·상중하혼단·별명삼도단을 청좌하고, 주식(呪食)을 마친다. 시식단을 배설하는 규범과 그 나머지 편문 및 봉송하는 규범은 위와 같다.

이것이 3주야의 예이다.

범음집 하권 종(終)

鯷壑雖褊處 勝金洲一隅 自玉泉掩鼻以來 激揚魚梵之風 誠不讓支那之竅叕. 世降至此 梵本失眞 字句多舛 禮節倒錯 杜撰臆說 徒損藤毫. 散委諸處 致令初學 膚受不徑. 鑿空担虛 巴歌夥頗 於雪曲 布鼓唐突於天雷 苟非鯨噴海濤 劍倚雲漢者 其孰能分 水鶴別烏鳥 而至不爲謗法之譽哉. 有曰智還 實 空門巨擘 而以梵音 鳴於世者也. 慨然奮出 徧摭諸方古今遺本 質諸聲家古錐 講苑耆艾 存去是非 刪 補繁闕 裒爲一帙 彙分三軸. 其賁飾壇儀 黼黻節文 粉繪詞章曲暢委備 各極折中 情華之用 足以爲萬 世之寶鑑. 疑其泉老 愍世之倀倀 重出指歸耶. 其爲貽厥之功 何其韙哉. 功旣訖欲付之剞劂 徵余爲跋 狂奴態餘 三復斯文 一走腐毫 姑書其顚末 而黃絹幼婦 更待作者之君子云.

癸卯孟夏 月洲子秀敬跋.

제학이 비록 승금주의 한 모퉁이에 있으나, 옥천이 득도한 이래로부터 범음을 격양하는 기풍이 중국의 휘파람소리에 결코 못지 않았다. 세월이 흘러 오늘에 이르러 범본이 참됨을 잃었고, 글자 구절도 어그러진게 많으며, 예의 절차가 뒤바뀌고 억설을 함부로 지어내니, 종이와 붓만 망쳐 여러 곳에 흩어져 버려 둠으로써 초학자로 하여금 해악을 받게 함이 가볍지 않아 빈 이치를 탐색하고 헛된 짐을 지게 하여, 파인의 노래가 백설보다 낫다고 여기고, 베북 소리가 천뢰와 맞서는 꼴이라, 진실로 고래처럼 바다의 파도를 뿜어서 일으키고 칼을 짚고 은하수에 오르는 자가 아니라면, 그 누가 학과 까마귀를 분별하여 법을 비방하는 허물에 이르지 않을 수 있겠는가? 지환이라는 이가 있으니 공문의 거벽이요, 범음으로 세상을 울리는 자이다. 개연히 분발하여 두루 여러 곳에 남아있는 본을 주워 모아서, 성가의 원로로서 재주있는 자와 강원의 중진들에게 질의하여, 옳은 것은 남기고 그른 것은 없애며, 깎아 보충하고 번거로운 것은 빼서 한질을 모아 3책으로 만들었다. 절문을 잘 다듬어 단의 장식을 아름답게 꾸미고, 예의 규범을 장식하며 사장으로 아름답게 꾸며서, 구비구비 통하게 잘 갖추어 각기 적중함을 얻도록 지극히 하였으니, 정화의 쓰임은 충분히 만세의 보감이 될 수 있을 것이다. 생각컨대 아마도 옥천 노인이 세상의 서글픈 모습을 가련히 여기시어, 다시 세상에 나타나 돌아가야 될 곳을 가르치시는 것일까? 그 후예들에게 남긴 공이 얼마나 훌륭한가? 공을 마치고서 출판에 붙이고자 나에게 발문하도록 요구하기에, 굳이 사양한 나머지 이 글을 두세 번 읽어보고 썩은 붓을 한바탕 휘둘러 짐짓 전말을 쓰나, 이 책을 빛낼 절묘한 글은 군자다운 작자를 기다릴까 하노라.

계묘년(1723) 맹하에 월주 자수 삼가 발을 쓰다.

昔陳王曹植 登魚山 聞梵天之音 倣其音用之水陸會. 仍名曰梵音 梵音之創傳厥 惟久哉而. 吾東僻
處海隅 未得其一波. 至眞鑑國老 自中國還其法始播 而中世以後 習之者 多失其正法. 近有智還老釋
獨得其宗 名動緇林. 盖以敏達之才 有篤實之工也. 四方來學者 指不勝屈. 然傳之萬世 而不爽者 終不
若載之方册 故删其繁補其略 作爲兩卷廣質 於諸宗匠 鋟於谷城之道林寺. 又欲剞劂於華岳 勤托於不
慧 不慧喜後學之有範 感還公之盛意 而匠手無暇 廷遷數載 今始刊行. 自此吾家諸子 其將得正法於梵
音 而還公亦爲百代之師表也. 工告訖 還公請一言於卷末 辭不獲已 略敍其始終焉.

上之四年癸卯月日 扶宗樹敎 傳佛心燈 福國祐世 廣濟衆生 悲智普照 解行雙運 圓融無礙 一切種
善 禪敎都摠攝 兼 八方都僧統 弘覺登階 國一紫都大禪 嘉義大夫 八道都摠攝 兼 僧大將 桂坡聖能
謹跋.

옛날에 진왕 조식이 어산에 올라 범천의 소리를 듣고 그 음을 본떠 수륙회에 사용하였다. 그래
서 범음이라 하였으니, 범음이 지어지고 전해진 것은 오래되었도다. 우리 해동은 천하의 한쪽 모퉁
이에 치우쳐 있어서 그 맥을 얻지 못했다.

진감국사에 이르러 중국으로부터 그 법을 가지고 돌아와서 비로소 전파되었고, 중세 이후에는
그것을 익힌 자들이 많았는데, 그 정법을 잃어버렸다. 근래에 지환선사가 홀로 그 종지를 얻어 치
림68)에서 이름이 났다. 대개 민첩하고 통달한 재주로 독실한 공부가 있었기 때문이다. 그래서 사방
에서 배우러 오는 사람들이 손꼽을 수 없이 많았다. 그러나 만세에 전하여서 어긋나지 않는 것은
끝내 책에 실어놓는 것만 못하므로, 그 번거로운 것을 산삭하고 간략한 것은 보충하여 두 권을 만
들어 널리 여러 종장들에게 물어보고 곡성의 도림사에서 새겼다.

또 화악산에서 새기려고 불혜에게 여러 번 부탁하니, 불혜는 후학들의 법도 있음을 기뻐하고 환
공의 성대한 뜻에 감동하였으나, 장인이 여가가 없어서 여러 해 늦추다가 지금 비로소 간행하게
되었다. 이로부터 우리 선가의 제자들은 장차 범음에서 정법을 얻게 될 것이며, 지환이 또한 백대
의 사표가 될 것이다. 일을 마쳤다고 고함에 지환이 권말에 한 마디 말을 청하니, 부득이 거절하지
못하고 간략하게 그 처음과 끝을 서술한다.

성상 4년 계묘년(1723) 모월에 부종수교 불전심등 복국우세 광제중생 비지보조 해행쌍운 원융
무애 일체종선 선교도총섭 겸 팔방도승통 홍각등계 국일자도대선 가의대부 팔도도총섭 겸 승대장
계파 성능 삼가 발을 쓰다.

---

68) 치림(緇林): 학문을 닦고 도를 강하는 곳. 공자가 제자를 가르치던 곳은 검은 휘장을 친 것처럼 숲이 무성
   하였다는 고사에서 나온 말이다.

대선사약탄[69]교정(大禪師若坦校正)

대선사영온교정(大禪師靈薀校正)

팔도도총섭겸승대장귀옥(八道都摠攝兼僧大將呪玉)

팔도도총섭겸승대장성능[70](八道都摠攝兼僧大將聖能)

기실철선(記室哲禪)

각공질(刻工秩)

삼찰(三察)	쾌책(快策)	범관(梵寬)	축령(竺靈)
준일(准一)	경진(庚辰)	태감(太甘)	쾌일(快一)
각선(覺善)	현진(玄振)	집녕(集寧)	집견(集見)
옥환(玉環)	재백(在白)	최청(最淸)	

본사질(本寺秩)

쌍민(双敏)	혜환(慧還)	경은(敬訔)	신훤(信吅)
귀삼(旧三)	여관(呂寬)	유재(有才)	승혜(勝惠)
시명(時命)	두겸(斗謙)	필상(弼尙)	자경(自瓊)
재원(在元)	채보(彩宝)		

화주현각(化主玄覺) 오원(五元) 연판인호(鍊板印湖)

경희 60년(慶熙六十年) 신축9월일(辛丑九月日) 경기양주지(京畿陽州地)

삼각산(三角山) 중흥사(重興寺) 개판(開板)

---

69) 약탄(若坦;1668~1754): 호는 영해(影海). 자는 수눌(守訥), 성은 광산 김씨. 고흥 출신으로 통정대부 김중생 (金中生)의 아들이다. 1677년(숙종3) 10세에 능가사(楞伽寺)에서 출가하여 득우(得牛)·무용(無用) 수연(秀 演)에게 사사했다. 응세(應世)에게 법을 이어받았으며, 자수암(慈受庵)·송광사 등 호남 지방의 여러 절에 있으면서 선과 교의 대장(大匠)으로 이름을 떨쳤다. 1754년(영조30) 1월 3일 나이 87세, 법랍 77년으로 입 적했다. 능가사와 송광사에 탑이 있다.

70) 성능(性能;?~?): 호는 계파(桂坡). 지리산의 화엄사 스님으로 벽암각성(碧巖覺性)의 문하에서 3년 동안 공 부했다. 1699년(숙종25) 화엄사의 장륙전(丈六殿)을 중수하기 시작, 3년만에 완공했다. 1711년(숙종37) 팔 도도총섭이 되어 한양 수비의 요충인 북한산성을 쌓았다. 1745년(영조21) 도총섭의 직책을 서봉(瑞鳳)에게 인계하고, 지리산으로 돌아와서 산성에 관한 일을 14개조로 나누어 기록하여 이를 『북한지(北漢誌)』라고 이름 붙여 관각했다. 또한 일찍이 『대화엄경』도 관각한 일이 있으며, 1750년(영조26) 통도사의 계단탑(戒 壇塔)을 증축하고 석가여래 영골사리탑비를 세우기도 했다.

김순미

문학박사
경성대학교, 부산외국어대학교 외래교수

주요논저

『慧諶의 示法詩 연구』(석사논문, 1999), 「儒·佛詩에서의 달(月)의 상징성 비교 연구」
(2001), 「조선초기 유불관의 시적 형상화」(2001), 「『天地冥陽水陸齋儀梵音刪補集』板本考」
(2003), 「佛教儀式에서 佛讚類 詩歌의 기능」(2004), 『朝鮮朝 佛教儀禮의 詩歌 研究』(박사
논문, 2005), 「佛家의 喪禮와 僧喪服圖」(2005), 「『釋門家禮抄』의 五服圖연구」(2010)

국역 천지명양수륙재의 범음산보집

초판 1쇄 인쇄 : 2011년 1월 20일
초판 1쇄 발행 : 2011년 1월 31일

역 자 : 김순미
펴낸이 : 한정희
기획총괄 : 신학태   편집 : 문영주 김지선 정연규 안상준 김송이
영 업 : 이화표 최지현   관리 : 하재일 양현주
펴낸곳 : 도서출판 양사재

주 소 : 서울특별시 마포구 마포동 324-3
전 화 : 02-718-4831~2 팩스 : 02-703-9711
이메일 : kyunginp@chol.com
홈페이지 : 한국학서적.kr / http://www.kyunginp.co.kr

값 29,000원
ISBN : 978-89-960255-6-6 93220